STUDIES OF
EUROPEAN AND AMERICAN

HISTORY (Vol.4)

中国社会科学院
"登峰战略"欧美近现代史优势学科

欧美史研究

（第4辑）

高国荣

张　炜　／主编

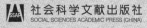
社会科学文献出版社
SOCIAL SCIENCES ACADEMIC PRESS (CHINA)

目　录

环境史

社会文化史

外交史

专题讨论

访　谈

讲座实录

研究综述

环境史

17~20世纪美国地区的
几次重大疫病流行及其影响

孟庆龙

【摘要】在北美地区特别是美国地区，历史上多次发生黄热病、脊髓灰质炎、炭疽、霍乱、麻风病、鼠疫、天花、梅毒、伤寒等重大疫病的流行，造成重大人口伤亡和财产损失，人们采取了诸多应对措施，这对美国历史乃至世界历史的发展都产生了重要影响。通过对黄热病、脊髓灰质炎、炭疽等疫病流行的案例分析可以看出，疫病流行不但是历史进程的重要组成部分，而且还不同程度地影响着历史的发展。因此在历史研究中，应加强对人类公共安全发展史的研究。

【关键词】美国　黄热病　脊髓灰质炎　炭疽　疫病流行

在北美地区特别是美国地区，历史上曾发生过多次疫病流行，造成了重大的人口伤亡和财产损失。其中，17世纪下半叶至20世纪上半叶发生的几次重大疫病流行及其应对措施，对美国历史乃至世界历史的发展都产生了相当重要的影响。本文以黄热病、脊髓灰质炎、炭疽及其他几种疫病作为主要案例，对美国历史上的重大疫病流行情况及其在美国历史发展进程中的影响进行考察和分析。

黄热病流行及其对社会心理的影响

在北美地区，黄热病是流行最为严重、影响最为广泛和深远的疫病之一。在美洲地区，黄热病曾长期集中流行于西印度群岛及中美洲其他一些地方。1668 年上半年，令人谈虎色变的黄热病由加勒比海地区向北蔓延，于夏末秋初将"死亡魔爪"伸展到当时的英属北美殖民地纽约。由于这场"不寻常的疾病"造成纽约在 1668 年 9 月里每天都有许多人病倒或死亡，纽约总督洛夫莱斯（Francis Lovelace）将这段日子称为"耻辱日"。[①] 1690 年，黄热病攻击了费城和查尔斯顿，1691 年进入波士顿。[②]

纽约的运气似乎格外"背"。黄热病好像看中了这个城市，18 世纪的大半岁月里，至少前来"光顾"过 5 次。1702 年夏，当时被冠以"美洲瘟疫"的黄热病暴发并流行，蹂躏纽约数月，最严重时纽约每天死亡不下 20 人，3 个月里死亡 500 人，总死亡人数为 570 人，病死率为 1/10~1/9。疫情主要集中在纽约市区，而且一直持续到了 10 月。1743 年 7~10 月，黄热病再次降临纽约，在 7 月 25 日至 9 月 25 日这两个月期间，共造成 217 人死亡，约占当时总人口（11000 人）的 2%。1745 年 6 月，被冠以"暴瘟疫"的黄热病再次袭击纽约。1795 年，纽约暴发黄热病，732 人死亡（当时纽约人口约为 50000 人）。这次黄热病大流行很快波及整个城市，但绝大多数市民都没有逃离。此外，在这次黄热病暴发期间，许多外国人（近500 名）染病而死。时隔三年，纽约于 1798 年再次暴发严重的黄热病，这次共造成 2000 多人死亡，其中不少人是乡下人和妇女。[③]

北美大陆遭受黄热病沉重打击的地区不止纽约。港口城市费城因与加勒比海地区贸易活动频繁，在 18 世纪里也经常暴发黄热病。1741 年、1747 年、1762 年、1793 年、1794 年和 1797 年费城都发生了黄热病疫情，其中 1793 年的那一次最为严重，是美国历史上规模最大的一次黄热病流行。1793 年夏，数千名来自圣多明戈的法国难民为躲避加勒比海诸岛暴发的瘟疫涌入当时的美国首都费城，导致费城黄热病大流行，9 月的后半个月疫情开始恶化，平均每天有 70 名黄热病人死去，10 月 12 日死亡人数达到高峰，当天有 111 人死亡。10 月 26 日疫情开始缓解，此后每天的死亡

---

① George Childs Kohn, ed., *Encyclopedia of Plague and Pestilence: From Ancient Times to the Present*, New York: Facts on File, 2001, p. 238.

② Kenneth F. Kiple, ed., *The Cambridge Historical Dictionary of Disease*, Cambridge: Cambridge University Press, 2003, p. 367.

③ 王旭东、孟庆龙：《世界瘟疫史：疫病流行、应对措施及其对人类社会的影响》，中国社会科学出版社，2005，第 69 页。

人数降至 20 人,进入 11 月后疫情才终止。据统计,这场黄热病共造成 17000 人染病,5000 人死亡,死亡人数约占总人口的 10%。除此之外,1794 年 6~11 月,康涅狄格州纽黑文暴发的黄热病也很严重,有 160 人染病,其中 64 人死亡。疫病暴发后,只有少数几人逃离该城。①

1699~1799 年,北美先后暴发的数次黄热病大流行地区中,最典型的是南卡罗来纳的查尔斯顿。1699 年 8 月末,美国首次能够确认的黄热病大流行在查尔斯顿暴发,造成 160~180 名市民和 10 余名乡村居民死亡。据当时一位记者的报道,有 125 名英国人、37 名法国人、16 名印第安人和 1 名黑人在这场黄热病中丧生。疫病横行到 11 月才结束,死亡率为 3%~7%。1706 年 8~10 月,黄热病再次横扫查尔斯顿,造成约 1300 名城市人口中近 5% 的人死亡。1728 年和 1732 年,黄热病又两次席卷查尔斯顿,致使该城陷入停滞状态。1728 年的黄热病大流行被描述成"暴躁的瘟疫"。1732 年 5~10 月的疫情在 7 月达到顶峰,每天有 8~12 名白人的尸体被埋葬。由于一天中举行的葬礼太多,城市索性不再敲钟鸣丧。许多富有的市民逃往乡下的种植园,以躲避瘟疫。这次黄热病杀死了查尔斯顿的 130 名白人(原文如此,根据上述死亡情况计算,应至少为 248 名白人——作者注)和许多黑奴。秋去冬来,疫情方才散去。半个多世纪后,在 1792 年和 1794~1799 年每年的夏季,黄热病又卷土重来,屡次侵袭查尔斯顿。在 1799 年,该城近 20000 名居民中有 239 人因染黄热病而死。②

整个 18 世纪,美国约有 35 座城市遭受过黄热病的袭击。到了 19 世纪,美国差不多每年都会发生这种流行病。譬如新奥尔良在 1867 年、蒙哥马利在 1873 年、萨凡纳在 1876 年、密西西比河流域在 1878 年,都暴发过大规模的黄热病,其中以密西西比河流域的黄热病流行影响最大。

1878 年至 1879 年,主要在地处密西西比河和俄亥俄河流域的美国城市暴发了黄热病流行,染病者超过 10 万人,其中至少有 2 万人死亡。1878 年 7 月初,黄热病进入路易斯安那州的新奥尔良。此后 4 个月里,2 万多名居民被感染,4000 多人因此病死。那个时代的每年盛夏,新奥尔良近 15

---

① George Childs Kohn ed., *Encyclopedia of Plague and Pestilence: From Ancient Times to the Present*, pp. 261-262.

② 王旭东、孟庆龙:《世界瘟疫史:疫病流行、应对措施及对人类社会的影响》,第 69~70 页。

万名居民中都会有约 1/3 的人离开城市。据此估算，该病发病率是 20%，坚持待在城里的感染病人的死亡率也是 20%。① 此后，黄热病向北边的密西西比河流域"挺进"，在 1878 年夏天，造成孟菲斯 5000 多人病死。与此同时，黄热病病毒被拖船搭载着到达了密西西比河与俄亥俄河汇合处的伊利诺伊州的开罗。黄热病造成的死亡恐怖令一些船员拒绝随船前行，他们在俄亥俄州的加利波里斯上了岸，导致那里的 31 名村民感染上了黄热病病毒。拖船航行到匹兹堡时，有 23 名船员死于黄热病，此病也随之传到南部沿湾各州和中西部地区。到 1878 年 8 月 17 日，密西西比州中北部的小城格林纳达的 2200 名白人居民中，有约 2000 人出逃，而留下来的 200 名白人中有约 170 人染上了黄热病。1879 年 7 月，孟菲斯再度暴发严重的黄热病，这引起了另一次大出逃。新奥尔良在 1879 年夏也受到了传染。②

黄热病的肆意流行在一定程度上促进了美国乃至北美地区的政治和社会许多方面的发展。

与黄热病的斗争促进了美洲第一个检疫规章制度的建立。17 世纪中叶的巴巴多斯黄热病大流行期间，来势凶猛的疫情令美洲各殖民当局措手不及。为保护英国殖民地不受已经传播至北美的这场瘟疫的传染，北美马萨诸塞湾殖民地总督温斯罗普（John Winthrop）在 1647 年建立了美洲第一个检疫规章制度。

黄热病的流行促进了社会对防止疫病工作的支持。20 世纪初期巴拿马抗击黄热病获得成功后不久，美国的洛克菲勒基金会即于 1915 年成立了黄热病基金。该基金最初主要用于拉美地区，1920 年开始关注非洲。1925 年，洛克菲勒基金会在尼日利亚设立了用于消灭西非黄热病的第二个基金。在其资助下，科学家们于 1927 年 6 月从一位患轻度黄热病感染的 28 岁非洲男子身上分离出一种黄热病病毒，该病毒后来便以男子名字命名，③被称为"Asibi"株。

---

① 王旭东、孟庆龙：《世界瘟疫史：疫病流行、应对措施及其对人类社会的影响》，第 70 页。

② 王旭东、孟庆龙：《世界瘟疫史：疫病流行、应对措施及其对人类社会的影响》，第 70 页。

③ James H. Strauss & Ellen G. Strauss, *Viruses and Human Disease*, New York: Academic Press, 2007, p. 92.

　　黄热病的流行对环境、疫病、人与社会之间的相互关系产生了重要影响。典型事例是1793年美国费城的黄热病大流行。是年入夏后，数千名来自黄热病疫区圣多明戈的法国难民涌入费城，而此刻的费城，生活环境极其糟糕。地处低纬度的城区里，天气炎热、潮湿，持续缺雨造成排水沟淤满死水或沼泽，水很浅的下水道里满是腐烂的小动物尸体。所有这一切使得费城臭气弥漫，处处飞蚊。疫情发生后，费城的医生和政府官员不断寻找对策。他们认为，来自圣多明戈的"阿美利亚"号船上卸下并堆放在码头上腐烂的咖啡豆，是此次黄热病流行的源头。8月25日，费城市长克拉克森（Clarkson）在医学院召集会议进行讨论。由于不知道西印度群岛有黄热病疫情发生，更不可能认识到蚊子的传播作用，医生们便推论是恶劣的卫生状况和异常天气引起了黄热病，而不是传染所致。到了9月，医生们意识到所有阻止疫情不断扩散的努力都已告失败，医学圈内便对此病的起因展开了争论。争论分成两派，主张传染派认为瘟疫在人和人之间传播，主张气候说的一派则坚持认为清洁城市将有助于净化不洁的空气。医学界的无所适从和政府部门的不知所措加重了城市的恐慌和混乱。就在医学院开会辩论得不可开交的那一天，城市里浓重的恐惧气氛也上升到了顶点。在病死人数不断增加的惶惶不安中，许多人把这场大瘟疫解读为上帝的意志，一场大出逃开始了。

　　黄热病对人类社会的影响在社会心理和社会行为上有着相当的深度和广度。黄热病的流行直接造成了政府瘫痪、社会秩序混乱和人情世故淡漠。1699年美国查尔斯顿黄热病大暴发期间，许多政府官员因病丧生，其中包括首席法官、宪兵司令、近一半的议会议员等。大量城市官员的离世在给生存下来的官员和市民带来很大悲伤的同时，还造成了城里极大的惊慌和混乱，很多人唯恐避之不及，纷纷逃出城外，致使政府工作和城内的商业活动在整个疫病流行期间基本处于停滞状态。为躲避1793年的美国费城黄热病大流行，达官要人们在9月里能走的都走了，包括开国总统乔治·华盛顿、托马斯·杰斐逊等内阁成员和其他官员、商人、很多家庭或个人，共有约1.2万人①逃离城区。疫情严重时，邮政停运，大多数报纸停刊，会议被推迟。实行隔离后，所有贸易活动、银行现金的流转、报纸

---

　　① 另有说法是2万人。

的刊印发行都停了下来。唯有医生、做棺材的、药剂师等还敢活动。市政府因人员缺乏而瘫痪，各级官员非病即逃。[①]

在造成上述混乱的同时，黄热病还促使政府部门采取非常措施来改善公共部门的工作。疫病造成的社会危机促使有识之士挺身而出，他们采取紧急的应对措施来挽救即将崩塌的社会秩序。在1793年9月黄热病大流行使费城陷入一片混乱之际，市长克拉克森并没有随同华盛顿等联邦政府官员逃离城市，而是留在城内采取一系列应急措施，组织抗疫，全力恢复城市秩序。他四处寻找志愿人员来帮助维持政府的日常运转和控制疾病的蔓延，这些志愿人员大多是他随处遇到的普通百姓，其中部分法国难民，因曾经历过黄热病流行，已有一定的免疫力，故而能在这种疫病流行的环境中工作。克拉克森领导的紧急应对委员会最重要的任务是改善医院状况以使病人能得到恢复，建立孤儿院，处理死者尸体，为穷人提供救济。9月16日，宾夕法尼亚州及其他州捐赠的钱、食品、物资和牲畜等开始源源不断地到达费城。当时一座名为布什山的古老大厦作为黄热病医院开始了救治病人的工作，而医院大多数的工作人员同样是法国难民。11月，疫病退去，商业恢复，从费城出逃的难民、总统内阁成员等陆续返回城里，城内的日常工作和生活渐入正轨。[②]

此外，黄热病的流行还推动了卫生立法工作。卫生立法的建设在黄热病大流行的推动下得以强化。18世纪90年代查尔斯顿的黄热病连年大流行期间，尽管医生们不能确信黄热病是一种传染病，但地方政府依然强行通过有关检疫的法律，并于1796年建立了第一个实施这些卫生检疫法律的专门机构——卫生局。

脊髓灰质炎流行促进医学事业的发展

脊髓灰质炎在美国的流行有力地提高了国家和政府的领导人对疫病的

---

① George Childs Kohn, ed., *Encyclopedia of Plague and Pestilence: From Ancient Times to the Present*, pp. 261-262.

② George Childs Kohn, ed., *Encyclopedia of Plague and Pestilence: From Ancient Times to the Present*, pp. 261-262.

重视，推动了相关医学科技事业的发展。19 世纪 30 年代，美国曾发生小规模的脊髓灰质炎流行。19 世纪 90 年代和 20 世纪初，马萨诸塞州、佛蒙特州暴发了规模较大的脊髓灰质炎流行。1916 年，纽约发生脊髓灰质炎流行，单是纽约城就出现 9000 多例病例，病人年龄几乎都在 5 岁以下。此次暴发后，脊髓灰质炎的发病率在美国跌入低水平，后出现过几次高峰期、平稳期，而后在 1951~1955 年又上升到每年 4 万例病例。[①]

1894 年，世界上第一次规模较大的脊髓灰质炎流行发生在美国佛蒙特州的鲁特兰县。佛蒙特州卫生局局长卡弗利总共记录了 132 例病例。此前在 1893 年，波士顿曾报告病例 26 例，这些地区在 1889~1892 年平均每年只有 3~6 例病例。1894 年 6 月中旬，佛蒙特州鲁特兰县的城镇和康涅狄格州纽黑文县的沃灵福特成为此次脊髓灰质炎流行的主要暴发地。到 7 月时，疾病传播到佛蒙特州的其他城镇。小孩子首当其冲，但随着时间的推移，染病者的平均年龄升高，其他年龄段的孩子在此后的脊髓灰质炎暴发中遭受攻击。此次流行中，132 人染病，其中有 13.5% 的人死亡。[②] 死亡率高的原因是许多患者为大孩子和成年人（患者年龄越大，受此病影响就越严重）。

1907 年，美国纽约城区暴发脊髓灰质炎，城中出现至少 750 例病例（也可能多达 1200 例），此次脊髓灰质炎流行几乎发展为全国性问题。1911 年，纽约又暴发了一次类似规模的脊髓灰质炎。[③]

1916 年，美国首次暴发广泛传播的脊髓灰质炎，疫病波及 26 个州（特别是东北地区）。有约 2.7 万例脊髓灰质炎病例，约 7000 人死亡。纽约城区遭受打击特别大，有约 9000 例病例（97% 的病例是 16 岁以下的儿童），2448 人死亡。患病率为每 10 万人 28.5 例病例（1909~1915 年，美国最大年度发病率是每 10 万人 7.9 例）。[④] 此次令公众和医疗圈惊恐的脊髓灰质炎大流行始于夏季中期，10 月下旬随着凉秋的到来开始消退。

① Kenneth F. Kiple, ed., *The Cambridge Historical Dictionary of Disease*, p. 260.
② George Childs Kohn, ed., *Encyclopedia of Plague and Pestilence: From Ancient Times to the Present*, pp. 324-325.
③ George Childs Kohn, ed., *Encyclopedia of Plague and Pestilence: From Ancient Times to the Present*, p. 366.
④ 王旭东、孟庆龙：《世界瘟疫史：疫病流行、应对措施及对人类社会的影响》，第 109 页。

1931 年，美国暴发了与 1916 年规模不相上下的脊髓灰质炎大流行，那时该疾病已不再被认为是一个"新"的灾祸。1931 年的脊髓灰质炎大流行导致 4138 人死亡（占报告病例的 12.2%），而且像此前暴发的大多数脊髓灰质炎流行一样，以东北部为中心。纽约有约 4500 例病例，纽黑文有 149 例。此次流行始于 7 月，8 月达到高峰，10 月天气转冷后结束。①

1934 年，美国洛杉矶暴发由罕见的 II 型脊髓灰质炎病毒引起的脊髓灰质炎流行。当局部分官员认为某些其他疾病和（或）疫病在此次流行中起了重要作用，因而尽管大多数脊髓灰质炎患者的症状都比较温和，但此次流行仍引起很大恐慌。从 1934 年 5 月到 11 月，洛杉矶县综合医院治疗的确诊脊髓灰质炎病人有 1301 例。最初有 2499 人在该医院被当作脊髓灰质炎病人治疗，但其中 1000 多人可能得的是其他疾病。此次脊髓灰质炎流行，从儿童到成人，各年龄段都未能幸免（II 型脊髓灰质炎病毒通常只发生在年龄最小的人群中）。医院里接触脊髓灰质炎瘫痪病人的医务人员对该疾病感到惧怕，公众对医疗圈里的情况不太清楚，结果，洛杉矶县综合医院的传染科被当作隔离病院，许多医务人员因此对此病深感惧怕。由于医院周围气氛高度紧张，病房有时就像战时的灾区。

1942~1953 年美国暴发的令人恐怖的脊髓灰质炎流行是几次最为严重的脊髓灰质炎流行之一，它在 1952 年达到顶峰，当时的患病人数达 6 万人。脊髓灰质炎对美国造成了致命的打击。第二次世界大战期间，美国军队中暴发过几次脊髓灰质炎，在非洲作战的美国军队的染病人数比美国本土军队的染病人数高 10 倍。1944~1945 年，第二次世界大战中驻扎在菲律宾莱特岛的美军受到脊髓灰质炎流行的侵袭。1944 年 11 月，脊髓灰质炎暴发。在莱特湾登陆的 16 天里，美军报告了 47 例脊髓灰质炎病例，其中 37 人瘫痪。②

脊髓灰质炎在美国的流行产生的重大影响主要表现在两个方面。一是提高了国家领导人和社会对此疫病的重视程度。在曾患脊髓灰质炎的美国总统富兰克林·罗斯福及其前法律伙伴奥康纳的支持下，美国全国小儿麻

---

① 王旭东、孟庆龙：《世界瘟疫史：疫病流行、应对措施及对人类社会的影响》，第110页。

② George Childs Kohn, ed., *Encyclopedia of Plague and Pestilence: From Ancient Times to the Present*, pp. 367-368.

痹基金会成为抗击脊髓灰质炎的先锋，而且还为所有筹措资金的基金会起了一个示范作用，为后来的研究工作起到了协调作用。该基金会的重点是通过促进研究工作和提高宣传技巧，使人们认识到病人和重要的研究工作都应得到公共资金的支持。它是同类基金会中第一个"民主"组织，主要资金来源为个人的小额捐助，而不是组织的捐赠。1941~1955年是该基金会最辉煌的岁月。39岁患上脊髓灰质炎的罗斯福总统推动了治疗脊髓灰质炎的研究工作。从1938年到1962年，该基金会共募集了6.3亿美元。该基金会任务有三：为缺乏适当手段治疗的脊髓灰质炎患者治疗；进行研究并培训治疗脊髓灰质炎的从业医务人员；通过推广和宣传活动为公众提供有关基金会和脊髓灰质炎的信息。

二是促进了医学科学的重大进步。1938年罗斯福总统建立的全国小儿麻痹基金会一方面帮助救治脊髓灰质炎患者，另一方面促进疫苗的研制。在基金会的支持下，美国的索尔克和萨宾先后研究出疫苗。第一个成功的脊髓灰质炎疫苗出现在1953年。美国医生索尔克在实验室里成功培育出全部3种脊髓灰质炎毒株，并在次年将他的研究成果公布于众。1954年，美国有200万名儿童（一说是180万名）接受了索尔克的疫苗实验，疫苗有效率达80%~90%。随后，这种灭活脊髓灰质炎疫苗成为一种标准的预防手段。索尔克的疫苗至少在短期内是成功的。美国使用疫苗前的脊髓灰质炎发病率很高：1952年是5.8万例，1953年是3.5万例。广泛使用疫苗后的第一年，即1957年，发病人数降到了5600例。

20世纪50年代，辛辛那提大学的萨宾通过把病毒放在猴子的肾脏细胞中进行培养，筛选出不能致病的毒株，这样得到的疫苗被称为口服（减毒）脊髓灰质炎疫苗。这种疫苗采用口服滴剂的形式，比索尔克的疫苗针剂注射方式更为简单，并且能够有效阻断病毒在人群中的传播。1962年，萨宾的疫苗代替了索尔克的疫苗，其效果更加明显，此后成为预防脊髓灰质炎的主要手段。1964年，美国全国只报告了121例脊髓灰质炎病例。[1]

此外，对脊髓灰质炎患者的救助活动还有助于改善残疾人的社会地

---

[1] 参见 Edmund J. Sass et al., eds., *Polio's Legacy: An Oral History*, Laham, Maryland: University Press of America, 1996。

012 // 欧美史研究（第 4 辑）

位。1921 年的夏天，作为历史上最著名的脊髓灰质炎病人、后来成为美国总统的富兰克林·罗斯福在一次游泳后染上了脊髓灰质炎，最终造成下肢瘫痪。罗斯福因脊髓灰质炎落下残疾一事对于改变公众对残疾人的态度和治疗产生了重大影响。此前人们对残疾人的态度非常消极，即使是医务人员也瞧不起残疾人。

炭疽可以影响历史

由于炭疽的病理特性，其一旦被制成生物武器并作用于社会，给人类社会发展带来的影响将会是多方面的。炭疽在战争中实际应用的许多案例与美国都有着直接或间接的关系。

历史上将炭疽首次作为武器使用的是第一次世界大战期间的德国人。根据美国总统罗斯福的生物战顾问、药业巨头乔治·W. 默克（George W. Merck）撰写的绝密报告，美国握有"确凿的证据"证明，早在 1915 年，德国特工就在美国纽约港口"给马和牛接种可致病的细菌"，企图在美国制造破坏和恐慌。研究生物恐怖主义的专家、美国国防部顾问 W. 塞斯·卡勒斯博士（Dr. W. Seth Carus）2000 年在一份工作报告中说，1915 年时，德国特工携带装满液化炭疽（liquefied anthrax）的瓶子潜入曼哈顿范科特兰公园（Van Courtland Park）的马圈里，用兽用针头给马匹注射。①美国军事情报局的解密文件透露，1916 年，隐藏颇深的普鲁士医务官安东·迪尔格（Dr. Anton Dilger）在美国马里兰州切维猎场（Chevy Chase, Md.）的一个秘密实验室里制作了炭疽孢子，准备用在美国巴尔的摩港的动物身上。

第二次世界大战期间，为应对轴心国在炭疽研究方面一度处于领先地位的形势，美国、英国、加拿大和苏联都秘密启动了生物战计划，其中美英两国进展明显，并已初具一定规模。

在珍珠港事件爆发之前，美国国内充斥着孤立主义，因此对生化细菌

---

① "Biological War-fear, The Secret History of Anthrax," http：//www.worldnetdaily.com/news/article.asp？ARTICLE_ ID＝25220，最后访问日期：2005 年 10 月 8 日。

战的态度有点不屑一顾。但到战争结束时，美国却建起了比所有上述其他国家都先进的生化实验项目。

从 1942 年开始，美国军方进行了一系列秘密的炭疽试验。美国在马里兰州的德特里克营地（Camp Detrick）① 开展了"战争研究服务"项目，由化学专家乔治·W. 默克（George W. Merck）负责领导该项工作，从全国各顶尖大学招募的科学家为项目提供建议和咨询。1942 年，"战争研究服务"开发了"1 号项目"，炭疽专家威廉姆·黑根博士（Dr. William Hagen）被任命为项目负责人。默克认为，炭疽是制造生化武器的首选，于是把它作为项目成立后的首要任务。黑根博士试验了很多炭疽菌株，并把它们盛放在一个被称为醋塔的 10 厘米高的玻璃瓶中。

1943 年起，美国开始发展炭疽武器。是年初，由威斯康星大学的艾拉·鲍德温博士（Dr. Ira Baldwin）主持，并在马里兰州的细菌武器研究中心德特里克营地的封闭设施中培养了大量的炭疽孢。起初常常是美国的生物战科学家们与加拿大军方进行合作。加拿大人在一个隐蔽的地方——魁北克附近圣劳伦斯海路上的格罗泽岛上，以每月约 150 磅的速度生产炭疽。由于格罗泽岛上的炭疽生产比较慢且有很多其他问题，美国官方遂决定自己生产炭疽孢。美方在印第安纳州的维戈耗资数百万美元的设施中生产炭疽。该设施原为生产常规武器的军火厂，美方为生产炭疽而特地更新了设备，使之具有在不到一个月的时间里可以生产 50 万个炭疽弹所需炭疽的能力。② 同年，黑根博士发明了地球上效力最强、富集度最大的炭疽热细菌。炭疽热也因此成为美国生化细菌项目开发中最重要的生物武器。与此同时，黑根获得了"炭疽热武器之父"的称号。在后来的二战中，英国曾要求获得此炭疽热的样本，并把它命名为"黑根的杰作"。③

---

① 即后来所称的德特里克堡（Fort Detrick）生物实验室，是美国陆军传染病医学研究所、美国生化武器基地，与侵华日军 731 部队有着千丝万缕的关系，多次发生泄漏事故，2019 年 7 月被突然关闭，且一直拒绝公布详情。

② 王旭东、孟庆龙：《世界瘟疫史：疫病流行、应对措施及其对人类社会的影响》，第 30～31 页。

③ 参见《世界上最安全的实验室》，〔美〕迈克尔·卡罗尔《257 实验室》，樊宇译，当代中国出版社，2004，第 39～140 页。

到 1944 年初，德特里克营地实施了一项成熟的炭疽武器计划。该项武器计划还生产了数百枚原型炭疽集束弹。同年 6 月，在英国提出提供 50 万枚炭疽弹的要求后，美国决定生产 100 万枚炭疽弹，其中的一半美国准备储存起来以备以后使用。在维戈改造工厂生产炭疽之前，美国在德特里克营地共生产了 5000 枚装有炭疽孢的炸弹①，还生产了大量的疽孢（有人说超过两吨）。当时维戈扩大生产的计划被视为确保实现军队战时目标需要的基本步骤。德特里克营地的官员一直说维戈的工厂"从未用于生产致病产品"，而且该厂在战争结束时就已被放弃，被租给一家私人制药公司。官方的记述中从未有过数百万炭疽孢和数百枚炭疽弹的描述。但 1943～1946 年，美国细菌武器研究中心德特里克营地共发生 25 名实验室人员感染炭疽病的案例。②

炭疽的使用可以产生巨大的影响。一是有可能改变历史。有关美国马里兰州的细菌武器研究中心德特里克营地的情况不免使人们感到：炭疽武器的研发本来有可能使第二次世界大战打得时间更长。从 1944 年末开始，有报告说美国西部几个州上空约 150 英尺（约为 45.72 米）高度有大气球飞过人口居住区，这使在德特里克营地的生物学家处于高度紧张状态。到 1945 年 3 月，美国西部 9 个州（包括夏威夷）、加拿大西部共发现 250 多个气球。陆军新解密的关于气球的文件显示，每个气球都装有一个燃烧装置。1947 年由雷克斯蒙德·C. 科克伦（Cochrane）撰写的一份化学部队的绝密报告称，落在蒙大拿州的一个气球杀死了一个妇女，落在俄勒冈州的另一个气球"杀死了正在参加打猎聚会的 6 个男人"，1945 年 5 月，佐治亚州的 5 名妇女和儿童被一个落地的气球杀死。③

二是颠覆社会结构。1995 年，伊拉克曾承认作为其生物武器计划的一部分，生产过 8500 升的浓缩炭疽。21 世纪初，美国正是以铲除伊拉克这类生化武器为由发动了伊拉克战争。战争伊始，也就是 2003 年 3 月 27 日，

---

① George W. Christopher et al., "Biological Warfare: A Historical Perspective," *JAMA*, 1997, 278, pp. 412-417.

② 王旭东、孟庆龙：《世界瘟疫史：疫病流行、应对措施及其对人类社会的影响》，第 31 页。

③ "Biological War-fear, The Secret History of Anthrax," http://www.worldnetdaily.com/news/article.asp? ARTICLE_ID=25220，最后访问日期：2005 年 10 月 8 日。

伊拉克官方电视台播出被媒体称为"炭疽夫人"的伊拉克女生物学家阿马什的录像，这立即引起美军恐慌。次日，深入伊拉克的前线士兵纷纷接到紧急命令，要求立即全部穿上防化服，戴好防毒面具，以防遭到可能发生的生化武器攻击。这场同炭疽有着不解之缘的战争，导致萨达姆政权被推翻，从而改变了伊拉克的历史进程，甚至通过海湾地区乃至西亚政治力量对比的变化和由此导致的国际政治诸种问题的变化，间接对世界历史的发展产生了深远影响。①

三是扰乱人们的心理，扰乱社会秩序。2001 年"9·11"事件发生后到 10 月 15 日期间，全美国有四个城市发现炭疽邮件，这严重扰乱了美国公众的心理，给美国社会生活造成极度恐慌。当时，电视台大部分时段的节目都在谈论与"炭疽病毒"有关的话题。报纸头版也都是关于炭疽病患的消息。炭疽的威胁闹得人心惶惶，邮政人员有的甚至戴起口罩和手套来处理信件。15 日，纽约市共收到 87 个各种各样的举报恐怖电话。16 日，美国有 110 家堕胎诊所和保育部门报告收到了装有白色粉末的疑似炭疽信封。一时间纽约市人人自危，许多人开始抢购抗生素环丙沙星（Ciprofloxacin）和防毒面具。② 纽约警察总长柯里克说，市民闻炭疽而色变，恶作剧报案令紧急服务部门人员应接不暇，疲于奔命。他说，在星期一短短 7 小时内，当局就处理了 82 起怀疑跟炭疽菌有关的紧急案件。当局取走 24 个包裹，发现里头大多是婴儿爽身粉，这显然是有人搞恶作剧吓唬纽约人。③ 为预防大规模生化袭击，美国有关部门还下令紧急封锁了水库、隧道、桥梁、大型公共场所等一批重点区域，以防与炭疽有关的恐怖袭击。美国派驻海外的机构亦因此陷入炭疽袭击的恐慌。发生在美国的这些炭疽事件所引发的社会恐惧心理，很快影响到整个世界。2001 年 10 月中下旬，在加拿大、法国、德国、英国、瑞典、奥地利、波兰、日本、墨西哥、以色列和新西兰等国陆续发生炭疽恐怖疑似案例。炭疽恐惧气氛一时弥漫于国际社会的各个角落。④

---

① 《伊拉克"炭疽夫人"美国制造》，中国新闻网，2003 年 5 月 7 日，https://www.Chinanews.com/12/2003-05-06/26/300595.html，最后访问日期：2020 年 7 月 8 日。
② 伊铭：《又一恐惧日子》，《联合早报》2001 年 10 月 17 日。
③ 《纽约炭疽菌虚惊不断　紧急部门疲于奔命》，《联合早报》2001 年 10 月 17 日。
④ 《粉末处处　虚惊连连　世界各地炭疽菌恐慌》，《联合早报》2001 年 10 月 17 日。

后 记

除了以上几种主要疫病外，霍乱、麻风病、鼠疫、天花、梅毒、伤寒等疫病的流行也都不同程度地影响了美国历史的发展。其中，霍乱、麻风病、鼠疫造成的人口损失及其他危害相对较小，天花、梅毒、伤寒对美国历史的影响则比较大。

1721 年，美国波士顿暴发天花。当时波士顿人口约为 1.1 万人，其中 5980 人得了天花，844 人（占患者人数的 14%）死亡。1872 年，美国流行天花，仅费城一个城市就有 2585 人死亡。除了疫病造成的自然死亡外，天花还被作为杀人武器来使用。北美的殖民者有意将天花传染给印第安人。1763 年北美英法战争期间，站在法国一边的渥太华印第安人首领庞蒂亚克（Pontiac）围攻皮特堡（今匹兹堡）的英军时，英军总司令阿默斯特（Jeffery Amherst）的部下埃克耶尔（Simeon Ecuyer）上尉为争取时间，向围城的印第安人送去被天花污染过的毯子和手帕，在印第安人中间引起天花流行，实际上此乃早期的生物战。此外，殖民者还用弹弓把宰杀的被天花污染的牲畜射入被包围的城中，这些都给当地部落造成了毁灭性后果。[①] 到了 18 世纪下半叶，参加北美战争的英军中的许多人都具有使用天花病毒进行生物战的知识和技术。他们也都恪守军人准则，但这些准则并没有制止他们掌握这些知识和技术。[②]到了 19 世纪，美国军队还通过给土著美洲人特别是平原地区的土著人送受到天花污染的毯子的方法来控制印第安人。[③] 因天花肆虐，几个原先有数百万人口的主要印第安部落的人口减少到只剩数千人或完全灭绝。在与殖

---

① Carl Waldman, *Atlas of the North American Indian*, New York: Facts on File, 1985, p. 108; Adrienne Mayor, "The Nessus Shirt in the New World: Smallpox Blankets in History and Legend," *Journal of American Folklore*, 1995, 108, pp. 54–77; Robert L. O'Connell, *Of Arms and Men: A History of War, Weapons, and Aggression*, Oxford: Oxford University Press, 1989.

② Elizabeth A. Fenn, "Biological Warfare in Eighteenth-Century North America: Beyond Jeffrey Amherst," *The Journal of American History*, 2000, 86, p. 1553.

③ Ann F. Ramenofsky, *Vectors of Death: The Archaeology of European Contact*, Albuquerque, NM: University of New Mexico Press, 1987, p. 148.

民者接触之前，美洲原住民约有两三千万人口，而到 16 世纪末，只剩下 100 万人。

梅毒在美国的大流行促进了大规模公共卫生教育运动的开展。1947 年，美国发生梅毒大流行，全国记录病例达 10.6 万例。1956 年，梅毒病例数降了下来。20 世纪 60 年代，随着性解放，梅毒病例数又有所增加。70 年代，男子同性恋中梅毒病例数的比例很高。80 年代，内地城市的少数民族中的梅毒病人数有所增加。1999 年，美国报告有 3.5 万多例成年梅毒病例和 556 例新生婴儿梅毒病例。南部 9 州中有 8 个州发现新的梅毒病例。梅毒患者中感染艾滋病的危险增加了 2~5 倍。2001 年，美国梅毒发病率出现了自 1991 年以来的首次上升，新发现 6103 例梅毒病例，这在 2000 年 5979 例的基础上上升约 2%，按实际感染人数比较，每 10 万个美国人中发现的初期和 II 期梅毒病例数平均为 2.2 例，而 2000 年，这一数字为 2.1 例。

为了应对梅毒造成的不良影响，1948 年，美国利用大众传媒发起大规模公共卫生教育运动，以此来提高人们对梅毒的认识，并控制该疾病的流行。1999 年 10 月，随着美国梅毒发病率下降到 1941 年以来的历史最低点，政府卫生机构提出了一项雄心勃勃的计划，打算 5 年内根除梅毒，到 2005 年在美国 90% 的地区实现 "无梅毒化"。这一战略计划在实施两年多后，收到一些成效，令黑人和妇女这两个群体中的梅毒发病率明显下降，但生活在大城市的同性恋和两性恋男子群体当中的梅毒病例数突然攀升，这一点让专家们始料不及。

伤寒的流行推动了对病源的跟踪研究。1607~1624 年，伤寒导致弗吉尼亚州詹姆斯城 6000 多名来自旧大陆的定居者死亡。[①] 1724 年 8 月，位于今天弗吉尼亚州诺福克市郊的威廉斯堡遭受了伤寒的侵袭，伤寒造成这里 30% 的居民死亡。20 世纪初的 1906 年，美国发现第一个伤寒病菌携带者 "伤寒玛丽"（Typhoid Mary，本名 Mary Mallon）。另一位健康带菌者托尼·拉贝尔（Tony Labella）造成 122 人患病，5 人死亡。那时估计光是在纽约就报告有 3000~4500 例伤寒病例，并且约 3% 的伤寒患者变为伤寒携带者，

---

① Kenneth F. Kiple, ed., *The Cambridge Historical Dictionary of Disease*, p. 348.

一年新增 90~135 名携带者。① 通过对"伤寒玛丽"的跟踪研究，人们发现了"健康带菌者"。1906 年，美国纽约卫生方面的工程师索珀（George Soper）对奥斯特湾暴发的一次伤寒进行了调查，此前该富裕小城的居民从未听说过伤寒，这次，一间屋子里的 11 个人中有 6 人病了。索珀认定这与 3 周前新雇的一个做饭的女佣人玛丽·马伦有关，她在第一个伤寒患者出现后就离开了。在随后的流行病学追踪调查中，索珀发现，她到哪家，哪家就有人感染伤寒病。在过去 10 年间她曾给 8 家做过饭，其中就有 7 家突然出现无从解释的伤寒病感染。经统计，她前后所工作过的家庭中得伤寒病的病人总数达 56 人。② 1 年后，索珀在她再次为一户人家工作而出现伤寒病感染者的时候将其锁定。马伦被强迫带到医院，大便化验结果证明她的确是一个大量散播伤寒杆菌的伤寒病原携带者，所以人们都叫她"伤寒玛丽"。马伦因此遭到起诉，被送往长岛海峡中的北布拉泽岛，在那里她过了 3 年的拘留生活。此后，她被有条件地释放了，条件只有一个，即永远不准再做厨师。然而 5 年后，马伦被证实又成了曼哈顿妇女医院伤寒疫病流行的传染源，她因为违反释放条件在妇女医院重操旧业做厨师而遭到逮捕，又被送回北布拉泽岛过禁闭生活，并在那里了却余生，于 1938 年逝世。③

伤寒的流行推动了公共卫生事业的发展，特别是尤为关键的饮用水净化工艺得到了迅速发展。已知最早使用氯来给水消毒的人之一是英国医生斯诺爵士。1850 年伦敦暴发霍乱后，他试图给供水系统消毒。19 世纪 90 年代，在美国纽约州哈得孙河沿岸，对河水进行了过滤净化的城镇，比那些没有对河水进行过滤净化的社区，出现的伤寒病例要少得多。1897 年，在英国的英格兰肯特郡梅德斯顿的一场伤寒过后，伍德赫德把"漂白法"作为给饮用水系统消毒的临时措施。20 世纪初，英国继续对饮用水进行氯化，这一举措大大降低了伤寒的死亡率。1908 年，纽约泽西城的水厂成为

---

① Judith Walzer Leavitt, *Typhoid Mary: Captive to the Public's Health*, Boston: Beacon Press, 1996, pp. 96-125.
② 王旭东、孟庆龙:《世界瘟疫史:疫病流行、应对措施及其对人类社会的影响》，第 152 页。
③ Kenneth F. Kiple, ed., *The Cambridge Historical Dictionary of Disease*, p. 349.

美国第一个用次氯酸钠进行初始消毒的水厂。使用氯净化水之后，美国的伤寒病例数量直线下降。很快，美国的其他城镇也纷纷效仿，伤寒、霍乱、痢疾、甲肝等由水引发的疾病在美国基本上被消除。据统计，在氯化饮用水出现之前，美国每年 10 万人中就有 25 人死于伤寒，该死亡率接近于当时汽车交通事故的死亡率。21 世纪到来之际，使用氯过滤水的措施被美国人誉为"千年里最有意义的公共卫生进步"。[1]

通过以上分析可以看出，疾病的流行在美国历史和社会发展的过程中起了诸多有时是非常重要的作用。疫病流行本身不但是历史发展的重要组成部分，而且还不同程度地影响历史的发展。借此可以看出，在历史研究中，对人类公共安全发展史的研究应该得到进一步的加强。

（孟庆龙，中国社会科学院中国历史研究院世界历史研究所研究员，武汉大学国家领土主权与海洋权益协同创新中心特聘研究员，主要研究方向为美国史、世界现代史、现代国际关系史）

---

[1] Keith Christman, "The History of Chlorine," *Waterworld*, 1998, 14, pp. 66-67; Ellen L. Hall and Andrea M. Dietrich, "A Brief History of Drinking Water," *Opflow*, 2000, 26, pp. 46-49.

论 20 世纪五六十年代联邦德国的核能政策[*]

王 超

【摘要】20 世纪 50 年代，在联邦德国一些核物理学家的极力推动下，联邦德国政府为应对战后国内能源发展不足的问题，调整了其传统依靠煤炭的能源政策，开始逐步支持民用核能的开发和利用。然而，由于受到盟国管控且资金短缺的影响，联邦德国的核能工业起步十分艰难，其"核能发展计划"的初步实践经历了曲折的发展过程。尽管到了 20 世纪 60 年代，随着联邦德国经济的不断腾飞，在进步主义盲目乐观情绪的渲染下，联邦德国的核电事业进入快速发展阶段，但此过程中也蕴含着潜在的危机。联邦德国部分民众对核安全始终抱有担忧和疑虑，这为 20 世纪 70 年代联邦德国反核运动的兴起埋下了伏笔。

【关键词】联邦德国　能源缺口　核能政策　核能工业　生态保护

经过战后初期经济的调整与恢复，联邦德国成为一个人口相对密集、工业高度发达、经济实力雄厚的国家。与此同时，联邦德国也成为一个能源消耗大国，但它在能源储藏方面相对匮乏，除了煤炭（主要是硬煤）资源较为丰富外，其石油、天然气等能源均高度依赖进口。20 世纪 50 年代，受国内能源危机以及美国和平利用核能的影响，联邦德国政府在本国科学界的不断推动下，开始支持民用核技术的研究以及核反应堆的建造与使用。核能在联邦德国日益成为一种重要的替代性能源。

值得注意的是，联邦德国的核能自其发展伊始就与生态保护有紧密的联系。20 世纪五六十年代，核能被联邦德国政府视为能够取代肮脏且污染

* 本文系中国社会科学院创新工程项目"20 世纪欧美环境治理的历史考察"阶段性成果。

严重的煤炭、能够无限供应、廉价且清洁的新型能源。与此同时，联邦德国民众对核反应堆、核废料给人体和环境带来的潜在危险的担忧，日益成为影响联邦德国核能发展的一大因素①。对 20 世纪五六十年代联邦德国核能政策的起步和发展进行历史考察，不仅可以深入了解联邦德国能源政策的演变，还可以反映出联邦德国的核能利用与环境保护之间的密切关系。

到目前为止，国内学术界的相关研究散见于对战后联邦德国能源政策、核能政策的阶段性介绍和描述，以及对联邦德国环境运动（含反核运动）的兴起与影响的论述。② 国外学术界的相关成果大多集中于战后联邦德国能源政策的演变、和平利用核能的历史、反核能运动的影响等方面。③ 本文则力图在前人研究的基础上，以 20 世纪五六十年代联邦德国的核能政策为考察对象，在探究联邦德国核能工业兴起的诸多助推因素的同时，揭示出这一时期联邦德国核能政策与生态保护之间的有机联系及相互影响④。

---

① 20 世纪 70 年代，联邦德国内部掀起了声势浩大的反核运动，不仅冲击了联邦德国的核能政策，而且直接催生了德国绿党。20 世纪 80 年代初，奉行环保理念的德国绿党进入联邦议院，并促使一些传统政党发生"绿化"，联邦德国政府对核能利用的态度随后发生转变，联邦德国的能源政策出现转向。

② 代表性的成果有，李玉奇：《西德能源政策》，《能源研究与利用》1989 年第 1 期；胡舜媛：《西德核能商业利用 20 年——回顾与展望》，《国外核新闻》1989 年第 6 期；严文魁：《西德核能的现状》，《国外核新闻》1982 年第 7 期；顾科杰：《从传统能源到可再生能源——德国能源结构的转型之路》，《常熟理工学院学报》2018 年第 6 期；张旭：《1970-1990 联邦德国新环境运动研究》，硕士学位论文，华中师范大学，2019。

③ 代表性成果有，Manfred Horn, *Die Energiepolitik der Bundesregierung von 1958 bis 1972: Zur Bedeutung der Penetration ausländischer Ölkonzerne in die Energiewirtschaft der BRD für die Abhängigkeit interner Strukturen und Entwicklungen*（曼弗雷德·霍恩：《联邦德国的能源政策 1958—1972：关于外国石油公司对联邦德国能源工业的渗透对内部结构和发展依赖的意义》），Berlin: Duncker & Humblot, 1977; Hans-Joachim Bieber, *Zur politischen Geschichte der friedlichen Kernenergienutzung in der Bundesrepublik Deutschland*（汉斯-约阿希姆·比伯：《关于联邦德国和平利用核能的政治史》），Bd. 3, Heidelberg: Forschungsstätte der Evangelischen Studiengemeinschaft, 1977; Stephen Milder, *Greening Democracy: The Anti-Nuclear Movement and Political Environmentalism in West Germany and Beyond, 1968-1983*（斯蒂芬·米尔德：《绿化民主：西德反核运动和政治环保主义 1968—1983》），Cambridge: Cambridge University Press, 2019.

④ 笔者认为，联邦德国作为曾经的欧洲核电强国之所以最终选择退出核能，并不完全是受到国外重大核事件（如切尔诺贝利、福岛核事故）的影响，而是有其特殊的历史根源。本文通过对战后联邦德国核能早期开发史进行研究，试图从一个侧面揭示联邦德国最终走上弃核之路的历史原因。

一 战后初期联邦德国核能政策的艰难起步

自 19 世纪中叶德国开始工业化以来，其能源供应以国内开采的硬煤为主。1956 年，联邦德国鲁尔地区的硬煤产量已经达到了历史峰值，此后便开始不断下降。联邦德国日益增长的能源需求则主要通过进口廉价石油来满足。[①] 20 世纪 50 年代初，随着联邦德国经济的迅速复兴和发展，联邦德国一些颇有影响力的科学家认为本国的能源供应不久将出现短缺，并且认识到开发利用另一种能源——核能的重要性。相比存储量有限且污染最为严重的化石燃料——煤炭[②]而言，核能给人们带来了转向清洁且无限供应的能源的愿景。此外，核能还被视为面向未来的关键技术，并且具有广阔的发展前景。1952 年底，核物理学家维尔纳·海森贝格（Werner Heisenberg）在一次广播演讲中甚至声称："在可预见的将来，工业中的很大一部分将是核能工业。"[③] 1955 年，颇有影响力的经济学家埃德加·萨林（Edgar Salin）用暗示性的语言保证，核能将是"明天的现实"，"因此，公用事业、煤炭、钢铁和化学工业等所有大小企业，应该引导和调整其长期计划和投资，以适应这种新情况"。[④]

然而事实上，二战结束后，战败的德国最初被盟国禁止从事核领域的

---

① Manfred Horn, *Die Energiepolitik der Bundesregierung von 1958 bis 1972: Zur Bedeutung der Penetration ausländischer Ölkonzerne in die Energiewirtschaft der BRD für die Abhängigkeit interner Strukturen und Entwicklungen*, Berlin: Duncker & Humblot, 1977, S. 70.

② 在"马歇尔计划"的援助下，战后联邦德国的经济得到快速复苏。特别是鲁尔工业区再次进入一个发展迅猛的时期。然而，由于煤炭、钢铁、火电等重污染工业产能的急速扩张，该地区及邻近区域出现了前所未有的空气污染。为此，1949~1962 年，鲁尔煤矿区居民联合会、当地市民组织、市政当局及科研机构发动并参与了清洁空气保护运动。参见 Reiner Weichelt, Die Entwickelung der Umweltschutzpolitik im Ruhrgebiet am Beispielder Luftreinhaltung 1949-1962, in Rainer Bovermann (Hrsg.), *Das Ruhrgebiet, ein starkes Stück Nordrhein-Westfalen: Politik in der Region 1946-1996*, Essen: Klartext Verlag, 1996, SS. 478-499。

③ Hans-Joachim Bieber, *Zur politischen Geschichte der friedlichen Kernenergienutzung in der Bundesrepublik Deutschland*, Bd. 3, Heidelberg: Forschungsstätte der Evangelischen Studiengemeinschaft, 1977, S. 4f.

④ Edgar Salin, *Ökonomik der Atomkraft: Vor einer neuen Etappe der industriellen Revolution*, Köln: Sigillum-Verlag, 1955, S. 4.

任何活动。即便在联邦德国建立后，盟国高级委员会第 22 号法令继续执行核研究禁令，特别是禁止建造核反应堆和同位素分离厂，以及生产、采购、拥有、处理、销售、进出口核原材料。[①] 联邦德国一些核物理学家为此联合起来请求放松这一禁令，并且希望推动核技术基础研究以及和平利用核能。[②] 1952 年 1 月，海森贝格在写给联邦总理阿登纳（Konrad Adenauer）的一封信中，就将建造核反应堆描述为联邦德国核能发展计划的第一个阶段。尽管他在 1953 年表示，联邦德国在建造一座技术上可行的核反应堆方面仍然面临重重困难。[③] 1952 年 5 月，以立法禁止研发、制造和拥有核武器为条件，联邦德国换取了有限的核技术研究资格。[④]

1952 年 11 月，在联邦经济事务和能源部部长路德维希·艾哈德（Ludwig Wilhelm Erhard）主持的一次专家会议中，海森贝格第一个发言，他将推动联邦德国建立一座"核反应堆"作为最优先考虑的事情，在这方面的主要任务是采购核反应堆所需的铀原料。由于美国大量屯购铀原料，从国外购买几乎没有可能，海森贝格考虑主要从联邦德国的矿床中提取。他明确表示应尽快建造核反应堆的态度引人注目；更令人吃惊的是，他得出了这样的结论：核反应堆的建造可以由"私人资助"。[⑤]

1953 年 2 月，在联邦经济事务和能源部举办的另一次会议上，海森贝格应联邦总理阿登纳的要求，详细汇报上次会议的情况。海森贝格表示，核项目的规划阶段已经开始，并着手设立三个委员会，分别负责铀矿开

---

① Max Scheidwimmer, Bundesatomgesetz, in Wolfgang Carellieri, Alexander Hockeer, Walther Schnurr（Hrsg.）, *Taschenbuch für Atomfragen*, Bonn：Festland Verlag, 1959, S. 57.

② 例如，1951 年至 1952 年，以海森贝格为首的一批核物理学研究者先后在德国研究理事会的一个特别委员会和德国研究联合会的核物理委员会上，不断敦促联邦德国政府应坚定不移地让本国进入民用核技术领域。他们的活动也因此给人们留下这样的印象：在当时的核物理研究界，盟国的限制不再受到重视，被认为是暂时的。参见 Thomas Stamm, *Zwischen Staat und Selbstverwaltung: Die Deutsche Forschung im Wiederaufbau 1945-1965*, Köln：Wissenschaft und Politik, 1981, SS. 155-157。

③ Nachlass Werner Heisenberg, *Heisenberg an Adenauer*, 24. 2. 1953；Nachlass Werner Heisenberg, *Die Möglichkeit der Atomtechnik in Deutschland*, Vortrag vom 2. 10. 1953, S. 5.

④ Michael Eckert, Die Anfänge der Atompolitik in der Bundesrepublik Deutschland, *Vierteljahrshefte für Zeitgeschichte*, Jahrgang 37（1989）, Heft 1, S. 120.

⑤ Nachlass Werner Heisenberg, *Heisenberg über Sitzung im Bundesministerium für Wirtschaft und Energie*, 20. 11. 1952.

采、核反应堆缓冲剂的研发以及一般性技术和财务计划。最后一个委员会拥有领导权，它还应当与关心这个问题的各个经济部门保持联络。[①] 1954年秋，海森贝格还代表联邦德国政府在美国首都华盛顿就联邦德国核项目的启动进行谈判。1955 年 5 月，《巴黎协定》的生效使联邦德国恢复了国家主权，这为盟国正式解除对联邦德国的核研究禁令做了很好的铺垫。

与此同时，联邦德国的核物理学家还积极组建和加入核物理学的学术研究组织，并且展开核物理的研究与合作。1949 年，德国研究理事会内部设立了核物理委员会。1952 年，该委员会又被并入德国研究联合会。1954年 9 月，欧洲核子研究中心在日内瓦附近成立，联邦德国的核物理学家也参与其中。大约在同一时期，海森贝格领导的哥廷根马克斯·普朗克研究所（MPI，简称马普所）的一个工作组设计出首座研究堆。波恩大学设立了辐射和核物理专业首个教席。

联邦德国科学界的这些行动得到了本国工业界的热烈支持，一些企业巨头在 1954 年成立了物理学研究基金会，为核能的和平使用提供了强大的推动力。早在 1954 年春，赫司特（Hoechst）染色厂就把自己当作潜在的重水生产商，为建造核反应堆做好准备。赫司特公司的董事长温纳克（Winnacker）随后成为新兴核能工业的代言人，他甚至以物理学研究基金会成员的身份参加了 1955 年的日内瓦国际核能会议。

鉴于二战期间的惨痛经历以及日本广岛、长崎核爆炸的恐怖场景，联邦德国的政治家起初对大力推动核能的和平利用一事犹豫不决。不仅如此，联邦德国寻求和平使用核技术的尝试还遭受了严重挫折。例如，1952年 5 月，法国、意大利、荷兰、比利时、卢森堡和联邦德国签署了《建立欧洲防务集团条约》，这似乎为联邦德国利用核技术开辟了新局面，该条约允许联邦德国每年生产 500 克钚，并建造一座 1500 千瓦容量的试验堆。[②] 鉴于当时世界上唯一建成的核发电堆——美国实验性增殖堆的发电能力只有 100 千瓦，联邦德国试验堆的规模并非微不足道。然而，1954年，由于法国议会的反对，该条约最终未能生效。阿登纳总理对此十分关

---

① Nachlass Werner Heisenberg, *Heisenberg an Eickemeyer*, 9.9.1953.

② Deutschland（Bundesrepublik）Presse-und Informationsamt（Hrsg.）, *Bulletin des Presse-und Informationsamtes der Bundesregierung*, Bonn: Deutschland Bundes-Verlage, 1952, S.50.

切，核能问题在当时对其而言是一个政治问题，他必须谨慎处理。

直到 1952 年底，联邦德国政府才开始对本国核物理学家的倡议做出回应。按照美国艾森豪威尔（Dwight David Eisenhower）总统的"和平利用原子能"模式①，联邦德国政府确立了未来研究政策的基本方向，在能源问题上开始注重核能的开发与利用。联邦德国的核能事务最初由联邦经济事务和能源部主管负责。1953 年 2 月，联邦总理阿登纳写信给联邦经济事务和能源部部长艾哈德，要求他在不影响联邦经济事务和能源部处理"个别问题"的情况下，领导未来的联邦德国核能委员会。由于"联邦德国核能委员会的成立"不仅具有"经济性质"，而且"具有重大的政治意义"，它将"在全世界遇到阻力"。②

1955 年 8 月，和平利用原子能的国际科学技术会议在日内瓦国联大厦召开，这为联邦德国的核能发展打了一针强力催化剂。本次会议旨在促进核能的和平利用和开展国际合作，特别是研究核能发电的问题，并在世界范围内推广核能的和平利用。会议听取了美国总统艾森豪威尔的建议，记录了主要核大国（美国、苏联、英国和法国）的核能发展状况③和项目。这次会议被与会者以欣快的口吻描述为和平使用核技术的历史转折点。之后，政治界和新闻界开始为之欢欣鼓舞。快速增殖堆技术被认为基本上没有安全问题④，人们对核能利用充满了无限的热情。核反应堆未来可以为人类提供电力和热能，为海水去掉盐分，使荒漠变为沃土，为北方寒冷地区的房屋供暖，或者改变整条河流的走向，为干旱地区进行农业灌溉等。小型核反应堆还可以为船只、飞机、火车乃至汽车提供动力。由此诞生一系列新的流行词语，如"核开关""核巴士"等。⑤ 美国原子能委员会主

① 1953 年 12 月 8 日，美国艾森豪威尔总统在联合国大会上发表"原子能为和平服务"的演说，这标志着美国正式开启和平利用原子能的计划。美国当时的主要目的是通过向无核国家提供有限的核技术用于和平目的，以换取后者不研发核武器。

② Nachlass Werner Heisenberg, *Adenauer an Erhard*, 20. 2. 1953.

③ 这些国家的民用核能的发展归功于军事领域释放出的技术和人员潜力。它们用于核研究和核开发的大量资金来自国防预算。

④ *Atomenergie, Internationale Monatszeitschrift für Atomtechnik und Atomwirtschaft*, Sonderheft zum ersten Welt-Atomkongress in Genf vom 8. bis 20. August 1955, S. 10.

⑤ Matthias Jung, *Öffentlichkeit und Sprachwandel: Zur Geschichte des Diskurses über die Atomenergie*, Opladen: Westdt. Verl., 1994, S. 42 f.

席刘易斯·施特劳斯（Lewis Strauss）将这些愿景总结道："如果我们能够避免战争，人类将面临从未经历且难以想象的繁荣时代。"[1] 日内瓦会议引发的"欢欣浪潮"也彻底打消了联邦德国最高决策者之前的疑虑。联邦德国的所有党派达成共识，一致赞同和支持发展核能工业，以弥补战后国内能源发展中的不足，减少对煤炭的依赖。

1955 年 10 月，联邦德国政府专门成立了一个联邦原子事务部，由弗朗茨·约瑟夫·施特劳斯（Franz Josef Strauß）担任部长，负责研究核能的和平使用。[2] 联邦德国和平利用核能的序幕由此拉开。实际上，联邦德国核能政策的组织管理由德国原子能委员会负责。从形式上讲，德国原子能委员会仅仅是联邦原子能事务部以及 1955 年成立的原子能事务跨部委员会的一个咨询机构，负责协调与核能政策有关的政府部门。德国原子能委员会主要由从事核能业务的行业代表组成，特别是电力、化工和钢铁集团，以及能源供应公司和大型银行的代表。此外，德国原子能委员会成员还包括一些科学家以及两名工会代表。德国原子能委员会下设五个专门委员会，这些委员会又设有不同的工作组，大约包含 200 名成员。[3]

成立于 1958 年的核反应堆安全委员会是另一个任务更加具体的咨询机构，该委员会的构成显示出"与德国原子能委员会类似的工业界、科学界和政府部门之间的融合"[4]。重要的是，该机构开展的各项工作在很大程度上不受联邦议会控制。除了德国原子能委员会和核反应堆安全委员会之外，德国原子能论坛扮演的角色也很重要。自德国原子能论坛 1959 年成立以来，许多核能工业机构被合并为单一的组织，其中包括几乎所有从事核

---

① US-Informationsdienst（Hrsg.），*Atomenergie für den Frieden*，Bad Godesberg：Eigenverlag，1955，S. 30.

② 施特劳斯认为，联邦原子能事务部应当承担三项重大任务：一是制定《原子能法》和保护民众免受放射性物质侵害的法律；二是制定研究协调计划以及保障下一代科学家和工程师的资助计划；三是启动国际谈判。参见 Franz Josef Strauß，Der Staat in der Atomwirtschaft，in *Atomwirtschaft-Atomtechnik*，1/1956，S. 4。

③ Karsten Prüß，*Kernforschungpolitik in der Bundesrepublik Deutschland*，Frankfurt a. M.：Suhrkamp Verlag，1974，S. 40f.

④ Hans-Joachim Bieber，*Zur politischen Geschichte der friedlichen Kernenergienutzung in der Bundesrepublik Deutschland*，Bd. 3，Heidelberg：Forschungsstätte der Evangelischen Studiengemeinschaft，1977，S. 32.

能工业的公司，以及一些协会、政府部门和个人。从内部看，德国原子能论坛充当了一种结算机构，协调各个公司的不同利益。从外部看，在和平利用核能方面，它对政府而言是一个施压团体，对公众而言则是一个宣传机构。[①]

这些半官方或私人咨询机构在国家层面没有与之对等的机构。德国原子能委员会和德国原子能论坛的建议或多或少地上升为政府和议会决策者的行动指南。德国原子能委员会为核能重大研究项目的实施内容及预算提供了决定性的动力和理由。这样，热衷于对接国际研究水平的科学家以及致力于实现利润最大化的企业就可以提出并实施其认为合适的项目，这些项目主要由公共资金资助。

1956 年 4 月，在联邦德国核能政策迈出了决定性的一步之后，联邦议院首次对核能问题进行辩论。随后，德国社会民主党代表正式提交了"核能发展计划"，并宣称："这种有控制的核裂变以及由此方式获得的核能将为人类开启一个崭新的时代。人们在生产劳动过程中借助水力、蒸汽、石油所获取的能源以及一直以来投入的体力劳动，将来都可以用核能全面加以替代。""作为第二次工业革命以来新能源中的一种重要的能源形式，核能的使用必将给人类带来更多的福祉。以此名义开发和利用这种新能源，将有助于巩固国内的民主基础，以及增强各国人民之间的和平。那样，核能时代就成为所有人实现和平和自由的最伟大的时代！"[②]

这一时期，核能让联邦德国的部分民众以及各个政党产生了无限的期待。在他们看来，核能不仅是廉价且清洁的能源，还是一种取之不尽的能源。而且，核能的使用也得到了广泛的支持，甚至从自然保护和环境保护方面得到了论据支撑。正如德国社会民主党在其"核能发展计划"中所写的那样，通过广泛使用核能，不仅可以避免"对煤矿的乱挖滥采"，而且可以避免"煤炭开采时给自然景观和自然供水带来的损害性变化"。[③] 时任

---

① *Süddeutsche Zeitung*, 16. 3. 1979, S. 6.

② Wolfgang D. Müller, *Geschichte der Kernenergie in der Bundesrepublik Deutschland: Anfänge und Weichenstellungen*, Stuttgart：Schäffer Verlag für Wirtschaft und Steuern, 1990, S. 338.

③ Wolfgang D. Müller, *Geschichte der Kernenergie in der Bundesrepublik Deutschland: Anfänge und Weichenstellungen*, Stuttgart：Schäffer Verlag für Wirtschaft und Steuern, 1990, S. 338.

巴伐利亚州自然保护专员的奥托·克劳斯（Otto Klaus）也表达了类似的观点。1960年，他发表了一篇涉及"核时代的水力资源利用与自然保护"的文章。他在文中承认，"一些科学家、政治家和民众"担心使用核能产生的危险，然而，这些危险是可以控制的。特别是因为拦河坝的危险性很大，在建设拦河坝的时候就需要很多的付出和牺牲。此外，堤坝会因技术缺陷或大自然的作用力而破裂，由此引发巨大的灾难。与建堤坝相比，核技术的进步以及核电站的建造则是一种重要的替代方案。这一"历史性时刻"应当加以利用。①

与此同时，有关未来能源缺口危机的说法愈演愈烈，这进一步助推了联邦德国核能的发展。1957年，联邦德国核物理学家卡尔·弗里德里希·冯·魏茨泽克（Carl Friedrich von Weizsäcker）根据一份能源现状研究报告中的数据，声称联邦德国未来可能会出现能源缺口。② 根据当时一些研究机构的预测数据，联邦德国1965年能源部门的产能赤字为13%，1975年这一数字将达到19%。③ 20世纪50年代末，欧洲原子能共同体的三个拥有核能工业的国家都宣称："我们三个国家都必须尽最大努力增加传统能源的生产。无论这些努力多么巨大，它们都无法满足我们的需要。"④ 为此，一部分人呼吁联邦德国政府尽快修正预设的能源发展路线，将核能作为主要替代能源。⑤

为了加强和规范核能的研发和利用活动，推动核能事业健康可持续发展，同时保护资源、环境和民众的健康，联邦德国政府于1959年12月颁布了《原子能法》（也称《和平利用原子能和防止其危害法》）。该法共分6章59节，内容主要包括立法宗旨、定义，明确主管部门职责、政府监督机制和违法行为行政责任，针对核设施（尤其是核电站）、核燃料和核

---

① Otto Kraus, *Bis zum letzten Wildwasser? Gedanken über Wasserkraftnutzung und Naturschutz im Atomzeitalter*, Aachen: Georgi, 1960, S. 34.

② Carl Friedrich von Weizsäcker, *Atomenergie und Atomzeitalter*, Frankfurt a. M.: Fischer, 1957, S. 128.

③ Dieter Rucht, *Von Wyhl nach Gorleben: Bürger gegen Atomprogramm und nukleare Entsorgung*, München: Beck, 1980, S. 22.

④ Werner Meyer-Larsen, *Das Ende der Ölzeit*, München: Heyne, 1980, S. 172.

⑤ *Der Spiegel*, 2. 7. 1979, S. 121.

废料相关的需要法律规范的重要问题（核燃料和核废料的运输、保管、处置等）、预防措施、赔偿措施、处罚措施，也涉及与公共安全直接相关的其他领域。① 在《原子能法》的具体实践中，各联邦州代表联邦政府对《原子能法》范围内的核设施进行审批和监督。这些联邦州受联邦政府监督，联邦政府的监督范围扩大到执法的合法性和适宜性。联邦政府可根据一般行政法规或指令，在联邦委托行政框架内对各联邦州施加影响。这一时期，无论是联邦政府还是各联邦州政府都对联邦德国和平利用核能持有类似的积极态度。

二 联邦德国"核能发展计划"的初步实践

20 世纪 50 年代中期，在联邦德国的能源工业中，核能发展（核电站建设）并不取决于电力成本，而取决于融资的可能性。这一时期，建造核电站面临的主要问题是资本短缺，因为当时电力工业的资本密集程度之高异乎寻常，这在当时被视为一种负担，这种负担甚至因核能技术的参与而进一步加重。

核能的成本结构从一开始就比较清晰。在 1955 年 8 月日内瓦国际核能会议期间，联邦德国《商报》有一期的主标题叫"昂贵的核设施——廉价的核燃料"。②《法兰克福汇报》的一位评论员指出，向更大容量推进的核电计划所面临的主要困难是筹集资金。一些著名银行家认为，在接下来的 8 年中，需要为 1500 兆瓦容量的核设施筹集约 25 亿马克的资金，这首先需要国家的大力支持。③ 此外，联邦德国政府还必须提供更多的资金用于核能研究，以弥补联邦德国在国际核能大国中技术相对滞后的状况。

在联邦原子能事务部成立之初，其所获得的支持经费几乎微不足道，因为时任联邦财政部部长的弗里茨·沙弗④（Fritz Schaffer）奉行严格的财

---

① 联邦德国《原子能法》（1959 年版）第 1 章第 1 节（立法宗旨）第 1 条明确写道："促进以和平为目的的核能的研究、开发和利用。"法律全文参见 *Bundesgesetzblatt*，Teil I，Nr. 56/1959，31. 12. 1959，SS. 814-828。

② *Handelsblatt*，24. 8. 1955.

③ *Frankfurter Allgemeine Zeitung*，28. 5. 1955.

④ 1955~1957 年在任。

政政策。核能经费预算的预估值很低，然而实际支出经常还没有达到预估值。当时，对核能技术的需求已经越来越集中于某些优先事项上，这与联邦银行对公共预算实行的限制性开支政策相冲突。联邦德国的核能政策在起步阶段显然受到了整体财政环境的影响。

一个基于"马歇尔计划"的公共财政部门对于建设首批示范性核电站具有至关重要的意义。联邦企业资源规划特别基金和德国复兴信贷银行发放或担保的贷款在重建能源供应方面发挥了重大作用。它们创造了更大的资金回旋余地。但德国复兴信贷银行认为自己是资本市场的代理人，没有理由为常规发电站提供资金，因为从 1957 年开始，可利用的资本市场已然恢复。另一方面，采矿业可以继续依靠德国复兴信贷银行提供的资金。这些说明确保能源供应仍然是联邦德国政府的主要关注点。① 因此，基于核电站建设所面临的资金困境，联邦德国政府需要重新调整部分公共投资援助和投资控制的政策，以支持核能技术的广泛应用。

随着联邦德国经济持续高速增长，阿登纳政府开始对核能开发提供慷慨的支持。这使得面向基础研究的核物理学界和对商业应用感兴趣的工业界不同的要求能够同时得到满足。在这种情况下，德国原子能委员会及其分支机构发展成为互助服务的团体。它们的座右铭是："如果你给我一个加速器，我就还你一座核反应堆。"②

联邦德国最初的核能政策主要集中在基础研究上。现有和新兴的研究机构获得了联邦政府和联邦州政府预算中"为所有机构提供的稳定而充足的资金"③。1956 年底至 1957 年初，行业代表制定的埃尔特维勒核能发展计划（Eltville Programm）对众多核能研究项目进行了协调，并于 1957 年得到德国原子能委员会的批准。几乎在同一时期，联邦德国第一座研究

---

① Klaus Dohrn, Energiewirtschaftliches Institut an der Univ. Köln, *Finanzierungsfragen in der Energiewirtschaft*, Köln, 1958, S. 5f.

② Hans-Joachim Bieber, *Zur politischen Geschichte der friedlichen Kernenergienutzung in der Bundesrepublik Deutschland*, Bd. 3, Heidelberg: Forschungsstätte der Evangelischen Studiengemeinschaft, 1977, S. 32.

③ Karsten Prüß, *Kernforschungpolitik in der Bundesrepublik Deutschland*, Frankfurt a. M.: Suhrkamp Verlag, 1974, S. 67.

堆——慕尼黑研究堆①在慕尼黑附近的加兴镇开始运行。

1958 年，联邦德国开始启动首个核能发展计划。该计划的主要目标是，在 1965 年以前完成开发 5 种类型的核反应堆，每座核反应堆容量为 100 兆瓦，此外还计划建造一些规模较小的研究堆和一座 1000 兆瓦的动力堆。② 不过，联邦德国首个核能发展计划所设定的目标显然过于远大，联邦德国政府必须为此大幅扩大财政预算。无论以后是否将核能用于发电，联邦德国政府都将计划中的 5 座核反应堆的保证金（每座 5000 万马克）增加一倍，同时增加了投资援助，并为另外两座核电站的建设和运营损失提供额外的赔偿资金。然而，该计划被证明在财务上和技术上都是失败的，最后被迫于 1959 年中止。③

由于联邦德国首个核能发展计划惨败，以及全球石油供应量大且价格便宜，联邦德国政府对发展核能的兴趣暂时有所减弱。尽管如此，德国通用电气公司（AEG）与美国通用电气公司（GE）还保持着密切合作，在美因河畔卡尔建造了一座沸水堆，并于 1960 年将其投入运行。这标志着联邦德国核能利用的开端。此外，在豪赫蒂夫（Hochtief）建筑公司的进一步参与下，两大电气公司又建造了一座容量为 237 兆瓦的动力堆，并于 1966 年将其在多瑙河畔贡德雷明根投入使用。核能利用协会从 1956 年就开始进行核动力商船项目，一艘名为"奥托·哈恩号"（Otto Hahn）的核动力船在 1967 年 5 月正式下水，1979 年最终停航。

1961 年，联邦德国政府委托西门子公司（Siemens）为卡尔斯鲁厄核研究中心建造一座 50 兆瓦的多用途研究堆。1965 年该研究堆进行了试运行，在其 1.57 亿马克的建造费中，1.47 亿马克由公共财政承担。经过漫长的准备，快速增殖堆的建设规划于 1960 年启动，其最初的开发成本约为 1.85 亿马克，主要由联邦原子能事务部承担。④ 尽管联邦德国采取了一些

---

① 该反应堆是联邦德国巴伐利亚州政府从美国购买的首座研究堆，因其屋顶形状像鸡蛋而被称为"原子蛋"（Atomei）。

② Karsten Prüß, *Kernforschungspolitik in der Bundesrepublik Deutschland*, Frankfurt a. M.: Suhrkamp Verlag, 1974, S. 343.

③ Dieter Rucht, *Von Wyhl nach Gorleben: Bürger gegen Atomprogramm und nukleare Entsorgung*, München: Beck, 1980, S. 24.

④ *Der Spiegel*, 11.12.1978, S. 92.

措施，但它未能在核能研究和核能技术方面赶上核技术领先国家（美、英、法等国）。然而，这与盈利能力无关，而与"国家关切"相连。[1]

1963年，联邦德国第二个核能发展计划作为"开发核能用途的总体计划"呈现在公众面前。该计划涵盖的时间是1963年至1967年，联邦德国政府为此计划提供了约25亿马克的财政资助。这些财政资助直接促使核能工业的开支成倍增加，这与当时盛行的自由市场经济的思想相悖。正如联邦德国核能发展计划的制定者所言，核能工业无法独自产生很高的性能。[2]因此，在紧急情况下，核反应堆建设也应考虑"代表公共当局"的利益。[3]联邦德国第二个核能发展计划还有针对性地促进核能研究，除了核反应堆研发之外，该计划还包括继续研发快速增殖堆和钍增殖堆（高温堆），联邦德国政府为此从总预算中拨出超过10亿马克的财政资助。在动力堆建设上，联邦德国直接照搬了美国开发的轻水堆生产线。这条生产线的两个变体——由美国通用电气公司和德国通用电气公司开发的沸水堆以及由美国西屋电气公司（WEC）与德国西门子公司设计的压水堆在联邦德国得到推广。但其实早在1963年，一家美国公司便以纯商业化模式为美国通用电气公司安装了沸水堆。[4]

随着联邦德国第二个核能发展计划的结束，上述公司得以向联邦德国的能源工业提供动力堆。这标志着联邦德国的商业堆建设获得决定性的突破，联邦德国的核能利用由测试阶段进入实用阶段。此外，联邦德国的商业堆建设还得到联邦德国政府于1967年制定的一项计划的支持，该计划确保联邦德国政府对核电站运营商的补贴达到相应的煤炭补贴水平。联邦德国的电力行业已经放弃了长期以来对核能利用的怀疑。[5] 1968年，德国通用电气公司受德国西北部发电站和汉堡发电站的委托，在易北河畔施塔德

---

[1] *Bulletin des Presse-und Informationsamtes der Bundesregierung*, Nr. 79, Bonn, 7. 5. 1963.

[2] Wolfgang Cartellieri, Alexander Hocker, Walther Schnurr（Hrsg.）, *Taschenbuch für Atomfragen*, Bonn: Festland Verlag, 1964, S. 166.

[3] Wolfgang Cartellieri, Alexander Hocker, Walther Schnurr（Hrsg.）, *Taschenbuch für Atomfragen*, Bonn: Festland Verlag, 1964, S. 200.

[4] Karsten Prüß, *Kernforschungspolitik in der Bundesrepublik Deutschland*, Frankfurt a. M.: Suhrkamp Verlag, 1974, S. 81.

[5] Heinrich Schöller, Kernenergie für die Elektrizitätswirtschaft-aber wann? in *Atomwirtschaft-Atomtechnik*, Bd. 10, 1956, S. 331f.

建造了一座 600 兆瓦的核电站。德国西门子公司获得了德国普鲁士电气公司（PREAG）在威悉河畔韦盖森建造一座 670 兆瓦核电站的合同。

联邦德国第三个核能发展计划是由德国原子能委员会在 1967 年拟定的。该计划涵盖的时间是 1968 年至 1972 年。联邦科学研究部首先对该计划进行了预算估算，德国原子能委员会随后核准了这一计划。根据 1967 年 12 月 13 日联邦内阁的一项决定，这项核能发展计划草案被正式提升为政府计划。整个计划实施期间的财政支出预计约为 55 亿马克，其中各联邦州的财政支出约为 11 亿马克。[①] 在第二个核能发展计划取得成功之后，联邦德国政府在这一时期专注于一些与之相关和具有前景的项目，包括开发 300 兆瓦高温堆原型机、进一步开发快速增殖堆、规划一个年处理量为 800 吨的核燃料后处理厂、计划开展核反应堆安全研究等项目，并为轻水堆和重水堆的出口提供支持。

在第三个核能发展计划实施期间，联邦德国启动了其他常规核电站的建设，例如，莱茵河畔比布利斯核电站 A 机组、易北河畔布伦斯比尔特核电站、内卡尔河畔内卡斯特韦斯海姆核电站、威悉河畔艾森沙姆核电站、伊萨尔河畔奥胡核电站、莱茵河畔比布利斯核电站 B 机组的建设，此外还有下莱茵河畔卡尔卡尔的快速增殖堆的开发。1969 年，巴登-符腾堡州奥布里格海姆核电站作为联邦德国首座商业核电站被投入运行，它也是联邦德国首座并网核电站，一直运行到 2005 年。在第三个核能发展计划实施期间，联邦德国建造的核电站在海外市场也深受好评。联邦德国核能工业收到一系列国外订单，于 1968 年在阿根廷建造一座 300 兆瓦的核电站，1969 年在荷兰建造一座 400 兆瓦的核电站，1971 年在奥地利建造一座 700 兆瓦的核电站，以及 1972 年在瑞士建造一座 920 兆瓦的核电站。因此，尽管它与美国相比还有很大差距，但联邦德国已成为全球最大的民用核设施出口国之一。与国内市场上的其他能源相比，联邦德国的核能工业在国际领域实现了"经济突破"。有人说这是"核电站的胜利"。[②] 在当时看来，联邦

① Walter Naasner, Christoph Seemann（Hrsg.）, *Die Kabinettsprotokolle der Bundesregierung*, Band 20, 1967, München: R. Oldenbourg Verlag, 2010, S. 589.

② W. Finke, Der Siegeszug der Atomkraftwerke, in *Atomwirtschaft-Atomtechnik*, Bd. 12, 1967, S. 566.

科学研究部拟定的第三个核能发展计划的目标似乎触手可及。预计到 1980 年，投入运行的核电站容量将在 2.5 万至 3 万兆瓦，它们的发电份额将占到 40%。[1]

这一时期，导致核电站订单数量激增的主要原因是联邦德国经济的总体发展和核能工业内部的特殊发展。此外，1966 年，来自美国的核电站订单剧增，这提高了联邦德国内部对核能发电的信任度，同时有助于促进越来越多的资金流入核能工业领域。到 20 世纪 60 年代末，联邦德国电力工业的资本短缺状况已经结束。联邦德国最大的电力生产商——莱茵—威斯特伐利亚电力公司（RWE）在莱茵河畔比布利斯建造了世界上最大的核电站，其资金基本上是依靠自身的资源进行融资的。可见，核电项目的融资状况比以往任何时候都更加有利。由于资本密集度的普遍提高，建设一座核电站的成本已不再像十年前那样高得离谱，核电站的经济风险也不再像过去那样令人生畏。

20 世纪 60 年代，由于产业转型升级以及大量流动资本的涌入，联邦德国核能工业发展驶入快车道。在 20 世纪 50 年代，联邦德国电子工业经历了快速增长。当时，联邦铁路的电气化吸引了大量资金的注入，导致核能项目无法获得资本市场的青睐以及多余的资金进行投资。[2] 除此之外，家庭电气化和电视机的普及都是联邦德国那个时代的标志，并且多年来一直为电气行业带来可观的利润。然而，这种情况在 20 世纪 60 年代开始发生变化，家用电器尤其是收音机、电视机和留声机的繁荣期结束了，这导致工业生产能力过剩。20 世纪 60 年代初，广播电视市场因激烈的价格战而出名，几年后，电气行业甚至开始抱怨洗衣机价格也出现"疯狂下跌"。[3] 1966 年至 1967 年的经济衰退导致联邦德国电力公司在国内的营业额明显减少，它们在业绩报告中更多提及的是国外业务。面对 20 世纪 60 年代家用电器行业的颓势，核能技术应运而生。在前一波电气生产浪潮结

---

[1] W. Finke, Der Siegeszug der Atomkraftwerke, in *Atomwirtschaft-Atomtechnik*, Bd. 12, 1967, S. 566.

[2] Christian Deubner, *Die Atompolitik der westdeutschen Industrie und die Gründung von Euratom*, Dissertation Konstanz 1976, S. 83 Anm.

[3] *Frankfurter Allgemeine Zeitung*, 9. 2. 1968.

束后，核能成为一项新的重大电气工程项目，同时又是确保联邦德国电气公司在世界市场上享有声望的一种手段。由此可见，联邦德国工业产能过剩的状况以及流动资本寻找投资对象的需求，在一定程度上助推了联邦德国核能工业的发展。

三 联邦德国核能初步发展中的潜在危机

纵观 20 世纪五六十年代联邦德国民用核能的发展历程，即使 20 世纪50 年代中期以后，和平利用核能受到各界热捧，联邦德国内部对于发展核能工业（建造核电站）还是存在不少争议的。特别是，战后联邦德国民众对于能否和平利用核能，始终存有一些担忧和疑虑。其主要原因是，第二次世界大战末期美国在日本广岛和长崎投下的核炸弹所产生的恐怖场景让联邦德国民众一直心有余悸。尽管联邦德国政府后来努力试图将民用核技术与军事核技术区分开来，但"核子"一词在许多民众那里仍与核弹有着密切的关联。① 1959 年，2000 名联邦德国公民参与了一项问卷调查，其中有 17% 的人承认他们担心核能有朝一日会引发核战争，而只有 8% 的人宣称自己完全支持核能。②

在联邦德国自然科学界，许多科研工作者具有强烈的社会责任感。他们对由其研发出的核技术表示担忧。因为如果将该技术用于对付人类，那么整个人类文明将会毁于一旦。1955 年 7 月 15 日，包括多名联邦德国诺贝尔奖获得者在内的 52 位科学家在博登湖畔的迈瑙岛上相聚，共同发表了关于新发明的核（武器）技术固有危险性的声明③，首次公开表达了对核

---

① 联邦德国的一项调查研究显示，即便到了 1968 年，"核子"仍然在很大程度上与核弹联系在一起，而与核反应堆的联系则少得多。参见 *Atomwirtschaft-Atomtechnik*，Bd. 13，1968，S. 71。

② *Bremer Nachrichten*，23. 7. 1959.

③ 史称"迈瑙宣言"（Mainauer Deklarationen）。宣言中写道："今天，军事上全面使用核武器可能会使整个地球遭受放射性污染，以致整个人类都将被消灭。交战国因此会灭亡，中立国也无法幸免。如果大国之间爆发战争，谁能保证它不会演变成一场毁灭性的战争？因此，发动全面战争的国家不仅会使其覆灭，还会危害整个世界。"参见 Ralph Burmester，*Wissenschaft aus erster Hand: 65 Jahre Lindauer Nobelpreisträgertagungen*，Bonn：Deutsches Museum Bonn，2015，S. 48ff。

技术使用的担忧。1957年4月12日，联邦德国18位著名的核物理学家和诺贝尔奖获得者共同签署了"哥廷根宣言"[1]，反对联邦总理阿登纳和联邦国防部部长施特劳斯[2]提出的将核技术用于制造国防武器的倡议。[3]

尽管一些参与核技术研究的科学家从一开始就指出，使用核能确实存在风险，但这些风险是可控的。然而，他们的乐观言论并未被所有民众接受。当涉及试验堆选址时，联邦德国政府无论选哪里，都遭到当地居民的抗议。例如，1951年至1952年，联邦德国政府在卡尔斯鲁厄、科隆和于利希选择首批核反应堆的安置地点时，就引发了民众激烈的抗议活动。卡尔斯鲁厄的市民甚至诉诸法院，他们认为其生命和身体不受侵害的基本权利受到了严重威胁，并明确指出了未得到联邦德国政府澄清的一系列安全问题。他们的诉讼行动引起了广泛的社会关注，由此引发了全国范围的讨论。不过，当时大多数的评论文章支持使用这种新型能源，并将这些原告描绘成土里土气的"爱抱怨者"。正如1956年11月6日《南方信使报》(Südkurier) 的一篇文章所写的那样，这些人拿着打谷棒，反对在当地建造核反应堆。[4] 20世纪60年代初，联邦德国政府计划在贝托尔德斯海姆建立该国首座大型核电站，纽伦堡民众担心位于莱希河河口的饮用水保护区会因此受到影响，遂针对联邦德国政府的这项核电站选址规划发起抗议活动，最终迫使联邦德国政府将规划中的核电站改建在了贡德雷明根。

---

① 该宣言的目的是警告使用氢弹的核战争将给人类带来毁灭性的灾难，敦促各国政府放弃将武力作为实现政治目的的手段。虽然"哥廷根宣言"（Göttinger Erklärung）的签署者中也有民用核能的支持者，但是该宣言经常被视为联邦德国反核运动的起点。参见 Robert Lorenz, *Protest der Physiker: Die "Göttinger Erklärung" von 1957*, Bielefeld：Transcript Verlag, 2011, SS. 169-170.

② 弗朗茨·约瑟夫·施特劳斯（Franz Josef Strauß）于1956年成为联邦德国国防部第二任部长。

③ 根据1954年的《巴黎条约》，联邦德国虽承诺不生产核武器，但没有承诺不使用核武器。20世纪50年代中期，阿登纳和施特劳斯大力推动联邦国防军装备核武器。1957年4月5日，联邦德国总理阿登纳在一次新闻发布会上公开表示："战术核武器和大型核武器要区分开来。战术核武器只不过是火炮的进一步发展，当然，我们的部队也应该参与常规武器的最新发展。"参见 Hans Karl Rupp, *Außerparlamentarische Opposition in der Ära Adenauer: Der Kampf gegen die Atombewaffnung in den fünfziger Jahren*, Köln：Pahl-Rugenstein, 1970, S. 37.

④ Wolfgang D. Müller, *Geschichte der Kernenergie in der Bundesrepublik Deutschland: Anfänge und Weichenstellungen*, Stuttgart：Schäffer Verlag für Wirtschaft und Steuern, 1990, S. 222.

联邦德国早期的反核活动也得到联邦德国一些政治家的支持。例如，1968 年，在建中的维尔加森核电站引发了当地民众的抗议，联邦德国理论物理学家和政治家卡尔·贝歇特（Karl Bechert）就对抗议活动提供了支持。[①] 贝歇特当时担任联邦议院社民党代表兼联邦原子能和水管理委员会主席。在贝歇特的政治生涯初期，他坚决反对核军备竞赛，后来他也反对所谓的"和平利用核能"。他认为，核电站的开发和使用永远都不会安全，核废料的问题也无法解决。贝歇特作为联邦议员曾向联邦德国政府提出过口头质询。其中，他首先对核设施的安全控制提出了质疑，并指出，对核电站的空袭或破坏行为可能会导致放射性物质失控释放到大气中，并使数千平方公里的土地受到污染。特别值得注意的是，他当时已经要求联邦德国政府在核废料的最后处置方面采取适当的预防措施。[②] 贝歇特以联邦德国首位公开反对建造核电站的科学家和政治家而闻名。1981 年 4 月 4 日，英国《曼彻斯特卫报》（*Manchester Guardian*）把他称为"联邦德国反核运动之父"。

20 世纪五六十年代，联邦德国的一些出版物的内容也包含对发展核能的批评。这尤其体现在联邦德国文学界。这一时期联邦德国文坛涌现了大量核文学（小说、诗歌、戏剧等）作品。它们主要关注核能技术的使用对环境产生的影响，以及环境变化对人类生存产生的影响，反映了当时人们对核能利用的认知和反思。20 世纪 50 年代，虽然核文学作品当中有一部分体现出对核技术盲目崇拜的态度，但更多的作品表达了对核技术滥用的批判，特别是反映了对未来核战争（或核爆炸）引发全球灾难的悲观情绪。[③] 到了 20 世纪 60 年代初，随着美苏冷战的进一步加剧，人们对核战争的恐惧日益加深[④]，核弹爆炸后的放射性物质带来的可怕后果成为联邦

---

① Joachim Radkau, Eine kurze Geschichte der deutschen Antiatomkraftbewegung, in *Biotechnologie-Kommunikation*, Heidelberg: Springer Vieweg, 2012, SS. 191–202.

② Ralf Kohl, *Das politische Wirken Professor Karl Becherts von 1956–1972: Eine Studie über (un-) politisches Verhalten*, Dissertation Mainz 1993, S. 102.

③ 如，作家沃尔夫迪特里希·施努尔的小说《我们这座城市的命运》（Wolfdietrich Schnurre, *Das Los unserer Stadt*, Olten: Walter Verlag, 1959）讲述了核弹爆炸引发的大火毁灭人类文明的过程；作家延斯·雷恩的小说《土星上的孩子们》（Jens Rehn, *Die Kinder des Saturn*, Darmstadt: Hermann Luchterhand Verlag, 1959）讲述了人类经历核战后余生的故事。

④ 1962 年，在古巴导弹危机中，美苏几乎将世界推向核战争的边缘。

德国民众关注和讨论的话题。1964 年，联邦德国《明镜周刊》（Der Spiegel）第 46 期刊文描述了核爆炸场景："当核弹爆炸的时候，放射性灰尘会高高扬起，它们像云雾一样不断升腾，然后像毒雨一样散落到世界各处。"① 但该文同时也认为，这种新型危险也预示着一个崭新的生态时代的来临。以往人们关注和讨论的环境污染问题大多是一些局部地区问题，人们无论从感知还是从时空上都能有一个比较清晰的认识，而现在出现的核爆炸危险不论是从时空还是从感知上来说都是不可预知的，因此，这进一步加剧了民众的恐惧心理。核爆炸由此成为一种对人类生存构成的潜在威胁，以及人类必须直面的现实挑战，这促使民众参与到这场反核竞赛的环境保护运动中。

此外，从 20 世纪 50 年代末开始，反核民众还组建了一些生态环保组织，如"反对核损害战斗联盟"（KgA）② 和世界生命保护联盟（WSL）③，并且发起了一些反核抗议运动④。这些生态环保组织十分关注放射性辐射对人类遗传造成的负面影响。核废料处理被普遍认为是一个非常棘手的问题。一些反核民众甚至公开表示，因为核废料最终处置存在危险以及处置的代价高昂，有必要考虑放弃发展核能。从 1967 年和 1968 年发生的经济衰退到 20 世纪 70 年代初，这种呼吁变得愈来愈强烈。联邦德国的民众渐渐从"经济奇迹"中清醒起来，在核战争阴影笼罩下提高了对生态危机的意识。

综上所述，20 世纪五六十年代，联邦德国民众对和平利用核能的看法

---

① *Der Spiegel*, Nr. 46, 1964, S. 118.

② 1956 年 6 月，在博多·曼斯坦（Bodo Manstein）医生的倡议下，反对核损害战斗联盟在代特莫尔特成立。该组织呼吁停止所有核试验，禁止生产和使用所有核武器，并推动对放射性危害的民事保护。

③ 1958 年，在京特·施瓦布（Günther Schwab）的倡议下，世界生命保护联盟作为国际非营利组织和非政府组织在奥地利萨尔茨堡成立，它以"保护地球上的生命"为目标谴责将给自然和环境造成破坏的行为，并且警告不要使用核能。该组织在德国的分支机构同年在巴特黑斯费尔德成立。

④ 其中比较著名的有联邦德国议会外抵抗运动——反对核死亡运动（Kampf dem Atomtod），该运动反对联邦国防军使用战术核弹头，并在本国设置短程核导弹发射基地的计划。该运动发起于 1957 年 4 月，活跃于各类社会团体中，并延续到 1959 年 1 月（反对核军备学生大会）。它被认为是联邦德国抗议运动的开端，后来的抗议活动包括 20 世纪 60 年代的复活节示威游行和学生运动。

并没有那么一致，但联邦德国没有形成跨区域和持久性的反核电冲突。这一时期，联邦德国为数不多的抗议活动大多为地区性的，主要目的是反对将核技术用于武器研发、核军备竞赛，以及反对在居民区附近建立核电站或者核废料掩埋堆。然而，这一情况到了 20 世纪 70 年代发生了重大改变，受生态危机、核战争威胁以及经济衰退的影响，联邦德国民众对核安全的恐惧急剧增加，最终在联邦德国各地掀起了反核运动浪潮。

结　论

纳粹德国是世界上最早从事核（武器）研究与试验的国家。二战结束后，战败的德国被盟国剥夺了核技术研发的权利，并受到严格的管控。与之相对，世界核大国（美、英、法等）则将战后军事部门释放出的巨大潜能投入民用核能领域，并给予巨额资金支持。20 世纪 50 年代初，随着联邦德国经济的迅速恢复和快速增长，电力需求量也随之增加，能源供应短缺问题日益凸显。联邦德国的一些科学家认为核能利用是解决国内能源危机的重要途径，于是积极推动联邦德国政府调整传统依靠煤炭的能源政策，支持民用核能的研发。20 世纪 50 年代中期，随着《巴黎协定》的签署、日内瓦国际核能会议的召开以及联邦原子事务部的成立，联邦德国在恢复国家主权的同时，其核能利用在政治上实现了突破。联邦德国政府还建立了旨在促进核能发展的机构网络，其中，德国原子能委员会是推动核能发展的真正引擎和协调机构。几乎所有的核能项目都由公共资金来资助。这一时期，关于核能潜力、技术可行性的乐观言论引起了联邦德国化工、电气和钢铁领域主要企业对核能的兴趣。就这样，在科学界的推动、联邦德国政府的主导以及工业界的参与下，联邦德国的民用核能迎来了发展机遇。

然而，由于受资本短缺和技术滞后的影响，联邦德国核能工业经历了艰难的初期起步。20 世纪 50 年代末，联邦德国启动了首个核能发展计划，但由于目标设定太高而中途"流产"。到了 20 世纪 60 年代，鉴于潜在的巨大电力缺口，核能发电得到联邦德国政府更大的重视。受乐观的进步主义精神的鼓舞，联邦德国政府认为大规模使用快速增殖堆是相对安全的，从长远看核原料似乎也并不短缺，所以联邦德国政府又先后启动和实践了两个核能发展计划。在此期间，联邦德国将引进国外先进核技术与开发先进核反应堆有机结合，持续的经济增长又为核能发展提供了充裕的资金保障，这促使联邦德国核能工业走上了快速发展的道路。随着联邦德国的核能从实验阶段转向实用阶段，核能工业机构联合能源供应公司将核能投入商业运用，联邦德国开始在国内外建造大量的核电站。

20世纪五六十年代，联邦德国的民用核能处于发展阶段，迎来了良好的发展机遇，克服了一系列的困难挑战，但发展中也蕴藏着潜在的危机。事实上，联邦德国的核能自其发展伊始就背负着沉重的历史负担。在联邦德国，"核"是有"原罪"的。战后联邦德国民众对二战中纳粹造成的浩劫记忆犹新，而美国向日本投放的核弹的恐怖杀伤力又给他们带来深深的恐惧。因此，联邦德国的部分民众经常将核能利用与核弹联系起来，并对此进行反对和抵制。此外，联邦德国的核能利用在某种程度上是一个悖论：一方面，与传统的石化能源（尤其是煤炭）相比，核能不产生任何温室气体和粉尘，可以说是一种清洁能源，有利于环境保护；另一方面，核事故和核废料处理也会带来环境问题，甚至会引发生态灾难，危及当地民众的生命安全。为此，联邦德国科学界、政治界、文学界的一些著名人士在反对核竞赛、核战争的同时，也反对使用核能。与此同时，一些反核民众还成立各种反核团体，发起抗议活动。尽管当时这些抗议活动尚未形成规模庞大、影响持久的全国性反核冲突，但却加深了人们对核电站安全以及核辐射损害的疑虑和恐惧。随着联邦德国核电建设项目的进一步扩大，特别是媒体对核反应堆负面报道（核安全事故、核废料运输丑闻的曝光）的增多，公民动议运动和环境保护运动开始兴起并且愈演愈烈，反核（核电设施）运动进入高潮，此后还催生了德国绿党，它们日益对联邦德国的核能政策施加巨大的影响，联邦德国能源结构调整的大幕也由此徐徐拉开。

（王超，中国社会科学院中国历史研究院世界历史研究所副研究员，主要研究方向为德国现当代史）

社会文化史

评亚当·斯密的同情理论

姜　南

【摘要】亚当·斯密在其著作《道德情操论》和《国民财富的性质和原因的研究》（又译为《国富论》）中，系统地提出了以同情为核心的社会道德理论，他认为同情心构成尽善尽美的人性。他是具有强烈同情心的人，也是以整个英国社会为关注对象的思想家。但是，在斯密生活的18世纪，至少有三分之一的英国劳动者生活得十分贫困、痛苦和绝望，而他在自己的两部著作中对劳动者的困苦却表现冷漠，毫无同情。他认为富人没有救济贫困者的义务，主张用市场取代政府对贫民的救助。亚当·斯密这样一位富有强烈同情心的思想家，却漠视贫民的困苦，其原因在于：作为生活在资本主义上升时期的经济学家和思想家，他对自由竞争、私有财产、资本主义具有强烈的信心和信仰，对市场的资源配置作用和利己心在市场中的作用有强烈的认同感。

【关键词】亚当·斯密　同情理论　济贫

关于亚当·斯密同情理论的研究成果，国内仅知网上就有近百篇期刊论文和硕士、博士学位论文。绝大多数论文对亚当·斯密的同情理论予以肯定，说他"对劳动者怀有一以贯之的深切同情""视劳动者为兄弟"①。

---

① 宫敬才、黄云明：《比较视域中亚当·斯密的经济情操》，《中国人民大学学报》2014年第4期。肯定亚当·斯密同情思想的文章还有，康静：《亚当·斯密同情思想研究》，硕士学位论文，郑州大学，2016；蔡敏莉：《亚当·斯密同情思想探析》，《淮北职业技术学院学报》2012年第5期；许春芳、费尚军：《亚当·斯密同情论探究》，《临沂师范学院学报》2009年第5期；贾效东：《亚当·斯密同情理论探析》，硕士学位论文，浙江财经学院，2011；刘丹：《亚当·斯密同情理论价值研究》，硕士学位论文，沈阳师范大学，2011；胡巍：《论亚当·斯密的同情说》，硕士学位论文，南京师范大学，2015；　（转下页注）

也有对之进行委婉批评的，比如，"亚当·斯密不但不认为自由主义经济模式和贫困存在着内部的联系，反而认为贫困是自由主义经济发展不足所导致的。……对于贫困的消除，亚当·斯密总是认为应该在市场经济体制下解决。一旦解决贫困的方式伤害市场体制，亚当·斯密则表现出不安和反对。"①"斯密的同情思想是在抽象意义上谈论同情，是无视社会阶级差别的表现，具有阶级调和的色彩……在阶级社会是难以实现的。"②

本文在他人的研究成果基础上，结合亚当·斯密所处时代的社会现实，对他的同情思想进行分析。

一　亚当·斯密与同情理论

亚当·斯密在 1759 年出版的《道德情操论》中，系统地提出了以同情为核心的社会道德理论。这个理论认为，人类凭借天生的想象力，在别人获得幸福的时候，想象那幸福发生在自己身上，为他高兴；在别人承受痛苦的时候，想象那痛苦发生在自己身上，为他难过。这就是"同情"。

斯密认为，无论是高尚还是自私的人，都会有"怜悯或同情"的"本性"，哪怕"最大的恶棍，极其严重地违犯社会法律的人，也不会全然丧失同情心"。③ 不过，斯密主要是在因别人的痛苦而痛苦的意义上使用"同情"一词的。"'同情'这个词，就其最恰当和最初的意义来说，是指我们同情别人的痛苦而不是别人的快乐。"④

斯密对"同情"有生动的描述："当我们的兄弟在受拷问时……通过

（接上页注①）李永华：《从原始情感到道德基础——关于亚当·斯密同情理论的思考》，《山西大同大学学报》（社会科学版）2014 年第 5 期；谭泓：《亚当·斯密〈道德情操论〉对构建和谐劳资关系的启示》，《当代世界与社会主义》（双月刊）2014 年第 5 期；聂文军：《同情在亚当·斯密伦理思想中的作用》，《现代哲学》2007 年第 5 期；周国正：《亚当·斯密〈道德情感论〉中的仁论》，《上海大学学报》（社会科学版）2013 年第 3 期；等等。

① 陈可：《亚当·斯密与阿马蒂亚·森贫困观比较研究》，《湖南大学学报》（社会科学版）2011 年第 6 期。

② 张丽芳：《亚当·斯密同情思想研究》，硕士学位论文，大连医科大学，2008，第 25 页。

③ 〔英〕亚当·斯密：《道德情操论》，蒋自强、钦北愚、朱钟棣、沈凯璋译，胡企林校，商务印书馆，1997，第 5 页。

④ 〔英〕亚当·斯密：《道德情操论》，蒋自强、钦北愚、朱钟棣、沈凯璋译，胡企林校，第 52 页。

想象，我们设身处地地想到自己忍受着所有同样的痛苦，我们似乎进入了他的躯体，在一定程度上同他像是一个人，因而形成关于他的感觉的某些想法，甚至体会到一些虽然程度较轻，但不是完全不同的感受。"① "我们认为，死者不能享受阳光，隔绝于人世之外，埋葬在冰凉的坟墓中腐烂变蛆，在这个世界上销声匿迹，很快在最亲密的朋友和亲属的感伤和回忆中消失，这是多么不幸啊！"②

斯密高度赞扬同情心："正是这种多同情别人和少同情自己的感情，正是这种抑制自私和乐善好施的感情，构成尽善尽美的人性；唯有这样才能使人与人之间的情感和激情协调一致，在这中间存在着人类的全部情理和礼貌。"③ 这些描述和赞美都表明，斯密是一个联想力丰富、同情心强烈、以同情为美的人。

当联想到斯密在《国民财富的性质和原因的研究》中把"自利"作为经济人的本性时，我们可能会认为：斯密的"同情"，归根到底是"自利"的感情。然而，斯密认为："同情在任何意义上都不可能看成一种自私的本性。"他指出，"当我同情你的痛苦或愤怒时，它可能被误认为我的情绪源于自爱"，但是，同情"并不假定偶然发生在我们自己的身上"，而是"发生在我们所同情的那个人身上"，所以，"这根本不是自私"。④ 这说明，斯密的"同情"是利他的。

关于同情心，斯密还有震撼人心的话："如果他为了人类和出于对自己国家的热爱，在争取自由和正义的事业中受难，对他的苦难最亲切的同情，对迫害他的人的不义最强烈的义愤，对他善良意图最深切的由衷的感激，对他的优点的最深刻的认识，都同对他高尚行为的钦佩融合和混杂在

---

① 〔英〕亚当·斯密：《道德情操论》，蒋自强、钦北愚、朱钟棣、沈凯璋译，胡企林校，第5~6页。

② 〔英〕亚当·斯密：《道德情操论》，蒋自强、钦北愚、朱钟棣、沈凯璋译，胡企林校，第10页。

③ 〔英〕亚当·斯密：《道德情操论》，蒋自强、钦北愚、朱钟棣、沈凯璋译，胡企林校，第25页。

④ 〔英〕亚当·斯密：《道德情操论》，蒋自强、钦北愚、朱钟棣、沈凯璋译，胡企林校，第419~420页。

一起，并且常常激起这种情感，使其变成最热烈和狂热的崇敬。"① "古代和近代史上人们抱着最特殊的喜爱和好感来回忆的英雄们，许多是这样一些人：他们在争取真理、自由和正义的事业中，在断头台上死去，并且在那儿表现出同他们的身份相称的那种自在和尊严"。② 斯密认为，有智慧和美德的人"同样乐意为了全世界更大的利益，为了一切有知觉和有理智的生物——上帝本身是这些生物的直接主管和指导者——这个更大的社会的利益"去牺牲"一切次要的利益"。③ 这说明斯密主张把同情心的对象范围不断地扩展，从身边的人到国家，再到整个世界。

斯密那个时代的欧洲知识分子，以构建普世的知识体系为己任。以英国为例，斯密之前的约翰·洛克、大卫·休谟，都做了这样的工作。斯密一生中两部最重要的著作《道德情操论》和《国民财富的性质和原因的研究》在当时都属于道德哲学范畴，他构建这样一个庞大的道德哲学体系，目的显然是为整个社会建立道德秩序和经济秩序。④ 这说明，他是以整个社会为关注对象的。

因此，本文提出一个问题：一位以整个英国社会为关注对象、充满强烈同情心的思想家，在他构建道德哲学体系的两部主要著作中，是否表现了对自己所处社会中遭遇生活痛苦最多最深的广大下层民众的同情呢？

首先来看看 18 世纪英国基层民众的生活境况。

二　18 世纪英国劳动者的生活状况

亚当·斯密 1723 年出生，1790 年去世，是生活在 18 世纪的英国人。

① 〔英〕亚当·斯密：《道德情操论》，蒋自强、钦北愚、朱钟棣、沈凯璋译，胡企林校，第 309 页。
② 〔英〕亚当·斯密：《道德情操论》，蒋自强、钦北愚、朱钟棣、沈凯璋译，胡企林校，第 309~310 页。
③ 〔英〕亚当·斯密：《道德情操论》，蒋自强、钦北愚、朱钟棣、沈凯璋译，胡企林校，第 304 页。
④ 斯密在格拉斯哥大学讲授的"道德哲学"这门课，内容包括神学、伦理学、法学和政治学四大部分，而政治学这一部分，又包括了当时所称的政治经济学。这部由四个互相联系的部分所组成的庞大讲稿，构成了斯密学术思想体系的基础。参见〔英〕亚当·斯密《道德情操论》，蒋自强、钦北愚、朱钟棣、沈凯璋译，胡企林校，"译者序言"第 11 页。

18世纪是一个进步的世纪，新生的、向上的资本主义正在全面取代腐朽的封建主义，英国的经济和社会都在快速发展。这是值得肯定的变化。但是，资本主义是在血与火中来到世间的，资本主义的发展从一开始就以劳动者的劳苦、贫困为前提，这一点不能被忘记。

关于这个世纪劳动者的生活状况，有历史学家认为：当时占人口三分之一到二分之一的人，生活在生存线上下。①"贫穷劳动者"从未离开过贫民习艺所（政府办的以暴力方式培训贫民工作技能的机构），承担着极费力的苦役。② 当时一位诗人曾记录下乡村的一幕：

> 一个饿极了的女孩，
>
> 她衰弱地迟缓前进，顺应她疲倦的身体，
>
> 直到一只跑动的牛犊，被一根绳索
>
> 缚在她的手臂上，这样在小路上吃草
>
> 在此同时，女孩的两手在紧张地编织，
>
> 以此维生……③

一位18世纪英国思想家说："社会中最明显的区别是贫富之分；而富人远没有贫民多也是鲜明的事实。贫民全在为富人的懒惰生活、愚蠢行为和奢侈享受而服务；反过来，富人所做的则只是要找出巩固奴隶制和加重贫民负担的最好的方法。"④

进入18世纪之前的第12年（1688）和进入18世纪之后的第4年（1704）、第12年（1712），各有一份统计材料，这三份材料应该能够反映出这一世纪英国劳动者生活的基本状况。

1688年英格兰各个阶级和团体的数据如下：贵族和缙绅16586户，官吏1万户，海外贸易商12000户，国内贸易商2000户，法律界8000户，

---

① 〔英〕爱德华·汤普森：《共有的习惯》，沈汉、王加丰译，上海人民出版社，2002，第89页。

② 〔英〕爱德华·汤普森：《共有的习惯》，沈汉、王加丰译，第17页。

③ 〔英〕爱德华·汤普森：《共有的习惯》，沈汉、王加丰译，第142页。

④ 转引自〔德〕马克斯·比尔《英国社会主义史》，上卷，何新舜译，商务印书馆，1959，第78页。

教士 1 万户，小地主 48000 户，农民 15 万户，自由职业者 16000 户，小商人和店员 4 万户，手艺工人和机械工匠 6 万户，海陆军官 9000 户，海员 5 万户，劳工和佣仆 364000 户，佃农和贫民 40 万户，士兵 35000 户。贵族和缙绅的收入每户在 180 镑到 2800 镑，海外贸易商 400 镑，国内贸易商 200 镑，小地主 50 镑到 84 镑，小商人和店员 45 镑，手艺工人和机械工匠 40 镑，劳工和佣仆 15 镑，佃农和贫民 6 镑 10 先令。①

据统计者分析，收入在 40 镑以下的劳动者和工人的"收入必须有教区救济的补助才可以应付生活费用"②。根据上述统计材料，他们是劳工、佣仆、佃农、贫民，总户数为 764000 户，占全国 1230586 户的 62.08%。

1704 年，劳动人口占总人口的 8/10，所得的收入却只是他们所生产财富的 1/8，而其余 2/10 不事生产的人却得到 7/8。换句话说，劳动者用 8 天中的 7 天为资本家工作，而只用 1 天为自己和妻子儿女工作。时人感叹："花香蜂采蜜，辛苦为谁忙？春深牛耕地，禾稼为谁长?!"③

1712 年，总人口是 17096803 人，国民收入的分配如下。

高级和低级贵族（连同家属，下同）41.6 万人，所得为 5800 万镑，或包括妇孺在内每人（下同）得 200 镑至 400 镑；小地主 140 万人，所得为 4000 万镑，或每人得 20 镑至 50 镑；农民 154 万人，所得为 3300 余万镑，或每人得 22 镑；商人 194000 人，所得为 2700 万镑，或每人得 112 镑至 132 镑；店员 70 万人，所得为 2800 万镑，或每人得 40 镑；工业家 264000 人，所得为 3500 万镑，或每人得 134 镑；农业劳动者，包括矿工共 3154142 人，所得为 3340 万镑，或每人得 11 镑；产业工人、工匠、手工艺工人 4343389 人，所得为 4900 余万镑，或每人得 11 镑。农业劳动者、矿工、产业工人、工匠、手工艺工人共计 7497531 人，占总人口的 43.85%，他们是穷人。如果再加上失业的贫民，穷人的比例更高。统计者最后不得不承认，劳工所分得的报酬是很少的。④

持续 300 年的圈地运动，把公地制度（System of Common Fields）下可

---

① 转引自〔德〕马克斯·比尔《英国社会主义史》，上卷，何新舜译，第 74 页。
② 转引自〔德〕马克斯·比尔《英国社会主义史》，上卷，何新舜译，第 75 页。
③ 转引自〔德〕马克斯·比尔《英国社会主义史》，上卷，何新舜译，第 117~118 页。
④ 转引自〔德〕马克斯·比尔《英国社会主义史》，上卷，何新舜译，第 132~133 页。

供无地农民养家糊口的公共地（Common Land）圈占为私有地。18 世纪下半叶，议会成为国家最高权力机关，圈地便多以议会立法的形式进行。1797 年有人曾统计，通过议会法令圈占的土地面积分别为：安妮女王在位时（1702~1714）的 1439 英亩；乔治一世在位时（1714~1727）的 17960 英亩；乔治二世在位时（1727~1760）的 318778 英亩（1 英亩 ≈ 4046.86 平方米）。① 理查德·布朗指出，1750 年至 1850 年的圈地运动主要是议会法令的结果。② 麦克洛斯基指出，1760 年之后的 60 年是圈地运动的高峰。③ 具体而言，在"议会圈地"阶段，私有地的规模迅速扩大。④ 这意味着数目庞大的人群生活无着。

被圈占的土地多数用来养羊，也有用来养兔子的。18 世纪 50 年代，一部歌剧这样描述贵族侵占公地建立养兔场对穷人的危害：

> 草皮在兔子的啃咬下变短了，而现在
>
> 从老母牛身上再也榨不出奶来
>
> 汤姆·思雷舍的可怜的孩子看起来很悲惨，并且说
>
> 他们一天三顿必须喝像水一样的稀饭。⑤

保尔·芒图描述穷人被逐出家园的情况："常常看到有四、五个有钱的畜牧者攫取了前不久分别属于三、四十个佃农和同样多的小佃户或小业主手中的整个教区：所有这些人因而被逐出了家园，同时还有许多其他的几乎完全依靠他们来工作和维生的人家如铁匠、木匠、车匠以及别的工匠和手艺人等人家也是一样，至于短工和雇农就不用提了。"⑥ 到 18 世纪末，

---

① Charles Wilson, *England's Apprenticeship, 1603-1763*, London：Longmans, 1965, p.245.

② Richard Brown, *Society and Economy in Modern Britain 1700 - 1850*, London：Routledge, 1991, p.60.

③ Donald N. McCloskey, "The Enclosure of Open Fields：Preface to a Study of Its Impact on the Efficiency of English Agriculture in the Eighteenth Century," *The Journal of Economic History*, Vol.32, No.1, 1972, pp.15-16.

④ 王章辉：《英国经济史》，中国社会科学出版社，2013，第 71~72 页。

⑤ 〔英〕爱德华·汤普森：《共有的习惯》，沈汉、王加丰译，第 107 页。

⑥ 转引自〔法〕保尔·芒图《十八世纪产业革命——英国近代大工业初期的概况》，杨人鞭、陈希秦、吴绪译，商务印书馆，1983，第 137 页。

被改为牧场的耕地所需要的劳动力比之前少得多，乡村中壮健的自耕农不得不到伯明翰、考文垂等地找工作。① 1731 年出版的《对地产管家的建议》一书指出，小人物们一般都在被重新规划安排的村庄土地中分得一份。然而，他们几乎无力在土地四周建篱笆、挖壕沟（按要求必须建或者挖），因此，往往将这份土地卖给一个更大的所有者。自由持有农甚至一些小乡绅发现，他们也无力实行新的耕种方式，提供大笔固定资本，其中一些人也不得不加入工薪劳动者和穷人的行列。②

18 世纪的一个圈地委员说："我深深悔恨我曾协助损害过两千贫民（按每村二十家计算）。习惯允许在公地上放牧牲畜的一大批人，都不能证明自己的权利，而且他们中好多人，几乎可以说全部有点土地的人都没有一英亩以上的土地。由于不够饲养一头母牛，通常他们只好连牛和地都卖给有钱的农场主。"农业部经过调查之后，承认"在大多数情况下，贫民所拥有的一点点东西都被剥夺了"。在若干村庄，他们甚至再也无法弄到牛奶给孩子吃。莱斯特伯爵在人们祝贺其霍尔克哈姆城堡的建成时，用懊悔的悲伤情绪答复道："我环顾四周，除了自己的房屋以外，没有看见其他的房屋；我成了传奇中吃人的妖魔，把所有邻人都吃光了。"③

商人们的囤积居奇、操纵价格、改变粮食量器刻度（出售粮食时可以少卖粮食而多收钱）的行为，是劳动者困苦的重要原因。历史学家说："谷物对穷人是如此宝贵，以至于在量度上马虎一点，可能对他影响极大，使他一天连一块面包也吃不上。"④ 改变谷物量器刻度对穷人的影响如此之大，以至于穷人不得不对此类企图以暴力相抗。

一位矿工在写给"受苦难的兄弟"的信中称："说是要救助我们的议会却使我们挨饿。他们打算把我们的量器和衡器降到较低的标准。我们大约有 1 万人立下誓言，在任何时候都做好准备。并且我们还要你们拿起枪和短剑，并且相互发誓忠于职守……我们能够牺牲的只有一条生命，而我

---

① 〔法〕保尔·芒图：《十八世纪产业革命——英国近代大工业初期的概况》，杨人鞭、陈希秦、吴绪译，第 142 页。

② Charles Wilson, *England's Apprenticeship, 1603-1763*, p.251.

③ 〔法〕保尔·芒图：《十八世纪产业革命——英国近代大工业初期的概况》，杨人鞭、陈希秦、吴绪译，第 139~140 页。

④ 〔英〕爱德华·汤普森：《共有的习惯》，沈汉、王加丰译，第 219 页。

们不要再受饥寒之苦……"①

一封警告某农场主的信说："所有的绅士们，希望你们把这看作对你们所有的人的一个警告，要求你们把小蒲式耳量器放到一边，而使用老的量器，因为如果你们不这样，当你们都上床睡觉后，会有大队人马前来烧掉小量器……"②

在整个 18 世纪都可以不定期地在布道坛听到这些话："任何种类的苛捐杂税都是卑鄙的，但这种谷物捐税是最卑鄙的一类。它沉重地落到穷人头上，如此做便是掠夺他们……公开地杀害他们，因为发现他们已经半死……"③ 社会上广泛流行的小册子或报纸上经常会有这样的话语，"使生活物资一直以如此高的价格出售"，以致贫民买不起，"是最大的罪过，任何人这样做只能是犯罪；它一点不亚于谋杀，不，它是最残酷的谋杀"。④ 高物价让儿童只能食用霉臭的面粉制成的粗劣面包，他们因此腹部肿起，上涨的物价"已从他们背上剥下了衣服，从他们脚上扒下了鞋子和长袜，并且从他们口中抢走了食物"。矿场的矿工中有人在工作中昏过去，只能由状况好不了多少的同伴送回家去。伴随着饥荒而来的是一种被称为"黄热病"的传染病，这种病很可能与人们濒临饥饿边缘的状况有关系。⑤

由机器带来的高劳动强度和工厂的严格制度，使得原本习惯于自由生产的人们必须服从工厂的作息制度，在工厂里他们就像"一个机轮那样被卷入无灵魂的机械装置的不停运转之中"⑥，每天依靠土豆和小麦做的面包提供的能量连续工作十几个小时。即使这样，他们仍然处在朝不保夕的担忧之中，因为工厂随时可能为了更廉价的劳动力而解雇他们。除了高强度的工作，工人们还得忍受工厂里恶劣的工作环境。⑦

---

① 〔英〕爱德华·汤普森：《共有的习惯》，沈汉、王加丰译，第 220 页。
② 〔英〕爱德华·汤普森：《共有的习惯》，沈汉、王加丰译，第 220 页。
③ 〔英〕爱德华·汤普森：《共有的习惯》，沈汉、王加丰译，第 252~253 页。
④ 〔英〕爱德华·汤普森：《共有的习惯》，沈汉、王加丰译，第 253 页。
⑤ 〔英〕爱德华·汤普森：《共有的习惯》，沈汉、王加丰译，第 253~254 页。
⑥ 〔法〕保尔·芒图：《十八世纪产业革命——英国近代大工业初期的概况》，杨人鞭、陈希秦、吴绪译，第 333 页。
⑦ 〔法〕保尔·芒图：《十八世纪产业革命——英国近代大工业初期的概况》，杨人鞭、陈希秦、吴绪译，第 333 页。

早期工厂的工作环境十分恶劣，卫生条件一般很差，厂主为了节省空间，通常把工厂的天花板弄得很低；窗户也被弄得十分窄小，并且经常处于关闭状态。这样恶劣的工作环境往往会使工人生病。在纱厂里，四处是飘浮的细碎的飞花，随时有可能侵入工人的肺里去，久而久之还会使人患上严重的疾病；纺麻厂使用湿纺法纺麻，这使得人们拥挤在不流通、水汽弥漫、污浊的毒臭空气里，工人往往会感染一种传染性热病，这种热病在很短时间内就会造成大量死亡，工人的健康状况根本得不到任何保障。但是大多数厂主对这些事情毫不关心，认为这些拥挤在他厂里每天工作十几个小时的人，仅仅是他"机器的许多附件"①。

在贫困线上挣扎、对未来看不到希望的广大下层民众，大多借酗酒来排遣内心的痛楚，于是酗酒成为 18 世纪司空见惯的社会现象，甚至从 20 年代起英国就爆发了长达 30 年的"杜松子酒危机"。杜松子酒是一种经过蒸馏、烈度极高的廉价酒精饮料，具有鸦片一样的麻醉作用，能使人在幻觉中逃避悲惨的现实，因而在困苦无助的下层民众中广泛流行。18 世纪 30 年代，杜松子酒的销量已从每年 50 万加仑增加到 500 万加仑，1736 年伦敦的每 7 户人家就有一家注册出售这种掺水烈酒的小酒馆。40 年代，杜松子酒的消费量上升到每年 700 万加仑。除了酗酒，在当时的英国，其他种种不道德现象、犯罪现象随处可见。有人估计，当时的伦敦城里有 5 万名妓女、5000 多名酒馆主和 1 万名窃贼，伦敦犯罪阶层总人数为 11.5 万人（连前面那几类人在内），而当时的伦敦人口还不到 100 万人。②

18 世纪穷人与富人之间尖锐的阶级对立、冲突，折射了穷人生活的痛苦。来看看一些案例。

1693 年，一大批妇女走向北安普顿市场，"把刀插在她们的腰带间，迫使按她们自己的价格出售谷物"。1737 年，在多塞特的普尔一次反对出口的骚动中，据报告，"有如此多的妇女和男人构成的大批群众支持他

---

① 〔英〕E·罗伊斯顿·派克编《被遗忘的苦难——英国工业革命的人文实录》，蔡师雄、吴宣豪、庄解忧译，巫维衔审校，福建人民出版社，1983，第 256 页。

② 〔英〕E.P. 汤普森：《英国工人阶级的形成》，钱乘旦、杨豫、潘兴明、何高藻译，译林出版社，2001，第 47 页。

们"①。1749 年，某地发生了拆毁养兔场的群众骚乱。"骚乱者"与养兔场主及其同伙发生冲突，其中一个骚乱者被杀死。随即而来的是龙骑兵部队，他们进行了大规模的逮捕及审判。② 1795 年，某地煤矿工人暴动，治安法官和教区牧师抱怨说："妇女前去为男人助阵，他们完全发狂了。"③ 1801 年，为拯救在残酷的农场主压迫下处于饥饿和死亡威胁中的劳动者，一个告示号召"立即把所有的人聚集起来，并以令人敬畏的阵容向压迫人的农场主的住所前进，并迫使他们在市场上以公正的合理的价格出售谷物"④，以致有人惊呼："穷人将成为富人的统治者，仆役将成为他们主人的管辖者，平民几乎已经在聚众滋扰贵族……"⑤

综上所述，18 世纪的英国劳动者如果不说是所有人、所有时候的话，无论如何，说很多人、很多时候都承受着劳苦、饥饿、绝望的痛苦，是符合事实的。

三 亚当·斯密对劳动者困苦的态度

首先要说明的是，《国民财富的性质和原因的研究》表明亚当·斯密知道劳动者的困苦。

在整个 18 世纪都有大量贫民只能靠救济为生，这些人的生活无疑是困苦的。斯密在《国民财富的性质和原因的研究》中曾讨论济贫问题，这说明他了解被救济者的困苦状况。⑥

斯密知道，在当时的英国，贫困"极不利于子女的抚养"⑦。"有些地方生出来的儿童，在四岁前，死去一半；有许多地方，在七岁前死去一

---

① 〔英〕爱德华·汤普森：《共有的习惯》，沈汉、王加丰译，第 233 页。
② 〔英〕爱德华·汤普森：《共有的习惯》，沈汉、王加丰译，第 108 页。
③ 〔英〕爱德华·汤普森：《共有的习惯》，沈汉、王加丰译，第 233 页。
④ 〔英〕爱德华·汤普森：《共有的习惯》，沈汉、王加丰译，第 234~235 页。
⑤ 〔英〕爱德华·汤普森：《共有的习惯》，沈汉、王加丰译，第 16 页。
⑥ 〔英〕亚当·斯密：《国民财富的性质和原因的研究》，上卷，郭大力、王亚南译，商务印书馆，1972，第 129~131 页。
⑦ 〔英〕亚当·斯密：《国民财富的性质和原因的研究》，上卷，郭大力、王亚南译，第 72 页。

半；在九、十岁前死去一半，几乎是一种普遍现象。这样大的死亡率，在各地方下等人民间都可看到。"而且，"与普通人民的儿童比较，育婴堂及教区慈善会内收养的儿童，死亡率还要大"。①

斯密还知道，"在工资按件计算时，许多劳动者往往没几年就把身体搞垮了。据说，伦敦及其他一些地方的木匠，不能保持最精壮气力到八年以上"②。

斯密更知道，工人"处于绝望的境地，铤而走险，如果不让自己饿死，就得胁迫雇主立即答应他们的要求（指提高工资——引者注）。这时，雇主也同样喧呼呐喊，请求官厅援助，要求严厉执行取缔工人结合的严峻法规。因此，工人很少能从那些愤激的结合的暴动中得到利益"③。

那么，在斯密的两部著作中，他对劳动者的困苦持什么样的态度呢？

第一，我们看不到他对劳动者困苦的同情。

笔者在斯密的两部著作中，没有找到同情英国劳动者困苦的话。在探讨下层人群生活状况的改善对社会有利还是不利时，斯密承认："各种佣人、劳动者和职工，在任何大政治社会中，都占最大部分。社会最大部分成员境遇的改善，决不能视为对社会全体不利。有大部分成员陷于贫困悲惨状态的社会，决不能说是繁荣幸福的社会。"他认为："供给社会全体以衣食住的人，在自身劳动生产物中，分享一部分，使自己得到过得去的衣食住条件，才算是公正。"④但是，这些话只是轻描淡写地指出，改善劳动者生活状况对社会是有利的，能体现出公正，却没有表达具体的同情。而且，我们可以进一步从斯密的其他论述中判断他对贫苦劳动者的真实态度。

第二，我们看到了他对贫穷的冷漠态度。

---

① 〔英〕亚当·斯密：《国民财富的性质和原因的研究》，上卷，郭大力、王亚南译，第73 页。
② 〔英〕亚当·斯密：《国民财富的性质和原因的研究》，上卷，郭大力、王亚南译，第75 页。
③ 〔英〕亚当·斯密：《国民财富的性质和原因的研究》，上卷，郭大力、王亚南译，第61 页。
④ 〔英〕亚当·斯密：《国民财富的性质和原因的研究》，上卷，郭大力、王亚南译，第72 页。

斯密说："仅仅是缺少财富，仅仅是贫穷，激不起多少怜悯之情。""我们瞧不起一个乞丐；虽然他的缠扰不休可以从我们身上逼索一些施舍物，但他从来不是什么要认真对待的怜悯对象。"① 紧接着还有一句："从富裕沦为贫困，由于它通常使受害者遭受极为真实的痛苦，所以很少不引起旁观者极为真诚的怜悯。"②这似乎意味着，一直贫困的人不容易引起旁观者的同情，只有富人变贫困才引得起旁观者的同情。

第三，我们看到了用市场规律来混淆贫富差距问题、掩盖穷人痛苦的不实之词。

斯密虽然描述了"骄傲而冷酷"的地主"眺望自己的大片土地，却并不想到自己同胞们的需要"，只是由于地主本人所需要的生活必需品有限，为他干活的劳动者才"由于他生活奢华和具有怪癖而分得生活必需品，如果他们期待他的友善心和公平待人，是不可能得到这些东西的"。③ 但是，斯密却认为："在肉体的舒适和心灵的平静上，所有不同阶层的人几乎处于同一水平，一个在大路旁晒太阳的乞丐也享有国王们正在为之战斗的那种安全。"④ 这种有悖常识常理的语句真不敢相信出自斯密笔下。

第四，我们看到了富人没有义务救济困苦劳动者的观点。

斯密认为，最高的美德是仁慈与正义，但是，仁慈与正义都与救助苦难的劳动者无关。

仁慈是由同情产生的，然而，斯密没有要求富人秉持仁慈之心去救助穷困的劳动者。相反，他强调，仁慈"不能以力相逼。仅仅是缺乏仁慈并不会受到惩罚；因为这并不会导致真正确实的罪恶"⑤。他以一个人缺乏感激之情为例说明这个道理："通过施加压力强迫他做他应该抱着感激的心

① 〔英〕亚当·斯密：《道德情操论》，蒋自强、钦北愚、朱钟棣、沈凯璋译，胡企林校，第 173 页。
② 〔英〕亚当·斯密：《道德情操论》，蒋自强、钦北愚、朱钟棣、沈凯璋译，胡企林校，第 173 页。
③ 〔英〕亚当·斯密：《道德情操论》，蒋自强、钦北愚、朱钟棣、沈凯璋译，胡企林校，第 229 页。
④ 〔英〕亚当·斯密：《道德情操论》，蒋自强、钦北愚、朱钟棣、沈凯璋译，胡企林校，第 230 页。
⑤ 〔英〕亚当·斯密：《道德情操论》，蒋自强、钦北愚、朱钟棣、沈凯璋译，胡企林校，第 96 页。

情去做的和每个公正的旁观者都会赞成他去做的事，那就似乎比他不做这件事更不合适。"① "受害者只能诉苦，而旁观者除了劝告和说服之外，没有其他方法可以干预。"②

正义也不要求富人去救助穷人。斯密认为，"在极大多数情况下，正义只是一种消极的美德，它仅仅阻止我们去伤害周围的邻人"，"仅仅不去侵犯邻居的人身、财产或名誉的人""只具有一丁点实际优点"。③ 他认为，秉持正义不意味着要求富人救助穷人："我们经常可以通过静坐不动和无所事事的方法来遵守有关正义的全部法规。"④

第五，我们看到了用市场取代政府对贫民进行救助的主张。

如前所述，16~18 世纪，大规模的圈地运动使大批农民失去土地，让他们沦为流浪者、乞丐。1536 年英国政府颁布法令，让教会承担救助贫民的义务，并于 1572 年开始征收济贫税。最初救济责任由教会或教区承担。1601 年，伊丽莎白政府颁布了《济贫法》，建立地方政府和征税机构，救济贫民的资金改由辖区内居民缴税提供。居民们为了减少支出，尽量阻止外地贫民进入本辖区。政府也颁布法令，限制一般居民到新的教区去获得户籍，因为他们可能是或者可能即将是贫民。另外，为了让穷人买得起粮食，政府有时会限制粮食价格。

这些规定当然是为救济贫民而制定的，但是，斯密认为，英格兰的《济贫法》妨碍了劳动力的自由移动。"自有济贫法以来，贫民除了在所属的教区内，就不易取得居住权，甚至不易找得工作的机会。……获得居住权的困难，甚至妨害一般劳动的自由移动。"⑤

斯密从劳动力是劳动者的私有财产、劳动是天赋人权的角度对济贫进

---

① 〔英〕亚当·斯密：《道德情操论》，蒋自强、钦北愚、朱钟棣、沈凯璋译，胡企林校，第 97 页。
② 〔英〕亚当·斯密：《道德情操论》，蒋自强、钦北愚、朱钟棣、沈凯璋译，胡企林校，第 99 页。
③ 〔英〕亚当·斯密：《道德情操论》，蒋自强、钦北愚、朱钟棣、沈凯璋译，胡企林校，第 100 页。
④ 〔英〕亚当·斯密：《道德情操论》，蒋自强、钦北愚、朱钟棣、沈凯璋译，胡企林校，第 101 页。
⑤ 〔英〕亚当·斯密：《国民财富的性质和原因的研究》，上卷，郭大力、王亚南译，第 129 页。

行了批判。"劳动所有权是一切其他所有权的主要基础，所以，这种所有权是最神圣不可侵犯的。一个穷人所有的世袭财产，就是他的体力与技巧。不让他以他认为正当的方式，在不侵害他邻人的条件下，使用他们的体力与技巧，那明显地是侵犯这最神圣的财产。"①

但是，斯密没有提出任何替代的救助方案，他实际上只是主张把贫民投入市场，让市场解决他们的贫困问题。"只要政府允许自由贸易，饥馑就可避免。"② 在粮食价格管制问题上，斯密明确地表达了他的观点："如果政府为要救济粮食不足所造成的困苦，命令一切商人，以他们认为合理的价格售卖他们的谷物，其结果或是使他们不把谷物提供市场，以致在季节之初，即产生饥馑，或是（在他们以谷物提供市场的假设下——原注）使人民能够迅速消费，因而鼓励人民迅速消费，以致在季节之末，必然产生饥馑。"斯密明确反对进行价格管制，主张由市场定价："无限制无拘束的谷物贸易自由，既是防止饥馑痛苦的唯一有效方法，所以亦是减轻粮食不足痛苦的最好方法。因为真正粮食不足的痛苦，是不能除去而只能减轻的。"③

他可能忘记了，贫民问题正是由早期资本主义市场这只"看不见的手"造成的，是一个需要"看得见的手"加以解决的问题。"两只手"从来就要互相协调，社会才有公正与稳定。

综上所述，斯密在他的两部主要道德哲学著作中，不但没有表现出对劳动者困苦的同情，反而表现出了冷漠。

四　原因分析

一位倾平生之力研究"同情"，并且热情赞美"同情"的思想家，居然面对自己同胞非常需要"同情"的处境表现出石头一样的冷漠无情；所

---

① 〔英〕亚当·斯密：《国民财富的性质和原因的研究》，上卷，郭大力、王亚南译，第115页。

② 〔英〕亚当·斯密：《国民财富的性质和原因的研究》，下卷，郭大力、王亚南译，商务印书馆，1974，第97页。

③ 〔英〕亚当·斯密：《国民财富的性质和原因的研究》，下卷，郭大力、王亚南译，第97~98页。

谓"同情"，完全脱离现实生活，变成纸上谈兵的说教，这种情况为什么会发生？

笔者认为，可能有几个主要原因。

一是对市场功能的强烈迷信。斯密认为市场能够给每个人带来福祉。"由于每个个人都努力把他的资本尽可能用来支持国内产业，都努力管理国内产业，使其生产物的价值能达到最高程度，他就必然竭力使社会的年收入尽量增大起来"，尽管"他通常既不打算促进公共的利益，也不知道他自己是在什么程度上促进那种利益。……他只是盘算他自己的安全；由于他管理产业的方式目的在于使其生产物的价值能达到最大程度，他所盘算的也只是他自己的利益"。斯密认为："他受着一只看不见的手的指导，去尽力达到一个并非他本意想要达到的目的。也并不因为事非出于本意，就对社会有害。他追求自己的利益，往往使他能比在真正出于本意的情况下更有效地促进社会的利益。"①

迷信市场万能，很容易导致这样的看法：劳动者的困苦既应该靠市场缓解，也能够靠市场缓解。

二是对利己心在市场中作用的强烈认同。斯密认定利己心是经济发展的唯一动力："我们每天所需的食料和饮料，不是出自屠户、酿酒家或烙面师的恩惠，而是出于他们自利的打算。"② 他从利己心角度分析过不同阶层的心理："富人的阔绰，会激怒贫者，贫人的匮乏和嫉妒，会驱使他们侵害富者的财产。"③ "有土地的地主，像一切其他人一样，都想不劳而获"④，"我相信，世界各国的君主，都是贪婪不公的。他们欺骗臣民，把货币最初所含金属的真实分量，次第削减"⑤。不同阶级的竞争是什么原因

---

① 〔英〕亚当·斯密：《国民财富的性质和原因的研究》，下卷，郭大力、王亚南译，第27页。

② 〔英〕亚当·斯密：《国民财富的性质和原因的研究》，上卷，郭大力、王亚南译，第14页。

③ 〔英〕亚当·斯密：《国民财富的性质和原因的研究》，下卷，郭大力、王亚南译，第272~273页。

④ 〔英〕亚当·斯密：《国民财富的性质和原因的研究》，上卷，郭大力、王亚南译，第44页。

⑤ 〔英〕亚当·斯密：《国民财富的性质和原因的研究》，上卷，郭大力、王亚南译，第24页。

引起的呢？人们通过竞争能谋求什么利益呢？斯密认为，能谋求的利益是"引人注目、被人关心、得到同情、自满自得和博得赞许"。"富人因富有而洋洋得意"，"他感到他的财富自然而然地会引起世人对他的注意"，"人们都倾向于赞同他"，而"穷人因为贫穷而感到羞辱。他觉得，贫穷使得人们瞧不起他；或者即使对他有所注意，也不会对他所遭受的不幸和痛苦产生同情。他为这两个原因而感到羞辱"。①

对利己心的过度看重，会使人失去以利他为本质的同情心。

三是对自由竞争、私有财产的强烈信仰。他主张竞争至上："每一个人，在他不违反正义的法律时，都应听其完全自由，让他采用自己的方法，追求自己的利益，以其劳动及资本和任何其他人或其他阶级相竞争。"②斯密认为劳动力是劳动者的私有财产、劳动是天赋人权，他对私有财产神圣不可侵犯原则的信仰从这句话可见一斑："劳动所有权是一切其他所有权的主要基础，所以，这种所有权是最神圣不可侵犯的。"③

他对保护私有财产同善待奴隶之间的矛盾的表述，也许可以解释他心目中保护私有财产、自由竞争同救助贫民之间的矛盾："在设有不幸的奴隶法规的国家，地方长官在保护奴隶时，就在一定程度上，干涉了主人的私有财产管理。"他认为："在自由国家，主人或为殖民地议会代表，或为代表的选举人，所以地方长官，非经充分考虑，不敢干涉他们。地方长官不得不把他们放在眼中，这样就使他难于保护奴隶了。"相反，"在政府十分专制的国家，地方长官常常干涉个人的私有财产管理，要是个人不依他的意见管理，他也许发出拘票逮捕他们，所以，他要保护奴隶，便容易得多"。④

救助劳动者，同绝对的自由竞争、私有财产神圣不可侵犯原则是矛盾的。

---

① 〔英〕亚当·斯密：《道德情操论》，蒋自强、钦北愚、朱钟棣、沈凯璋译，胡企林校，第61页。
② 〔英〕亚当·斯密：《国民财富的性质和原因的研究》，下卷，郭大力、王亚南译，第252页。
③ 〔英〕亚当·斯密：《国民财富的性质和原因的研究》，上卷，郭大力、王亚南译，第115页。
④ 〔英〕亚当·斯密：《国民财富的性质和原因的研究》，下卷，郭大力、王亚南译，第158页。

四是对资本主义社会强烈的信心。他说，一个人"从富裕沦为贫困……在当前社会状况下，没有某种不端行为这种不幸就很少有可能发生"①。意思是说，当前的社会制度是合理的，一个人只要品行端正，就不会因为社会原因而由富变穷。

斯密对资本主义社会的劳动分工极为赞赏。他认为分工是进步社会所独有的。"未开化社会中一人独任的工作，在进步的社会中，一般都成为几个人分任的工作"，在进步的社会中，"生产一种完全制造品所必要的劳动，也往往分由许多劳动者担任"②。他认为分工能使社会普遍富裕："在一个政治修明的社会里，造成普及到最下层人民的那种普遍富裕情况的，是各行各业的产量由于分工而大增。"具体来说，就是一个劳动者除了能生产自身所需的产品外，还有大量产品可以出卖；其他劳动者也一样，各人都能以自身生产的大量产品，换得别人生产的大量产品。换句话说，"别人所需的物品，他能与以充分供给；他自身所需的，别人亦能与以充分供给。于是，社会各阶级普遍富裕"③。

他对资本主义社会科学技术的发展也充满了自豪。他认为科学和技术不仅"提高了人类的生活水平，使之更加丰富多彩"，而且"完全改变了世界面貌，使自然界的原始森林变成适宜于耕种的平原，把沉睡荒凉的海洋变成新的粮库，变成通达大陆上各个国家的行车大道"④。

认为社会如此美好，很容易使人相信：一个如此美好的社会，有一些穷困、劳苦的人不算什么；他们的困难也一定会解决的。

值得一提的是，亚当·斯密对劳动者的困苦不予同情的态度，在他的同时代人、著名哲学家休谟（1711~1776）那里有着几乎一样的表现。⑤

---

① 〔英〕亚当·斯密：《道德情操论》，蒋自强、钦北愚、朱钟棣、沈凯璋译，胡企林校，第173页。

② 〔英〕亚当·斯密：《国民财富的性质和原因的研究》，上卷，郭大力、王亚南译，第7页。

③ 〔英〕亚当·斯密：《国民财富的性质和原因的研究》，上卷，郭大力、王亚南译，第11页。

④ 〔英〕亚当·斯密：《道德情操论》，蒋自强、钦北愚、朱钟棣、沈凯璋译，胡企林校，第229页。

⑤ 亚当·斯密在《国民财富的性质和原因的研究》中两次提到休谟。参见〔英〕亚当·斯密《国民财富的性质和原因的研究》，上卷，郭大力、王亚南译，第299、325页。

休谟在《人性论》《道德原则研究》中，详细地、系统地论证了同情是道德的基础这一观点。"人性中任何性质在它的本身和它的结果两方面都最为引人注目的，就是我们所有的同情别人的那种倾向，这种倾向使我们经过传达而接受他们的心理倾向和情绪，不论这些心理倾向和情绪同我们的是怎样不同，或者甚至相反。"① 休谟对因同情心而产生的怜悯、仁爱这样的感情给予了高度的评价，"没有什么能比卓越程度的仁爱情感赋予任何一个人类被造物以更多的价值，仁爱情感的价值至少一部分来自其促进人类利益和造福人类社会的趋向。我们瞩目于这样一种性格和气质的有益的后果，凡是具有如此有益的作用、促进如此值得追求的目的的东西，我们都投以满意和愉悦的目光"②。

但是，休谟在论述同情时，纯粹是学理的、逻辑的，而完全没有涉及当时社会上应该同情的贫困者。如果说涉及了，那也是以这样的方式："给予普通乞丐以施舍自然是受称赞的，因为这似乎是救困扶危；但是当我们观察到由此而导致鼓励游手好闲和道德败坏时，我们毋宁将这种施舍行为视为一种弱点而非一种德性。"③ "总起来说，除了同情原则之外，不再有什么其他东西使我们尊重权力和财富，鄙视卑贱和贫困……"④ 休谟还对贫困和过度贫困进行了区分："某种程度的贫困引起鄙视，但是过度的贫困则引起怜悯和善意。我们可能轻视一个农夫或仆役；但是当一个乞丐的苦难显得过大，或者被生动地描写出来时，我们就同情他的苦恼，并且在我们心中感到明显的怜悯和慈善的激动。"⑤

休谟对私有财产的观点和斯密高度一致："在人们缔结了获取他人所有物的协议，并且每个人都获得了所有物的稳定以后，这时立刻就发生了正义和非义的观念，也发生了财产权、权利和义务的观念。""我们的财产只是被社会法律，也就是被正义的法则所确认为可以恒常占有的那些财物"，"正义的起源说明了财产的起源"⑥。休谟强调："没有人能够怀疑，

① 〔英〕休谟：《人性论》，关文运译，郑之骧校，商务印书馆，2017，第348页。
② 〔英〕休谟：《道德原则研究》，曾晓平译，商务印书馆，2017，第34页。
③ 〔英〕休谟：《道德原则研究》，曾晓平译，第33页。
④ 〔英〕休谟：《人性论》，关文运译，郑之骧校，第395~396页。
⑤ 〔英〕休谟：《人性论》，关文运译，郑之骧校，第421页。
⑥ 〔英〕休谟：《人性论》，关文运译，郑之骧校，第527页。

划定财产、稳定财物占有的协议，是确立人类社会的一切条件中最必要的条件，而且在确定和遵守这个规则的合同成立之后，对于建立一种完善的和谐与协作来说，便没有多少事情要做的了。"①

斯密在同情问题上与休谟观点的一致性，说明这个问题要从那个时代去找原因。那个时代是资本主义市场经济初步建立并且表现出强大生命力的时代，亚当·斯密和休谟一样，是站在市场经济中的最大获利者阶级的立场上，而不是最小获利者阶级的立场上看问题，这应该是问题的实质原因。

（姜南，中国社会科学院中国历史研究院世界历史研究所研究员，主要研究方向为欧洲一体化史、欧洲思想史）

---

① 〔英〕休谟：《人性论》，关文运译，郑之骧校，第 528 页。

种植园奴隶制与内战前美国社会的发展

金 海

【摘要】 种植园奴隶制在美国早期的资本主义发展中曾起过重要作用，是美国资本原始积累的主要来源之一。但是，它榨取剩余价值的方式毕竟与资本主义生产方式有本质的不同。随着工业资本逐步取代商业资本在美国经济中的主导地位，种植园奴隶制在 19 世纪 40 年代开始渐渐成为美国资本主义发展的障碍。奴隶制与资本主义制度之间的矛盾使美国的政治结构发生了相应的变化，甚至严重妨碍了其外交政策得到有效的执行，最终引发了长达四年的血腥内战。

【关键词】 种植园奴隶制　美国社会　内战前

与世界上其他主要资本主义国家不同，在美国的资本主义发展过程中，种植园奴隶制起着非常重要的作用。种植园奴隶制经济一度是早期美国经济的重要支柱。与之相应，美国政坛也曾长期为种植园奴隶主阶级所把持，甚至在美国建国初期出现了一个所谓的"弗吉尼亚王朝"时期，即担任总统的大多是来自弗吉尼亚州的奴隶主。就连美国的外交政策在很大程度上也反映了奴隶主的利益和诉求。奴隶制经济和奴隶主阶级对早期美国的政治和经济生活的支配是如此牢固，以至于美国最终不得不通过一场血腥的内战才能摆脱它的桎梏。种植园奴隶制几乎是每一个美国早期历史的研究者绕不过去的课题。本文试图通过简短回顾内战前的美国历史，来探讨种植园奴隶制在美国早期资本主义发展中的地位和作用，并由此出发，对美国内战的起因做大致的分析。

一　19 世纪上半叶美国经济的发展趋势与种植园奴隶制经济地位的变化

　　大多数历史学家都承认，到 19 世纪中叶，蓄奴制与自由劳动制之间的矛盾已经成为美国社会的主要矛盾，这也是南北战争爆发的主要原因。但随之而来的一个问题是，为什么在长达近百年的时间里奴隶制问题始终无法获得和平合理的解决，而这本来是制宪会议上北方各州在奴隶制问题上做出让步时的初衷。对此，许多人将之归咎于 18 世纪末 19 世纪初南部种植园采用的新作物和新技术。独立战争前，美国南部种植园的主要经济作物是烟草，独立战争后，英美贸易下降和国际市场上烟草价格下跌使得以烟草为主要作物的美国南部种植园经济一度呈现衰落趋势。但是，18 世纪 60 年代英国工业革命的发展使得世界对棉花的需求迅速扩大，这就极大地刺激了美国南部棉花种植业的发展。18 世纪和 19 世纪之交，棉花迅速取代烟草，成为美国南部种植园经济的主要作物。新技术的采用也大大提高了棉花种植业的劳动生产率。新作物和新技术的结合给美国南方种植园奴隶制经济带来了新的生命力。在 1793 年的棉花种植中心佐治亚州和南卡罗来纳州一带，棉花产量为 200 万~300 万磅，1810 年那里的棉花产量达到 8000 万磅。从 1830 年开始，美国的棉花种植中心向西南移动，1850 年前后转移到密西西比州、亚拉巴马州、路易斯安那州和得克萨斯州一带，1840~1860 年的棉花产量从 8.34 亿磅增长到 23 亿磅，上升了约 176%，棉花种植面积从 450 万英亩扩大到 1200 万英亩（1 英亩 ≈ 4046.86 平方米），扩大了 167%，生产棉花的奴隶则从近 120 万人增加到 225 万人。[①] 这种状况是制宪会议的代表们无法预料到的，也是他们让种植园奴隶制经济慢慢地自行衰亡的希望破产的重要原因。

　　粗略看来，这的确是一个看似有理的解释，但是它对从独立战争到南北战争这近百年的美国历史的理解过于静态，不能反映出这段时期经济发

[①]　Matthew B. Hammond, *The Cotton Industry, An Essay in American Economic History: Part I, The Cotton Culture and Cotton Trade*, New York: Macmillan for the American Economic Association, 1897, pp. 59-61、74、Appendix I.

展带来的社会变化，而且对于种植园奴隶制经济在美国资本主义发展中所起作用的判断也过于简单化。如果详细研究一下这段时期的历史，就能发现围绕种植园奴隶制的冲突是在 19 世纪四五十年代突然激化起来的。美国历史学家们对这种现象进行深入的研究，并提出了各种解释。[①] 因此，我们需要从种植园奴隶制经济的特征及其在美国资本主义发展过程中所起的作用入手，结合独立战争以来美国经济发展所带来的社会变动，分析种植园奴隶制问题是怎样变成美国经济和社会发展的主要障碍的。

关于美国南方种植园奴隶制经济的性质问题，史学界存在不同的看法。有人认为它是奴隶制度在现代经济条件下的重现，就其本质而言是落后的和非资本主义性的。有人则认为种植园的棉花生产是以给英国和美国棉纺织业提供原料为导向的，因此它也是资本主义经济体系不可分割的一个组成部分，种植园奴隶制仅仅是一种特殊的资本主义生产形式，与奴隶社会的奴隶制度存在本质区别。这两种观点都有缺陷。前者无法解释为什么在美国独立战争期间南方种植园主能够和北方商人联合起来反对英国的殖民统治，特别是为什么在制宪会议上能够接受和支持主要体现重商主义诉求的美国宪法。后者无法解释为什么种植园奴隶制经济在 19 世纪中叶会成为美国资本主义发展的主要障碍，以至于美国不得不用战争来解决这个问题。

---

① 查尔斯·比尔德和玛丽·比尔德（Charles and Mary Beard）夫妇提出了第一个对美国内战系统性的社会解释，它强调导致美国内战的社会经济因素。比尔德夫妇认为，美国内战前的工业革命促进了经济多样化以及东北部的商业和西北部的农业发展，而南方种植园奴隶制经济却加强了棉花的单一种植。不同的经济发展道路导致了东北部的"商业"团体和南方种植园奴隶主阶级之间的冲突。从 20 世纪 50 年代开始，"修正学派"和"新政治学派"的观点支配了关于南北战争的美国历史研究领域。"修正学派"认为，导致美国内战的冲突并非不可避免，没能避免的原因是废奴派和蓄奴派的笨拙行动阻碍了南北方之间达成和平解决协议。"新政治学派"认为在奴隶制扩张问题上的冲突是没有社会基础的，导致南北战争的主要原因是辉格党崩溃所造成的政党派系之争。20 世纪六七十年代起，美国历史学家开始重构对南北战争的社会性解释，其代表作是约翰·阿什沃斯（John Ashwoth）的两卷本著作《美国内战前共和国的奴隶制、资本主义和政治》（*Slavery，Capitalism，and Politics in the Antebellum Republic*），他以南北经济——南方的种植园奴隶制经济与北方的资本主义工商业——发展的不平衡为中心对南北战争中的政治和意识形态冲突进行了分析。这方面的相关描述，见 Charles Post：*The American Road to Capitalism: Studies in Class-Structure，Economic Development and Political Conflict，1620 - 1877*，Leiden，the Netherlands：Koninklijke Brill NV，2011，pp. 195 - 199。

我们认为，美国南方种植园奴隶制经济存在两面性。一方面，它的产品——无论是棉花、烟草还是蔗糖——是以出口为导向的，这就使它不可避免地被深深卷入资本主义世界市场。美国的贸易是否繁荣与种植园奴隶制经济能否盈利有着直接的关系，这使美国南方的种植园奴隶主阶级在很大程度上与东北部的商人阶层存在着共同利益，因此他们能够接受和支持当时美国商业资本的重商主义诉求。同时，在美国刚刚建立，本国制造业还不发达，无法在世界市场上与欧洲国家（特别是英国）竞争的情况下，棉花成为美国的主要出口商品。通过棉花贸易的发展，美国的商人和银行家们能够建立起有利的贸易平衡和国际信誉，并且积累起巨额财富。种植园奴隶制经济的扩张促进了土地投机活动的发展，并且棉花贸易从世界市场上获得的利润也是美国资本原始积累的主要组成部分。可以说，当商业资本在美国经济中处于支配地位的时候，南方种植园奴隶制经济对于美国资本主义的发展起了重要的推动作用。

然而，在另一方面，种植园奴隶制经济与资本主义的生产方式仍然有着本质的区别。其关键就在于非生产者（奴隶主和资本家）从直接生产者（奴隶和工人）那里榨取剩余价值的方式不同。恩格斯在《英国工人阶级状况》一书中曾经这样比较资本主义制度与旧的奴隶制："这种奴隶制和旧式的公开的奴隶制之间的全部差别仅仅在于现代的工人似乎是自由的，因为他不是一次就永远卖掉，而是一部分一部分地按日、按星期、按年卖掉的。……可是，对资产阶级来说，现在的情况比起旧的奴隶制来却是无比地有利，他们可以随便在什么时候辞退自己的工人，同时并不因此使投下的资本受到损失，工人劳动的代价无论如何要比奴隶劳动的代价便宜得多，这是亚当·斯密为了安慰他们而给他们算清了的。"[1]

也就是说，在资本主义制度下，资本家购买的是工人某个特定时段的劳动能力，而在奴隶制下，奴隶主购买的则是奴隶的人身。前者使工人作为变量加入资本主义生产过程，资本家随时可以因为工人不服从纪律、生病、伤残，或者是采用了节约劳动力的新技术而开除他们，这种灵活性使得美国的资本家能够通过机械化来提高生产效率和扩大再生产。后者却使

---

[1] 《马克思恩格斯全集》第二卷，人民出版社，1957，第364页。

奴隶作为常量参与生产过程，不管奴隶是否直接参与生产，美国的种植园奴隶主都必须维持他们的生活，以保持奴隶们潜在的市场价值。由此产生的结果是，一方面在不断变化的市场环境面前，奴隶主不能像资本家那样通过调整劳动力队伍的规模来采用新技术以提高产量，从而阻碍了奴隶主们购买大量的机器来实现生产的机械化，这就极大地限制了美国东北部制造业在南部地区的市场。另一方面，奴隶主为了尽可能地从奴隶身上收回投资并榨取利润，就必须迫使奴隶全年处于劳动状态。对于季节性极强的农业来说，要做到这一点是非常困难的，因为总会存在农闲和农忙季节。于是奴隶主就尽量在农闲季节给奴隶找活干，让他们种植其他粮食作物、饲养家禽家畜、制造手工业品等，从而大大加强了种植园奴隶制经济的自给自足性，但这严重削弱了南方与美国其他地区之间的经济联系，阻碍了美国资本主义发展所需要的全国统一市场的形成。① 这种区别决定了当工业资本取代商业资本在美国经济中的支配地位的时候，种植园奴隶制经济将成为美国资本主义发展的巨大障碍。

可是，工业资本取代商业资本在美国经济中的支配地位恰恰是 19 世纪上半叶美国经济的发展趋势。这个发展趋势首先是和美国自耕农经济的转型过程密切联系在一起的。美国东北部的农民已经在 18 世纪的最后 20 年里完成了向商品生产者的转化。19 世纪中叶，美国自耕农经济的转型主要发生在中西部地区。那里的美国自耕农从独立的家庭生产者向小商品生产者的转变是在三个压力的联合作用下完成的，这三个压力是土地价格、债务和税收。随着美国联邦政府的建立，商人和土地投机者对中西部大片无主荒地的所有权的认定得到了政府越来越有力的帮助，农民通过"擅自占地"获取土地的行动变得日益困难，这就意味着农民越来越依靠现金来购买、维持和扩大他们所拥有的土地。这使得在中西部建立家庭农场的代价变得越来越高。表 1 列出了 1860 年中西部建立农场所需要支出的平均成本。

---

① 长期以来，美国历史学家一直认为美国南方的奴隶制种植园需要从中西部的产粮地区输入大量粮食，因此与中西部地区能够保持密切的经济联系。但是最近的研究证实，在新奥尔良向全国各地转运的中西部粮食中，运往南方的只占 25%~30%，因此南方并不是中西部家庭农场主的重要市场。见 Charles Post：*The American Road to Capitalism: Studies in Class-Structure, Economic Development and Political Conflict, 1620–1877*, p. 150。

表 1　1860 年中西部建立农场所需支出的平均成本

单位：美元

农场规模	农田、建筑、护栏等	工具	牲畜	总成本
40 英亩农场	738	46	197	981
80 英亩农场	1364	67	285	1716
160 英亩农场	2491	96	426	3013

资料来源：〔美〕斯坦利·L. 恩格尔曼、罗伯特·E. 高尔曼主编《剑桥美国经济史（第二卷）：漫长的 19 世纪》，王珏、李淑清本卷主译，中国人民大学出版社，2008，第 230 页。

由此导致的结果是，从 19 世纪四五十年代起，绝大多数试图在中西部建立农场的农民们不得不借钱购买土地和必要的装备，因此背上了沉重的债务负担。

在美国内战前的 30 年里，购买土地方面最普遍的信贷安排是计时还款（time entry）体系，根据这个体系，新来的移民只有一年时间付清他们土地的全部价格和再加上的 20%～50% 的利息。这就迫使他们专门生产"用来赚取现金的粮食"以获得足够的现金偿还债务。此外，除了那些最富有的农民以外，几乎所有的农民都需要短期贷款来购买种子、农具、栅栏和其他生产资料。当地的商人和银行家向他们提供利息为 10%～25% 的短期贷款，其利息按照每月复利计算。到 19 世纪 50 年代，抵押贷款已经变得极为普遍，还不上债的农民就面临抵押品——常常是他们的农场和住房——被没收的风险。为了避免最坏的结局，农民不得不改变以往自给自足的生产方式，转而进行商品生产以获取足够的现金。

与高昂的土地价格和债务负担并行的还有沉重的税收负担。19 世纪二三十年代是美国交通设施大发展的时期，在中西部与东北部接壤的地区尤其如此。1820～1840 年，美国建造了 3326 英里的运河和 3328 英里的铁路（1 英里≈1.6 千米）。各州政府通过出售债券的方式为这些运河与铁路的建设提供了大规模的资助。但是 1837～1842 年的经济萧条使大多数美国的州政府不能获得足以偿还债务利息的收入，陷入了财政危机。于是，它们开始大幅度提高财产税率以确保偿还其债券持有者的利息和本金。在伊利诺伊州，1841～1848 年的财产税率涨幅超过 70%；俄亥俄州的财产税率在 19 世纪 40 年代增长了 188%；艾奥瓦州的财产税率在

1854～1860 年增长了 66%。① 这就使美国中西部农民身上的税收负担大大加重。

土地价格、债务和税收的联合压力迫使中西部小自耕农迅速调整自己的生产活动，使之指向生产能够在市场上出售的"剩余产品"。中西部农业生产中的商品性因素迅速得到加强。19 世纪二三十年代，美国中西部农民送到市场上出售的产品比例为 30% 左右，而到 1860 年，他们的产品中用于出售的比例已经达到 60%。② 这意味着中西部的自耕农完全成为市场价值规律的依附者。

随着美国中西部的自耕农向商品生产者转化，他们的生产和生活方式也发生了巨大的变化。19 世纪 30 年代，俄亥俄河谷和大平原地区的大多数农村家庭和社区在食品和许多手工业制品方面都是自给自足的。而从 19 世纪四五十年代开始，进行有效商品生产的需求迫使中西部农民的生产专门化程度得到大大加强。俄亥俄河谷和大平原地区很快变成了美国的粮仓。而在西部廉价的粮食、牛肉和猪肉的竞争优势面前，东部的农民则专门生产大豆和豌豆、水果、土豆、奶制品、烟草和燕麦。农村中生产专门化的发展对美国经济产生的最大影响是家庭制造业的衰落。1840～1860 年，东北部独立家庭手工业的平均家庭产量从 1.16 美元下降到 0.28 美元，降幅为 76%，西北部独立家庭手工业的平均家庭产量则从 1.11 美元下降到 0.39 美元，降幅为 65%。③ 农村中家庭手工业的衰落迫使农民只能通过购买来获得各种工业制品，从而为美国制造业的发展提供了广阔的市场空间。

在美国北部农村经济转型为制造业发展提供的市场空间中，最重要

① 伊利诺伊州的统计数字摘自 Robert Murray Haig, *A History of the General Property Tax in Illinois*, Urbana-Champaign：University of Illinois Press, 1914, pp. 122~123。俄亥俄州的统计数字摘自 Ernest L. Bogart, *Financial History of Ohio*, Urbana-Champaign：University of Illinois Press, 1912, pp. 200、206。艾奥瓦州的统计数字摘自 Allen G. Bogue, *From Prairie to Corn Belt：Farming on the Illinois and Iowa Prairies in the Nineteenth Century*, Chicago：University of Chicago Press, 1963, p. 189。

② Clarence H. Danhof, "The Farm Enterprise：The Northern United States, 1820 - 1860s," *Research in Economic History*, 4（1979）：129-133.

③ Jeremy Atack and Fred Bateman, *To Their Own Soil：Agriculture in the Antebellum North*, Aimes：University of Iowa Press, 1987, p. 205.

的一部分是农具的改善和新型农业机械的引进。市场竞争迫使农民大力进行技术革新以提高产量和降低成本。19世纪中叶以来美国北部农业生产力的增长中（当时小麦生产的年均增长率从19世纪40年代的2.0%提高到20世纪初的2.6%，而谷物生产的年均增长率则从19世纪40年代的1.5%提高到20世纪初的2.15%），有50%是通过采用先进农具和农业机械来取得的，但改善旧有农具在提高农村生产力方面发挥的作用越来越小。统计表明，在导致农村生产力提高的所有因素中，改善旧有农具的影响所占比例从1834~1843年的50%以上下降到1899~1908年的2%。① 对先进农具和农业机械的需要构成了美国制造业发展的主要动力。1860年，仅农具和农业机械生产就构成了美国所有机器生产的19.4%，1870年这个比例又增加到25.5%。② 美国的制造业与农业之间建立了密切的共生关系，以至于美国历史学家们认为，在19世纪的美国存在着一个"农工综合体"。③ 在这个农工综合体的推动下，19世纪中期美国的工业革命获得了迅速发展。

---

① Robert E. Gallman, "Gross National Product in the United States, 1834－1909," in Dorothy S. Brady, ed., *Output, Employment and Productivity in the United States After 1800*, Washington, D. C. : National Bureau of Economic Research, 1966, p. 24.

② James A. Henretta, "Families and Farms: Mmetalité in Pre-Industrial America," in *The Origins of American Capitalism: Collected Essays*, Boston: Northeastern University Press, 1991, pp. 106－107.

③ 大多数研究南北战争前美国工业化的历史学家（包括马克思主义历史学家们在内）都往往是用英国工业革命的模式来分析美国工业革命过程的。他们认为纺织业、鞋帽业和铁路建筑业在美国工业革命中发挥了"先锋"作用。纺织业和鞋帽业的发展被认为是发展生产专门化和建立资本主义生产过程的第一步，它们与铁路建筑业一起带来了新的机器制造业和钢铁生产方面的技术革新。但是这个观点忽略了美国与英国相比的不同特征：美国西部的广袤土地使美国不能也不必像英国那样通过圈地运动强行以牺牲农业的方式完成资本原始积累并获得与土地分离的"自由"劳动力。美国的资本主义工业与农业之间的关系是共生的，而不是相互对立的。直到19世纪末，美国仍然是一个农业国。在美国，以农业为代价来进行工业革命是不可行的，美国工业的发展只有建立在农业发展和转型的基础上才能完成。以钢铁生产中的技术革新为例，在19世纪四五十年代推动美国制铁业发展集中化和技术革新的并不是铁路建筑业的要求，而是钢铁产品市场特征的变化。美国农业向商品生产的转型导致了农村生产的专门化，农村的铁匠被专门化的工厂生产者所取代。前者需要的是高质量和多用途的铁条，用于生产各种类型的农具，而专门化的工厂生产者只需要专门用于生产某种产品的低质量铁条。因此，近来许多美国历史学家开始认为农工综合体的工厂构成推动了第一产业部门的经济转型，并且将它视为美国工业革命的核心。见 Charles Post: *The American Road to Capitalism: Studies in Class-Structure, Economic Development and Political Conflict, 1620-1877*, pp. 31-32。

因此，美国独立战争以来商业资本的发展摧毁了美国北部农业中的自给自足因素，将它从小自耕农生产转化成商品生产，而由此导致的生产商业化和专门化又为工业化生产的生产资料和生活资料提供了广阔的市场空间，推动了美国工业革命的迅速发展，并为工业资本最终取代商业资本在美国经济中的支配地位提供了有利条件。在这个过程中，中西部和东北部之间的经济联系日益密切，而它们与美国南部的经济联系却被大为削弱。近年来，美国历史学家和经济学家的研究表明，在19世纪二三十年代，西部生产的粮食主要是运往东部城市市场的。而南方在粮食上已经实现了自给自足，当地消费的粮食和猪肉大部分都是奴隶制种植园自己生产的。种植园奴隶制下，奴隶主对奴隶的人身占有关系也使他们不能通过调整劳动力队伍的规模来采用效率更高的新技术和新机器，从而大大限制了作为北方工业革命核心产业的农工综合体的产品进入南方地区的市场（更不用说南部地区与英国密切的经济联系还使美国北方的工业制造品在这里需要与英国质优价廉的产品竞争）。随着工业资本的发展，对于中西部和东北部来说，南部地区作为商品市场的价值变得越来越小。另一方面，南部生产的棉花也并非首先供应美国东北部的纺织业，而是主要面向国际市场——尤其是英国。1859年，南方生产的棉花有60%运往欧洲，运往美国东北部的还不到40%。所以南方也不能成为美国工业发展的主要原料产地。这种以国际市场为导向的种植园奴隶制经济的存在极大地破坏了美国经济体系的完整性。如果说，在商业资本占据美国经济的支配地位时，商人阶层的活动还能勉强将北方的资本主义经济与南方的种植园奴隶制经济联系起来的话，那么到了19世纪四五十年代，随着工业资本占据美国经济的支配地位，这两种经济形式的独立性就变得日益突出，种植园奴隶制经济的存在成为美国经济和社会发展的主要障碍。

19世纪四五十年代在棉纺织业领域发生的结构性调整导致美国北方资本主义经济与南方种植园奴隶制经济之间的矛盾进一步激化。首先，此时在工业化国家中购买棉花制造衣料的消费者越来越少，导致国际市场对棉花需求的降低。其次，此时英国的工业革命基本完成，棉纺织业普遍采用机器生产，这使棉纺织业生产开支中的劳动力的开支减少，而原材料的开支增加。为了降低原材料方面的开支，英国工业家们在 19 世纪四五十年代开始推动印度和埃及等地植棉业的发展，这些地区让英国的棉花产量在 1848~1860 年增加了5倍以上（从 1030 万磅增加到 5480 万磅），① 对美国南部种植园奴隶制经济构成了越来越严重的威胁。在很难采用新技术和机器来提高生产效率的情况下，美国的种植园奴隶主阶级最合理的应对措施只能是扩大棉花种植面积。种植园奴隶制经济在地理上的扩张与美国资本主义扩大再生产的要求——即小商品生产在地理上的扩张——产生了直接的冲突，其最直接的表现就是在西部新建各州上实行蓄奴制还是自由劳动制的斗争。至此，北方工业资本主义经济与南方种植园奴隶制经济之间的矛盾已经发展成美国社会的主要矛盾，其尖锐程度甚至对美国联邦制的存在构成直接威胁，而四年的血腥战争成为解决这一矛盾的最终手段。

二 种植园奴隶制与美国政治结构的变化

美国南北方两种经济形式之间矛盾的激化是 19 世纪 40 年代和 50 年代工业资本逐步取代商业资本，在美国经济中占据支配地位的结果，它对美国的社会关系和政治权力结构也产生了深刻的影响，其中最突出的表现就是美国两党制的转型。

正如在商业资本在经济中占支配地位的时期，商人阶层能够通过他们的活动勉强在南方和北方之间建立起经济联系那样，19 世纪 40 年代之前，商人阶层在美国社会结构中的支配地位也使当时的美国两党——民主党和国民共和党/辉格党——时常成为特定阶级力量的联盟，并且在全国性政治舞台上将奴隶制扩张问题带来的辩论边缘化。商人阶层政治上的主导地位使他们能够将自己对商品生产中社会关系的冷漠态度强加给全国民众，在密苏里危机之后压制任何在有关奴隶制存在与发展问题上具有潜在分裂

---

① Charles Post：*The American Road to Capitalism: Studies in Class-Structure*, *Economic Development and Political Conflict*, *1620-1877*, p. 153.

性影响的言论。① 杰克逊派的民主党人的人员构成就是这种态度的清晰反映，他们中间既有北方独立的家庭生产者，也有南方的中小种植园主，甚至还包括一些北方的土地投机者。这些土地投机者对于购买他们的土地进行生产的人是家庭农场主还是有奴隶的种植园主并不感兴趣。这种构成极好地体现了杰克逊派民主党人抹杀"农民"中阶级区别的主张。当时，将民主党人团结起来的纽带是州权至上、废除美国银行、降低土地价格（并非取消出售公地）以及反对保护性关税的政纲，而不是对蓄奴制的坚持。这个政纲反映的是民主党内各种非资本主义团体进行粗放式经济发展的经验。

与民主党相对，国民共和党和之后的辉格党则在南方和北方的商人与银行家的领导下建立起了一个包括制造商，城市手工业者，商业化的农场主和以棉花、烟草和大麻为主要产品的大种植园主的联盟。在奴隶制问题上，他们也同样持冷漠态度。辉格党的政治诉求是建立所谓的"美国体系"，即要求国家进行积极干预，通过创立中央银行、实行保护性关税并且提升地价，来确保只有那些有足够资本的农村家庭才能进行有利可图的农业生产，同时关注那些进行商品生产的各个社会群体的要求。辉格党的主张是"联邦政府……是实现共同积极利益的合作性工具。这个国家自由人的真正命运系于随着时代发生的实质性变化而不是地域方面的数量增长上"②。可以说，辉格党的主张所反映的是商人、制造商和商业化的农场主们进行集约化生产的经验。

在 19 世纪 40 年代之前，美国两党制的稳定靠的是商业资本在美国经济和政治上所拥有的支配地位，商人对商品生产中社会关系的冷漠态度使商业资本家的不同群体能够和各党派中的不同部分结成联盟，从而防止或减少联邦政府中就奴隶制的存在与扩张问题产生的争论。19 世纪 40 年代

---

① 这方面的一个例子如下。在 1830 年 4 月 13 日纪念杰斐逊诞辰的宴会上，当民主党的主要人物都在通过赞扬杰斐逊州权至上的观点来表达其分裂联邦的倾向时，杰克逊总统在致祝酒词中高呼："为我们的联邦。联邦必须被保护！"随后在 1832 年大选中，杰克逊抛弃了强调州权至上的卡尔霍恩，挑选范布伦作为自己的竞选伙伴。见〔美〕威廉·J. 本内特《美国通史》（上），刘军等译，江西人民出版社，2009，第 197 页。

② Charles Post：*The American Road to Capitalism: Studies in Class-Structure*，*Economic Development and Political Conflict, 1620-1877*，p.239.

之后，随着工业资本取代商业资本在美国经济中的支配地位，商人在两党制内的协调能力受到极大的削弱。种植园奴隶制经济与资本主义经济之间的不兼容性大大提升，这使北方的制造商和农民与南方种植园主这两个相互对立的集团为了维护各自经济形式的存在和发展而提出越来越激进的要求，从而导致两党内部开始出现分裂。

两党内部的第一次分裂是在公地政策上出现的。民主党人主张通过降低公地的最低价格，来推动种植园奴隶制经济和独立的家庭生产向西部地区扩张，而辉格党人则通常主张提高公地的最低价格。19 世纪 30 年代末和 40 年代初的经济危机在西部农民中引起了骚动，他们要求联邦政府在公地分配问题上通过普遍和永久的优先购买权法案，即允许那些"擅自占地者"在公共拍卖体系之外以联邦最低价格优先购买他们所占有的土地。在 1840 年的大选中，辉格党人获胜，而且他们还掌握了西北部各州的大部分参众两院议席，这使他们有可能就公地问题进行国会辩论。在这次辩论中，第一次出现了以地域而不是党派划界的现象。北方辉格党人提出了将优先购买权与土地分配相结合的议案，其目标是推动商业化家庭农场在西部地区的扩张。反对该议案的集团不仅包括南方民主党人和少数抵制土地分配的北方民主党人，还包括南部辉格党人。在 1841 年 7 月众议院就北方辉格党人提出的议案进行的投票中，所有的北方辉格党人，不管他们是来自工业化的东北部还是农业的西北部，都投票支持这个提案。大多数的南方代表，不管是辉格党人还是民主党人，都反对这个议案。来自上南部的 16 名辉格党议员中，投票反对该议案的有 7 人，而来自下南部的 16 名辉格党议员中，投票反对该议案的有 14 人。① 它预示了在 19 世纪四五十年代日益激化的南北方派系对立。制造商和进行商业生产的农场主的政治代表们联合起来推动资本主义小商品生产的扩张，而与他们对立的则是南方种植园奴隶主的代表，他们从中看到了对种植园奴隶制经济的威胁。同样的对立也体现在南方民主党人持续反对北方农场主们所提倡的联邦资助建设基本交通设施的计划方面，以及 19 世纪 40 年代辉格党和民主党日益紧

---

① Charles Post: *The American Road to Capitalism: Studies in Class-Structure, Economic Development and Political Conflict, 1620-1877*, p.241.

张的内部关系方面。造成这些对立的根源是相同的，那就是随着北方农场主完成了向小商品生产者的转变，种植园奴隶制经济和扩张的资本主义经济变得越来越不能相容了。它不仅改变了北部辉格党人对家庭农场扩张的态度，也加深了南部种植园奴隶主阶级对中央集权的联邦政府的恐惧，使他们越来越拼命地致力于维持参议院中南北方议席的平衡，从而激化了双方对西部新建各州的争夺。这种争夺一方面导致了 19 世纪 50 年代辉格党内部的分裂并让它最终为共和党所取代，极大地改变了以前美国两党制跨地域和跨阶级的特征，使美国的政党划分开始在很大程度上与地域和阶层的划分相一致，另一方面一度使美国的外交政策陷入瘫痪状态。

三 种植园奴隶制经济与资本主义经济之间的矛盾在外交政策上的体现

自建国以来，美国就是一个充满扩张精神的国家，在美洲大陆上扩张领土一直是美国外交政策的主要目标。从 18 世纪末一直到 19 世纪的头 20 年里，商人、土地投机者和种植园主们在扩张问题上的利益是一致的。早在汉密尔顿时期，获得墨西哥湾沿岸的所有土地的主张就已经得到国内民众广泛的支持；汉密尔顿的老对头杰斐逊在担任总统期间，曾经完成了美国历史上最大的一次领土扩张行动——购买路易斯安那。正如前文所述，由于扩大种植面积是种植园奴隶制经济最合理的发展途径，南方种植园奴隶主一直对扩张问题持特别积极的态度。一份南方报纸曾经在 1850 年预言："有古巴和圣多明各，我们能够控制热带地区的生产，再与它们一起，我们能控制世界的贸易。"[①] 来自密西西比州的议员布朗说得更加直截了当："我想要塔毛利帕斯，波托西及其他一到两个墨西哥州；我想要它们，都是出于同一个原因，即为了种植经济和蓄奴制的传播。"[②] 然而，从 19

① "The Late Cuba Expedition," *De Bow's Review*, 9 (1850), quoted in James M. McPherson, *Battle Cry of Freedom: The Civil War Era*, New York: Oxford University Press, 1988, p. 106.

② M. W. Cluskey ed., *Speeches, Messages, and Other Writings of Albert G. Brown: A Senator In Corgress From the State of Mississippi*, quoted in Robert E. May, *The Southern Dream of a Caribbean Empire, 1854-1861*, Baton Rouge: Louisiana State University Press, 1973, p. 9.

世纪 20 年代开始，随着拉美独立运动的发展和当地废奴制共和国的建立，向南方扩张领土对美国的种植园奴隶主阶级开始具有新的重要意义。他们担心紧邻美国的地方存在废奴制共和国这一事实会对美国奴隶制造成冲击。美国的黑奴无论是偷偷逃往那些国家还是在它们的激励下公然反抗，都会影响到南方奴隶制度的稳定。正如约翰·昆西·亚当斯（John Quincy Adams）总统的国务卿亨利·克莱（Henry Clay）在处理加勒比海地区独立运动问题的时候宣称的那样："如果在时机未成熟的时候古巴就走向独立，岛上居民的一部分，连同其在美国的邻居……都会生活在那一悲剧场景（大规模奴隶叛乱）的持续恐惧之中，而此前这已经在相邻岛屿上得到展现了。"[1] 因此，美国的种植园奴隶主阶级必须通过扩张在自己周围建立起一道坚固的堡垒，使美国的奴隶制度不受外界危险的影响。随着 19 世纪上半叶世界其他地方和美国国内舆论对奴隶制的抨击越来越激烈，南部种植园奴隶主阶级的这种"防御性"扩张要求也变得日益迫切，这种迫切最终在 19 世纪 40 年代兼并得克萨斯和 50 年代企图购买古巴和建立一个加勒比海地区的"南部帝国"的努力中达到顶峰。

然而，北方工商业资产阶级的政治代表对南方种植园奴隶主阶级的扩张要求反应冷淡。1819 年，在密苏里新州是否采取奴隶制的问题上爆发的冲突已经暴露了种植园奴隶制经济和资本主义经济之间存在的尖锐矛盾，北方工商业资产阶级自然不愿意让新兼并的土地成为南方种植园奴隶主阶级加强自身政治和经济力量的资本。密苏里危机爆发之际，约翰·昆西·亚当斯正好作为美国国务卿与西班牙就《泛大陆条约》的条款以及割让西班牙在北美大陆的属地等事务进行谈判。在美国西南部边界问题上，亚当斯做出了出人意料的让步，他同意将塞宾河作为美国与西班牙在北美大陆领地之间的边界，把得克萨斯的广阔领土拱手让人，这和他在西北部领土上"寸土必争"的强硬态度形成了鲜明对照。亚当斯私下承认："作为一个东部人，我不愿有一个对蓄奴制毫无限制的得克萨斯或佛罗里达。"[2] 而

---

① Mary W. M. Hargreaves, *The Presidency of John Quincy Adams*, Lawrence: University of Kansas Press, 1985, p. 156.

② Adams diary, March 31, 1820, in C. F. Adams, *Memoirs of John Quincy Adams*, Vol. 5 Chesterbrook, PA: Wentworth Press, 2019, p. 54.

在这一点上，甚至一些有远见的南部政治家也支持亚当斯的做法。詹姆斯·门罗（James Monroe）总统尽管本人是弗吉尼亚州的一个奴隶主，但也赞同在南方地区的过度扩张将会给美国带来恶果的观点。他曾经对杰斐逊说，如果美国真的想要吞并西班牙在北美大陆的所有领地，"没有哪一个欧洲国家"有能力阻止它。相反，困难完全是"国内的，也是最具有痛苦和危险倾向的"，"在西部和南部进一步获取领土"有可能"威胁到联邦自身"，因为这会导致另外一场围绕蓄奴制问题的冲突。①

从19世纪40年代起，随着工业资本取代商业资本在美国经济中的支配地位，北方对于南方的扩张要求就变得越来越冷淡，这引起了种植园奴隶主阶级的强烈不满。蓄奴制是否向南扩张问题的焦点集中在美国是否应该兼并得克萨斯上。在1844年大选中，这成了竞选双方辩论的主题。最初民主党人设想的总统候选人是马丁·范布伦（Martin Van Buren），但是当范布伦公开宣称他反对兼并得克萨斯之后，民主党就抛弃了他，转而挑选大力支持兼并的詹姆斯·波尔克（James Knox Polk）竞选总统。辉格党的总统候选人是亨利·克莱。大选中，波尔克和克莱在兼并得克萨斯问题上持针锋相对的立场，投票结果表明，克莱反对兼并得克萨斯的主张使他在南方大受伤害，但在北方，他和反对兼并的自由党候选人詹姆斯·伯尔尼（James Birney）都以微弱多数战胜了波尔克。如果将1844年大选视为一场在兼并得克萨斯问题上进行的公民投票的话，那么南方是压倒性地投"赞成"票，而北方则勉强地投了"反对"票。双方在对外政策上的分歧已经是显而易见的了。②

波尔克入主白宫之后，立刻兑现了他在竞选中的许诺。1845年初，兼并得克萨斯的提议得到批准。1846年1月，波尔克向纽埃西斯河与格兰德河之间美墨两国的争议地区派驻军队，当墨西哥军队前来挑战时，美国于当年5月向墨西哥宣战。这场美墨战争使美国在西南部获得了数百万平方英里的领土。但是，波尔克在追求西北部的领土方面却克制得多。尽管向

---

① 〔美〕罗伯特·卡根：《危险的国家——美国从起源到20世纪初的世界地位》（上），袁胜育、郭学堂、葛腾飞译，社会科学文献出版社，2011，第260页。

② 这方面的相关描述，见〔美〕罗伯特·卡根《危险的国家——美国从起源到20世纪初的世界地位》（上），袁胜育、郭学堂、葛腾飞译，第26~27页。

英国发出了"要么北纬54度40分，要么战争"的强硬宣言，在实际行动上波尔克却表现出与此不相称的谨慎小心，最后他接受了将北纬49度作为美国西北部的边界的提议，将那条线以北的土地——约翰·昆西·亚当斯等人曾经坚称这些土地是属于美国的——让给了英国。1844年民主党竞选政纲中"全部得到俄勒冈"的要求已经再也不被提及。波尔克在对外政策上的行动与约翰·昆西·亚当斯形成了鲜明的对比。

从长远来看，美墨战争和兼并得克萨斯让美国获得了辽阔而且极有战略价值的领土，这些领土给美国带来了巨大的利益，并成为日后美国建立全球性霸主地位的重要基础，但是从短期来看，这些土地的获得不但没有立刻给美国带来好处，反而成为导致美国分裂的严重冲突的根源。1846年，正当波尔克就割取领土问题与墨西哥谈判的时候，一位北方民主党人戴维·威尔莫特（David Wilmot）提议，立法禁止在任何可能获得的新领土上建立蓄奴制。威尔莫特的提议部分是为了保护北方民主党人的利益，他担心政府向南方做出太多的让步将可能导致把北方交给辉格党人的后果。他的提议使民主党分为两派，北方民主党人几乎一致支持这个提议，而南方民主党人则一致反对这个提议。围绕着他的提议，被《密苏里妥协案》一度压制的那种围绕着蓄奴制问题的地区性紧张再次呈现出来，而且愈演愈烈。1849年加利福尼亚申请加入联邦一事引起了争夺新州的第二次大辩论，1853年堪萨斯和内布拉斯加加入联邦的申请引起了南北双方在蓄奴制是否向西部新领土扩张方面的第三次大辩论，并引发了被称为"堪萨斯内战"的流血冲突。自1820年以来在南方和北方之间维持的不稳定平衡被打破了。

南方种植园奴隶制经济和北方资本主义经济之间的矛盾不仅使美国政府在主要的扩张方向上摇摆不定，而且它们之间的相互掣肘也使美国政府在许多重要的政策行动方面陷入瘫痪状态。19世纪二三十年代，北方的工商业资产阶级雄心勃勃地希望建立一个"美洲体系"。早在美国建国之初，汉密尔顿和杰斐逊就都强调过要把美洲各国"团结在一个美洲政治体系之内"的重要性。对这个"美洲体系"表述最明确的人是亨利·克莱，他在担任众议院议长期间曾经说过："我们有力量建立这样一个体系：我们将成为这个体系的中心，在这个体系中整个南美洲都要和我国一起行动。"①
克莱设想，在这个体系的保护下，美国将能够把拉丁美洲变成推销自己商
品的庞大市场。在这样一种外交政策下，美国东北部的制造业可以获得保
护性关税的好处，而在拉美市场倾销美国商品获得的资金则可以为西部地
区基本设施的改善——主要是道路和运河的修建——提供足够的资本，但
是南方却几乎一无所得。因此南方种植园奴隶主阶级对"美洲体系"持强
硬的抵制态度。1825 年，西蒙·玻利瓦尔（Simón Bolívar）提议在巴拿马
召开美洲各国代表会议，并邀请美国参加。而亚当斯总统和亨利·克莱都
认为这次会议是一个很好的机会，可以确立门罗主义作为整个西半球国际
行为准则的地位。但是，来自南方的国会议员却坚决反对美国派代表参加
巴拿马会议。南卡罗来纳州的政治家、当时的美国副总统约翰·C.卡尔霍
恩（John Caldwell Calhoun）以参议院主席的身份表达了南方对"巴拿马会
议将讨论禁止奴隶贸易和海地独立"问题的忧虑。他解释说："这与其说
是简单地承认（海地独立），更重要的不如说是之后必定会发生的事情。
我们必须派出和接受外交使节，我们与华盛顿的黑人外交使节间的社交活
动是什么样的呢？……他的女儿和儿子必须要参与我们儿女们的交往吗？"
他认为海地可能会鼓励拉丁美洲其他地方甚至是美国国内的奴隶叛乱，所
以这些问题"涉及国家的和平，或许还有团结和睦"。② 最终由于国会中南
方代表的反对，亚当斯和克莱派代表参加巴拿马会议的计划化为泡影。

19 世纪四五十年代，在美墨战争使美国在南部兼并了大片土地之后，
轮到北方工商业资产阶级对于政府的政策感到担心了。随着美国经济的发
展，越来越多的美国人都认识到废除奴隶制是美国经济继续发展的必要条
件。但是许多收入较低的北方人在抨击蓄奴制的同时，也害怕由此导致的
经济后果，即大批获得自由的奴隶涌入北方，与白人劳动者进行竞争并压
低工资。而解决这个问题的最好办法就是在西部保持大片的自由土地，将
那里作为宣泄暴增的黑人自由劳动力的出口，从而缓和蓄奴制的废除给北

① A. Whitaker, *The United States and the Independence of Latin America, 1800-1830*, New York: W. W. Norton & Company, 1964, p. 25.

② 〔美〕罗伯特·卡根：《危险的国家——美国从起源到 20 世纪初的世界地位》（上），袁胜育、郭学堂，葛腾飞译，第 269 页。

方可能造成的社会矛盾。正是这种心理导致了1846年后自由土壤党的迅速发展。而自波尔克政府以来，历届掌权的民主党政府在南部地区的扩张行动很明显都是为扩张种植园奴隶制经济服务的。奴隶制在新领土上的扩张将使这些地区不能起到宣泄黑人自由劳动力的作用，因为奴隶制的存在将会压低这些地区的工资，让获得自由的黑人不愿意到那里定居。从这个角度来看，北方工商业资产阶级和下层阶级都希望，即使不能废除蓄奴制，也要将它限定在现有的地理范围之内，不能允许它扩张到新兼并的领土上。正如亚伯拉罕·林肯（Abraham Lincoln）所说的那样："在它的存在之处对其予以必要的忍耐，但同时坚定地反对它的传播。"[1] 所以，北方对于民主党政府任何进一步扩张领土的努力，都表示坚决的反对。这种努力导致富兰克林·皮尔斯（Franklin Pierce）政府在古巴、墨西哥和中美洲继续扩张美国领土的努力一再受挫。

综上所述，在美国内战前夕，北方资本主义经济与南方种植园奴隶制经济之间的矛盾已经迫使美国暂时停止了它的扩张步伐。当一种矛盾严重阻碍了国家经济的进一步发展，令社会发生严重分裂，迫使全国性的政治势力分裂成地方性势力，甚至使国家的对外政策不能得到有效执行的时候，它就成为必须解决的严重问题。最终，南北战争用一种血腥的方式彻底摧毁奴隶制度，解决了两种经济制度之间的根本性矛盾。

（金海，中国社会科学院大学历史学院教授，中国社会科学院中国历史研究院世界历史研究所研究员，主要研究方向为美国外交史）

---

[1] Roy P. Basler and Christian Basler, eds., *The Collected Works of Abraham Lincoln*, 9 vols., New Brunswick, N. J.: Rutgers University Press, 1952-1955, quoted in Harry V. Jaffa, *Crisis of the House Divided: An Interpretation of the Issues in the Lincoln-Douglas Debates*, Chicago: University of Chicago Press, 1982, p. 219.

革命歌曲的法国版本与法国大革命初期歌曲的"革新"

罗宇维

【摘要】法国大革命作为近代历史上开天辟地的事件，其特殊性和革新性也体现在文化领域的各种创新上。得益于旧制度时期已经盛行的歌曲文化，在大革命初期，民众通过歌曲来表达意见、塑造共识、激发革命热情，这些最初源自第三等级流行香颂的歌曲，随着革命形势的发展而进化。在这个过程中，既有民众自发的创作，也有当局对音乐歌曲理解的变迁，最终以《马赛曲》成为国歌作为标志，确认了革命与歌曲的密切关联。具有政治性的歌曲不再是单纯的艺术或者文化的具体内容，它同样随着大革命的历史进程得到了"革新"。

【关键词】法国大革命　革命歌曲　《一切都会好》　《卡马尼奥拉》《马赛曲》

革命歌曲对于有着长久革命传统和记忆的国人来说并不陌生，《马赛曲》和《国际歌》是许多人十分熟悉的歌曲，当然，占据人们记忆的还有更多的本土革命歌曲，如《国民革命歌》《义勇军进行曲》《三大纪律八项注意》等。每一段革命的历史似乎都伴随着歌谣的流传，这些歌曲的意义不仅在于它们在一定意义上象征着特定的历史事件，更重要的是，它们也是历史的参与者，在革命进程中，歌曲通过聆听和演唱使得革命主张得到传播，也提升了革命队伍的凝聚力。从这个意义上说，革命歌曲是历史研究的一个有趣对象。

说起以歌曲表述革命、推动革命和象征革命的最早和颇为典型的案例，或许还是要回到法国大革命的历史中去。18 世纪 50 年代，卢梭在与让·菲利普·拉莫关于音乐的论战中斩钉截铁地断言"法兰西民族没有音乐，并且永远不可能拥有任何音乐"，但短短的 40 年后，这种局面就发生了彻底的变化。在 18 世纪末 19 世纪初划时代的大革命进程之中，音乐不仅登上了革命的舞台，而且最终以民族颂歌的形式为大革命留下了丰富的文化遗产，为法兰西民族创造了民族记忆。

旧制度时期法国盛行的歌曲文化就已经为大革命时期革命音乐的流行埋下伏笔，而在汹涌澎湃的大革命之中，音乐随着革命形势和要求的变化而不断被选择、使用和淘汰。在革命的各个阶段，都有符合其要求和特征的歌曲被"遴选"出来，它们成为当时的流行歌曲，既代表着革命，也成为了解大革命的一面镜子。从旧制度时期底层各种"香颂"的流行，到大革命爆发初期以《一切都会好》（*Ça ira*）① 为代表的革命歌曲的诞生，再到更具有战斗精神的《卡马尼奥拉》（*La Carmagnole*）的流行，最后到《马赛曲》的创作、传播与成为国歌，革命与歌曲被紧密联系起来，革命歌曲的法国版本也被"制造"了出来。

大革命从某种意义上说是现代政治的开端，革命之中对政治歌曲的态度和使用实际上也是过去政治历史上从未有过之事。本文认为，一方面，在大革命前期，人们对音乐的政治效用的认识随着革命的发展逐渐深化，一般意义上的流行歌曲逐渐被革命歌曲所取代，另一方面，大革命的形势发展也对革命歌曲提出了要求，这既表现在从《一切都会好》到《卡马尼奥拉》再到《马赛曲》的替代与流行过程，也表现在政治派别和共和国对歌曲的操控上。总之，在大革命的最初几年，革命歌曲被发明，歌曲的革命用途被发掘，社会上流行的歌曲从旧制度时期的香颂到大革命中被用来表达和象征革命的歌曲的变化，或许可以被视作这段历史之中歌曲的"革命"。

---

① "Ça ira"是法语里常见的一个短语，大致是都会好起来、胜利在望之意，作为歌曲名称，它并没有统一的中文译法，在商务印书馆出版的勒费弗尔的《法国革命史》中，它被译为《出征曲》；在托马斯·卡莱尔的《法国大革命：一部历史》中，它被译为《一切都会好》；在《记忆之场》的中文译本中，它被音译为《萨伊拉》。本文在行文时采取的译法是最通常的一种，也就是按照其字面意思直接译为《一切都会好》，在引用已经出版的有其他译法的中文资料时则采用其原译法。

一 旧制度下的大众流行歌曲——"香颂"

不理解路易十六时期民众对歌曲的普遍热情,就无法理解《马赛曲》以及《卡马尼奥拉》等革命歌曲所具有的意义。[①] 法国革命歌曲的起源需要追溯到旧制度时期,当时,音乐的政治性已经凸显。正如劳拉·马森在研究革命歌曲时所指出的,歌唱乃是旧制度时期大众和精英文化的组成部分,它不仅是一种娱乐,也是表达意见的途径。[②]

对于旧制度时期的社会精英来说,古典和宫廷音乐复杂的结构和和弦不仅是精美的艺术品,也象征着国家的稳定和秩序,对它们的鼓励和推崇展现着对既定政体的忠诚。格拉西安·杜·彭(Gratien Du Pont)在于1573年创作的《修辞术的科学与技艺》中就指出,音乐应当由准则和指南统御,同样,旋律也应当被规范、管理和展现。[③] 到18世纪初,音乐与人类社会具有相似性已经成为普遍观念,"人、思想和国家之中的秩序意味着纪律、作品(composition)和一致性,无政府状态的阙如,对混沌与无组织群众的避开"[④]。

精英们试图以古典音乐来避开混沌与无组织的群众,群众也有他们自己的音乐,这就是流行在第三等级普通民众之中的民谣,后来被视为法国布尔乔亚浪漫精神代表的所谓"香颂"(chanson)。

作为在第三等级中流行的音乐,"香颂"是一种配上歌词的小调,它们通常比较简短,形式多样,旋律轻快,歌词朗朗上口。[⑤] 在上层社会看

① Simon Schama, *Citizens: A Chronicle of the French Revolution*, New York: Alfred A. Knopf, 1989, p. 23.

② Laura Mason, "*Ça ira* and the Birth of the Revolutionary Song," *History Workshop Journal*, Vol. 28, Issue 1, 1989, p. 23.

③ Frank Dobbins, "Strophic and Epigrammatic Forms in the French Chanson and Air of the Sixteenth Century," *Acta Musicologica*, Vol. 76, Fasc. 2, 2006, p. 203.

④ Charles B. Paul, "Rameau, d'Indy, and French Nationalism," *The Musical Quarterly*, Vol. 58, No. 1, 1972, p. 48. "composition"有作文、作曲等多种含义,既可以被理解为对音乐结构的强调,也可以扩展到对古典主义艺术形式的理解。

⑤ 多宾斯对香颂的音乐史做了梳理,大致认定它同小调是同一种类型的音乐。16世纪法国香颂的基本状况,参见 Frank Dobbins, "Strophic and Epigrammatic Forms in the French Chanson and Air of the Sixteenth Century," *Acta Musicologica*, Vol. 76, Fasc. 2, 2006, pp. 197-234。

来，这些歌曲毫无价值可言。在 1690 年菲勒蒂埃（Antoine Furetière）所编纂的《通行词典》（Dictionnaire Universel）中，"香颂"的定义是"普通民众（le peuple）唱的短歌"。《百科全书》给"香颂"的解释也十分类似，狄德罗认为这种歌曲通常都找不到作者出处，歌词都是些浅薄无稽之谈，是一时兴起被创作出来的。不过，如果放在等级制走向消解，以至于大革命中"第三等级"才是一切的价值翻转的大背景之下，"香颂"的内容和状态就具有了重大的历史和政治含义，它是"第三等级"精神状态和观念的缩影。也正是如此，狄德罗在描述"香颂"时话锋一转，立刻补充说，由于民众才是法兰西真正的代表，歌曲和杂技才是法兰西精神的真正表现。① 经过法国大革命的推广和普及，到 19 世纪时，"香颂"作为民众风俗和精神象征的崇高价值已经成为公认的判断。② 旧制度时期"香颂"的另一个特征是其巨大的生命力和内容的丰富性。③ 这首先是由其创作者和演唱者特殊的生存状态所决定的，与上流社会的歌剧院和音乐厅相对应，"香颂"歌手活跃在巴黎街头巷尾，以演唱歌曲和贩卖廉价歌曲手册为生，歌手数量庞大。为了获得更多的听众，以维持生计，这些歌手想方设法迎合民众的需求。④ 在大街上、桥上和码头上游荡的歌手们售卖歌曲，歌曲主题无所不包，从宫廷生活的勾引和拒绝，到美利坚自由之子的歌颂，再到皇宫的肆意挥霍、国王的无能懦弱，以及皇后的任性妄为。⑤

这些民间流行的"香颂"实际上并不具有政治的严肃性，而且由于歌曲通常是围绕着特定事件和人物的创作，其流行的周期也非常短暂，很快就会被新的"香颂"所取代。⑥ 即使如此，这些歌曲依然可以被视

---

① Laura Mason, *Singing the French Revolution: Popular Culture and Politics, 1787–1799*, Ithaca: Cornell University Press, 1996, p. 9.

② Jane Fulcher, "The Popular Chanson of the Second Empire: 'Music of the Peasants' in France," *Acta Musicologica*, Vol. 52, Fasc. 1, 1980, pp. 36–37.

③ Laura Mason, *Singing the French Revolution: Popular Culture and Politics, 1787–1799*, p. 17.

④ Laura Mason, *Singing the French Revolution: Popular Culture and Politics, 1787–1799*, p. 15.

⑤ Simon Schama, *Citizens: A Chronicle of the French Revolution*, p. 180.

⑥ Laura Mason, "Ça ira and the Birth of the Revolutionary Song," *History Workshop Journal*, Vol. 28, Issue 1, 1989, p. 25.

为流动着的公共生活的反映，并且也为革命爆发后民间革命歌曲的创作提供了基础。

当然，统治阶级对"香颂"的流传并非置若罔闻，他们也并非不知晓音乐和艺术在强化认同和影响民众观念中的作用。1776 年，安吉维勒伯爵（count Angiviller）在给路易十六的信中就建议国王鼓励艺术的发展，因为艺术能"复兴美德与爱国主义情感"①。一方面针对民间歌曲，集权的王朝推行严厉的审查制度，歌颂君主的歌曲被许可甚至鼓励出版，而调侃、讽刺性的歌曲则会受到审查，其创作者会遭到追捕。② 另一方面，王室也尝试着采取同样的方式来扭转民众对统治阶级的负面印象，命令警察安插歌手在各种广场上唱歌赞颂国王。③

除了创作者的生存状态和创作目标以外，"香颂"的政治效用也来自其独特的形式，这种十分灵活和富于变化的音乐没有古典宫廷音乐的严肃和造作，被称为"农民之歌"，它们代表着第三等级，也就代表着解放和批判的力量。对于受教育程度较低的民众来说，嘲讽抨击现实的歌词配上朗朗上口的旋律，歌曲远比哲学家和思想家们口中抽象的政治观念要更加容易接受。更加现实的是，由于当时严苛的审查制度，出版物从某种程度上说并不是传播观点的最佳媒介，口口相传的歌曲比起需要经过批准方能

---

① David L. Dowd, "Art as National Propaganda in the French Revolution," *The Public Opinion Quarterly*, Vol. 15, No. 3, 1951, p. 535.

② 劳拉·马森在讨论旧制度时期歌曲文化时分别列举了这两种歌曲的歌词。前者的例子如 1744 年的一首歌颂法国国王的歌曲，部分歌词是 "Roi des Franças; Tu étais né pour la Couronne, Roi des Franças; Ton Sang nous impose des lois: Mais nous chérissons ta Personne, Et c'est notre coeur qui te nomme ROI DES FRAÇAS", 译成中文大致是：法兰西国王；您生而为王，法兰西国王；您的血统就是统治我们的法律：我们崇敬您，对您心悦诚服，称颂您为法兰西之王。后者的例子则是 1774 年的一首欢庆莫普（René de Maupeou）失势的歌曲。"……*Maupeou* n'est plus, Thémis reprendre la balance; *Maupeou* n'est plus, Ce monstre a fait place aux vertus, Reparaissez Dieu d'abondance, Riez français, faites bombance *Maupeou* n'est plus." 歌词大意是："……莫普下台啦，忒弥斯校准了天平；莫普下台啦，怪兽输给了美德，丰盈之神再次显灵，法兰西人开怀大笑，莫普下台啦。"参见 Laura Mason, *Singing the French Revolution: Popular Culture and Politics, 1787-1799*, pp. 26-27。

③ Laura Mason, *Singing the French Revolution: Popular Culture and Politics, 1787-1799*, p. 27, no. 51.

086 // 欧美史研究（第 4 辑）

印刷的小册子，显然要方便安全很多。① 此外，即使是在绝对主义的统治之下，口头上的歌曲在表达政治情感时也因其灵活性而具有特殊的地位，而在一个国王的光芒照耀一切的社会中，不在歌词中添上"国王万岁"这句话，本身就是对国王权力的沉默的抗争。②

傅勒曾经指出，大革命以及经由大革命所塑造的文化宣传手段实际上早在旧制度时期就已经存在，他在这里指的是，天主教的宣传手段和大革命的文化攻势在很大程度上有着形式的相似性。③ 早在胡格诺派和天主教同盟的斗争中，歌曲就作为政治宣传和斗争的一种途径被加以利用，而在后来的法国历史中，歌曲与政治之间的关系越发紧密。④ 此外，音乐、文学与艺术对民族性的影响与塑造在此时已经成为重大议题，在专制王权的指导之下，人们进行了各种体现法兰西民族优越性和王权之荣耀伟大的尝试。⑤ 在这样的背景之下，对于立志于推翻旧制度的大革命来说，音乐就具有重大意义，一方面，人们已然知晓它是有力的政治工具，另一方面，革命者需要找到自己的音乐来对抗代表旧制度的作品。

---

① 虽然街头歌手在当时也常常面临被逮捕的风险，不过在大革命之前，警方记录中并没有个人因演唱政治反动歌曲而被捕的记录，这种风险更多的是因为歌手这个群体并没有可以依附的行会组织，大多是自我营生，也就处于司法管理之外。此外，歌曲小册子的出版通常也是审查的内容，不过当时很多歌曲的小册子，一来不附曲谱，连歌词本身也不一定完整（据说这是为了勾起听众的兴趣，只有歌手才能真正进行演唱，以此保住自己的饭碗），二来这些歌曲被临时填词的情况也并不少见，因此真正进行审查是有很大难度的。参见 David Andress, *Massacre at the Champ de Mars: Popular Dissent and Political Culture in the French Revolution*, Woodbridge: Boydell & Brewer, 2000, p. 206, no. 46。

② Laura Mason, *Singing the French Revolution: Popular Culture and Politics, 1787–1799*, p. 27.

③ François Furet, "Ancient Regime and the Revolution," in Pierre Nora, ed., Arthur Goldhammer trans., *Realms of Memory*, Vol. I: *Conflicts and Divisions*, New York: Columbia University Press, 1996, pp. 79–109.

④ Peter Burke, *Popular Culture in Early Modern Europe*, New York: New York University Press, 1978, p. 261.

⑤ 例如，法兰西宫廷曾经尝试在芭蕾舞剧的编排中展现出法兰西民族的特征和优越性。Ellen R. Welch, "Dancing the Nation: Performing France in the Seventeenth-Century *Ballets des nations*," *The Journal for Early Modern Cultural Studies*, Vol. 13, No. 2, 2013, pp. 3–23.

二 从流行香颂到革命歌曲:《一切都会好》的登场

在旧制度时期,香颂的主要内容多是对王公贵族生活的调侃,因此,它至多算是反映第三等级文化和舆论的流行歌曲。大革命的爆发改变了这一状况,以"革命"为主题的香颂开始急速增多,并且这一状况在大革命初期特别明显。有学者专门进行了统计,在 1789 年的法国,与革命这个主题相关的歌曲大概有 150 首;1791~1792 年,歌曲数量比之前翻了一番,成了 300 首;到 1793 年,一共有 600 首;1794 年是革命歌曲创作的高峰,一共有 700 首歌曲问世;在这之后,歌曲的数量开始急速下滑,1795~1797 年只有 150 首歌曲被创作;而 1798~1800 年,歌曲数量变成了 100 首。这些歌曲基本上是围绕着大革命中所流行的各种价值理念来进行创作的,第一行歌词中最常出现的主题包括上帝至上 (supreme being)、自由、和平等。此外,进攻杜伊勒里宫的日子是人们最爱唱起的日期,国民公会则是这些歌曲最乐于歌颂的机构。[①]

革命初期的流行歌曲,大多是旧制度时期的香颂旋律和革命歌词结合的产物,这主要是为了使歌曲更受欢迎。用当时著名的作曲家 P. J. B. 努加雷 (P. J. B. Nougaret) 的话来说,正是因为这些香颂已经在民众中广为流传,从传播的角度来讲,它们就成为负载革命愿景的政治歌曲的理想载体:"这样一来我的歌曲就会更流行,适用场合更广,我不仅希望杰出的作曲家们用和谐的旋律来装饰歌词,而且我更希望把歌词都填进流行的曲调中去。"[②]

在这种观念之下,选用轻松愉悦、朗朗上口的旋律来歌颂革命,似乎显得理所当然,而在大革命初期流行的这些香颂中,最有影响力、最具代表性的就是这首歌词简单、旋律轻快的香颂《一切都会好》。

[①] Emmet Kennedy, *A Cultural History of the French Revolution*, New Heaven: Yale University Press, 1989, p. 236; Constant Pierre, *Les Hymnes et chansons de la Révolution*, Paris: Imprimerie Nationale, 1904, p. 49; James Leith, "Music as an Ideological Weapon in the French Revolution," *Canadian Historical Association Annual Report*, Vol. 1, No. 1, 1966, p. 139.

[②] Emmet Kennedy, *A Cultural History of the French Revolution*, p. 236.

据说，歌名的这句短语出自美国独立战争期间在法国参加大陆会议的本杰明·富兰克林之口，每当被询问起独立战争的状况时，富兰克林常常用蹩脚的法语回答："Ah, ça ira! （啊，一切都会好！）"① 富兰克林对独立战争的乐观心态被革命初期的法国人延续了下来，这句表述成了当时的流行语。或许是受到这句表述的启发，1790 年 5 月，一位名叫拉德雷（Ladré）的街头歌手创作了一首歌颂革命的乐观歌词，乐手贝科特（Bécourt）为其作曲，取名为《国民钟琴曲》（Carillon national）。

在随后两个月里，这首香颂开始被传唱开来，第一次联盟节成为它变得家喻户晓的契机。1790 年 7 月，巴黎民众自发组织起来，在马尔斯校场为第一次联盟节做准备，当时的革命形势一片大好，有史以来第一次，第三等级与贵族和教士一道为国家节日进行准备，法兰西也似乎有希望在大家的共同努力之下成为一个统一的新国家。然而同时，反革命的谣言也开始滋生。② 在恐惧和欢乐并存的氛围下，《国民钟琴曲》中"一切都会好"的乐观歌词和轻快旋律立刻受到大家的欢迎，这首歌在一周之内迅速流行起来，"所有人异口同声地唱着，一切都会好，一切都会好"③。

由于在联盟节的准备活动中就开始流行，这首歌随即与大革命联系起来，到联盟节正式开始时，它已经成为节日的"主题曲"。"拉法叶特容光焕发地出席了全国联盟节大会；当塔列兰面对祖国的神坛做完弥撒后，他代表人民军队进行宣誓，国王不得不跟着宣誓。尽管当时大雨倾盆，充满信心的群众热情洋溢地高唱《前进曲》。"④

正是如此，这首歌与革命记忆就此联系起来，从某种意义上象征了革命，被视为革命者的非官方主题曲。⑤ 人们将它重新命名为《一切都会好》，当时印刷的节日庆祝版本如下。

---

① Laurence Gronlund, *Ça ira! or, Danton in the French Revolution: A Study*, Boston: Lee and Shepard Publishers, 1888, p. 6.

② 〔法〕莫娜·奥祖夫：《革命节日》，刘北成译，商务印书馆，2012，第 71 页。

③ Laura Mason, "*Ça ira* and the Birth of the Revolutionary Song," *History Workshop Journal*, Vol. 28, Issue 1, 1989, p. 22.

④ 〔法〕乔治·勒费弗尔：《法国革命史》，顾良等译，商务印书馆，2010，第 145 页。

⑤ Paul R. Hanson, *Historical Dictionary of the French Revolution*, Lanham: Scarecrow Press, 2004, p. 53.

啊！一切都会好

让我们尽享欢愉，好日子总会到来

市场上曾备受煎熬的民众们

如今可以高唱哈利路亚。

啊！一切都会好

让我们用歌声庆祝

啊！一切都会好

伟大节日永载史册。[1]

为了革命节日进行准备工作的民众通过演唱这首歌，一方面歌颂了革命带来的希望，迎合了当时认为应当平稳过渡到新制度中的流行看法，另一方面平复了谣言造成的紧张氛围。[2]

在之后两年内，《一切都会好》成为革命活动歌曲的不二之选。许多歌手也对这首歌进行再创作，修改歌词来进行演唱。从街头巷尾到国民公会的正式活动，再到革命者在教堂里反对天主教的活动，都能听到《一切都会好》被唱响，歌曲就此成为当时革命的标志，那句安抚人心的"一切都会好"成为美好未来的象征。不过，随着革命者与保皇派之间关系的激化，副歌中添上"吊死贵族"口号的更加暴力的版本成为第三等级革命者喜爱的革命歌曲，这似乎也昭示着下一阶段革命的走向：[3]

在灯笼上吊死那些贵族！

啊！一切都会好，一切都会好

打败贵族！

---

[1] Laura Mason, *Singing the French Revolution: Popular Culture and Politics*, 1787–1799, pp. 47–48. 中文歌词译文根据书中英文翻译译出。需要注意的是，这首歌没有确定的官方版本歌词，在革命中各种歌唱内容都可以被当作歌词填进去，只有第一行"Ah！ça ira, ça ira, ça ira"成为固定的唱词。

[2] Laura Mason, *Singing the French Revolution: Popular Culture and Politics*, 1787–1799, p. 45.

[3] 马森认为，联盟节准备活动上已经出现了这个版本，参见 Laura Mason, *Singing the French Revolution: Popular Culture and Politics*, 1787–1799, p. 28。

废除独裁，

自由得胜利，

啊！一切都会好，一切都会好

赶走贵族和教士

啊！一切都会好，一切都会好

平等统治四方

奥地利的奴才们也得服从

啊！一切都会好，一切都会好①

歌曲的政治影响力是如此巨大，甚至于同"民族万岁"一起成为革命的标志。② 作为回应，保皇派也不得不同样找出一首歌来与之对抗，而且他们也想利用歌曲来实现政治目标。他们的选择恰恰是旧制度时期被认为象征着中央集权、秩序和稳定的古典音乐——改编自《狮心王理查》歌剧选段的《噢！吾王理查德》。③

虽然红极一时，但《一切都会好》始终只是革命的非官方主题曲，这同它流行时的政治状况有关。从制度上说，不仅国民公会尚未明确注意到歌曲的象征意义和政治效用问题，即使是在庆祝活动期间，也并不固定歌曲的演唱曲目，而且包括丹东在内的革命领袖们，本身就对音乐持怀疑态度：古典宫廷音乐当然需要被反对，而香颂则因为其易变和缺乏规则，被认为不利于凝聚民众和推动革命。

缺乏官方认证也给歌曲的继续流行造成影响，使得《一切都会好》成为一首具有"流动性"的歌曲。④ 由于没有官方版本的歌词，不仅民众可

---

① 这个版本也被称为无套裤汉版本，参见 C. Alexander McKinley, "Anarchists and the Music of the French Revolution," *Journal for the Study of Radicalism*, Vol. 1, No. 2, 2007, pp. 11-12, no. 29。

② 在路易十六被斩首的第四天，伦敦出版的一幅政治讽刺画《谋杀路易十六》就将"Ça ira"和"Vive la Nation"（民族万岁）描绘成环绕在国王周围放声歌唱的恶魔。可见，到 1793 年，"Ça ira"作为革命标志的地位已然被许多人所接受。

③ Charles Hughes, "Music of the French Revolution," *Science & Society*, Vol. 4, No. 2, 1940, p. 195.

④ Laura Mason, *Singing the French Revolution: Popular Culture and Politics, 1787-1799*, p. 45.

以随时即兴创作,革命者的对手们也可以将其变成自己的武器。这种政治象征含义的模糊性成了歌曲的重大缺陷,加之有玛丽·安托内特当年常常弹起这首曲子的传闻,这首歌便越发不能成为大革命的门面了。还有一个原因或许更加根本,虽然有无套裤汉的暴力歌词作为修正版本,但这首歌本身轻快的旋律所透露出的乐观情绪在愈演愈烈的革命中越发不受人喜爱,连保皇党人都调侃"歌曲并未表达出政治的严肃性",毋宁说面对严峻政治形势的革命者了。①

三 从革命歌曲到民族颂歌:《卡马尼奥拉》与《马赛曲》

《一切都会好》留下的音乐空间很快被其他歌曲填补起来,就在它问世两年后,另一首被无套裤汉青睐的革命歌曲《卡马尼奥拉》以其更加激进的态度一度成为革命流行曲。《卡马尼奥拉》这首歌的名称源自"爱国者"无套裤汉所穿的蓝色短夹克或马甲,这种上衣最初是由来自卡马尼奥拉地区的皮埃蒙特农民工所穿。② 歌曲最早的版本同其他革命歌曲一样,笼统地谈及自由和平的革命理想,而且也是被马赛民众带到巴黎的。③ 据说,1792 年 8 月,在巴黎民众攻占杜伊勒里宫,驱赶路易十六,杀死国王守卫时,《一切都会好》和《卡马尼奥拉》都被唱响,随后,被填上嘲讽王后玛丽·安托内特的歌词的《卡马尼奥拉》开始流行,人们在各种革命仪式上演唱它,伴着歌声种下象征革命价值的自由树:

> 否决票夫人曾许诺
>
> 割破所有巴黎人的喉咙
>
> 事不遂人愿
>
> 幸好我们有加农炮

---

① Laura Mason, *Singing the French Revolution: Popular Culture and Politics, 1787-1799*, p. 48.

② 这种被称为"卡马尼奥拉"的蓝色上衣,与红色软帽以及长矛一起,成为武装的无套裤汉的标志性装备。参见 James M. Anderson, *Daily Life during the French Revolution*, Westport, CT, and London: The Greenwood Press, 2007, pp. 74、185。

③ James M. Anderson, *Daily Life during the French Revolution*, p. 82, no. 16.

让我们跳起卡马尼奥拉舞

否决票先生曾许诺
要忠于祖国
他无耻食言
我们不要轻饶他……①

比起《一切都会好》的平和欢快，《卡马尼奥拉》更多地表现出与反革命者斗争到底的情绪。随着时间的推进，路易十六被视为祖国的叛徒，王无过错的绝对主义信条终于被推翻，革命者开始建立一个新的共和国。②

遗憾的是，《卡马尼奥拉》始终未能独占革命歌曲的流行榜首太久，虽然它比《一切都会好》更具战斗性，但是它也带着后者的问题——旋律简单、歌词易变、没有官方版本，无套裤汉们的喜爱使它富有生命力和流行度的同时，也使它难以被其他群体和阶层所接受。③ 在它流行后不久，作为流行革命歌曲的风头就被另一首歌曲抢走了。

在1792年11月6日的热马普战役中，军队中的无套裤汉们唱着《卡马尼奥拉》和《马赛曲》英勇杀敌，法军大获全胜，随后长驱直入占领了比利时。④ 实际上，热马普战役中士兵们所演唱的这首爱国战歌，其名称是"莱茵军团战歌"，而非"马赛曲"，歌曲创作的初衷是为了替代军队中不实用的流行香颂，用爱国主义热情号召和凝聚士兵。不过，在随后的历史中，这首以"马赛曲"的名称闻名于世的歌曲不仅成为法国国歌，还成

① 中文歌词译自英文翻译，否决票夫人指的是王后玛丽·安托内特，否决票先生指路易十六，国王因享有否决权而得此称呼。歌词原文参见 C. Alexander McKinley, "Anarchists and the Music of the French Revolution," *Journal for the Study of Radicalism*, Vol. 1, No. 2, 2007, pp. 15-16, no. 36。
② 张凤阳：《人民 VS. 国王：断头台上的政治现代性事件》，《学术月刊》2016年第10期。
③ 伏维尔认为，没有一首歌能够得到各个阶层的接受，这也反映了社会共识的破碎状态，成为《马赛曲》诞生的背景。参见〔法〕米歇尔·伏维尔《〈马赛曲〉：战争或和平》，黄艳红译，载〔法〕皮埃尔·诺拉主编《记忆之场：法国国民意识的文化社会史》（第二版），黄艳红等译，南京大学出版社，2017，第165页。
④ David P. Jordan, *The King's Trial: The French Revolution vs. Louis XVI*, Oakland：University of California Press, 1979, p. 64.

为法国大革命的象征和法兰西民族的"记忆之场"。

在对第一次反法同盟宣战后的第五天,斯特拉斯堡市市长、保皇党爱国者菲利普·弗里德里希·迪特里希男爵在家中举办了一次晚宴,席间,男爵表达了对军队所用歌曲的不满,认为像《一切都会好》这样曲调简单明快的歌曲本就不适合行军节奏,也很难表达出爱国之情。[1] 男爵想起军队中一位名叫鲁热·德·利尔的工程师有音乐才能,曾经创作过自由颂歌,随即询问鲁热"是否愿意将自己的爱国热情转化为一段振奋人心的歌词,为即将出征的莱茵军写一首专门的战歌"。鲁热答应了男爵的请求,在 1792 年 4 月 15 日晚一夜之间完成了创作,次日带着歌曲来到迪特里希男爵家中。经过男爵夫人对旋律的修改以后,4 月 25 日它第一次在市长的私人客厅里被高声唱起,[2] 继而在斯特拉斯堡流行起来,后被命名为《莱茵军团战歌》(*Chant de guerre pour l'Armée du Rhin*)[3]:

> 前进,祖国儿女,快奋起,
>
> 光荣的一天等着你!
>
> 你看暴君正在对着我们
>
> 举起染满鲜血的旗,
>
> 举起染满鲜血的旗!
>
> 听见没有?凶残的士兵
>
> 嗥叫在我们国土上,
>
> 他们冲到你身边,
>
> 杀死你的妻子和儿郎。
>
> 武装起来,同胞,
>
> 把队伍组织好!

---

[1] Simon Schama, *Citizens: A Chronicle of the French Revolution*, p. 597.

[2] 〔法〕莫娜·奥祖夫:《革命节日》,刘北成译,第 118 页。

[3] 之所以这么说,是因为在《马赛曲》风靡法国并最终成为革命标志以后,鲁热·德·利尔曾经数次试图通过这首歌来换取各种荣誉和抚恤金,歌曲创作的过程也因被添油加醋而带着一点神秘色彩,茨威格传记作品中以"一夜之间的天才"为题记叙鲁热·德·利尔的故事也有这个意思。参见〔奥〕斯蒂芬·茨威格《人类群星闪耀时》,李杰译,华中科技大学出版社,2013,第 115~139 页。

前进！前进！

用肮脏的血

做肥田的粪料！①

歌曲第一段呼吁祖国儿女为捍卫共和国而浴血奋战，第二段给贵族和国王打上了卖国贼的标签，视其为奴役法兰西人的反动者，第三段则将火力集中在反法同盟的入侵之上。歌曲"创作的日期是在这个驻防城市接到宣战决定的次日甚至当天"，因此它"毫无疑问是应局势所需而做出的敏感的、军事化的爱国主义的应答"。② 但是，由于对抗反法同盟的爱国主义战争同时也是为了保卫革命果实，这首歌天衣无缝地表达出法国大革命的两个层面的含义——推翻君主制的共和革命以及反抗对外侵略的爱国主义战争，而两者的结合，则凸显出法国大革命建构法兰西民族国家的需求与路径。作为法国大革命的象征，《马赛曲》在斯特拉斯堡的流行只是故事的开始，用米什莱的话来说，它的其余部分乃是自动生成的。

到 1792 年 10 月 17 日，《马赛曲》已经被封为"革命颂歌"。③ 成为革命颂歌，一方面是歌曲本身的优势所致，另一方面，则要得益于歌曲的传播。当年 7 月，支持新宪法的马赛民众组织队伍向巴黎进军，出于偶然，《莱茵军团战歌》成了他们的行军歌。这些民众或许并不了解歌曲的创作背景，但是歌词中号召为祖国和自由抛头颅洒热血的内容引起了强烈共鸣，就这样，一首本来是保皇派创作的抵御外国势力的歌曲，在特殊的政治环境之下成为保卫革命的歌曲，伴随着马赛人的行军进入巴黎，获得了新的名称——《马赛曲》。

---

① 最初的版本共有六段歌词，在后来传播的过程中，增补的第七段歌词被流传下来，加上之前的六段歌词成为如今我们所熟悉的《马赛曲》全歌。

② 〔法〕米歇尔·伏维尔：《〈马赛曲〉：战争或和平》，黄艳红译，载〔法〕皮埃尔·诺拉主编《记忆之场：法国国民意识的文化社会史》（第二版），黄艳红等译，第 160~161 页。需要指出的是，鲁热·德·利尔并不是革命的拥护者，同他的父亲一样，他站在王室一边，并且拒绝对新宪法宣誓效忠，因此在 1793 年锒铛入狱。由于创作者的政治立场，我们显然无法直接将《马赛曲》的创作归结为对革命进程的歌颂。

③ 〔法〕莫娜·奥祖夫：《革命节日》，刘北成译，第 118 页。

在过去的几天里，马赛人的到来被广为宣传。他们人数众多；他们被王室视为怪物；他们以各种方式表达自己的意图。一方面，他们代表着一群暴民……另一方面，恰好相反，他们被称为最忠诚的爱国者……他们致力于恢复疲惫的巴黎人的公共精神，向君主制发起最后的致命一击。①

标志着《马赛曲》成为革命主题曲的事件，就是这次从马赛到巴黎的行军。② 此后，这首歌在革命活动中迅速取代了《一切都会好》和《卡马尼奥拉》，在教堂中，赞美诗（Te Deum）的演唱也被合唱《马赛曲》所代替，它成为革命者的必唱曲目，风靡整个巴黎。③

《马赛曲》的成功从某种意义上说是必然的，比起《一切都会好》和《卡马尼奥拉》等当时流行的革命歌曲，它的优势十分明显。④ 在伏维尔看来，《马赛曲》既非来自公认的、专业音乐家的"正式的艺术"作品，也不同于过去革命歌曲的创作方式——"贴在已有曲调上的无名或几乎无名的作品"，它吸收了来自民众的情绪和态度，不是掉书袋式地宣扬革命伦理。⑤ 可以说，它是各种体裁的混合，因此"更能反映一个时代对音乐的追求以及对于作者的追求"⑥。这种追求在 1796 年一本名为《诗人创作歌词须知》（Avis aux poètes lyriques）的小册子中被表述得十分明白。

---

① Laura Mason, *Singing the French Revolution: Popular Culture and Politics, 1787-1799*, p. 97.

② Jennifer Wise, "L'enfant et le Tyran: 'La Marseillaise' and the Birth of Melodrama," *Theatre Survey*, Vol. 53, Issue 1, 2012, p. 30.

③ 第一次联盟节之前，人们试图选择一首能够与节日庆祝相匹配的歌曲，而经过修改的"赞美诗"就成了"与情势和谐匹配的"音乐。到 1792 年，改编的赞美诗仍出现在革命节日中，被用来歌颂自由女神以及其他大革命的象征，其中最典型的就是戈塞克为 1790 年联盟节创作的《感恩赞》以及后来为理性节所创作的《自由颂》。

④ 改编赞美诗作为革命颂歌，起码就歌曲本身而言，以拉丁文写作的歌词成为在民众中进行传播的最致命弱点，参见 Julien Tiersot, O. T. Kindler, "Historic and National Songs of France," *The Musical Quarterly*, Vol. 6, No. 4, 1920, pp. 606-607。

⑤ 〔法〕米歇尔·伏维尔：《〈马赛曲〉：战争或和平》，黄艳红译，载〔法〕皮埃尔·诺拉主编《记忆之场：法国国民意识的文化社会史》（第二版），黄艳红等译，第 162 页。

⑥ 〔法〕米歇尔·伏维尔：《〈马赛曲〉：战争或和平》，黄艳红译，载〔法〕皮埃尔·诺拉主编《记忆之场：法国国民意识的文化社会史》（第二版），黄艳红等译，第 162 ~ 163 页。

人民诗人，你的首要任务难道不是迎合人民，不是在必要的时候牺牲掉曲高和寡的诗歌来达到这个神圣的目标吗？革命的音乐家们，你难道不想在未来的世纪中青史留名？①

作者随后进一步指出，若想实现这一目标，歌曲的创作就必须符合人民的需求，必须迎合大众的品位。

因此，《马赛曲》的成功的最为根本的原因是，它超越了当时的其他歌曲，更加符合革命的气质和人民的需求。以《一切都会好》为例，其从1790年到1793年所创作的所有版本，无论歌词如何变化，都始终符合歌曲名称，传达着乐观轻松的情绪。然而，到1792年，局势的紧张状态显然不是一句"一切都会好"能准确表达的。相比而言，《马赛曲》传达出了对可怕敌人的警惕，并且预示着在浴血奋战之后的"光荣之日"的到来。

另一方面，无论是《一切都会好》还是《卡马尼奥拉》，其各个版本虽然都能够传达许多即时的情绪，但是在一些评论者看来，它们过于"下里巴人"，无法激发人们的敬重。② 正如迪特里希对《一切都会好》的评价一样，大革命初期那些以香颂为基本模式的革命歌曲与纪律严肃的军队确实并不匹配，而更加低沉、缓慢，接近于行军速度的《马赛曲》则不一样，"武装起来，同胞，把队伍组织好！"直白地表明了歌曲的核心要义。③最后，在《马赛曲》诞生之前，《一切都会好》和《卡马尼奥拉》这两首最为流行的革命歌曲"始终是口头创作的歌曲，歌唱者们可以通过它来表达自己对革命的特定看法"④。换句话说，作为一首传达政治信息的革命歌曲，《马赛曲》稳定得多，明确得多，无论是对演唱者还是对听众来说，它都能够更好地发挥作用。

---

① Jean Mongrédien, *French Music: from the Enlightenment to Romanticism, 1789–1830*, Portland: Amadeus Press, 1996, p. 39.

② 〔法〕米歇尔·伏维尔:《〈马赛曲〉:战争或和平》，黄艳红译，载〔法〕皮埃尔·诺拉主编《记忆之场:法国国民意识的文化社会史》（第二版），黄艳红等译，第161页。

③ Laura Mason, *Singing the French Revolution: Popular Culture and Politics, 1787–1799*, p. 96.

④ Laura Mason, *Singing the French Revolution: Popular Culture and Politics, 1787–1799*, p. 99.

四 革命要求的变化与音乐政策的出台

"铡刀将国王的序号一刀斩断,从而保证了他确实将是最后一个。"[1]
1794 年,革命的形势发生了新的变化,革命者和掌权者要解决的问题也由
废除旧制度变成了维系新共和国。革命形势的变化也反映在文化领域,在
路易十六经过审判被推上断头台后,布鲁图斯诛杀暴君保卫自由的形象开
始在巴黎剧院里声势渐衰,这个形象已经无法满足革命者的要求。[2]

除旧和立新是完全不同的任务。在国王的头颅被砍下之后,新的共和
国该如何建立,革命派虽有理想蓝图,却依然需要探索实现步骤,用罗伯
斯庇尔在 1794 年的话来说:

> 什么才是民主或人民政府的基本原则,也就是,支撑其存在并维
> 系其运作的本质基础?那就是德性……就是热爱你的祖国和它的法
> 律……这种崇高的情感要求将公共利益放在所有特殊利益之上……政
> 治行为的第一条规则必须是,你所有的行为都以维系平等和发展德性
> 为目标……在法国革命的体系中,不道德的就是不讲政治的,腐败的
> 就是反革命的。软弱、恶行和偏见就是通向君主制的康庄大道。[3]

新共和国的关键,就在于培养具有政治德性和公共情怀的新公民,而
共和国公民的德性培育,需要通过公民教育来实现,通过文化、思想、意
识上的"教化",来改造法兰西人民。

本来,音乐的使用一直是政治教化的重要手段,其积极效用自亚里士
多德起就常有论述。但是,不同于保皇派和温和共和主义者对歌曲的接受
和运用,掌权的雅各宾派起初对歌曲的态度是否定和鄙夷的,不认为它对

---

[1] 〔法〕莫娜·奥祖夫:《革命节日》,刘北成译,第 252 页。

[2] Kenneth N. Mckee, "Voltaire's Brutus During the French Revolution," *Modern Language Notes*, Vol. 56, No. 2, 1941, pp. 104-105.

[3] William Doyle, *The Oxford History of the French Revolution*, Oxford: Clarendon Press, 1989, pp. 272-273.

革命有什么助益，甚至认为它会有损共和德性的增进。雅各宾派反对音乐的理由大致有二：一方面，流行于民间的香颂内容轻浮、旋律明快，并不符合革命者严肃的立场；另一方面，香颂在旧制度时期就已经出现了，作为一种工具和媒介，它既可以被革命者使用，也能够被保皇派利用，因此在政治斗争的意义上是不可靠的。对此，马森归纳说：

> 毕竟，歌曲牢牢植根于旧制度轻佻的娱乐和胁迫性的政治生活之中。作为一种娱乐方式，它们似乎无法像焕然一新的革命剧院或教育性的节日那样改造听众。作为沟通手段，歌曲所服务的对象是雅各宾派希望根除的文盲群体。最后，毫无疑问最可怕的是，作为一种政治表达方式，歌曲似乎使人回想起过去的等级制和奴役，它们使言路闭塞，显然无法促进合法的政治行动。①

这样说来，歌曲本该被新的共和国所摒弃。

然而，歌曲在革命群众中的活跃程度和诸多革命歌曲的传唱使得革命者不得不修正自己的判断。1790 年 5 月出版的《巴黎记闻》就描述了歌曲的受欢迎状态："以革命精神所创作的那些人民触手可及的歌曲是现在的流行大势。"② 1791 年秋，J. M. 卡佩在写给雅各宾派的一封信中，提出了通过歌曲传达革命理想和爱国情怀的设想，"如果我们将革命的主要特征放进各种歌词中，赋予它们有品位又简明的舞曲旋律"，歌曲本身将会把爱国精神传达给每一个灵魂，照亮人们的内心，启迪青年人的思想。③ 到 1793 年，革命歌曲反映了法兰西民族和公民精神的观念已经十分普及，当时在一本《香颂年鉴》的卷首，编辑者就表示，"革命善行的每个阶段都有歌曲作为标志"④。

1792 年《马赛曲》的问世也证明了革命歌曲在捍卫革命和激发爱国主

---

① Laura Mason, *Singing the French Revolution: Popular Culture and Politics, 1787-1799*, p. 58.
② Cornwell B. Rogers, "Songs—Colorful Propaganda of the French Revolution," *The Public Opinion Quarterly*, Vol. 11, No. 3, 1947, p. 438.
③ Laura Mason, *Singing the French Revolution: Popular Culture and Politics, 1787-1799*, p. 59.
④ Cornwell B. Rogers, "Songs—Colorful Propaganda of the French Revolution," *The Public Opinion Quarterly*, Vol. 11, No. 3, 1947, p. 442.

义热情中能够发挥的作用，到 1793 年秋天，法国军队的胜利与《马赛曲》联系在了一起，以至于当时就有将军表示，"给我派一千人的部队或一首《马赛曲》"①。对于想要建立和推广新制度的革命者来说，如果歌曲可以促进爱国精神，那么将歌曲的控制权从民众那里转移到官方机构，理所当然就成为其下一步的目标。国民公会开始鼓励革命歌曲的创作和演唱，在 1793 年 7 月 4 日和 5 日国民公会的会议上，"年轻的公民"演唱《马赛曲》表达对祖国的热爱。② 出版音乐小册子也从旧制度时期的廉价、简陋的小生意变成了高尚和严肃的爱国事业，而一度被高雅歌剧所占领的剧院，也会为了招揽顾客在中场休息时演奏《马赛曲》。③

不过，革命歌曲事业的一片大好对共和国权威来说并非全然值得称赞。在共和国建立初期复杂的情形之下，不是每一首歌曲都准确恰当地传达了所谓的革命精神，当然，考虑到不同派系对革命的不同理解，这本身也符合逻辑。因此，在国民公会的讨论中，有许多代表出于前面提到的理由提议对歌曲进行控制，甚至还控诉歌曲被反革命势力用来"教唆"和"误导"人民。④ 歌曲的流行展现出了底层的创造力和革命的活力，但是在共和国的管理者眼中，却同样象征着混乱和无序。"在国民公会的大厅和走廊上应当听到的是公民愿望严肃庄严的表达"，而不是嘈杂喧嚣的歌声，丹东如是说。⑤

为了控制和统管歌曲，更便捷地将革命精神传达出来，国民公会通过决议建立"国家音乐学院"，专门下拨经费来引导和鼓励革命歌曲的创作。建立官方机构来控制音乐只是革命者将音乐纳入体制管理的第一步，在丹东的提议下，国民公会废止了在立法厅演唱香颂的习惯性做法，随后，又

---

① 〔法〕米歇尔·伏维尔：《〈马赛曲〉：战争或和平》，黄艳红译，载〔法〕皮埃尔·诺拉主编《记忆之场：法国国民意识的文化社会史》（第二版），黄艳红等译，第 172 页。

② Cornwell B. Rogers, "Songs—Colorful Propaganda of the French Revolution," *The Public Opinion Quarterly*, Vol. 11, No. 3, 1947, p. 440.

③ 《马赛曲》在剧院中的流行，也是因为在 1793 年秋，公共安全委员会颁布了一条法令，要求共和国的所有戏剧在表演时都必须演唱《马赛曲》。

④ Laura Mason, *Singing the French Revolution: Popular Culture and Politics, 1787-1799*, p. 123.

⑤ National Convention, sitting of 26 Nivôse.

通过了各种法条来创造纪念碑，改革文字，组织教育。① 而公共安全委员会也开始通过征集歌曲的方式来进一步塑造新的音乐文化，让其"为人性的事业服务"，后来甚至还指派音乐研究院的人员去指导民众演唱所谓歌曲的标准版本。②

《马赛曲》作为广泛流行的革命战歌，似乎也需要一个标准版本。在没有官方认可之前，《马赛曲》也同其他革命歌曲一样，具有很强的"流动性"，从1792年到1793年，巴黎的歌曲创作者们经常改编这首歌，在音乐家贡斯当·皮埃尔所编的三千多首革命歌曲中，有两百多首都是以《马赛曲》的乐调为依据。③ 这些不同版本的《马赛曲》被用来传达特定的革命信息，既通过生动暴力的歌词来激起大众的恐惧，又通过歌颂当时已经取得或即将实现的胜利来增强信心。在这些歌曲中，既有彰显革命的男性中心主义的，也有指名道姓咒骂革命敌人的，还有欢天喜地庆祝与旧制度告别的歌曲。④

显然，《马赛曲》混乱的政治含义并不能服务于共和国教化公民的目标，但是既然《马赛曲》已经获得了如此明确的革命象征地位，那么，最实用的策略显然是对它加以官方认可和限定。就此而言，管理革命歌曲以服务新共和国的最影响深远的举措，或许就是将《马赛曲》确定为国歌。在共和3年穑月的第26次会议中，国民公会宣布：⑤

> 在法兰西重获自由的即刻起，国民公会希望保持真正共和主义者的士气，因而郑重地宣告那些7月14日攻占巴士底狱和8月10日推

---

① R. R. Palmer, *Twelve Who Ruled: The Year of the Terror in the French Revolution*, Princeton and Oxford: Princeton University Press, 2005, pp. 317–334.

② Laura Mason, *Singing the French Revolution: Popular Culture and Politics, 1787–1799*, pp. 126–127.

③ 〔法〕米歇尔·伏维尔：《〈马赛曲〉：战争或和平》，黄艳红译，载〔法〕皮埃尔·诺拉主编《记忆之场：法国国民意识的文化社会史》（第二版），黄艳红等译，第173~174页。

④ Laura Mason, *Singing the French Revolution: Popular Culture and Politics, 1787–1799*, pp. 111–113.

⑤ Laura Mason, *Singing the French Revolution: Popular Culture and Politics, 1787–1799*, pp. 139–140.

翻王室的神圣所在，特做出如下决议：今天国庆当中议事大厅所演奏的两首爱国主义歌曲——公民鲁热·德·利尔作曲的《马赛曲》和伏尔泰作词、戈塞克作曲的《自由之心》，将被完整收录在国民公会的公报中。……这两首为大革命成功立下功劳的公民歌曲将由国民卫队军乐部和前线部队演奏，军事委员会负责每天杜伊勒里宫守卫的演奏。①

从某种意义上说，《马赛曲》之所以被确立为法兰西第一共和国的国歌，乃是因为它是官方和民间都能接受的革命歌曲模板，当然，这也源自它在革命中的巨大流行性和歌曲本身的特殊性，伏维尔归纳为成为国歌的"条件"。

虽然鲁热是为了保卫法国国王、对抗外国暴君而创作的这首歌曲，但是《马赛曲》的歌词并未明确地指出所面对的敌人究竟是谁，因此，无论是反法联盟对法兰西共和国构成的威胁，还是路易十六给革命和自由造成的困扰，都可以被投射到歌曲之中。而马赛人的行军演唱以及歌曲名称的更换进一步减弱了这首歌创作原初语境中的政治立场。或许可以说，《马赛曲》所唤醒的，并非对绝对主义王朝的效忠之情，而是每个公民都有义务为公共事业贡献的对共和国的热爱之情，同时还是对无论如何都要加以捍卫的作为"母亲"的祖国和作为"以祖先和血统为想象的"法兰西民族这个共同体的热爱之情。

---

① 也有学者指出，早在这之前，《马赛曲》就已经取得"国歌"的地位。伏维尔认为，1793年11月24日国民公会所通过的法令已然表达了这个意思："《自由颂歌》【应当】在所有的共和国场景中被唱响，在休息日上，在任何人民需要的时候。"1792年10月2日，《马赛曲》第一次在巴黎剧院被演唱时的曲名被改成了《自由颂歌》（Offrande à la liberté）。而另一位研究者则将时间推到1972年10月，"乡村报"将它颂称为 Hymne National（国歌），《马赛曲》就这样进入了历史"。不过笔者认为，在公共领域和大众文化中备受推崇与经过正式立法确定其法定身份显然是两个层面的问题，一个民族国家的国歌必须经过官方机构认可，即使认可的方式有很多种。研究者对《马赛曲》成为国歌时间的不同判断，参见〔法〕米歇尔·伏维尔《〈马赛曲〉：战争或和平》，黄艳红译，载〔法〕皮埃尔·诺拉主编《记忆之场：法国国民意识的文化社会史》（第二版），黄艳红等译，第176页；Jean Mongrédien, *French Music from the Enlightenment to Romanticism, 1789-1830*, p. 44。

五　余论

作为政治现代性的一个开端，法国大革命既是法国历史上具有决定性的事件，同时也成为许多民族国家在自我建构的过程中争相效仿的榜样。在这一过程中，不仅歌曲成为大革命记忆和象征的一项关键内容，而且在很大程度上，歌曲的内容和类型也受到革命进程的影响，革命的进程使得这些大众歌曲成为"革命歌曲"。前文表明，在大革命初期的历史中可以明确观察到音乐被政治化的现象。

毫无疑问，不同于在纯粹艺术领域所讨论的音乐理念，在政治社会历史中的音乐往往受制于特定的立场、观念和事件。不过，歌曲缘何能够被政治化，当然还要回归到其社会政治功效上。首先，歌曲作为人类与生俱来的情感和体验表达方式，在政治活动中，特别是在革命运动中，具有惊人的力量。一方面，特定的音乐符号和编曲方式能够唤起人们特定的情感，[1] 另一方面，通过歌词对具体政治理想和价值的表述、对现实的评价与批判，民众在聆听和传唱政治歌曲的过程中，强化了特定的政治意识，这也是彼得·伯克所谓欧洲近代历史的一大趋势——"大众文化的政治化"的题中应有之义。[2]

音乐的政治效用特别体现在其强化群体认同和划定群体边界的社会功能上，用社会学家的话来说，音乐是"自我的技术"，同时也是"集体的技术"。[3] 格林菲尔德曾经指出，政治的现代化从某种层面上说可以视为"民族化"，这意味着，现代政治的一项重大议题就在于找寻一种新的身份认同，这种认同既有别于传统时代的血缘关系，同时又能使群体生活成为可能。本尼迪克特在谈论"想象的共同体"时就从这个层面阐述过国歌的意义。

---

[1] Karen A. Cerulo, "Sociopolitical Control and the Structure of National Symbols: An Empirical Analysis of National Anthems," *Social Forces*, Vol. 68, No. 1, 1989, pp. 76-99.

[2] Peter Burke, *Popular Culture in Early Modern Europe*, pp. 259-270.

[3] William G. Roy, Timothy J. Dowd, "What is Sociological about Music?" *Annual Review of Sociology*, Vol. 36, 2010, pp. 189-190.

以在国定假日所唱的国歌为例。无论它的歌词多么陈腐，曲调多么平庸，在唱国歌的行动当中却蕴含了一种同时性的经验。恰好就在此时，彼此素不相识的人们伴随相同的旋律唱出了相同的诗篇。……将我们全体联结起来的，唯有想象的声音。①

这样说来，音乐与政治的现代化紧密相关。在现实中，19世纪以来致力于政治独立的民族都开始追求具有自身民族特色的歌曲，这似乎也是一个佐证。② 对于将民族国家的建构确立为目标的政治共同体来说，音乐能够创造共同体的形象，进行群体动员，还能够通过一种音乐语言使民族国家与其他的抽象观念和意识形态相抗衡，③ 正如马赛人唱着《马赛曲》昂首奔向革命中的巴黎。

当然，《马赛曲》以及其他革命歌曲的意义远不止如此。恰如霍布斯鲍姆曾经指出的，许多如今看来传统的政治仪式、节日与文化象征，实际上都是晚近随着民族国家的成长而被发明出来的。④ 法国大革命之后，在革命和战争中使用歌曲进行动员开始成为惯常做法，而大革命中的革命歌曲，因为其特定的政治象征与含义，也在不同时期不同的政治运动中，被不断征引和翻新，就此而言，革命歌曲可以作为政治的文化象征和符号，内化为一种政治的存在，也为我们理解政治和历史事件提供帮助。

（罗宇维，中国社会科学院中国历史研究院世界历史研究所助理研究员，主要研究方向为现当代欧洲史、西方政治思想史）

---

① 〔美〕本尼迪克特·安德森：《想象的共同体——民族主义的起源与散布》（增订版），吴叡人译，上海人民出版社，2011，第139~140页。

② 不过，这一现象的原因要复杂得多。除音乐特别是民族音乐和民族主义音乐在政治社会活动中的巨大作用之外，原因还有民族主义作为一种政治运动的广泛传播，当然还有来自浪漫主义和民族主义对所谓民族文化和民谣（folk songs）的追求，本文限于篇幅将不展开讨论。

③ Philip V. Bohlman, *Focus: Music, Nationalism, and the Making of the New Europe*, London: Routledge, 2011, p. 88.

④ 〔英〕E. 霍布斯鲍姆、〔英〕T. 兰格编《传统的发明》，顾杭、庞冠群译，译林出版社，2004，第338页。

美国高等教育的发展和贡献
（1950~2000 年）[*]

张　瑾

【摘要】　美国的高等教育取得了举世瞩目的成就，是美国吸引和培养高层次人才的抓手。美国高等教育是其应对现代世界各种挑战的重要力量来源之一。美国大学在院校规模、师资水平、硬件设施、研究成果、学科覆盖面、课程设置诸多方面，都具有优势。美国社区学院等职业教育机构也发展迅速。美国在高等教育领域展现出强大的吸引力与感召力。笔者首先从本科和研究生教育、博士后教育、美国高等教育国际化以及职业教育等四个层面来论述 20 世纪下半叶美国高等教育的蓬勃发展，其次从高等教育机构自身的创新和联邦政府在立法、经费方面的支持分析高等教育发展的主客观动因，最后从人才、科技、经济三个层面具体分析高等教育对美国社会的贡献，总结出美国高等教育如何发挥服务社会的"人才磁石"作用。

【关键词】　美国　高等教育　美国史　教育史

美国作为独立国家的历史至今不过 200 多年。美国有着得天独厚的自然条件和历史机遇，19 世纪已成为世界工业强国，之后在两次世界大战中获利，成为世界上最发达的资本主义国家。不得不说，美国的强大来源于其科技、教育、人才等基础和实力。其中美国的高等教育取得了举世瞩目的成就，是美国吸引和培养高层次人才的抓手。高等教育带来的人力资本

＊　本文系国家社科基金青年项目"英美科技人才发展及其政策比较研究（1950—2000）"（17CSS034）阶段性成果。

贡献对美国科技和经济发展起到巨大推动作用，将美国的 20 世纪称为"人力资本世纪"毫不为过。1958 年美国加州大学校长克拉克·克尔提到："高校这一角色对于我们时代而言的重要性，远胜于人类文明史上的任何一个时期。"①

二战后，美国的高等教育经历了怎样的发展才保持了世界首屈一指的地位？为何全球学子对美国的大学如此向往？美国大学吸引外国留学生的规模如何？美国大学对社会做出了哪些贡献？这些问题都值得学者思考和解答。本文试图考察 20 世纪下半叶美国高等教育的发展情况，从高等教育机构自身的创新和联邦政府在立法、经费方面的支持分析高等教育发展的主客观动因，并从人才、科技、经济等层面具体分析高等教育对美国社会的贡献，总结出美国高等教育如何发挥服务社会的"人才磁石"作用。

一　高等教育的蓬勃发展

作为新兴的资本主义国家，美国对人力资源开发予以高度重视。几乎每届美国总统都重视国民教育，如，参与起草《独立宣言》的托马斯·杰斐逊的一个身份就是教育家；肯尼迪提到面对一个思想和技术愈来愈占重要地位、必须珍视和多加培养优秀人才的世界，美国必须证明自己有能力教育好本国的孩子，他还强调，在这个充满危机的世界里，应该通过高等教育，充分发挥美国千百万青年公民的潜力；②乔治·布什在竞选期间曾以教育为主要论题之一，直截了当地声称要做一位"教育总统"。虽然美国领导人认同教育的重要性，但美国的基础教育与高等教育的发展不平衡，实力悬殊。美国高等教育的优势和吸引力远远超过基础教育。可以说，美国高等教育是其应对现代世界各种挑战的重要力量来源之一。

广义的高等教育包括大学教育和高职教育，高等教育机构可分为研究型大学、教学型大学、教学研究型大学、高等专科学校和高等职业学校。高等教育是一个宽泛的概念，包含的内容和层次丰富，鉴于本文篇幅有

---

① 眭依凡主编《学府之魂：美国著名大学校长演讲录》，教育科学出版社，2013，第 15 页。
② 〔美〕阿兰·内文斯编《和平战略——肯尼迪言论集》，北京编译社译，世界知识出版社，1961，第 223、268 页。

限，论述无法面面俱到，在此只从本科和研究生教育、博士后教育、美国高等教育国际化以及职业教育等四个层面来试图厘清美国高等教育的发展。

第一，本科和研究生教育。建国初期的美国大学继承了殖民地学院的传统，以教学为主。随着德国研究型大学模式的引进，美国大学的科研功能日渐强大。现代社会对高级专门人才需求的极大增长，加之个人对高等教育的迫切需要，推动了高等教育前所未有的迅速发展，也使高等教育从精英特权趋于大众普及。20 世纪下半叶的美国高等教育发展保持了迅速而蓬勃的态势。表 1 为经济合作与发展组织（OECD）对 20 世纪 50 年代某些发达国家 15~64 岁年龄段人口的高等教育入学率的统计。可以看到，美国此年龄段人口的高等教育入学率远超加拿大和英国，在 OECD 国家中是首屈一指的。

表 1　20 世纪 50 年代美国、加拿大、英国 15~64 岁
年龄段人口的高等教育入学率

单位：%

国家	1950 年	1955 年	1959 年
美国	2.33	2.62	3.18
加拿大	0.80	0.77	0.99
英国	0.26	0.26	0.31

资料来源：Organisation for Economic Co-operation and Development, *Resources of Scientific and Technical Personnel in the OECD Area: Statistical Report of the Third International Survey on the Demand for and Supply of Scientific and Technical Personnel*, O. E. C. D. Publications, 1963, p. 47, 经作者整理。

美国政府为大多数美国人增加了接受高等教育的机会，尤其是 1965 年《高等教育法》（*Higher Education Act*）授权的计划使更多的高中毕业生进入大学。随着婴儿潮一代的成长，高等教育入学人数在 20 世纪 60 年代末和 70 年代初迅速增加。1986 年，美国国家科学基金会（NSF）发布了名为《科学、数学和工程本科生教育》的报告，强调要"加强大学教育并追求卓越，以使美国下一代成为世界科学和技术领导者"，并就此向各州、学术机构、私营部门和作为联邦机构的国家科学基金会提出诸多建设性建议。由此，高等教育领域也愈加重视 STEM（科学、技术、工程、数学四门学科英文首字母的缩写）教育。美国的高等教育领域展现出美国的吸引力与感召力。美国大学在院校规模、师资水平、硬件设施、研究成果、学科覆盖面、课程设置等方面，都具有一定优势。尤其是第二次世界大战之后，受过高等教育的美国人口比例越来越大，远远超过其他国家。①

美国的科学优势在很大程度上来源于其研究型大学的核心竞争力。研究型大学的精神源于德国，美国将其为自所用，在发展研究型大学的路上走得更远。1945 年 7 月万尼瓦尔·布什（Vannevar Bush）发表《科学：无尽的前沿》（*Science—The Endless Frontier*，简称《布什报告》），督促政府加大对基础研究的经费投入，以促进经济增长、国家安全、公共卫生等目标的实现。这为研究型大学的发展拓宽了道路。美国在追求经济增长、努力实现国家目标的同时，通过对教育和基础研究的大力投入，使研究型大学发展成为国家的有力财富。同时，美国研究型大学也成为影响世界其他国家高等教育发展与改革的重要力量。研究生教育的跨越式发展是 1950 年以来美国高等教育领域的一个显著特点。一流大学的研究生教育规模扩大，使其进一步培养了研究型人才，促进了学术研究的专业化。美国在STEM 领域的教育水平保持了领先其他国家的优势，在培养博士研究生方面形成了特色，取得了成功经验。如，美国的大学在选拔新生时采用考试与考察相结合的方式，注重考察申请人的真实才能和探索能力；在培养博士研究生的过程中既强调基础理论又重视专业学习，同时鼓励跨学科的学术交流和碰撞，强调科研与实践相结合。著名的研究型大学约翰·霍普金斯大学在 1876 年刚成立时，校长吉尔曼教授就指出，博士研究生教育的本质就是培养其进行科学探索和研究的能力。这一指导思想也影响了美国其他大学。另外，美国名牌大学注重学术交流，这使学生能接触各种新的学术思想，掌握最新发展动态。其还重视研究生导师队伍的建设，高薪聘请一流学者任教。美国的顶尖大学之所以能培养出世界一流水平的博士，是与重视导师队伍的建设密不可分的。

---

① 付美榕：《为什么美国盛产大师：20 世纪美国顶尖人才启示录》，科学出版社，2009，第177 页。

1988 年美国国会的技术评估办公室的报告认为，自 20 世纪 70 年代初以来，科学和工程专业的全日制研究生入学人数有所增加。但是，如果不是因为外国研究生的涌入，增加的入学人数将会更少。[①] 报告还注意到，美国科学和工程领域对女性和少数族裔人群吸引力不足。[②] 表 2 的数据在一定程度上表明了美国在 STEM 领域的领先地位。

表 2　选定国家获得科学和数学博士学位的人数

单位：人

年份	美国	德国	中国	英国	日本	韩国	澳大利亚
1989	15200	6370	1000	4940	3380	890	472
1993	18250	8800	1790	5360	4200	1200	604
1997	19560	9950	4980	6090	5770	1950	1043
2001	18030	9620	7530	7360	6790	2760	1119

资料来源：Daniel Edwards and T. Fred Smith, *Supply, Demand and Approaches to Employment by People with Postgraduate Research Qualifications in Science and Mathematics: Literature Review and Data Analysis*, Australian Council for Educational Research, 2008, p. 7, 经作者整理。

自 1957 年以来，由国家科学基金会内的国家科学与工程统计中心和其他三个联邦机构（国家卫生研究院、教育部和国家人文基金会）赞助的"获得博士学位者调查"（Survey of Earned Doctorates）是一项对在特定学年内从获得认可的美国机构中获得研究博士学位的所有个人进行的年度普查。"获得博士学位者调查"收集有关博士学位获得者的教育经历、人口统计学特征和毕业后计划的信息。其结果用于评估博士人口的特征以及博士教育和学位的发展趋势。[③] 这些研究和评估对研究生的培养和发展能起到一定的指导作用。

第二，博士后教育。博士后指的是已获得博士学位的人员在就业前的

[①] Office of Technology Assessment, U. S. Congress, *Educating Scientists and Engineers: Grade School to Grad School*, OTA - SET - 377, Washington, D. C.: U. S. Government Printing Office, 1988, p. 46.

[②] Office of Technology Assessment, U. S. Congress, *Educating Scientists and Engineers: Grade School to Grad School*, OTA - SET - 377, p. 62.

[③] "Survey of Earned Doctorates," National Science Foundation, https://www.nsf.gov/statistics/srvydoctorates/#tabs-1&sd, 最后访问日期：2020 年 9 月 7 日。

缓冲阶段，是目前各国广为采用的一种人才选择与使用相结合的方式。现今的博士后概念更多地被定义为科研工作经历，但在 20 世纪时，博士后更多的是指高等教育中的最高一级。1993 年，时任美国南加利福尼亚大学校长的桑普尔将博士后定义为"刚刚结束博士学业，并且在学术界、企业或政府中担任永久研究职位之前，在一位资深教授的指导下从事一或两年全职研究的学生"[1]。桑普尔认为，博士后教育是一个可以积极推进、富有远见的领域，甚至可以建设性地影响未来美国和世界高等教育的进程。博士后作为未来的学者完成了大量的独立研究工作，发表大量有分量的研究成果，同时又是培养博士研究生的得力助手，承担一定教职工作。这一群体为发达国家保持世界科技领先地位做出贡献。

美国是最早建立博士后制度的国家，这与研究型大学的发展直接相关。可以说，美国博士后研究的历史与美国大学开展科研工作的历史时段是重合的。美国博士后制度的历史已有近 150 年。1876 年约翰·霍普金斯大学设立了一项针对青年学者的研究基金，资助他们进行科研工作，这是美国的博士后制度的起源。博士后教育此后也成为美国高等教育的一部分。博士后教育的大发展是二战后美国高等教育领域的一个新气象。冷战的背景及其科研需求促使了博士后研究人员数量的快速增长。二战后，美国联邦政府积极支持博士后制度，美国的博士后队伍迅速发展壮大，博士后制度发展进入一个新的阶段。20 世纪 70 年代前，美国大多数博士学位获得者可以在大学得到教职，但进入 20 世纪 80 年代之后，学术劳动力市场开始明显供大于求，进入高校的难度加大，不少人选择从事博士后研究。20 世纪 90 年代后，美国大学内的就业机会持续减少，这使得博士后的人数达到前所未有的水平。博士后教育的发展抬高了研究型大学的教师聘用门槛，也增加了大学教师的可替代性，进而加剧了其晋升压力。所以也有美国学者发出另一种声音，如美国学者巴尔赞提出，一方面，科学领域中最有能力的博士后学生通常感觉自己被年长的科学家剥削了，另一方面，设置博士后站点的大学也对成倍增加的博士后人数及其产生的花费感

---

[1]　Steven B. Sample, "Postdoctoral Education in America," University of Southern California, https：//about. usc. edu/steven-b-sample/speeches/postdoctoral-education-in-america/，最后访问日期：2020 年 9 月 8 日。

到担忧。他把博士后称作为伟大的研究贡献着力量的隐士、旧大学的遗民或新大学的长子。[1] 美国很多大学对博士后教育情况进行过调查研究，但这一情况没有普遍的模式可循。

美国博士后制度的形成和发展是一个自发成长过程，社会上并没有统一的评价标准，也没有政府的归口管理部门。美国国家科学基金会和国家研究理事会对博士后的概念和数据统计有比较严格的定义。如美国国家研究理事会曾以"无形大学"（Invisible University）来概括和说明博士后的情况。博士后作为广泛存在并产生重要影响的科研群体得到了社会的普遍认可。博士后与研究生相比，是更富有成果和创造力的研究人员，他们可以在经费的支持下全身心地投入全职研究工作。博士后研究的经历可增强个人在研究生学习期间获得的专业知识和技能。一方面，招收博士后的有助于将博士学位获得者留在研究人员队伍中，尤其是在人才市场不景气的情况下，帮助建立高端人才的储备库；另一方面，博士后研究经费可以被快速而有效地投入当前的研究重点和优先事项。最早的博士后研究主要集中于生物科学领域，此后研究学科范围逐渐扩大。

20 世纪 60 年代以来，美国的研究工作越来越依赖于获得博士学位或同等博士学位并在其领域进行进一步教育和培训或学习新专业的博士后科学家和工程师。这些博士后学者或博士后会全职但临时地工作一年或一年以上，以获得更多的研究经验，为职业研究事业做准备。20 世纪 80 年代末，美国联邦政府每年资助约 1.5 亿美元用于生命科学领域，为大约 5000 名博士后提供支持（占所有博士后的 23%），每年另有约 2.5 亿美元通过研究补助金支持约 11000 名博士后学生。[2] 根据由美国国家科学院、国家工程院和医学院联合成立的美国科学、工程学和公共政策委员会（Committee on Science, Engineering, and Public Policy）2000 年公布的调查结果，美国的博士后人数在 20 世纪 80 年代迅速跃升，如今已超过美国某些机构的研究

---

[1] 〔美〕雅克·巴尔赞：《美国大学：运作和未来》，孟醒译，浙江大学出版社，2015，第 104~105 页。

[2] Office of Technology Assessment, U. S. Congress, *Educating Scientists and Engineers: Grade School to Grad School*, OTA-SET-377, p. 89.

生人数。博士后的总人数已增长到约 52000 人。① 在美国机构获得博士学位的所有博士后中，绝大多数在大学中工作，这一比例约为 80%，而在政府和工业界工作的比例较小，分别为 13%和 7%。②

博士后制度已成为培养高层人才的重要途径之一，也是国家吸引人才的一种方式，从各国的实践来看具有很强的生命力。从美国培养和使用博士后的情况来看，博士后群体越来越受到教育界和政府有关部门的重视。进一步规范博士后的培养和聘用，使博士后制度更好地为科学研究和教育事业服务，是一个需要长期思考和投入的过程。

第三，美国高等教育国际化。高等教育是美国软实力的重要组成部分，高等教育国际化也是美国实施公共外交的有效工具。美国在高等教育国际化的实施中融入了美国外交战略的考量。美国高等教育国际化的举措很多，首先是加强国际交流，包括教师、学者和学生的流动。其次是加强高等教育机构的国际教育和科研合作，形式灵活多样，包括直接设立海外分校、与其他院校建立姊妹关系、合办教育科研机构以及联合学位授予等。1950 年后，美国高等教育国际化进入战略发展时期，深受国家战略与政府主导的影响，在某种程度上成为美国输出意识形态以及和平演变的战略工具。

二战后，美国政府在关注国内教育的同时也开始注重国际教育的发展。1946 年美国实施"富布赖特计划"，每年提供奖学金资助各国学者和学生赴美学习，用这种方式既培养亲美"精英"，又吸引外国优秀人才。1958 年美国通过《国防教育法》（*National Defense Education Act*）规定资助学者的国际交流。在该法案的资助下，美国高校建立了大量现代外语教学

---

① National Academy of Sciences, National Academy of Engineering, Institute of Medicine, *Enhancing the Postdoctoral Experience for Scientists and Engineers: A Guide for Postdoctoral Scholars, Advisers, Institutions, Funding Organizations, and Disciplinary Societies*, The National Academies Press, 2000, p. 1, https://doi.org/10.17226/9831, 最后访问日期：2020 年 9 月 6 日。

② National Academy of Sciences, National Academy of Engineering, Institute of Medicine, *Enhancing the Postdoctoral Experience for Scientists and Engineers: A Guide for Postdoctoral Scholars, Advisers, Institutions, Funding Organizations, and Disciplinary Societies*, p. 4, https://doi.org/10.17226/9831, 最后访问日期：2020 年 9 月 6 日。

和国际研究中心。1961 年美国成立国际开发总署并颁布《国外援助法》（*Foreign Assistance Act*），向第三世界国家提供经济、技术和文化上的援助，其中包含部分海外教育合作计划、与其他海外大学建立起校际联系等。1966 年《国际教育法》（*International Education Act*）资助高校改善国际教学并扩大国际交流活动，进一步显示出美国政府利用高等教育进行全球扩张的强大野心。美国各高校相继对外国留学生敞开大门，逐渐开始与其他国家实施双向交流，其教师与学生的国际流动呈现快速发展趋势。美国奖学金种类繁多，加上众多大学的品牌吸引力，留学美国的人数不断上升。美国由此成为世界各国学者汇集之地和国际学生教育中心，接收留学生的人数居全球首位。

美国教育部国际教育研究所 2000 年的报告指出，1999~2000 学年在美国学习的国际学生人数急剧增加。当时的总人数为 514723 人，比前一学年增加了 4.8%。虽然从 1954 年起，美国的外国学生的数量增长迅速，但是从那时起到 1999~2000 学年的统计数据表明外国学生占所有美国高等教育的入学人数的比例始终没有超过 4%。① 由表 3 可以看到从 20 世纪 80 年代到 21 世纪初来自世界各地的外国学生到美国留学的数量增幅很大，其中亚洲国家的留学生越来越成为美国留学生的主要来源。

表 3 在美国接受高等教育的外国留学生总人数及亚洲留学生所占比例

单位：人，%

学年	1980~1981	1985~1986	1990~1991	1995~1996	2000~2001
总人数	311880	343780	407530	453787	547867
亚洲留学生所占比例	30.3	45.6	56.4	57.27	55.1

资料来源：National Center for Education Statistics, *Digest of Education Statistics*：2006，https://nces.ed.gov/programs/digest/d06/tables/dt06_414.asp，最后访问日期：2020 年 9 月 11 日，经作者整理。

与此同时，美国政府和相关组织还通过在世界其他国家和地区设立美国大学分校和联合办学的方式将美国的高等教育国际化进一步向纵深发

---

① Todd M. Davis, *Open Doors: Report on International Educational Exchange*, New York：Institute of International Education, 2000, p. 3.

展。美国之外的单个学院对交换的需求似乎永无止境。在匈牙利、日本、非洲或者阿根廷的某些大学，认为需要通过定期补充美国学者和科学家来开阔自己的视野。① 再如 20 世纪 80 年代至 90 年代初，日本兴起过一股创办美国大学在日分校的热潮，先后有 30 所这样的学校在日本各地兴起，但后来大部分因各种原因先后被迫关闭或解体。②

高等教育国际化的产生和发展是全球化和现实需求的产物。在长期的历史发展和竞争中，世界范围内基本形成以美、英、澳、加等为主的留学生接收国和以新加坡、马来西亚及中国等为代表的留学生来源国。美国高等教育国际化起步较晚，但发展迅速，不但迎头赶上了其他国家，且呈遥遥领先之势。值得教育欠发达国家思考的是，发达国家用输出高等教育的方式，在获得良好的经济效益和人才收益的同时满足了其国家政治和文化需要。

美国国内对于高等教育国际化过程中的人才得失进行了研讨。在 2014 年美国国家科学院的报告中，爱达荷大学的斯图恩（Eric Stuen）认为，在大学系统和高新技术产业界，美国一直是全球的研发领导者。他指出，美国在这些领域的领导地位，可能与其在 1980~1995 年大幅度提高博士学位对外国留学生的招收规模有关。这些学生的存在可能已对科研产出产生影响，许多人也可能作为研究人员和雇员留在美国。③ 斯图恩和同事发现外国留学生对收入波动更敏感，因此更有可能获得奖学金，比那些有可能自己支付学费的同学投入更多的精力以取得研究成果。斯图恩的结论是，首先，国际和美国国内的博士研究生都致力于科研，因此对他们的资金支持可以获得高额回报；其次，减少吸引和支持科学专业外国留学生的项目将损害美国大学的科研能力。他补充说，具体而言，目前的签证政策要求希望来美国学习的申请者提供经济证明，这意味着对美国科学研究产出的伤害。④ 波士顿大学的麦克加维（Megan MacGarvie）解释说，美国为世界上的大批科学家提供了教育，在很多领域，外国出生的学生现已成为研究

① 〔美〕雅克·巴尔赞：《美国大学：运作和未来》，孟醒译，第 30 页。
② 叶林：《美国大学在日分校的历史、现状和将来》，《清华大学教育研究》2005 年第 1 期。
③ 美国国家科学院国家研究委员会等编《美国科技政策学研究进展报告——美国科技政策学研究计划项目负责人会议纪要》，杨耀武等译，科学技术文献出版社，2017，第 45 页。
④ 美国国家科学院国家研究委员会等编《美国科技政策学研究进展报告——美国科技政策学研究计划项目负责人会议纪要》，杨耀武等译，第 46 页。

主体。她和她的同事们研究了这些外国留学生获得学位后离开美国所产生的结果。她注意到有几个可能性：返回本国的留学生可能会对祖国的科学研究做出贡献，促进科学观念在世界各地的扩散，但也与美国研究界失去联系；如果在他们的祖国，研究机构不像美国那样富有成效，他们的贡献可能会减弱。这些学生离开美国，可能会是美国的一个损失：回到祖国的科学家与其他国家的科学家失去联系，而美国失去传统上最具创造力的研究者做出的贡献。[1]

第四，职业教育。高等教育的结构层次中，大专、本科、研究生这三个层次呈金字塔形。职业教育在高等教育中占有重要比重，体现出普及教育对精英教育的补充，满足社会各层面人才需求。因为，要培养大量技术人才，仅仅依靠传统大学是远远不够的。美国的职业教育主要依靠短期大学和初级学院或社区学院。1896年芝加哥大学首先创办了美国的社区学院，这一办学模式在二战后得到迅速发展。社区学院的蓬勃发展得益于科学技术的发展、经济的增长、产业结构和生产方式的变化。

美国的社区学院培养了大量职业技术人才，对发展高等职业教育做出重要贡献。社区学院顾名思义，设立在社区内，主要面向本社区所有成员，最大可能地为社区民众提供接受普通高等教育、高等职业教育、成人教育和其他社会性文化生活教育的机会。社区学院入学门槛相对较低，不受性别、年龄、宗教、种族的限制，收费低廉，课程设置灵活，学生毕业后可得到准学士学位或专业证书，也可转学继续深造。这种灵活的形式使得社区学院在高等教育中成为最有活力的办学模式，在培养训练有素的技术人员和普通劳动者方面具有自身优势，为社会培养了各种实用型人才，同时也为高层次人才的培养提供了后备力量。美国的社区学院由各州政府而不是中央政府管辖，推行开放办学理念，结合本社区的实际情况，适应和满足社区各行业、企业及居民的学习需要，并经常与社区内企业进行双向交流与合作。国际化和区域性高职教育的合作与交流成为高职教育发展的共同趋势。

---

[1] 美国国家科学院国家研究委员会等编《美国科技政策学研究进展报告——美国科技政策学研究计划项目负责人会议纪要》，杨耀武等译，第46页。

二　高等教育发展的动因

除了美国经济实力、自然资源环境等客观条件的吸引力，还可以从高等教育机构自身的创新以及美国政府在立法、经费方面的支持来探讨美国高等教育发展的内在动力和外在推手。

在内因方面，美国高等教育机构审时度势，进行自我创新。20世纪是人类历史上科技大发展的世纪，是创造奇迹的世纪。发达国家对科技人才的争夺日趋激烈，科技人才的国际流动日渐频繁。美国的高等教育机构抓住这样千载难逢的机会通过自我革新和蜕变，使得自身在创造吸引人才的发展空间和制度环境上不断创新以留住人才和招揽人才。

高等教育日益国际化是教学和科研的全球性的一种反映，是推进经济和政治一体化进程、增进文化间相互了解的需要。在国际环境中学习、教学、科研、生活和交流的学生、教师和科研人员的人数的不断增加，证实了这一可喜的总体发展趋势。[①] 高校等机构推动美国的各层面教育与培训领域不断加强交流与合作。美国高校在招揽外国留学生方面的实力首屈一指。外国留学生对于维持美国研究水平有很大贡献。美国的研究项目，特别是很多理工科研究项目对外国留学生依赖程度很高。美国凭借优渥的高等教育环境，不断吸引着世界各地的优秀人才赴美学习和工作。大批国外优秀人才的流入提升了美国高等教育质量，形成美国教育与人力资源的良性循环。

美国高等教育机构的经费来源多样，除了国家和各州的支持外，其还通过与企业、慈善机构等的合作或企业、慈善机构等的捐赠获取经费。美国公益捐赠事业的规模和作用是任何国家都无法比拟的。不少高校在人才培养机制上对人力资本的作用认识越来越认同和深入，比如在博士后制度上，各高校越来越意识到培养博士后的重要性，明确研究力量是美国科学和工程学研究取得成功的核心，而博士后是这一核心力量的组成部分。同

---

① 王晓辉主编《全球教育治理——国际教育改革文献汇编》，教育科学出版社，2008，第104页。

时，高校通过研判人力市场对专业化人才日益增加的需求，进行对口人才培养和科研创新。美国高校教师也有自己的组织，如美国大学教授协会（American Association of University Professors，AAUP），其成立于 1915 年，当时，"学术自由"仍是一个新颖的概念。AAUP 通过制定标准和程序来维持美国大学和学院的教育质量和学术自由，从而帮助塑造美国的高等教育。① 一个多世纪以来，AAUP 仍然是致力于保护教授学术自由的领先组织。

美国在教育领域的领先地位依靠的是汇聚精英，美国的著名院校大多拥有富有远见的学术领衔人、鼓励创新的科研环境、宽松民主的学术气氛、激励人才奋进的机制、产学研结合的优良条件等。依靠自身的不断创新和人才的不断涌入，美国高等教育机构在 20 世纪下半叶对世界各地的人才保持着巨大而持久的吸引力。

在外因方面，美国政府的重视是外在动力，表现在立法和经费方面的支持。1862 年，美国政府根据《莫里法》（Morrill Act）成立了土地赠款学院，这是政府支持高等教育机构的先例。1890 年的第二部《莫里法》要求具有双重高等教育制度的州为黑人和白人提供土地赠款学院。这两部法案开启了美国对高等教育的关注。二战期间，1944 年《退伍军人权利法》（Servicemen's Readjustment Act）对因战争而中断深造的美国公民提供资助，让他们在战后有机会接受适当的教育。数百万美国退伍军人受惠于该法。退伍军人中许多人选择了理工科专业，这为美国从战时经济向民用经济转变提供了人才保证。普渡大学前校长马丁·C. 吉什科（Martin C. Jischke）高度评价了《退伍军人权利法》，认为这是对人民的投资。他说："19 世纪的《赠地法案》和 20 世纪的《退伍军人权利法》改变了美国。由于祖先们所做的努力，即他们坚信受教育的权利并愿意为此支付成本，使得今天年轻的一代接受了比历史上任何一代都要好的教育。"② 二战后，《科学：无尽的前沿》强调了政府在科技发展中的职责以及基础研究的重要性。此后国家科学基金会应运而生，其专门支持科研工作和高级科学教育。美国

---

① "Mission," aaup, https：//www.aaup.org/about/mission-1，最后访问日期：2020 年 9 月 10 日。

② 眭依凡主编《学府之魂：美国著名大学校长演讲录》，第 181 页。

的领导层越来越认识到，基础研究和研究生教育是美国科学发展的关键与核心，通过大力开展科学研究来培养研究生的做法是使美国科技保持领先和高级人才迅速成长的重要途径。

20 世纪 50 年代后，美国更加重视教育事业，视教育为国家发展的基础和人才培养的关键，相继通过了一系列法案和报告，为未来培养和储备高素质的人才资源。1965 年《高等教育法》是美国历史上第一部针对整个高等教育的单行法令，将联邦资金用于高等教育并提升大学入学率，支持继续和合作教育、教师培训、设施和学生经济援助，支持少数民族机构等。《1972 年教育法修正案》（*Education Amendments of 1972*）对 1965 年的法案进行修正，禁止在联邦资助的教育计划中的性别歧视条款。《1976 年教育修正案》（*Education Amendments of 1976*）涉及社区服务和继续教育、大学图书馆的援助和有关培训、学生的援助、教育专业的发展、本科教育的改善、学术设施的建设、研究生课程、社区大学和各州教育计划、双语教育以及资金需求。《1980 年教育修正案》（*Education Amendments of 1980*）涉及对成年教育、高等教育、图书馆、护理教育等的联邦援助。《1984 年教育修正案》（*Education Amendments of 1984*）涉及成人教育、双语教育、妇女教育平等法等。《1986 年高等教育修正案》（*Higher Education Amendments of 1986*）涉及非传统学生的中学课程、高校图书馆和信息技术增强、机构援助、学生援助、教师培训和发展、国际教育计划、合作教育、研究生课程、教育研究和统计、原住民文化和艺术发展等。《1992 年高等教育修正案》（*Higher Education Amendments of 1992*）与《1998 年〈1965 年高等教育法〉修正案》（*1998 Amendments to the Higher Education Act of 1965*）的两次修正集中于改进具体资助方法。《高等教育法》的历史演变趋势总的来说是以资助学生为主，法案的修正保障了高等教育的大众化发展。

职业教育方面，《1963 年职业教育法》（*Vocational Education Act of 1963*）的目标是维持、扩展和改进职业教育，使所有社区所有年龄的公民都有平等的机会接受高质量的教育和再教育。5 年后，美国国会又通过了《1968 年职业教育修正案》（*Vocational Education Amendments of 1968*），进一步加大了对职业教育的投入，建立了支持职业教育的专门拨款，为更多的人提供接受职业教育的机会。《1976 年教育修正案》强调了实施联邦目标的方法，核心是扩充和完善。《1984 年的职业技术教育修正案》（*Vocational-Technical Education Amendments of 1984*）对《1963 年职业教育法》进行了扩展和改写，旨在帮助各州为中学学历以上者和成人提供职业教育计划。[①]《1998 年卡尔·珀金斯职业技术教育法修正案》（*Carl D. Perkins Vocational and Technical Education Act of 1998*）规定了职业教育训练实施具体标准和评价方法，提出了 21 世纪职业技术教育的新愿景。[②]

除了《高等教育法》和《职业教育法》及其修正案外，1950 年以来还有以下几个重要法案在高等教育改革方面发挥了里程碑作用。1950 年《国家科学基金会法》（*National Science Foundation Act*）建立了国家科学基金会，并将对科学教育的支持纳入国家科学基金会支持基础科学的使命。1958 年《国防教育法》为科学和数学领域提供大量资金进行设备、人员等方面的改进，授权许多研究生奖学金和大学贷款。《国防教育法》于 1964 年扩展到大多数领域。《1966 年国际教育法》（*International Education Act of 1966*）规定促进美国与其他国家之间的交流合作。在 1979 年《教育部改组法》（*Department of Education Organization Act*）的指导下，美国设立联邦教育部。1980 年《科学技术平等机会法》（*Science and Technology Equal Opportunities Act*）促进所有种族和经济背景的男女的科学才能和技术技能的充分开发和使用。《1986 年国家科学、工程和数学授权法》（*National Science, Engineering, and Mathematics Authorization Act of 1986*）在联邦政府和联邦资助的研究项目中成立了妇女、少数族裔和科学与技术残障人士特别工作组。[③] 1994 年《2000 年目标：美国教育法》（*Goals 2000: Educate America Act*）授予联邦支持教育改革的立法动议权，体现了国家主义思维。克林顿总统于 1997 年连任后，在首次国情咨文中提出"本届政府首要任务，要使全体美国人受

---

① "Vocational-Technical Education Amendments of 1984, House of Representatives, 98th Congress, Second Session," ERIC, https://eric. ed. gov/? id = ED245114, 最后访问日期：2020 年 9 月 3 日。

② "Carl D. Perkins Vocational and Technical Education Act of 1998," U. S. Department of Education, https://www2. ed. gov/offices/OVAE/CTE/legis. html, 最后访问日期：2020 年 9 月 3 日。

③ Office of Technology Assessment, U. S. Congress, *Educating Scientists and Engineers: Grade School to Grad School*, OTA-SET-377, p. 84.

到世界上最好的教育"①。

在经费支持方面，20 世纪下半叶美国一直非常重视大学的发展，不断加大对大学的投资。为扶持高等教育发展，以上的相关联邦立法几乎都包括给予相应财政补助的条款。1950 年国家科学基金会建立后，其通过拨款、与高校和其他研究机构订立研究合同或协定，进行各种基础研究和应用研究工作，鼓励和组织大学、企业同政府进行研究合作，将科研成果应用于生产。美国的大学大都可以从政府、企业和其他渠道获得雄厚的资助。表 4 的数据显示了 1982～1987 年美国国家科学基金会的教育支出。

表 4   1982～1987 年美国国家科学基金会的教育支出

单位：百万美元

教育程度	1982	1983	1984	1985	1986	1987
博士后	43.0	44.2	51.0	56.5	56.0	58.4
研究生（包括研究助理）	72.2	76.6	90.8	102.3	107.0	115.4
本科						
学生	—	—	—	7.9	8.0	19.5
教职工	1.0	1.0	8.2	10.2	12.4	15.9
总计	116.2	121.8	150.0	176.9	183.4	209.2

注：表中"—"为不可知。

资料来源：Office of Technology Assessment, U. S. Congress, *Educating Scientists and Engineers: Grade School to Grad School*, OTA-SET-377, p. 107.

1958～1968 年，美国大学研究经费增长了 3 倍多。用于大学基础研究的联邦政府资金从 1.78 亿美元升到 12.51 亿美元，增长了 6 倍。② 面对不断变化的全球政治和经济形势，美国对大学的投入逐年变化，联邦政府的经费投入有紧缩的趋势。与此同时，相继成立的美国各科研机构也为高等教育事业添砖加瓦，如 20 世纪 80 年代，国家卫生研究院对大学研究的资助经费一般比五角大楼、美国航空航天局和能源部大学研发预算的总和还

---

① 周满生主编《世界教育发展的基本特点和规律》，人民教育出版社，2003，第 3 页。

② Thomas G. Whiston and Roger L. Geiger, *Research and Higher Education: the United Kingdom and the United States*, Buckingham：Society for Research into Higher Education & Open University Press, 1992, p. 9.

要多一倍。① 另外，相比国家经费，有些大学的捐赠基金占的比例更大，个人、企业和基金会的捐款是许多大学经费的重要来源。随着海外学子对昂贵的美国学位的需求不断增长，留学生为美国教育贡献了大笔经费，这在一定程度上降低了联邦和各州政府为大学提供的研究经费所占份额。表5显示了20世纪60年代到90年代美国大学从不同渠道获得的研发经费的百分比。可以说，以上这些对大学科研资助的多元结构为美国高校提供了不断扩大的经费来源。

表5　1960~1990年不同渠道提供给大学的研发经费的百分比

单位：%

年	联邦政府	州/地方政府	企业	大学	其他（包括基金会）
1960	62.7	13.2	6.2	9.9	8.0
1970	70.5	9.4	2.6	10.4	7.1
1980	67.5	8.2	3.9	13.8	6.6
1990	59.0	8.2	6.9	18.5	7.5

资料来源：〔美〕格拉汉姆、〔美〕戴蒙德《美国研究型大学的兴起——战后年代的精英大学及其挑战者》，张斌贤等译，第84页。

三　高等教育的贡献

有学者认为，大学的资源共有七种：人力、空间、时间、书籍、设备、名声和钱。② 美国的高等学府利用自身的资源优势创新发展，为美国源源不断地输送优秀科技人才和成果，并进一步促进科技和经济的发展。高等教育与社会联系紧密，对社会各个层面影响巨大，笔者主要从以下三个方面来概括美国高等教育的贡献。

第一，人才贡献。这是高等教育机构最主要和最突出的贡献。美国是一个经济和科技高度发达的资本主义大国，拥有极为丰富的人才资源，而

① 〔美〕格拉汉姆、〔美〕戴蒙德：《美国研究型大学的兴起——战后年代的精英大学及其挑战者》，张斌贤等译，河北大学出版社，2008，第84页。

② 〔美〕雅克·巴尔赞：《美国大学：运作和未来》，孟醒译，第106页。

人才的最大来源就是高等教育机构。美国的研究型大学堪称全球最大的优秀人才和学术成果的制造厂。一流大学齐全的学科、强大的师资队伍、良好的育人环境使它们培养了大批一流的科学家、政治家、学者、企业家等社会精英，为社会各个行业的发展输送了大量人才。① 一流大学的国际声誉吸引了众多国外优秀学生，促进人才培养的国际化和精英化。美国大学在招才引智方面为国家发展收割了大批各国人才。

1988 年美国国会的技术评估办公室的报告认为，美国的学院和大学有能力提供足够的科学家和工程师来满足国家的需求。从历史上看，学生和机构满足了不断变化的市场需求，如工程学的高入学率促成了 20 世纪 70 年代后期的半导体行业繁荣。但是，许多研究人员、雇主和政策制定者担心未来的人才供应会不足。报告认为在 20 世纪 90 年代初，美国的大学生人数将会下降，尽管在世纪之交之前预期可能会有一些增加。更重要的是，对科学和工程专业感兴趣的学生减少了，尤其是那些一直是科学研究工作人员主体的白人男性。② 所以当时，外国留学生对人才的补充显得尤为关键。接受奖学金与研究基金资助的留学生和访问学者人数在美国高校明显增多。在大学、民间机构及政府的推动下，美国成为接收外国留学生最多的国家。如 20 世纪 90 年代开始，随着电子和信息技术的突飞猛进，高科技工业人才短缺的问题日益严重，但信息技术领域一直是美国吸引外国留学生最多的领域，这一领域的高校外国留学生人数增幅极大，大量外国留学生成为美国 IT 人才的后备力量。这些外国留学生在美国比较容易找到正式工作并获得合法身份。20 世纪末的十几年中，美国科学和数学领域博士学位获得者的数量是稳步提升的，虽然其他国家的提升速度超过美国，但美国还是牢牢地占据着理科博士人才数量的全球首位。③ 而且，在美国学习的外国留学生在科学家和数学家的供给方面发挥着至关重要的作用。此外，20 世纪末至今，美国科学和数学博士学位获得者数量的增长主

① 张东海：《美国联邦科学政策与世界一流大学发展》，上海教育出版社，2010，第 182 页。

② Office of Technology Assessment, U. S. Congress, *Educating Scientists and Engineers: Grade School to Grad School*, OTA-SET-377, p. 1.

③ 参见 Daniel Edwards and T. Fred Smith, *Supply, Demand and Approaches to Employment by People with Postgraduate Research Qualifications in Science and Mathematics: Literature Review and Data Analysis*, Australian Council for Educational Research, 2008, p. 7。

要是国际学生人数增加的结果。

美国大学的强大实力吸引着越来越多的外国科学和工程学研究生和访问学者，其中许多人在完成学位后留在美国。在工程学领域，有超过一半的研究生是外国留学生，三分之一的新教师是外国人。美国国会的技术评估办公室提出，如果国家希望快速吸引更多的科学家和工程师，那么在科学和工程领域留住大学生和研究生是最有用的政策。联邦政策可以在各个层次上发挥作用，以将更多这些有能力和感兴趣的学生留在人才库。①

第二，科技贡献。美国大学科研与国家经济社会密切联系，一流的研究型大学对国家科技发展产生了越来越重要的影响，大学强大的师资队伍和高端人才的科研成果产出为科技创新提供了动力，并参与影响美国政府的决策。对大学教师来说，大学教学和项目指导与担任本国或外国政府、国际组织、私企等机构的咨询工作并行不悖。另外，大批外来科学家在美国获得了知识与能力的极大提升，将科学研究推向新的高度。

教育是科技传播与发展的基础。研究型大学致力于高层次的人才培养与科技研发，为科技发展做出了极大的贡献。美国大学对美国科研的贡献比例稳步提升。随着大学科研的发展，一流大学创造了越来越多国际尖端的科技成果，代表世界最高科学研究水平的诺贝尔奖获得者很多都在大学做研究和任教。各国政府已经充分认识到，高等教育与科技界的关系越来越紧密，所以美国积极从政府政策层面促进校企合作。美国陆续在一批大学中建立起各种研究中心，让不同学科的技术人才产生集聚性力量，共同研发国家和产业面临的重大课题。由政府资助的大学研究发挥了越来越明显的重要作用，合作带来了许多突破性的发现，为美国的国家安全、公共卫生和经济增长做出了重要贡献。这种可喜结果又进一步使研究型大学获得联邦政府越来越多的资助。

第三，经济贡献。知识和人才是产生巨大经济效益的源泉。比如硅谷在 20 世纪下半叶的发展是全世界有目共睹的。在整个硅谷发展的过程中，除了硅谷特有的文化外，政府、企业和高校同心协力，创造了硅谷的经济

---

① Office of Technology Assessment, U. S. Congress, *Educating Scientists and Engineers: Grade School to Grad School*, OTA-SET-377, p. 2.

腾飞。与硅谷合作的大学不是纯学术的"象牙塔"，其鼓励师生创业，为他们制定积极的创业政策，如允许教师和研究人员以公司兼职或脱离岗位或创办公司的方式从事开发和经营活动，鼓励教师将发明创造和科技成果向公司转移知识产权等。尽管高校与硅谷的企业经营活动结合很密切，但高校不直接经营企业，只是为它们提供人员、资金、研发场所等便利条件。高校始终忠于自己的主责，那就是教育和培养人才。通过教育与科研，美国众多高校培养的大批人才和创造的大量知识、新观念、新方法和新发明，对促进美国经济增长和提高美国人民生活水平具有重要意义。

　　另外，美国高校吸引了大批外国留学生，留学生的学费和生活费等为社会和当地社区带来直接的经济贡献。对于受到推崇的留学目的国而言，留学生的教育已成为价值数百万美元的服务产业。这些国家不仅受益于一些主要的研究人员制定的先进方案，而且在某些情况下，学生的存在实际上维持了某些教育机构的生存。美国国际教育研究所的研究人员统计了1987~1988 学年外国留学生在美国各州的最高生活花费，如外国留学生在加利福尼亚州的生活花费就超过 3 亿美元。[①] 据 2000 年的统计，美国 2/3的留学生的学习费用来自个人和家庭，3/4 的留学生的资金来源是美国以外的其他国家。1999~2000 学年留学生在学费和生活费上的总支出就超过123 亿美元。[②] 留学生的消费为美国经济做出了相当巨大的贡献。另外，留学生毕业后为美国科技公司提供充足劳动力，特别是给美国高科技产业带来相对廉价的劳动力，降低相关公司劳动力成本，从而提高公司的竞争力。

结　语

　　20 世纪下半叶的美国高等教育无疑是成功的，其发展和贡献值得我们从多维度进行省思。二战后，随着国际形势变化与现代科技进步，美国更加注重培养青年一代的竞争力、综合素质与职业技能，以适应现代工业化

---

① Marianthi Zikopoulos, ed., *Open Doors: 1987-1988 Report on International Educational Exchange*, New York: Institute of International Education, 1988, p. 73.

② Todd M. Davis, *Open Doors: Report on International Educational Exchange*, p. 5.

社会的需要。美国高等教育的发展迎来新的黄金时期，更多青年有机会接受高等教育。美国在20世纪下半叶占据全球化时代遥遥领先的国际地位，在其保持持久的经济繁荣和发展的背后，高等教育功不可没。

历史上美国显然在吸引国际学生方面做出了成功示范，但同时美国特朗普政府的留学生政策也存在令人费解的部分。21世纪初至今，美国签证政策多变，受到美国经济衰退、国家安全、意识形态等各方面的影响。美国在历史上有疑邻盗斧的先例，1882年《排华法案》的种族歧视造成的历史疮疤并未对目前美国政府的作为形成警示作用。特朗普政府近几年多次限制中国留学生入美，并力图与中国科技脱钩。2020年6月1日美国政府对部分中国留学生实行签证限制措施，严控STEM学科签证，暂停中国某些非移民学生和研究人员入境。美国的这一举动说明了现阶段对中国留学人员的高度不信任和敌视。这种倒行逆施将直接冲击美国大学并造成不利影响，引发很多高校的不满情绪，引起美国有识之士的反对。美国禁止部分中国留学生和学者入境是一种两败俱伤的脱钩行为，只会动摇中美两国未来交往的土壤和根基，损害中美关系的长远发展，为美国高等教育的发展蒙上一层阴影。

（张瑾，中国社会科学院中国历史研究院世界历史研究所副研究员，主要研究方向为欧美科技人才、文化史）

外交史

第一次世界大战与德国民主制替代
君主专制制度的变革

王宏波

【摘要】1918 年 11 月，在第一次世界大战结束前夕，德国发生政治制度变革，民主共和国替代德意志第二帝国，随之建立的议会民主制替代君主专制制度。1933 年，这次制度变革的成果——魏玛共和国在存续 14 年后被第三帝国替代。第一次世界大战及其结果在这次制度变革的发生及其成效中发挥了重要的作用。本文通过对第一次世界大战及其结果在近代德国民主制度替代君主专制制度这一变革的发生、变革成果的巩固及其存续中的作用的简要论述，初步探讨全球化时代外部因素与民主制度替代君主专制制度的制度变革之间的关系。

【关键词】第一次世界大战　德国　政治制度　民主制　君主专制制度

1918 年 11 月，处于一战中的德意志第二帝国被推翻，民主共和国建立，议会民主制替代君主专制制度。这是近代德国发生的第一次政治制度变革。学术界关于第一次世界大战与德国这次政治制度变革关系的研究比较薄弱，主要在世界现代史和德国现代史的著作中论述第一次世界大战的影响、第一次世界大战引发的俄国"十月革命"的国际影响的有关章节中，间接地论及它们与德意志第二帝国崩溃之间的关系；在一些美德关系史的著作中也有间接地论及美国在德国这次制度变革中的作用。关于第一次世界大战与这次制度变革的成果——魏玛共和国短命的关系的现有研究，主要集中在德国在第一次世界大战中的战败，第一次世界大战的战后安排——《凡尔赛条约》对魏玛民主制度造成的道义损害、对魏玛共和国经济造成的负担，以及美国对魏玛共和国的政策及其影响方面。这方面的研究成果主要在关于魏玛共和国史、现代国际关系史、美国对德政策史的著作中有所涉及，在少量论文中也有所体现。①

现有的研究在一定程度上探讨了第一次世界大战与德国第一次政治制度变革之间的关系，为学者们进一步的研究奠定了基础，提供了思路，但缺乏系统、深入的研究。本文通过对第一次世界大战及其结果在 20 世纪德国第一次民主制度替代君主专制的制度变革的发生、制度变革的成果中的作用和影响的简要梳理和分析，初步探讨全球化时代外部因素与民主制度替代君主专制制度的制度变革之间的关系。

一 第一次世界大战与德国议会民主制替代君主专制制度

第一次世界大战前，德意志第二帝国及其君主专制制度应该说是相对稳固的，国内政治局势总体上也是稳定的。

德意志第二帝国是在 1871 年德国结束长期的分裂之后建立的。根据帝国建立之后不久通过的《德意志帝国宪法》，德意志第二帝国为永久性的联邦制国家，帝国建立两院制议会，联邦议会和帝国议会。这在形式上确立了帝国的君主立宪的政治制度，从而在形式上与欧洲资本主义国家政治制度的发展趋势保持一致。但这部宪法确立的君主立宪制与英国等国的君主立宪制有根本性的区别。主要体现在以下方面。第一，宪法没有规定公民的基本权利和自由，而确定并保障公民的基本权利和自由是君主立宪制最核心的内容。第二，议会没有实权。德意志第二帝国的皇帝可以任意、无限制地解散议会。尽管帝国议会在政府的军事预算上有否决权，但皇帝

---

① 著作有，〔瑞士〕埃里希·艾克：《魏玛共和国史》上、下卷，商务印书馆，1994；〔英〕E. H. 卡尔：《两次世界大战之间的国际关系：1919—1939》，徐蓝译，商务印书馆，2010；王宏波：《第一次世界大战后美国对德国的政策（1918~1929）》，社会科学文献出版社，2008；陈从阳：《美国因素与魏玛共和国的兴衰》，中国社会科学出版社，2007。论文有，陈金飞：《浅论德国战败对魏玛共和国的消极影响》，《温州师范学院学报》（哲学社会科学版）1998 年第 2 期；王梓：《凡尔赛条约之踵——论条约的内在矛盾和对德军国主义的推动》，《黑龙江史志》2011 年第 23 期。

对帝国议会的决定有最终的否决权。第三，帝国政府不对议会负责，只对皇帝负责，皇帝有权任免帝国政府首相及任何官员。其实，帝国没有自己真正的政府，只有一名大臣，就是帝国宰相。所谓的帝国政府实际上是辅助宰相处理帝国事务而成立的机构，帝国政府的大臣实际上是宰相的助手。这位宰相由皇帝任免，并对皇帝负责。议会不能对宰相提出不信任案，也无权迫使宰相辞职。因此，德意志第二帝国只是名义上的君主立宪制，实际上是君主专制制度。马克思曾经对此有一针见血的评价，他说德意志第二帝国是"一个以议会形式粉饰门面、混杂着封建残余、同时已经受到资产阶级影响、按官僚制度组成、以警察来保护的军事专制国家"①。

直到第一次世界大战前，德意志第二帝国及其君主专制制度总体上是稳定的，这主要体现在两个方面。一是主要政党和多数民众对君主制总体上是认可的。这一点可以从一战前对德国政治影响最大的两个政党——德国社会民主党和中央党对德意志第二帝国君主制的态度上看出来。德国社会民主党是欧洲成立最早的工人阶级政党，在第一次世界大战前发展为德国最大的议会政党，该党在德意志第二帝国成立时曾经被帝国的"缔造者"宰相俾斯麦视为君主制和帝国最凶恶的敌人②，并把社会民主党问题看作国内战争问题和政权问题。③ 而到第一次世界大战爆发前，该党的多数领导人是君主专制主义的支持者，其中包括社会民主党右翼领袖弗里德里希·艾伯特和菲利普·谢德曼，这两位后来分别成为替代德意志第二帝国的魏玛共和国的首任总统和首位总理。中央党则在"威廉二世统治时期，党的领导基本上是保守的。党掌握在一些天主教徒文官手中，他们实际上是反对议会政治的，并以顽固态度支持德国现存政治局面"④。德国民众对德意志第二帝国政府的支持，也可以从来自不同党派的绝大多数议员投票赞成政府关于参加第一次世界大战的军费预算案上看出来。事实上，

---

① 《马克思恩格斯全集》第25卷，人民出版社，2001，第29页。
② 〔德〕奥托·冯·俾斯麦：《思考与回忆》第3卷，山西大学外语系《思考与回忆》翻译组译，陆世澄校，东方出版社，1985，第95页。
③ 〔德〕奥托·冯·俾斯麦：《思考与回忆》第3卷，山西大学外语系《思考与回忆》翻译组译，陆世澄校，东方出版社，1985，第32页。
④ 〔美〕科佩尔·S.平森：《德国近现代史》上册，范德一译，范德一校，商务印书馆，1987，第264页。

"即使到 1917 年，德国大多数政党和人民仍然没有要求转向议会制和共和制"①。二是德国境内阶级矛盾相对缓和，从表面上看社会总体达到了"和谐"状态。美国的德国史专家科佩尔·S. 平森在其著作《德国近现代史》中谈及一战前德国的社会政治状况时写到："有一个情况是第一次世界大战前人们全都肯定的：即德国业已进入一个经济繁荣和舒适安宁的光辉时期。外国人来到德国，给他们印象深刻的是清洁的街道，刷得干干净净的建筑物外表，闪闪发光的电车道和铁路，住房和社会计划的新实验，以及当时德国所有阶级的人们似乎都表现出来的普遍的满足感。"②

1914 年 7 月，德国参与第一次世界大战。但是正是这次世界大战导致了德国自 1871 年统一以来愈加顽固化的君主专制制度和作为世界强国的德意志第二帝国的崩溃。在很大程度上可以说，没有第一次世界大战德意志第二帝国及其专制制度不会这么早崩溃。

随着第一次世界大战走向持久化，战争对德国国内资源的巨大消耗及其引发的民生状况的恶化，削弱了帝国的力量和专制政府的权威。早在 1915 年德国食品供应就成了问题，国内已经实行凭食品配给卡供应面包和土豆的政策，1916 年土豆歉收，其产量不及 1915 年的一半，人们不得不用芜菁甘蓝作为代用品，饥饿变得越来越难以让人忍受。③ 随着战争的持续，这种状况还在进一步恶化。从 1918 年 1 月起，挑战帝国政府、德皇权威的罢工、士兵起义此起彼伏，德意志第二帝国建立以来德国相对稳定的政治局势开始出现动荡。

与此同时，一个因一战的爆发而经济力量急速"爆发"起来并凭此以世界民主制度的保卫者自居，实际上主要是为了保护其"爆发"的成果而参战，并对一战中双方力量的对比以及由此导致的战争局势的走向起决定作用的参战国——美国，对德意志第二帝国的君主专制制度施加了强有力的压力。美国在第一次世界大战刚爆发时并没有参战，而是延续了其在欧

---

① 蒋劲松：《德国代议制》第 2 卷，中国社会科学出版社，2009，第 911 页。

② 〔美〕科佩尔·S. 平森：《德国近现代史》下册，范德一、林瑞斌、何田译，范德一校，商务印书馆，1987，第 340 页。

③ 〔德〕迪特尔·拉甫：《德意志史——从古老帝国到第二共和国》，波恩 Inter Nationes 出版社，1987，第 230 页。

洲战争中实施中立主义政策的传统做法。伍德罗·威尔逊总统于 1914 年 8 月 4 日宣布中立，并像以往一样，大力发展"中立贸易"，乘机与欧洲交战双方大做生意。通过"中立贸易"，美国的经济力量实现了"爆发"：美国工业生产 1918 年比 1913 年增长了 38%。从美国在 1914 年前的增长趋势来看，美国有希望在 1925 年赶上欧洲的经济总量，而由于在战争中受益，美国提前 6 年即到 1919 年就达到了整个欧洲的经济总量。① 美国与欧洲国家的经济力量对比也发生了历史性的、根本性的变化。美国在一战前是欧洲的债务国，但是由于一战期间外国政府向美国订购军火，美国得以清偿军火购买国所拥有的美元债权，"美国几乎在一夜之间变成了一个'庞大的债权国'，而三年前美国还是而且一直都是一个净债务国"②。到 1917 年 4 月，美国以"使民主安全"的名义加入协约国并与以德国为主的同盟国作战时，其已经从战前英法的债务国变成其债权国了。美国的参战改变了以德国为主力的同盟国与以英法为主力的协约国双方之间的力量对比，这在很大程度上决定了一战的结局。

到 1918 年 9 月，德国的战争资源已经耗尽，德国不可能取得这场战争的胜利已成定局，其继续战争面临的将是必然的战败。1918 年 9 月 16 日，德国的主要盟国奥匈帝国请求以威尔逊总统的"十四点"③ 和平方案为基础进行停战谈判。不久，德国的其他盟国保加利亚和奥斯曼帝国也提出了同样的要求。这在政治上和军事上严重打击了德国，德国陷入空前孤立的境地。

此时，美国威尔逊总统抓住时机宣布，他将不与柏林现政府进行谈判。④ 这是威尔逊第一次明确地将谈判对象与德国政治制度联系起来。在

---

① 〔苏〕门德尔逊：《经济危机和周期的理论与历史》第 3 卷，本社翻译组译，生活·读书·新知三联书店，1977，第 320 页。

② 〔美〕乔纳森·休斯、路易斯·凯恩：《美国经济史》（第八版），杨宇光等译，格致出版社、上海人民出版社，2013，第 481 页。

③ "十四点"内容见齐世荣主编《世界通史资料选辑：现代部分》第 1 分册，商务印书馆，1983，第 2~11 页。"十四点"是美国总统威尔逊于 1918 年 1 月 8 日在国会演讲时公开提出的，其初衷是为了消除列宁提出的和平法令的影响，是美国欲称霸战后世界的方案。方案提出后，威尔逊派豪斯上校到交战双方进行游说，因交战双方当时都认为可以战胜对方，对于美国的方案不予理睬。

④ Carl C. Hodge and Cathal J. Nolan, eds., *Shepherd of Democracy? America and Germany in the Twentieth Century*, Westport, Conn.: Greenwood Press, 1992, p. 30.

此之前，随着美国在战争中影响力的增强，威尔逊已经反复地、一次比一次更明确地表达了对德国现存政治制度的质疑。1917 年 4 月 2 日威尔逊在国会所做的对德宣战演讲中首次提到了德国的政治制度问题，① 1917 年 12 月 4 日威尔逊又进一步在国会的文件中明确表示他不把德国目前统治者的话当作德国普通民众的意愿和目的的代表。② 在 1918 年 1 月 8 日威尔逊首次公开"十四点"的演讲中，威尔逊提出："我们必须知道，当他们的发言人和我们讲话时他们在代表谁，是议会的大多数，还是军事集团?"③ 1918 年 3 月德国迫使苏俄签订《布列斯特条约》后，威尔逊认为该条约反映了德国军国主义和专制制度的贪婪与凶残，使德国真正的统治者所需要的和平形式更加清晰。④ 于是，威尔逊在 1918 年 9 月 27 日在纽约发表的演讲中，直截了当地对德国政治制度的变革提出了要求，他说，"作为和平的前提，德国将必须通过改变其政府和政治制度赎回自己的名誉。德国必须转向建立即使不是完全的民主，至少也应该建立议会对皇帝集团的绝对权威。因为这一集团发动了侵略战争"⑤。

威尔逊的声明给德意志第二帝国的政治制度变革提供了强有力的动力。德军最高统帅部为了不彻底战败，从而免于以往战败国遭受的割地、赔款等惩罚措施，甚至亡国的危险，其领导人决定向对战争的结局具有重大影响力的美国求和。1918 年 9 月 29 日，德军最高统帅部领导人冯·鲁

① 1917 年 4 月 2 日，威尔逊提请召开国会特别会议宣布对德战争。他在对国会的演讲中陈述美国作战的理由，"必须使民主在世界上得到安全。世界和平必须建立在政治自由的可靠基础上"。他指出，"问题已经牵涉到世界的和平和世界各民族的自由，而且这种和平与自由之所以受到威胁，又是由于存在着那些独裁政权，专凭不由人民的意志而全由他们的意志所控制的有组织的武力作为后盾。在这种场合，中立便行不通或者是求不到了"。这是美国第一次比较明确的针对德国政治制度的质疑。威尔逊的演讲见周一良、吴于廑主编《世界通史资料选辑：近代部分》下册，商务印书馆，1983，第 347~348 页。

② Manfred Jonas, *The United States and Germany: A Diplomatic History*, Ithaca：Cornell University Press, 1984, p. 128.

③ Hans W. Gatzke, *Germany and the United States: A 'Special Relationship'?*, Cambridge, Mass.：Harvard University Press, 1980, p. 72.

④ Hans W. Gatzke, *Germany and the United States: A 'Special Relationship'?*, Cambridge, Mass.：Harvard University Press, 1980, p. 68.

⑤ Joseph V. Fuller, ed., *Papers Relating to the Foreign Relations of the United States*, *1918*, *Supplement 1*, *the World War*, *Vol. I*, Washington：the Government printing office, 1933, pp. 317-318.

登道夫同陆军元帅冯·兴登堡商量后，突然急切要求政府"立即向美国总统威尔逊要求实现停战，以便在'十四点'的基础上实现和平"①，而且为了争取有利的和平条件，他们要求政府尽快采取措施实现德国政治制度的民主化，以满足美国的要求。

在此需要强调的是，德国军方领导人此时之所以愿意以威尔逊的"十四点"原则为基础进行停战谈判，主要是因为在"十四点"中体现的威尔逊对战后德国的处置原则可以避免德国成为战败国。"十四点"对德国的处置原则体现在两个方面。一是德国应该受到一定的惩罚，包括一定范围的赔偿，将阿尔萨斯-洛林归还法国，调整德国的殖民地，将其委任给他国，按照民族自觉原则对德国领土做一些调整。但这种惩罚与战争罪责无关，即不过分削弱德国的原则。② 二是德国应该作为和平的、民主的、经济繁荣的、平等的一员重新进入国际大家庭，不能被肢解或毁灭，即战后德国重新成为国际社会平等一员原则。③ 在威尔逊公开"十四点"时以及后来威尔逊的私人代表豪斯上校向包括德国在内的战争双方兜售"十四点"时，德国和协约国一样因对战争前途充满乐观而不予理睬，德国甚至以1918年3月逼迫苏俄接受苛刻的《布列斯特条约》显示了它对"十四点"的蔑视。半年之后，"十四点"的命运发生了变化。

帝国政府很快对最高统帅部的要求做出了回应，政府先在政府人员的组成形式上做出了形式上的变革以满足威尔逊的要求。1918年10月3日，德皇威廉二世宣布选举的代表进入政府，并任命具有自由倾向的马克斯·冯·巴登亲王为帝国宰相。在做了这些形式上的变革后，当天晚上马克斯政府将一个和平提议送达威尔逊，同意以"十四点"原则及威尔逊后来的一些声明为基础，实行停战，并请求美国充当调停人。④ 威尔逊要求德国

---

① 〔德〕迪特尔·拉甫：《德意志史——从古老帝国到第二共和国》，波恩 Inter Nationes 出版社，1987，第236页。

② 参见"十四点"中第八点的注解。

③ Murray Eisenstadt, *U. S. Foreign Relations 1890's-1970's*, New York: Oxford Book Company, 1971, pp. 66-67.

④ Joseph V. Fuller, ed., *Papers Relating to the Foreign Relations of the United States*, *1918*, *Supplement 1*, *the World War*, *Vol. I*, Washington: the Government printing office, 1933, pp. 338-350.

阐明自己的意图，特别是德国是否接受以"十四点"作为和平谈判的基础。[①] 10 月 12 日，柏林答复，德国正式接受威尔逊的"十四点"作为和谈条件并声明德国议会也同意这一决定。[②] 威尔逊对德国政治制度的变革仍存疑虑，10 月 14 日，美国国务卿才向德国发出照会，把结束德国的专制制度作为和平谈判的先决条件。[③] 10 月 23 日，威尔逊更是直截了当地呼吁德国摆脱"专制君主"，否则其将要面临是否彻底投降的抉择。[④]

美国的"步步紧逼"连同战争即将结束、德国即将战败的恐慌情绪进一步推动了德国政治制度变革的步伐。10 月 26 日，马克斯亲王说服威廉二世解除了鲁登道夫的职务。第二天，马克斯亲王向威尔逊保证，正在产生的新的政府将具有广泛的代表性，而且将满足威尔逊关于停战及和平的先决条件。10 月 28 日，威廉二世签署了在 10 月 2 日至 26 日由国会通过的旨在对帝国政治制度进行根本性改变的一系列帝国宪法修正议案，这些议案使德国政治制度由君主专制向君主立宪制变革。[⑤]

但是此时政治制度上的这些变革相比德国国内局势的发展，显得步伐太小，用一直与帝国政府合作的德国社会民主党右翼领袖弗里德里希·艾伯特的话来说，也太晚了。受德国的盟国保加利亚和奥匈帝国因一战而引发的政治制度变革——君主制崩溃的示范性影响，尤其是受到德国的战争对手、一战的原始参战国大国俄国因一战导致的政治制度变革——俄国"十月革命"的示范效应影响，1918 年 11 月 3 日德国发生基尔水兵起义，并以此为开端，德国爆发了"十一月革命"，起义士兵和罢工工人仿效苏

---

① Joseph V. Fuller, ed., *Papers Relating to the Foreign Relations of the United States*, *1918*, *Supplement 1*, *the World War*, *Vol. Ⅰ*, Washington: the Government printing office, 1933, pp. 338-341.

② Joseph V. Fuller, ed., *Papers Relating to the Foreign Relations of the United States*, *1918*, *Supplement 1*, *the World War*, *Vol. Ⅰ*, Washington: the Government printing office, 1933, pp. 357-358.

③ Joseph V. Fuller, ed., *Papers Relating to the Foreign Relations of the United States*, *1918*, *Supplement 1*, *the World War*, *Vol. Ⅰ*, Washington: the Government printing office, 1933, pp. 358-359.

④ 〔美〕科佩尔·S. 平森：《德国近现代史》下册，范德一、林瑞斌、何田译，范德一校，商务印书馆，1987，第 467 页。

⑤ 〔联邦德国〕卡尔·迪特利希·埃尔德曼：《德意志史》第 4 卷上册，高年生等译，商务印书馆，1986，第 151 页。

俄"十月革命"的做法建立了工兵苏维埃政权。所有这些向德意志第二帝国及其君主专制制度发起了强有力的冲击。德国境内自1871年德意志第二帝国建立以来相对稳定的社会秩序、政治秩序发生了根本性的变化。

在第一次世界大战以及其相关外部因素的共同作用下，为了免于仍然处于战争之中的德国政府权威完全丧失以及防止在德国出现类似苏俄的社会主义共和国，德国统治集团也开始要求威廉二世下台。马克斯亲王"劝说"威廉二世退位，并考虑请一直反对苏俄模式工人运动的德国社会民主党右翼领袖弗里德里希·艾伯特组阁。11月9日，马克斯亲王在试图同已逃离柏林的威廉二世通话未果之后，于当天中午慌乱地自作主张宣布德皇退位。[1] 同日下午两点左右，当艾伯特的同僚社会民主党右翼领导人菲利普·谢德曼听到主张走苏俄模式工人运动的德国社会民主党左翼领袖卡尔·李卜克内西正在皇宫阳台上演讲并将宣布德国成立社会主义共和国的消息时，他急忙冲到帝国国会大楼的阳台上抢先宣布了德意志共和国的成立。在德意志土地上延续千年的君主专制制度和不可一世的德意志第二帝国就这样从形式上崩溃了。

德国政治制度的变革从形式上完全满足了威尔逊的要求。1918年11月11日，协约国及参战国的代表与德意志共和国的代表签订了停战协定。

对饱受战争苦难的大多数德国民众来说，这次制度变革是与他们期盼已久的结束战争的愿望联系在一起的，因此受到了他们的欢迎。1919年1月初，艾伯特在德国容克资产阶级的支持下镇压了"十一月革命"。在1月19日举行的全国性制宪国民议会选举中，83%的德国选民参加了选举，社会主义政党、民主党和中央党这些主张实行议会制的政党，获得了将近4/5的选票。[2]

1919年2月6日，立宪会议在魏玛小镇召开。1919年8月11日，立宪会议经过讨论和修订，批准了由左翼自由派教授胡戈·普罗伊斯领导的包括马克斯·韦伯在内的专家小组在1918年12月起草的宪法——《魏玛

---

① 〔英〕玛丽·弗尔布鲁克：《德国史 1918—2008》（第三版），卿文辉译，张润校，上海人民出版社，2011，第20页。

② 〔德〕迪特尔·拉甫：《德意志史——从古老帝国到第二共和国》，波恩 Inter Nationes 出版社，1987，第245页。

宪法》。这部宪法确立了德国为共和制的政权组织形式、议会民主制的政治制度。《魏玛宪法》批准后，共和国正式成立，并以立宪会议召开的地点被命名为魏玛共和国。一周后，艾伯特当选为共和国的第一位总统。德国自 1871 年统一以来第一次制度变革的成果——德国历史上的第一个议会民主制政府建立起来。

二　第一次世界大战的结果与魏玛共和国的存续

魏玛共和国建立之后，魏玛政府面临的首要问题是巩固制度变革的成果——魏玛议会民主制度，并大力恢复和发展经济，为共和国提供坚实的、持久的经济基础。但是，一战的结果影响了魏玛共和国在这方面努力的意愿和效果，对其只存在 14 年的短命产生了重要的影响。

第一，一战的战后世界和平安排违背了"十四点"的基本原则，既过分削弱了德国，又没有使德国成为国际社会平等的一员。这主要体现在两个方面。一是协约国把依据停战协定放下武器的德国看作战败国，其单方面制定的对德和约《凡尔赛条约》条件极为苛刻，严重削弱了魏玛共和国的社会、经济基础。经济上，削弱了德国经济恢复的能力。根据《凡尔赛条约》的规定，德国损失了 1/8 的领土和 1/10 的人口；一些经济最发达的地区被暂时占领；失去了全部殖民地、海外投资、9/10 的商船和几乎全部外贸市场；丧失了对运输系统、捐税、进口的管控。[1] 这些破坏了德国自 19 世纪 30 年代工业革命以来尤其是德意志第二帝国时期已经形成的经济发展布局、经济部门之间的联系。赔款的规定又使德国承受沉重的经济负担，并剥夺了共和国恢复经济所需的宝贵资金。这些使魏玛共和国的经济发展条件在某种程度上不如德意志第二帝国时期，《凡尔赛条约》严重削弱了共和国恢复经济的能力，从而削弱了共和国民主制度赖以巩固的经济基础。政治上，《凡尔赛条约》规定的德国承担战争责任的条款[2]，使德国

---

① 《凡尔赛条约》的条款见《国际条约集（1917—1923）》，世界知识出版社，1961，第 72～266 页。
② 内容见《凡尔赛条约》，载《国际条约集（1917—1923）》，世界知识出版社，1961，第 72～266 页。

民众承受沉重的精神负担。"凡尔赛条约的规定严重伤害了德国人的民族感情。"①

二是德国被排除在维持战后国际秩序的国际组织——国际联盟之外，没能实现威尔逊在"十四点"中所主张的战后德国成为国际社会平等的一员的设想。不让新生的共和国加入国联的主要原因是，威尔逊对德国新政府不信任。针对共和国政府在此问题上的据理力争，威尔逊在 1919 年 6 月 3 日美国代表团召开的全体会议上，明确指出，"在德国被允许进入国联前，我们应该知道德国的政体已经发生了真实的、长久的变化。但是我们却没有看到这种改变"②。这使德国人极为失望，他们原来指望当共和政体取代了过去的君主政体之后，世界各国会张开双臂接纳他们，会把他们当作平等的伙伴。协约国的做法也助长了共和国的反对者的气焰，对新生的魏玛共和国来说无疑是来自国际社会的当头一棒。

艾伯特总统在拿到和约文本后，于 1919 年 5 月 7 日至 9 日在柏林群众集会中发表了三次演讲，其中指出了和约文本的内容对共和国的伤害。他指出和约"不断约束年轻的德意志共和国"③。魏玛共和国参加巴黎和会的代表以"十四点"为武器据理力争，但收效甚微。协约国除了在小的方面接受共和国的意见进行了修改外，拒绝了共和国提出的绝大多数修改意见。魏玛共和国如果不签署和约，其领土将要被占领或可能被肢解。最终，在距最后通牒规定的期限还差一个半小时的紧要关头，魏玛共和国被迫表示德国无条件接受和约。这等于承认了德国负有全部战争责任。一方面，德国人极为愤怒，他们对签订和约的共和国政府极为仇恨，把一切责任都推到这个共和国身上。④ 许多在 1919 年支持民主党的人，对民主制度

<hr/>

① 〔德〕迪特尔·拉甫：《德意志史——从古老帝国到第二共和国》，波恩 Inter Nationes 出版社，1987，第 249 页。

② Joseph V. Fuller, ed., *Papers Relating to the Foreign Relations of the United States, 1919, Vol. II*, Washington: the Government printing office, 1934, p. 215.

③ 〔德〕维尔纳·马泽尔：《德国第一任总统艾伯特传》，柴野等译，葛斯、刘立群校，东方出版社，1993，第 234 页。

④ 〔瑞士〕埃里希·艾克：《魏玛共和国史》上卷，高年生、高荣生译，商务印书馆，1994，第 125 页。

和民主党都已不再感兴趣。① 另一方面，魏玛共和国的议会民主制政府承担了德意志第二帝国专制政府发动战争所带来的后果，这对它来说是不公平的。可是，德国民众却把签署和约的魏玛共和国与和约带来的民族耻辱联系在一起。共和国的敌人重又活跃起来。这些削弱了共和国的社会基础。

第二，美国实施的过分强调自利的对外政策，为魏玛共和国议会民主制的存续提供了负能量。美国是一战的"暴发户"，是导致德国军队领导人愿意放下武器、促使帝国政府进行政治制度变革、实现停战谈判的主要力量，是战后世界和平安排的主要参与者，也是一战后最有实力给德国提供经济援助的少数国家之一。可以说，美国对魏玛共和国的支持（政治的和经济的）对共和国在政治上获得国际和国内的支持与认可，在经济上实现恢复和发展是非常重要的。但是美国实行的过分强调自利的对外政策妨碍了美国在这些方面发挥应有的作用。这主要体现在两个方面。一是美国对共和国没有给予应有的支持和尊重。在《凡尔赛条约》的制定过程中，由于自身综合实力还不能够与英法抗衡，为了争取英法对其设计的试图由美国控制战后世界的国际组织——国际联盟的支持，威尔逊自食其言，违背了自己提出的关于战后世界和平安排的"十四点"的基本原则，而且伙同英法把魏玛共和国的和会代表拒之门外，拒绝听其意见和建议。因此，在一百个德国人中有九十九个人深信在签订停战协定时受到了威尔逊的欺骗。② 对此，威尔逊认为建立的国联可以纠正对德国的不公正对待。③ 然而，在 1920 年 3 月 19 日美国参议院因和约没有实现美国参加一战的全部诉求反而会限制美国行动自由，最终拒绝批准和约并拒绝参加国际联盟后，美国有可能发挥作用纠正《凡尔赛条约》中对魏玛共和国不公正对待的平台和渠道丧失了。

随后，在整个 20 世纪 20 年代，执掌美国政权的共和党政府对包括德

---

① 〔瑞士〕埃里希·艾克：《魏玛共和国史》上卷，高年生、高荣生译，商务印书馆，1994，第 165 页。

② 〔瑞士〕埃里希·艾克：《魏玛共和国史》上卷，高年生、高荣生译，商务印书馆，1994，第 128 页。

③ Frank Costigliola, *Awkward Dominion: American Political, Economic, and Cultural Relations With Europe, 1919-1933*, Ithaca: Cornell UniversityPress, 1984, p. 30.

国在内的欧洲实行的不承担责任的孤立主义政策，杜绝了美国官方对德国进行支持的可能。在此情况之下，为了维护其在欧洲特别是在德国的利益，美国对欧洲实行了经济外交。这一外交方式在美国介入德国赔款问题上体现得最为明显。1923 年 1 月由德国赔偿问题引发的鲁尔危机损害了美国的利益，美国从恢复、稳定德国经济进而恢复欧洲经济以增加对抗苏联的力量和维护美国的经济利益出发，介入了德国赔偿问题的解决。美国政府挑选、派出了以查尔斯·盖茨·道威斯为代表的美国经济专家，这些专家以个人名义参加了为解决德国赔款新成立的赔款专家委员会，主持制定了旨在解决德国赔偿问题的道威斯计划。为了保证该计划的正常运转，美国通过私人性质的摩根财团向德国提供了所需国际贷款的一半。道威斯计划落实了美国关于德国赔款问题的解决方案。美国通过该计划掌握了德国赔偿纠纷的裁决权，这使得英法以后不能再随意以赔偿问题为借口干扰德国经济[1]。这种由美国政府制定政策、私人执行的经济外交方式，避开了一战后美国对欧洲特别是对德政策的不承担责任的基本原则。然而，在这种经济外交方式下，私人资本受利益驱使往往会挣脱政府的控制，使政府的政策目标与实施效果之间出现偏差。因此，道威斯计划虽然开通了 20 世纪 20 年代中期美国私人资本大量流入德国的渠道，德国经济也在美国资本的刺激之下，于 1924 年底开始恢复，1928 年达到了繁荣，但是经济外交实施的弊端使美国政府失去了对私人资本的监管，比如，"其中贷款的 90%以上落到了德国各大公司及企业手中，它们把这些贷款的大部分，用来发展同军事有关的工业部门"[2]。德国军工企业的壮大为魏玛共和国建立后军国主义思想还没有肃清的军方掌控国家权力提供了物质基础，同时削弱了魏玛共和国的力量。因此，道威斯计划的实施带来的德国经济的恢复是不稳定的，魏玛共和国经济的繁荣也是虚假的。此外，美国私人资金的大量涌入使德国对美国资金产生严重依赖性。时任德国外长的古斯塔夫·斯特

---

① 为了防止英法特别是法国因赔偿问题再次干扰德国经济的情况发生，道威斯计划规定成立一个由美国人为主席的三人仲裁委员会来解决今后在赔偿问题上的纠纷，取消了在赔偿问题上英法对德国的随意制裁权。

② 方连庆：《二十年代德国在欧洲的外交目标和策略》，《北京大学学报》（哲学社会科学版）1990 年第 3 期。

莱斯曼在 1928 年 11 月提醒德国人："我必须请你们记住，在过去几年中，我们是靠借贷过日子的。如果一旦发生经济危机，美国要求偿还其短期贷款，那我们就面临破产的危险。"① 这一点在 1929 年美国爆发经济大危机后，流入德国的美国私人资本呈断崖式减少，不久魏玛共和国陷入严重的资金危机中得到印证。

不过，美国在 20 世纪 20 年代仍然可以利用其影响力给予魏玛共和国道义上、政治上、经济上的间接支持。比如说，美国可以利用协约国欠美国的战债问题给协约国施压使它们在德国赔偿问题上做些妥协。事实上，魏玛政府除了在《凡尔赛条约》制定和签订过程中因威尔逊违背了"十四点"而表现出对美国短暂的愤怒和不满外，在其整个存续期间一直把发展并保持与美国的良好关系作为摆脱《凡尔赛条约》的约束、恢复德国大国地位这一外交目标的最重要的依靠力量。② 这一点可以从魏玛政府"积极"回应哈定政府的要求，在与美国单独谈判、达成结束两国战争状态的《柏林和约》，以及在解决美国对德国因战争产生的权利要求问题上，对美国做出的极大让步上看出来。③ 但是，美国除抓住德国急切与其建立并保持良好关系的心理为自己获利外，对魏玛共和国的"殷勤"反应冷淡，并极力表现出自己在对德政策上与协约国是保持一致的，④ 以获取协约国在欠

① 〔美〕科佩尔·S. 平森：《德国近现代史》下册，范德一、林瑞斌、何田译，范德一校，商务印书馆，1987，第 601 页。

② Manfred Jonas, *The United States and Germany: A Diplomatic History*, Ithaca : Cornell University Press, 1984, p.153.

③ 美国拒绝批准《凡尔赛条约》后，理论上与德国仍然处于战争状态。1921 年 8 月美国和德国缔结了标志着两国结束战争状态的《柏林和约》。《柏林和约》完全体现了美国的意图，德国承认美国拥有《凡尔赛条约》的一切权益，但不对《凡尔赛条约》承担任何责任。参见 Joseph V. Fuller, ed., *Papers Relating to the Foreign Relations of the United States, 1921, Vol. Ⅱ*, Washington: the Government print office, 1936, pp.29-32. 1922 年 5 月到 6 月在美国和德国商议成立一个由一个德国人、一个美国人，以及当这两人不能达成一致时担当仲裁者的第三人组成的混合权利要求委员会，以解决美国向德国提出的因战争产生的权利要求问题上，德国做出了极大让步，同意由美国人担任充当仲裁者的该委员会的主席。参见 Joseph V. Fuller, ed., *Papers Relating to the Foreign Relations of the United States, 1922, Vol. Ⅱ*, Washington: the Government print office, 1938, pp.244-245。

④ 美国一直督促德国履行《凡尔赛条约》义务，并以《停战协定》的名义在德国保持驻军直到鲁尔危机发生之后才撤军，以显示自己在对德问题上与协约国没有分裂。参见 Manfred Jonas, *The United States and Germany: A Dipolmaticy History*, Ithaca: Cornell University Press, 1984, pp.148-149。

美国战债问题及其他国际问题上对美国的配合和支持。更有甚者，美国不仅没有利用协约国欠美战债问题给予协约国压力使它们在德国赔偿问题上做让步，以间接支持德国，反而因为在战债问题上的不妥协政策强化了协约国在德国赔偿问题上的不妥协政策。

二是美国在一战后实施的具有经济民族主义性质的关贸政策恶化了国际经济关系，损害了德国的经贸利益，影响了德国经济恢复和发展的能力。一战前，德国已发展成为出口导向型工业国，对外贸易对其经济发展至关重要。一战后，在国际贸易中实现出口盈余是德国经济恢复与稳定发展的坚实基础和有效途径。但是，这一点没有做到，这就使魏玛经济缺乏"造血功能"。影响德国出口贸易的最大障碍是美国带头实施的贸易壁垒政策。1921 年 5 月 27 日，哈定政府在企业家的压力下，通过了曾经遭到威尔逊政府否决的《紧急关税法》，提高了小麦、肉类、羊毛和食糖的税率，并且禁止从德国进口染料。[①] 1922 年 9 月 21 日，哈定政府又通过了《福德尼—麦坎伯关税法》，不但"对迅速发展的化学工业提供了美国所需要的抵抗德国染料托拉斯破坏性竞争的保护"，而且针对"日本人和德国人成本较低的生丝和人造丝织品、玩具、瓷器、刀剑、枪炮和其他产品，此法规定的税率，几乎具有闭关的作用"。[②] 这两部法律打击了德国的化学染料业。德国的化学染料业发达，一战前在国际上已处于领先地位，染料是德国主要的出口商品之一，且在国际市场上具有很强的竞争优势。与此相对应的是，一战前美国的化学染料业落后，被称为美国的"幼稚工业"，主要依赖进口。一战中由于德国的出口被切断，美国的化学染料业乘机得以迅速发展，被称为"战争宠儿"。这两部法律排斥战后恢复正常生产的德国染料业的竞争、保护美国化学染料业的目的十分明显。美国还排挤德国具竞争力的另一个化学工业产品——钾碱。钾碱是非常重要的化学工业原料。德国是世界上主要的钾碱生产和出口国。一战前美国需求的 90% 钾碱来自德国。一战中由于来自德国的供应被切断，美国投资 5000 万美元发展

① 〔美〕德怀特·L. 杜蒙德：《现代美国：1896—1946 年》，宋岳亭译，商务印书馆，1984，第 399 页。

② 〔美〕阿瑟·林克、威廉·卡顿：《一九〇〇年以来的美国史》上册，刘绪贻等译，中国社会科学出版社，1983，第 373~374 页。

国内钾碱工业，这样美国生产的钾碱能够满足国内需求的50％。一战后，虽然德国将阿尔萨斯－洛林归还给了法国，但是德国仍然生产供应了世界大部分钾碱。这使美国依靠进口的化学工业利益集团感到很恐慌。其担心德国会操纵钾碱的价格，从而使自身利益受损，并以此为由要求美国商务部进行调查。① 于是，商务部部长赫伯特·胡佛指责德国政府介入了钾碱的价格控制，致使钾碱价格暴涨。后来商务部经过调查，在得知化工利益集团提供的德国钾碱价格是在德国货币贬值情况下的价格后才罢休。直到1922年底随着德国经济的崩溃，美国工业界才逐渐不再将德国视为竞争者。② 美国的过分自利做法无疑沉重打击了化工业发达、化工产品在国际上最具竞争力的德国出口贸易，也恶化了国际贸易环境。比如，为了报复美国的关税壁垒政策，其他国家纷纷提高关税，以阻止美国商品进入本国市场。在这方面，英国的做法比较典型。英国1921年实行《工业保护法》，对6000多种工业品进口税加征33％的从价税，1925年修订该法，进一步扩大征税商品范围。③ 这无疑进一步恶化了魏玛共和国的外部经济环境。

第三，一战的主要战胜国英法对各自国家利益的考虑远远大于对德国国家制度的考虑，它们把《凡尔赛条约》及其确定的德国的战败国地位作为执行其国家利益的工具，随意干扰德国经济，对魏玛共和国的政治、经济、社会状况产生了极大的破坏性作用，客观上也帮助了魏玛共和国内的议会民主制的反对者，助长了他们兴风作浪的气焰。在美国拒绝批准《凡尔赛条约》，也不参加国联后，一战的战胜国英法成为和约执行情况的"监管者"和国联事务的主要掌控者。它们特别是"法国不顾拿破仑留下的对外打击封建制度、输出民主宪法的传统，瞪圆血红的复仇眼睛宰割德国。法国政府对德国唯求掠夺而不顾魏玛议会制的死活，这种极端近视的

① Joseph Brandes, *Herbert Hoover and Economic Diplomacy*, Pittsburgh：University of Pittsburgh Press, 1962, p. 139.

② Klaus Ferdinand Schoenthal, *American Attitudes Toward Germany, 1918 - 1932*, Ohio State University, 1959, p. 122.

③ 张士伟：《美国与世界经济秩序的变革（1916—1955）》，武汉大学出版社，2015，第32页。

外交政策对魏玛议会制的伤害之大难以估量"①。这方面突出的体现是，法国纠集德国的其他邻国如比利时以赔偿问题为借口对魏玛共和国的领土随意入侵②，严重干扰了魏玛共和国经济的恢复和正常发展，也恶化了魏玛共和国的国际环境，其中最有名的事件便是前文论及的鲁尔危机。1923年1月，法国、比利时以德国故意拖欠赔偿为理由，出兵占领了德国重要的工业区鲁尔，导致鲁尔危机。鲁尔危机是整个20世纪20年代欧洲国际关系中影响最大、最为深远的事件。鲁尔危机在德国引发了当时乃至现在听起来都骇人听闻的通货膨胀。通货膨胀的直接表现是货币贬值。战前德国马克与美元的比值是4.2∶1，到1919年下降到8.9∶1，一战后又持续不断地下跌了3年。鲁尔危机后，马克的价值一泻千里。到1923年11月，德国马克竟然贬值到了1美元值4.2万亿马克的地步。③

鲁尔危机引发的德国经济危机及其造成的社会后果对魏玛政体构成致命一击，对魏玛共和国造成无法弥补的创伤。经济的崩溃引发社会危机。"通货膨胀给工人，尤其是给共和政体的主要社会基础中产阶级带来了灾难和痛苦。"④ 德国中产阶级在这次危机中破产，存款一夜之间荡然无存。于是，失业和罢工接踵而来。这些阶层的人们把造成这一切后果的根源归咎于魏玛政府的无能，对魏玛共和国充满怨恨，转而投向对他们许诺振兴德国国际威望、解决就业问题、给他们社会保障的民族社会主义工人党即纳粹党。这一魏玛民主政体的"掘墓人"正是在此期间得到了第一次大发展的机会。纳粹党成立于1920年，起初默默无闻，成立以来发展缓慢，党员只有数十人，⑤ 鲁尔危机后党员人数一下子发展到30000人，可谓"一鸣惊人"。

以上几种外部因素交织在一起，从魏玛共和国建立之日起提供给它的

---

① 蒋劲松：《德国代议制》第3卷，中国社会科学出版社，2009，第1560页。
② 因为协约国与德国在赔偿计划上的分歧，1921年3月8日，法国出兵占领了莱茵河右岸的杜塞尔多夫等3个城市。
③ 〔美〕科佩尔·S.平森：《德国近现代史》下册，范德一、林瑞斌、何田译，范德一校，商务印书馆，1987，第593页。
④ 〔美〕科佩尔·S.平森：《德国近现代史》下册，范德一、林瑞斌、何田译，范德一校，商务印书馆，1987，第594页。
⑤ 丁建弘：《大国通史·德国通史》，上海社会科学院出版社，2007，第327页。

负能量远远大于正能量，对魏玛民主共和政体的短命发挥了重要的作用。

三 外部因素与德国民主制替代君主专制的变革

通过以上对第一次世界大战及其结果在德国民主制度替代君主专制制度这一变革的发生、变革成果的巩固及其存续中的作用的简要论述，可以初步得出以下结论。

第一，外部因素对于德国民主制度替代君主专制制度这一变革的发生具有一定的推动作用。德国是后发的资本主义国家，在英法已经完成工业革命后，它才于19世纪30年代中期开始缓慢的工业革命。而且直到1871年其才结束了长期的分裂局面，建立起统一的国家——德意志第二帝国。德意志第二帝国在建立之后实施了国家主导的工业化发展模式，这使德国工业化实现了飞跃式的发展，"在大约三十年的时间内，德国经历了英国用一百多年才完成的事情——将一个农业占统治地位的落后国家转变为一个现代高效率的工业技术国家"①。到19世纪末20世纪初，德国已经发展成为欧洲第一、世界第二的经济强国，军事力量也取得了相应的发展。德国国内社会问题、阶级矛盾也因为帝国政府最先在世界上建立起适应工业化社会需求的社会保险制度②而得以缓和，德国工人运动的主体在20世纪初走向议会道路。可以说，德国在第一次世界大战前实现了表面上的"国泰民安"。德意志民族的自豪感和自信心随之高涨。由于这一切的取得是在德意志第二帝国的君主专制制度下实现的，君主专制制度得以固化和强化，普鲁士的军国主义、君主主义的精神和文化进一步渗透到整个德国。这些使得德国由君主专制制度向民主制度的变革缺乏内在动力。尽管统治阶级迫于形势从维护其长久统治出发进行了一些政治制度上的改良，但这些改良措施没有触及制度的性质。而且，即使根据经济基础与上层建筑之

---

① 〔美〕科佩尔·S.平森：《德国近现代史》上册，范德一译，范德一校，商务印书馆，1987，第300页。

② 为了应对德国工人运动，德意志第二帝国政府在镇压工人运动的同时，被迫介入工人的风险保障问题，于19世纪80年代至19世纪90年代先后实施疾病保险、工伤事故保险、残疾与老年保险。后来，这些保险的保障群体进一步扩大，到20世纪初德国建立起几乎覆盖所有雇佣劳动者的社会保险制度。

间关系的规律，德国资本主义经济的发展最终会导致德国政治制度的变革——资本主义民主制度替代君主专制制度，但如前文所述其进程必将是缓慢的。这显然与欧洲乃至世界先发资本主义国家政治制度的发展趋势不相符合。由此可见，德国君主专制制度的变革需要外部因素的推动。第一次世界大战给了德国君主专制变革一次难得的机会。德意志第二帝国的专制军国主义性质是促使德国参与发动第一次世界大战的重要原因之一。正是第一次世界大战引发的德国民生状况的恶化，德国不可避免的战败的结局，一战的"暴发户"美国对德国政治制度变革所施加的压力，以及苏俄"十月革命"的示范性效应，这几种因素的共同作用导致了德意志帝国和君主专制制度"瞬间"崩溃。

第二，外部因素对于制度变革成果的存续具有重大的影响。魏玛共和国议会民主制替代德意志第二帝国君主专制制度的变革是在外部因素的作用下在短时间内发生的，但是新制度的稳固存续却不是短时间内能够解决的，尤其是在德国这样一个具有浓厚军国主义、君主制文化传统的国家，议会民主制对大多数德国人来说是一个新鲜事物。因此新制度的生存问题是制度变革后会面临的首要问题。这既需要魏玛共和国政府主动培育、创造新制度所需的条件与环境，也需要良好的外部环境。遗憾的是，从魏玛共和国建立之日起，前者其没有做到，后者其不具备。前者没有做到的原因在很大程度上，如前文所述，是后者自魏玛共和国建立之日起就对它造成的"伤害"、干扰和破坏，削弱了魏玛共和国对民主制度所需环境、条件进行培育的意愿、力量与社会基础。外部因素不仅没有支持、参与共和国所需环境和条件的培育，反而对共和国的续存提供了负能量，比如，各大国从过分强调自身利益的经济民族主义出发，各自为战，竞相实行贸易保护政策，尤其是一战的经济"暴发户"美国实行极端自私的关税壁垒政策，恶化了国际经济关系，使德国经济恢复和发展缺乏良好的外部经济环境，从而严重影响了魏玛议会民主政体的经济基础。

（王宏波，中国社会科学院大学教授，中国社会科学院中国历史研究院世界历史研究所研究员，主要研究方向为现代国际关系史、德国近现代史）

两次世界大战之间的国际关系
与意大利外交研究刍议

信美利

【摘要】 两次世界大战之间的二十年里，国际关系格局发生了一系列变动，这种变动既是第一次世界大战的结果，也构成第二次世界大战的起源。这一时期，国家是国际关系的主角。合作和外交也基于主权国家，即使存在跨国组织，如国际联盟，它亦不能取代国家的主角地位。该时期国际关系的基本原则有二：自助和强权政治。意大利在两次世界大战之间的外交政策，从理论到实践都更符合现实主义理论的分析，即其外交政策背后的出发点是为了其国家利益的最大化。法西斯意大利从根本上对所谓国际主义、和平、共同安全等问题持怀疑态度，选择的是军事扩张这条在其看来更"务实"的道路。

【关键词】 意大利　外交　两次世界大战　国际关系

1919 年至 1939 年，即两次世界大战之间的二十年里，国际关系格局发生了一系列变动，这种变动既是第一次世界大战的结果，也构成第二次世界大战的起源。以往对两次世界大战之间的意大利外交的研究成果多是从史实出发，从外交决策到外交结果，尽一切可能展开历史细节，却难免忽略了整体性、系统性。本文则旨在将两次世界大战之间的意大利外交放入更宏观的视野并对其进行考察，梳理两种典型的国际关系理论对进行该时期意大利外交研究实践的影响，剖析意大利外交政策实施的国际关系史背景，思考彼此对立的两派意大利外交史观点形成的原因，由此为后续研究 20 世纪 30 年代中意关系奠定基础，并求教于学界。

一 国际关系理论背景

对国际关系史实的梳理可能无法完全脱离相应的国际关系理论预设。有学者甚至指出，不同的国际关系理论如同太阳镜片或者摄像机镜头，同样的世界透过它们呈现出不一样的画面；同时，国际关系理论也是简化历史的某种设备，人们借助它来挑选"重要"的，而略去"不重要"的历史事实。①

可以将分析两次世界大战之间国际关系格局的理论大致划分为两类：现实主义和自由主义（或理想主义）。而自国际关系成为一门学术研究以来，现实主义就一直是传统国际政治理论中的主流。现实主义强调，我们应该面对现实，而不是按我们心中所希望的那样去描绘这个世界。世界舞台上的主要角色是国家。主权意味着在国家之上再没有任何其他行为主体可以强迫国家以特定的方式行事。因此，对于现实主义者而言，国际政治就是各国之间为实现自身国家利益最大化而进行的权力争夺。所谓国际秩序只是某种权力平衡机制作用下的结果。归根结底，由于国际政治体系中在国家之上没有任何其他的主权机构，国际政治更像一种"自助"体系，各国必须依靠自身的军事实力来实现各自的目的。② 战争是国际体系中的常规状态。现实主义理论之所以占据主流地位，正是因为它为战争提供了最有力的解释。现实主义为国家在敌对环境中实现国家利益最大化提供了某种"行动指南"，这也部分解释了为什么它仍然是"国际政治研究的中心传统"③。

20 世纪之前的现实主义理论也被称为"古典现实主义"。许多当代现实主义者经常声称其理论是古代思想传统的一部分。所谓古代思想传统指的是修昔底德（约前 460～前 406）、马基雅维利（1469～1527）、霍布斯（1588～1679）、卢梭（1712～1778）等杰出人物的思想。古典现实主义者首先强调国际行为的基本准则是国家利益（raison d'état）。其次，他们不相

---

① J. Baylis and S. Smith, eds., *The Globalization of World Politics: An Introduction to International Relations*, Oxford & New York: Oxford University Press, 2001, p. 3.

② Tim Dunne and Brian C. Schmidt, "Realism," in J. Baylis and S. Smith, eds., *The Globalization of World Politics: An Introduction to International Relations*, p. 145.

③ Robert Owen Keohane, ed., *International Institutions and State Power: Essays in International Relations Theory*, Boulder, Col.: Westview, 1989, p. 36.

信普适道德标准，认为存在双重道德标准：某个国家对其国内公民个体确立的道德标准以及该国家在对外关系中采取的与其他国家交往的道德标准，二者并不相同。除此之外，现实主义者认为，国家疆域之外皆为无政府状态。他们所说的无政府状态并非混乱和无法无天，而是强调中央权威缺失是国际关系领域的突出特点。在这种无政府状态下，国家的生存没有保障。所以，每个国家的核心利益一定是生存。而与追求权力一样，扩大国家利益也是一条必然铁律。在一个没有全球政府的无政府体制下，自助是行动的准则。[1]

虽然确实存在不同类型的现实主义，但仍应该将现实主义作为一个整体来理解。比如，当代现实主义就吸收了古典现实主义对三个核心要素的判断，即"三个S"：国家主义（statism）、生存（survival）、自助（self-help）。首先，国家主义是现实主义的核心。它包含两项主张：其一，世界政治舞台上，只有国家是杰出的行动主体，所有其他的行动主体皆不如国家重要；其二，国家主权意味着存在一个独立的对其领土拥有司法权威的政治共同体。

其次，每个国家的首要目标是生存，这也是所有政治领导人必须维护的最高国家利益。除此之外的其他目标，如经济繁荣之类的都是次要的国家利益。为了维护国家安全，所有领导人都必须遵循"以结果来评判行为"的道德准则，而不是去论个人行为是非。

最后，所谓自助，即除己之外，其他国家皆不可靠，均无法提供生存的保障。国际政治的制度结构并不允许友谊、信任和荣誉的存在；存在的只是由全球政府缺失导致的长期不确定性。各国通过保持权力平衡来实现共存，而对奉行现实主义的国家而言，只有当互动能使它比其他国家获得更多利益的时候，有限的合作才可能实现。[2]

自由主义（或理想主义）常为现实主义者所诟病，在反对者口中，自由主义的国际关系理论首先设定了世界应该如何发展，而后试图促成事情

---

[1] Tim Dunne and Brian C. Schmidt, "Realism," in J. Baylis and S. Smith, eds., *The Globalization of World Politics: An Introduction to International Relations*, p. 142.

[2] Tim Dunne and Brian C. Schmidt, "Realism," in J. Baylis and S. Smith, eds., *The Globalization of World Politics: An Introduction to International Relations*, p. 143.

按其设定来展开。

贯穿自由主义思想的主题内容包括：（1）人类是可臻于完美的；（2）民主是这种完美性发展所必需的；（3）想法（idea）很重要。所有这些主题内容背后隐含着一种进步的信念。在国际关系中，自由主义者强调合作的可能性。从根本上说，其认为在实践中主权并不像现实主义者认为的那么重要。

自18世纪开始，自由主义就强有力地影响着世界政治实践。20世纪，自由主义思想影响到第一次世界大战后一些西方国家的决策精英和公众舆论，在国际关系研究中该时期也常被称为"理想主义时代"。尤其在两次世界大战期间，自由主义思想发展至高潮阶段，其认为，战争是解决国家间争端的一种不必要和过时的方式。第二次世界大战结束时，随着联合国的诞生，自由主义短暂复苏，但冷战强权政治的回归很快熄灭了这些"星星之火"。自由主义从根本上说是以个人自由为中心，强调应根据"是否有助于进一步实现个人自由"这一目标来评判国内和国际机构的价值。

当代世界政治理论的主流是所谓新现实主义和新自由主义。自20世纪80年代中期以来，新现实主义者与新自由主义者之间的争论主导着美国的国际关系研究。学术研究层面的新自由主义主要是指新自由主义中的制度主义。在政策层面，新自由主义是指对资本主义和西方民主价值观及体制的促进。理性选择方法和博弈论已被纳入新现实主义和新自由主义理论，以解释政策选择以及国家在冲突和合作情况下的行为。新现实主义和新自由主义理论是以现状为导向，旨在解决问题的理论。两种理论对国际体系中的行动者、价值观、问题和权力分配有许多假设。实际上，新现实主义者和新自由主义者研究的是不同领域。新现实主义者研究安全问题，关注权力和生存；而新自由主义者研究政治经济学，注重合作和体制。

新现实主义者的核心假设有五点：

（1）国家和其他行动者在无政府环境中互动，这意味着没有中央权力执行规则或规范，无法保护全球共同体的利益；

（2）国际体系的结构是决定行动者行动的主要因素；

（3）国家以自身利益为导向，无政府主义和竞争制度促使它们倾向于自助而非合作，因为无政府状态下最关键的问题是生存；

（4）国家是理性的行动者，进行战略选择以实现利益最大化和损失最小化；

（5）国家视所有其他国家为潜在敌人，即其国家安全的威胁，这种不信任和恐惧形成一种安全困境，这也成为大多数国家制定政策的动机。

而新自由主义则包含五个要点：

（1）当代新自由主义是由商业、共和、社会学和体制自由主义的假设所塑造的；

（2）商业和共和自由主义为西方政府当前的新自由主义思想奠定了基础，这些国家的外交政策旨在促进自由贸易和民主；

（3）新自由主义派别中的机构主义者认为，机构是国际体系中开展合作的重要手段，制度和机构有助于对一个充满竞争和无政府状态下的国际体系进行管理，鼓励甚至有时强制要求使用多边主义和合作来确保国家利益；

（4）新自由主义的机构主义者指出，若国家的领导人认为某种合作不能带来共同利益，则这种合作很难实现；

（5）新自由主义者认为，国家合作旨在实现绝对收益，合作的最大障碍是"欺骗"或者部分国家不遵守规则。

划分两类不同的理论虽然有助于对照理解不同的分析模式，但其实对理解真实国际关系史并没有本质影响。研究者从事国际关系史研究时也许并不会刻意宣布自己属于哪一派理论，而只是在各个理论范畴内寻找和选择更有效的概念和方法，以便尽可能清楚地阐述其主题。

就两次世界大战之间的时期而言，国家是国际关系的主角。两次世界大战之间的所有国际事务都围绕一个中心展开，即双边或多边国家之间的冲突和战争。合作和外交也基于主权国家，即使存在跨国组织，如国际联盟，它亦不能取代国家的主角地位。该时期国际关系的基本原则有二：自助和强权政治。在两次世界大战之间曾经有可能建立一个基于正义和信任、旨在保证各国生存甚至是发展机会的相对理想的机制，但这种可能性并未实现。自助和强权政治这两项原则都表明，有实力才有外交，无实力基础则只能面临侵略和战争。在自助和强权政治原则下，一国的所有决定，无论是冲突或合作还是战争或谈判，都不是目的而是战略手段。换言之，这些不同的**战略**具有相同的性质，即均出于利己考虑。

二 两次世界大战之间国际关系史实背景

要准确定位和理解两次世界大战之间的意大利外交，须首先明晰该时期的国际政治格局变化。

在霍布斯鲍姆看来，20 世纪始于"大灾难"，即第一次世界大战，它"标志着 19 世纪（西方）文明的崩溃。这种文明由以下因素组成：资本主义经济；自由的宪法体系；以霸权姿态出现的资产阶级；在科学、知识、教育、物质和道德领域取得的辉煌成就；对欧洲作为中心地带和科学、艺术、政治、工业等方面革命的发源地深信不疑的自豪感，认为欧洲的经济和士兵已然征服了世界上大部分地区；欧洲不断增长的人口，加上对外移民及其后代，几乎构成人类总人口的三分之一；欧洲列强构成了世界政治体系"[1]。意大利国际关系史家恩尼奥·迪诺尔福（Enio Di Nolfo）指出，第一次世界大战不同于以往任何一次大规模战争，被卷入其中的不仅有士兵，还有不计其数的平民。[2] 对此，可以理解为，第一次世界大战对欧洲的冲击不仅有军事打击造成的损失，还有伴随此次大战而来的世界性革命、经济恐慌以及自由主义的衰落，在国际政治格局中，这表现为一种去欧洲中心或者说隐隐的"多极化"趋势。

一战带来的巨大创伤性记忆，使得民主国家在一战后竭尽全力地避免战争，这种想法在二战初期助长了德国的气焰。[3] 而关于二战的起源，霍布斯鲍姆认为，要回答关于谁或者什么因素导致了二战这个问题，答案就一个"阿道夫·希特勒"。[4] 迪诺尔福的观点与之大同小异，他指出，至 1937 年底，欧洲各国领导人之中唯有希特勒一人对未来决策有清晰的判

---

① E. Hobsbawm, *Age of Extremes: The Short Twentieth Century, 1914 – 1991*, London: Michael Joseph, 1994, p. 6.

② E. Di Nolfo, *Storia delle relazioni internazionali, 1918–1999*, Roma-Bari: Editori Laterza, 2006, p. 5.

③ E. Hobsbawm, *Age of Extremes: The Short Twentieth Century, 1914–1991*, pp. 26–27.

④ E. Hobsbawm, *Age of Extremes: The Short Twentieth Century, 1914–1991*, p. 36.

断，而其他人都只是对这位纳粹元首的倡议和行动予以"反应"。① 基于这些认识，可以根据以下几点线索将两次世界大战之间的国际关系史勾勒出来。

（一）德国问题

巴黎和会上的《凡尔赛合约》以及之后签署的一系列条约旨在重建欧洲秩序，其中战争赔偿问题争议最大，该问题犹如"定时炸弹"，是威胁最大的隐患。对于战胜国拟定的这些和约，德国心有不忿，决心推翻和约中有关德国的一些关键条款。换言之，德国问题并没有因和约的签署而解决，② 德国仍然是欧洲"心脏"地带最大的统一国家。而且，德国再次发动战争的潜力仍在。③ 战胜国对德实施的惩罚条款，无论是惩罚过度还是惩罚力度不够，都注定失败，因为没有哪个大国可以坚定地致力于维护这些条款。

（二）国际联盟

源于美国总统威尔逊"十四点"原则的国际联盟终被英、法两个老牌列强把控，被用于维护和巩固由它们主导的"凡尔赛体系"——第一次世界大战胜利者的成果。④ 这个胜利者的组织意义何在？有学者认为，国联是诞生于第一次世界大战毁灭性打击后的一个"神秘象征"，并非逻辑产物。但自其诞生之日起，它就获得了知识界的极大尊重，全世界都在努力将其付诸实践。"这种神秘的情绪主要来自盎格鲁—撒克逊人。法国人虽然也对此抱有一定的热情，但在法国的疯狂里可以发现太多不同的实现这种热情的方式。意大利对国联的贡献更是寥寥，意大利人只是提供了一种非常奇怪的计划，向世人表明，一个（他们自称的）'无产阶级'国家看

---

① E. Di Nolfo, *Storia delle relazioni internazionali, 1918–1999*, p. 228.

② Susan L. Carruthers, "International History 1900–1945," in J. Baylis and S. Smith, eds., *The Globalization of World Politics: An Introduction to International Relations*, p. 55.

③ Susan L. Carruthers, "International History 1900–1945," in J. Baylis and S. Smith, eds., *The Globalization of World Politics: An Introduction to International Relations*, p. 58.

④ E. Di Nolfo, *Storia delle relazioni internazionali, 1918–1999*, p. 14.

待这个问题的方式有多么不同——按他们说的，新的国际组织应该成为对世界上所有好东西进行重新分配的一种工具。战败国不在考虑之列，俄国也被排除在外。"① 基本上，国联最后就成为形式上的国际问题调停者。

国联在某种程度上表达了人们对"全球政府"的理想愿望。但事实证明，这只是一个美丽的错觉。在民族主义处于顶峰的这个时期，这种"超国家"并不能成功实现。这个时期"废除民族国家而成立一个世界政府是不可能的。战争正四处点燃民族主义烈焰。人们对于'自私的民族主义'的罪恶颇多议论，却不存在真正的国际精神。显而易见，如果不自私自利，也就不存在民族主义，但就是没有人承认自己的民族主义是自私的"②。

迪诺尔福认为，国联的失败部分要归因于英法之间对安全问题产生的分歧。作为德国的主要对手，在一战结束后的若干年里，法国拼尽全力要保障国家安全，即所谓"法国的担忧（i timori francesi）"③。对法国而言，确保国家安全的基本方式是尽可能限制德国。而英国并不同意法国的方式，同时由于法国对欧陆霸权的念念不忘，英国对这位盟友的信任也有所保留。根据英国的传统观念，欧洲的安全应该建立在均势基础上，所以英国不可能在德国赔偿等问题上与法国达成一致。

（三）修正主义

国家在外交事务中实施试图修改凡尔赛体系的政策的行为常被称为修正主义。两次世界大战之间，修正主义阵营里主要有三股势力：

（1）以一战战胜国自居但未获得相应战胜国"分赃"的意大利一直试图"修正"凡尔赛体系，墨索里尼上台后表现得更为积极；

（2）作为战败国的德国，毫无疑问对由胜利者缔造的凡尔赛体系心怀不满甚至憎恨，认为凡尔赛体系限制德国的"生存空间"；

---

① Roland N. Stromberg, "The Idea of Collective Security," *Journal of the History of Ideas*, Vol. 17, No. 2, 1956, p. 250.

② Roland N. Stromberg, "The Idea of Collective Security," *Journal of the History of Ideas*, Vol. 17, No. 2, 1956, pp. 250-263.

③ E. Di Nolfo, *Storia delle relazioni internazionali, 1918-1999*, p. 20.

（3）部分历史学家分析，日本在20世纪30年代对帝国主义国家之间的种族偏见感到不满，认为其应该获得与传统欧洲帝国主义国家同等的扩张权[1]。

（四）远东问题

同为一战战胜国，中日两国在凡尔赛体系中的待遇却截然不同。"就太平洋地区而言，日本是第一次世界大战的最大赢家。"[2] 日本在远东的野心几乎没有受到来自欧洲列强的实质性阻碍，英国忙于重建"帝国"，与日本保持着"传统友谊"；苏联则有更多更重要的问题需要考虑，如经济上的艰难处境，尽管日本的扩张的确威胁到它；法国试图维护凡尔赛体系的完整，并不希望日本"修正"它，但其没有实力单独行动，而且此时德国和意大利正在欧洲蠢蠢欲动。[3] 而美国虽然自19世纪晚期以来就倡导"门户开放"，但在日本的扩张野心面前其也显得微不足道。[4] 确切说，美国担忧的是其在华的利益份额而不是日本帝国主义本身。欧洲列强更关注欧洲的纷争，远东对于它们一直是次要的。中国在帝制覆灭后陷入军阀混战，这也给日本扩张提供了机会。

（五）经济大萧条

19世纪自由资本主义的一项令人瞩目的成就便是造就了世界范围的一

---

[1] 日本曾试图将种族平等原则加入《凡尔赛和约》及其相关条约内容，但其行动均以失败告终。美国1924年的移民立法似乎也证实了西方列强对日本有种族偏见。日本政府认为，日本从巴黎和会中获得的领土利益与其对战争的巨大投入并不相符。20世纪20年代，美、英更是通过《华盛顿条约》限制日本海军，目的是免于中国完全落入日本手中，东京对此表示抗议，随着军队日益主宰日本政治生活，军官阶层强烈要求对华扩张。参见 Susan L. Carruthers, "International History 1900–1945," in J. Baylis and S. Smith, eds., *The Globalization of World Politics: An Introduction to International Relations*, p. 64。此外，还有研究认为欧洲帝国主义的衰落以及威尔逊主义的兴起，提升了日本国际主义者的地位，他们得以在20世纪20年代推行自己的主张。日本也由此经历了"遭遇"、"加入"并最后"离开"西方的过程，日本的行为被视为盎格鲁—撒克逊国家的修正主义。参见 Kaori Nakajima Lindeman, *Norm-driven Change: The International Normative System and the Origins of Japanese Revisionism(1860–1930)*, PhD dissertation of John Hopkins University, 2008.

[2] E. Di Nolfo, *Storia delle relazioni internazionali, 1918–1999*, p. 84.

[3] E. Di Nolfo, *Storia delle relazioni internazionali, 1918–1999*, p. 158.

[4] E. Di Nolfo, *Storia delle relazioni internazionali, 1918–1999*, p. 83.

体性经济体系。[1] 20 世纪 20 年代，美国取代了英国此前在全球经济领域里所处的中枢地位。因此，纽约股市崩盘几乎影响了所有资本主义大国，甚至引起了全球范围的连锁反应。

从 1925 年《洛迦诺公约》至 1929 年之前的这段时期，欧洲似乎终于可以摆脱动荡与混乱，享受和平与安全，人们期望的新的和平时代在"洛迦诺精神"的照耀下变得指日可待。[2] 然而，严重的结构性经济危机深刻改变着国际关系格局，也让这种和平愿景实现的可能性越发渺茫。

大萧条的直接后果是通货膨胀呈螺旋上升，主要工业国家的消费需求断裂，随之而来的是大量失业，以及数百万人的极度贫困，这是西欧在第一次世界大战后依赖美国各种形式的贷款的结果。这进而导致极端主义政治运动在许多国家愈演愈烈，其中最重要的"成功"范例是纳粹党和阿道夫·希特勒。[3] 德国的修正主义因大萧条的灾难性后果而加剧。纳粹德国走上积极扩张之路，却发现其道路因奥地利的"软弱"而受阻，这个地理上离它最近的国家是德国首先要兼并的目标。[4] 而后，希特勒还将中欧和东欧视为德国人拓展"生存空间（Lebensraum）"的地区。[5] 德国的兼并联合举措再次引发法国和意大利的重重焦虑。

（六）反共产主义

西欧大国对苏联的存在和共产主义的发展相当担忧，但它们制定的相关外交政策却基本上是战略性质的，制定的出发点并非意识形态分歧。以承认苏联为例，1924 年 2 月 2 日，英国工党政府承认苏联，随后它于 2 月 7 日承认意大利法西斯政府。从 1924 年到 1925 年，挪威、奥地利、希腊、瑞典、丹麦、墨西哥、匈牙利、法国、日本也相继承认了苏联。由于美国拒绝，苏联仍被国际联盟拒之门外，但无疑它已重返国际社会。[6] 20 世纪

---

① E. Hobsbawm, *Age of Extremes: The Short Twentieth Century, 1914-1991*, p. 7.

② E. Di Nolfo, *Storia delle relazioni internazionali, 1918-1999*, p. 66.

③ E. Di Nolfo, *Storia delle relazioni internazionali, 1918-1999*, pp. 116-125.

④ E. Di Nolfo, *Storia delle relazioni internazionali, 1918-1999*, p. 130.

⑤ Susan L. Carruthers, "International History 1900-1945," in J. Baylis and S. Smith, eds., *The Globalization of World Politics: An Introduction to International Relations*, p. 63.

⑥ E. Di Nolfo, *Storia delle relazioni internazionali, 1918-1999*, p. 63.

30 年代，法①、德②等西欧大国均出于不同目的主动接触苏联，甚至与苏联结成联盟或达成协议。就法西斯意大利来说，其反共的历史似乎比较悠久，但实际上反共也并非如其过去宣传得那样坚定。③ 1937 年 11 月 6 日，意大利加入《反共产国际协定》，然而，其外交部部长齐亚诺（Galeazzo Ciano）却谨慎地否认该协定针对苏联。④《反共产国际协定》⑤ 最终转变成了一个成熟的军事联盟。⑥

（七）绥靖政策

如上所述，欧洲经历了第一次世界大战的巨大灾难，这种记忆严重影响了几个大国随后的外交政策。换言之，对一战的深刻记忆在很大程度上

---

① 参见 "法国与苏联和解（Il riavvicinamento franco-sovietico）" 和 "1935 年 5 月 2 日法苏条约（Il trattato franco-sovietico del 2 maggio 1935）"。参见 E. Di Nolfo, *Storia delle relazioni internazionali, 1918-1999*, pp. 172-187。通过这项条约，法国和苏联承诺，在条约双方任何一方受到欧洲其他国家攻击时予以援助。

② 参见 "苏德协定（Il patto nazi-sovietico）" 和 "1939 年 8 月 23 日苏德互不侵犯条约（Il patto nazi-sovietico del 23 agosto 1939）"。参见 E. Di Nolfo, *Storia delle relazioni internazionali, 1918-1999*, pp. 288-295。迪诺尔福认为，希特勒是在孤立的困境中被迫选择与苏联签订互不侵犯条约的。

③ "意大利法西斯是在 20 世纪 30 年代末加入政治军事同盟之后才在国际上联合进行反共宣传，称法西斯主义战胜共产主义将有助于保存西方文明的火种。" Philip V. Cannistraro and Edward D. Wynot, Jr., "On the dynamics of anti-Communism as a function of Fascist foreign policy, 1933-1943," *Il Politico*, Vol. 38, Issue 4, 1973, p. 645.

④ 齐亚诺 1937 年 11 月 6 日声明参见 *Documents on International Affairs, 1937*（London, 1938），pp. 307-308，转引自 Philip V. Cannistraro and Edward D. Wynot, Jr., "On the dynamics of anti-Communism as a function of Fascist foreign policy, 1933-1943," *Il Politico*, Vol. 38, Issue 4, 1973, pp. 645-681。

⑤ William R. Keylor, *The Twentieth-century World: An International History*, New York, Oxford: Oxford University Press, 1992, p. 168.

⑥ 《反共产国际协定》签订后并未马上转变为军事联盟，其中有两个因素。其一，在日本对中国发动一场不宣而战的战争之时，德国尚不愿放弃与中国之间利润丰厚的经济关系。1938 年冬，希特勒承认伪满洲国，终止了对中国的所有军事援助，并召回了蒋介石身边的德国军事顾问，以此作为次年夏天向日本提议建立军事同盟的前奏。而对于德国提议德日联合对抗英国和苏联，日本也犹豫不决，因为日本只希望针对其在东亚的主要对手苏联，而不愿牵涉英国，尤其是一旦针对英国，美国必然会出手。其二，德国对苏联的威胁并不关心，更加关注英法两国反对德国大陆扩张政策的意图。德、日、意之间虽然缺乏正式的军事谅解备忘录（协定），却并不妨碍希特勒利用《反共产国际协定》干扰甚至阻止其在欧洲反对者，达成德国主要的领土扩张目的。参见 William R. Keylor, *The Twentieth-century World: An International History*, p. 168。

使得它们对德国和意大利的外交政策更加谨慎，更加温和，甚至可以说胆怯。英国首相张伯伦（Neville Chamberlain）对纳粹德国采取了一种"绥靖（姑息）"的外交政策。"（绥靖）是指在不要求获得稳定的互惠利益的情况下满足德国的要求，平息其不满的政策；该政策期许的是未来（相互理解）。"德国在 1938 年 3 月对殖民地以及在慕尼黑提出的对捷克斯洛伐克的领土要求均属于这一类。① 由此，"绥靖"的概念最先指英国对德让步的政策。迪诺尔福认为，英国在 1919 年之后对欧洲政局实行的所有政策都可以被归类为绥靖政策。英国对德绥靖政策的高潮则是 1938 年 3 月至 9 月这段时期。② 实际上，在对中国的"九一八事变"和意大利入侵埃塞俄比亚的处理上，西方主要列强的政策也是绥靖。③

综上，两次世界大战之间的世界政治可以视作一个多极体系。欧洲，特别是西欧，仍然是世界政治的中心，英国、法国、德国和意大利在该时期的国际关系格局里可以被视为所谓的"大国"。同时，苏联、美国和日本在新的多极化世界政治体系中的分量越来越重。意大利、德国和日本的扩张主义在该时期挑战着正统帝国主义（或传统的欧洲帝国主义）。它们具有一些共同的特点，例如，对凡尔赛体系不满，利用"生存空间"或类似的宣传作为其扩张的理由，并且因西方大国的绥靖政策而受益。

法西斯意大利在新的多极体系中发挥了什么作用？可以说，由于该多极体系仍然遵循强权政治规则，法西斯意大利在其中的作用主要是辅助性、工具性的。它虽然地处欧洲中心，却没有足够的施展空间。从根本上

① Keith Middlemas, *Diplomacy of Illusion: The British Government and Germany, 1937 - 1939*, Aldershot: Gregg, 1991, p. 8.

② E. Di Nolfo, *Storia delle relazioni internazionali, 1918-1999*, pp. 234-235.

③ 以意大利入侵埃塞俄比亚为例来分析绥靖政策的如 G. W. Baer, *The Coming of the Italian-Ethiopian War*, Cambridge, Massachusetts: Harvard University Press, 1967。而分析英国 20 世纪 30 年代绥靖政策在远东的表现的如 William Roger Louis, *British Strategy in the Far East, 1919- 1939*, Oxford: Clarendon Press, 1971. 还可参见 C. Thorne, *The Limits of Foreign Policy: the West, the League and the Far Eastern Crisis of 1931-1933*, London: Hamilton, 1972; Neville Waites, ed., *Troubled Neighbours: Franco-British Relations in the Twentieth Century*, London: Weidenfeld and Nicolson, 1971; H. W. Gatske, ed., *European Diplomacy between Two Wars, 1919-1939*, Chicago: Quadrangle Books, 1972。

说，意大利因为其与生俱来的国家发展缺陷，在这场世界性角逐中注定是一位跟随者。

三 两次世界大战之间的意大利外交研究

梳理以往的研究，历史学家对意大利外交的阐释可以大致分为两派：传统派和修正派。前者包括对墨索里尼外交持激烈反对立场的意大利历史学家，著名的如加埃塔诺·萨尔韦米尼（Gaetano Salvemini）①，费代里科·卡波德（Federico Chabod）②，路易吉·萨尔瓦托雷利（Luigi Salvatorelli）③，恩尼奥·迪诺尔福（Ennio Di Nolfo）④；也包括美国历史学家亨利·斯图尔特·休斯（Henry Stuart Hughes）⑤，传记作家伊冯·柯克帕特里克（Ivone Kirkpatrik）⑥；还包括英国著名的历史学家 A. J. P. 泰勒（Alan John Percivale Taylor）⑦和丹尼斯·麦克·史密斯（Dennis Mack Smith）⑧。而持修正态度的历史学家，有意大利的乔治·鲁米（Giorgio Rumi）⑨，詹皮耶罗·卡罗奇（Giampiero Carocci）⑩，伦佐·德费利切

① G. Salvemini, *Mussolini diplomatico(1922－1932)* , Bari: Laterza, 1952; G. Salvemini (a cura di Augusto Torre), *Preludio alla seconda guerra mondiale*, Milano: Feltrinelli, 1967.

② F. Chabod, *History of Italian Fascism*, trans. by Muriel Grindrod, London: Weidenfeld and Nicolson, 1963; F. Chabod, *L'Italia contemporanea(1918－1948)* , Torino: Einaudi, 1991.

③ L. Salvatorelli and Giovanni Mira, *Storia d'Italia nel periodo fascista*, Torino: Einaudi, 1964; L. Salvatorelli and Giovanni Mira, *Storia del fascismo: l' Italia dal 1919 al 1945*, Roma: Edizioni di Novissima, 1952.

④ E. Di Nolfo, *Mussolini e la politica estera italiana(1919－1933)* , Padova: CEDAM, 1960; E. Di Nolfo, *Storia delle relazioni internazionali, 1918－1999*.

⑤ H. S. Hughes, "The Early Diplomacy of Italian Fascism: 1922－1932," in Gordon A. Craig and Felix Gilbert, eds., *The Diplomats, 1919－1939*, Princeton, N. J.: Princeton University Press, 1953.

⑥ I. Kirkpatrik, *Mussolini: A Study in Power*, New York: Hawthorn books, 1964.

⑦ A. J. P. Taylor, *Le origini della seconda guerra mondiale*, Roma: Laterza, 1987.

⑧ D. Mack Smith, *Mussolini*, London: Paladin, 1983; D. Mack Smith, *Storia d'Italia dal 1861 al 1997*, Roma, Bari: GLF editori Laterza, 2003.

⑨ G. Rumi, *Alle origini della politica estera fascista*, Bari: Laterza, 1968.

⑩ G. Carocci, *La politica estera dell' Italia fascista(1925－1928)* , Bari: Laterza, 1969.

(Renzo De Felice)①；有美国历史学家麦格雷戈·诺克斯（MacGregor Knox）②；还有英国的艾伦·卡斯尔斯（Alan Cassels）③ 和埃斯蒙德·M. 罗伯逊（Esmonde M. Robertson）④ 等。

随着 1953 年意大利外交档案的解密，如《意大利外交档案集》（*I documenti diplomatici italiani*）的出版，关于法西斯政府外交政策的解读也发生了巨大的变化。到 20 世纪 80 年代末，意大利外交部主持出版了超过 1.7 万页的外交档案，档案的时间主要集中在 1922 年 10 月至 1934 年 3 月和 1939 年 5 月至 1943 年 2 月这两个时间段。⑤

基于这些解密档案的研究呈逐渐分流的态势。传统派的观点可以归纳为以下三点。

第一，非连贯性的外交政策。传统派历史学家认为，法西斯意大利的外交存在明显的不连贯性。早在意大利外交档案解密之前，萨尔韦米尼已经开始表明其坚定的反法西斯立场，谴责与法西斯主义相关的一切。虽然自档案解密后，许多历史学家对萨尔韦米尼的观点进行了重新评估，但他们基本都赞成萨尔韦米尼关于法西斯外交政策非连贯性的批评。他们认为，法西斯政府的外交不存在什么模式，墨索里尼虽然宣扬要"修正"凡尔赛体系，但他并未将这种诉求当作一种"一以贯之的政策"来实行。⑥ A. J. P. 泰勒甚至评价道："法西斯主义的一切都是骗局。"⑦ 意指其外交根本不成体系。亨利·斯图尔特·休斯也指出，墨索里尼的外交政策甚至存

① R. De Felice, *Mussolini il fascista, Volume II, L'Organizzazione dello Stato fascista, 1925-1929*, Torino：G. Einaudi, 1995；R. De Felice, *Mussolini il Duce, Volume I, Gli anni del consenso, 1929-1936*, Torino：G. Einaudi, 1974.

② M. Knox, *Mussolini unleashed, 1939-1941：Politics and Strategy in Fascist Italy's Last War*, Cambridge：Cambridge University Press, 1982.

③ A. Cassels, *Mussolini's Early Diplomacy*, Princeton, N. J.：Princeton University Press, 1970；A. Cassels, *Fascist Italy*, London：Routledge & Kegan Paul, 1969.

④ E. M. Robertson, *Mussolini as Empire-builder: Europe and Africa, 1932-36*, London：Macmillan, 1977.

⑤ Stephen Corrado Azzi, "The Historiography of Fascist Foreign Policy," *The Historical Journal*, Vol. 36, No. 1, 1993, p. 187.

⑥ H. S. Hughes, "The Early Diplomacy of Italian Fascism：1922-1932," in Gordon A. Craig and Felix Gilbert, eds., *The Diplomats, 1919-1939*, p. 224.

⑦ A. J. P. Taylor, *The Origins of the Second World War*, London：Hamish Hamilton, 1961, p. 56.

在诸多自相矛盾之处，所谓的修正凡尔赛体系更像一种口号，而并非可以连续贯彻的外交政策。①

第二，外交宣传与机会主义。传统派几乎一致认为，墨索里尼就是个典型的投机分子，并且精通宣传手段。萨尔韦米尼评价墨索里尼在宣传和神秘举动方面"天赋异禀"。② A. J. P. 泰勒和丹尼斯·麦克·史密斯也说墨索里尼每天都在临时调整其外交政策，目的就是极致地宣传。迪诺尔福更是指出，对墨索里尼而言，基吉宫（Palazzo Chigi）并非外交部办公地，而是宣传部的"分部"，墨索里尼就是宣传部的头儿。③

第三，忽视外交政策的长期影响。传统派认为，墨索里尼的关注点只在外交的短期效应和新闻效果。从 1922 年开始，意大利外交官服务的这位领导人（墨索里尼）总是在演讲中既歌颂英雄美德，又对此发起挑战。他（墨索里尼）一改旧的缓慢耐心的谈判模式，转而追求实现巨大野心和立竿见影效果的外交途径。④ 撰写墨索里尼传记的伊冯·柯克帕特里克也基本同意萨尔韦米尼的观点，他指出："如果说墨索里尼在国内事务上见识短浅、朝三暮四、优柔寡断，那么他在外交事务上同样如此。"⑤ 丹尼斯·麦克·史密斯还深入分析了造成墨索里尼这种短期效应观念的一个客观因素：墨索里尼习惯于生活在"脱离现实的幻境"中，在这个世界里，言辞比事实更重要，一个熟练的公关人员可以轻而易举地愚弄大多数人，决策瞬息万变且没有人注意到甚至介意这种变化，无论何种情况，决策都旨在给人留下深刻印象，而非付诸实施。这是一个本质上不庄重、不真诚的世界，它注重的是威望、宣传和公开声明。这就是意大利法西斯主义传达出来的最核心的信息，是其真正的"软核心"⑥。

修正派历史学家的观点则可以总结为两点。

---

① H. S. Hughes, "The Early Diplomacy of Italian Fascism: 1922-1932," in Gordon A. Craig and Felix Gilbert, eds., *The Diplomats, 1919-1939*, p. 228.

② G. Salvemini, *Prelude to World War II*, Garden City, N. Y.: Doubleday, 1954, p. 10.

③ E. Di Nolfo, *Mussolini e la politica estera italiana(1919-1933)*, p. 45.

④ H. S. Hughes, "The Early Diplomacy of Italian Fascism: 1922-1932," in Gordon A. Craig and Felix Gilbert, eds., *The Diplomats, 1919-1939*, pp. 210-211.

⑤ I. Kirkpatrik, *Mussolini: A Study in Power*, pp. 165-166.

⑥ D. Mack Smith, *Mussolini's Roman Empire*, London: Penguin Books Ltd, 1977, p. 252; D. Mack Smith, *Le guerre del Duce*, trans. by Giovanni Ferrara, Milano: A. Mondadori, 1995.

第一，将法西斯政府的外交政策归因于修正主义（Revisionism）和帝国主义。20 世纪 60、70 年代，修正派历史学家否定了萨尔韦米尼的判断，将修正主义和帝国主义作为法西斯政府外交政策的根源。意大利的几位历史学家，如乔治·鲁米发表文章专论法西斯政府的修正主义和殖民扩张理论，认为法西斯政府的外交方式是"批判凡尔赛外交官们定下的秩序；确立意大利人对亚得里亚海的'权利'；断定意大利在地中海和非洲进行扩张的必要性"[①]。詹皮耶罗·卡罗奇则强调，墨索里尼根据其帝国主义观念以及他对在非洲和欧洲进行扩张的渴望来制定相关外交政策。[②] 著名的意大利历史学家伦佐·德费利切指出，墨索里尼在 20 世纪 20、30 年代的外交政策"排除了进行一场欧洲战争的可能性"，而将重点放在"以修正主义的名义取得局部性胜利"上。[③]

第二，法西斯政府的外交政策具有某种连贯性（一致性）。修正派历史学家基本认为，尽管墨索里尼措辞任性，但他对自己所追求的外交政策目标早有界定，并且以一种连贯（一致）的方式去达成这种目标。乔治·鲁米认为，墨索里尼早在 1925 年时就确定了某种具有连贯性的外交目标。詹皮耶罗·卡罗奇也指出，墨索里尼的非洲政策并非"独树一帜"，而是意大利自由政府时期（1870～1922）殖民主义政策的延续。英国教授埃斯蒙德·M. 罗伯逊基于其对 1932～1936 年意大利帝国主义的研究指出，虽然法西斯的帝国主义存在明显的矛盾之处，但它仍然有规律可循（成体系）。麦格雷戈·诺克斯同样指出，"墨索里尼真正的外交计划是在地中海和中东创建属于意大利的'生存空间（spazio vitale）'"[④]。

余　论

仅就意大利在两次世界大战之间的外交政策而言，不难发现其从理论

① G. Rumi, "《Revisionismo》 fascista ed espansione coloniale," *Il movimento di liberazione in Italia*, Vol. XVII, 1965, p. 45.

② G. Carocci, *La politica estera dell' Italia fascista(1925-1928)*, pp. 13-14.

③ R. De Felice, *Mussolini il Duce, Volume I, Gli anni del consenso, 1929-1936*, pp. 337.

④ M. Knox, *Mussolini unleashed, 1939-1941: Politics and Strategy in Fascist Italy's Last War*, p. 286.

到实践都更符合现实主义的分析，即其外交政策背后的出发点是为了其国家利益的最大化。法西斯意大利从根本上对所谓国际主义、和平、共同安全等问题持怀疑态度，选择的是军事扩张这条在其看来更"务实"的道路，唯有如此方能实现创建"生存空间"。基于此，在外交方法上，法西斯意大利采取的是一系列"灵活"的投机主义手段。它在欧洲角逐场上左右逢源，利用一切可利用的渠道，与任何国家皆可结盟或者合作，也因此它在 20 世纪 20、30 年代曾将目光投向远东，利用中日之间的冲突达到自己的目的。而这也正是 20 世纪 30 年代意大利与中国频繁交往甚至达成短暂经济、军事合作的重要历史背景。

（信美利，中国社会科学院中国历史研究院世界历史研究所助理研究员，主要研究方向为意大利近现代史）

"大变局之际的世界史研究"
学术研讨会发言纪要

张　炜　整理

【**编者按**】2020 年 11 月 15 日，由中国社会科学院欧美近现代史优势学科主办的"大变局之际的世界史研究"学术研讨会在上海师范大学举行。来自中国社会科学院、上海师范大学、复旦大学、华东师范大学、上海大学、上海社会科学院的 30 多位世界史学者参加了此次研讨会，并围绕历史思维与现实关怀、全球/跨国视野与国别/区域研究、微观史学与宏大叙事、世界史学科建设的过去与未来等主题展开了热烈讨论。谨将会议发言整理发表，希望引起大家的关注和探讨。

俞金尧：这次会议的主题是"大变局之际的世界史研究"。当今世界正面临"百年未有之大变局"，在这种背景下我们召开了此次会议。昨天，在召开世界近代现代史研究会学术讨论会的时候，我们已经讨论了"大变局"。"大变局"正在发生，这个世界的变化确实比以往更快，变化的程度也更大，加上今年新冠肺炎疫情的流行，世界的复杂性大大增加了。在这样一种背景下，世界史学者在这个变局当中应该担当起什么样的角色，承担起什么样的责任，值得大家思考。正是出于这种考虑，我们举办了此次会议。我们今天在座的各位学者都带着一种家国情怀，要用我们自己的专业眼光和知识，为这个社会，为这个世界贡献我们自己的力量。这是我们召开这个会议的最主要的意图。

另外，上海现在已经成为中国的世界史研究"高地"，上海有四所高校的世界史专业进入了全国世界史专业排名的前十，这是很了不起的。中国的世界史研究有两个高地，一个是北京，一个上海。上海这个高地在某种程度上比北京还要活跃，在北京很少有机会能把北京各个高校的世界史学者聚在一起。当然官方的会议还是有的。

我经常来上海参加世界史学术活动，对上海的了解在某种程度上比北京还深。我现在是中国社会科学院世界历史研究所欧美近现代史优势学科的负责人，我们团队这次来了 11 个人。更多地接触上海的世界史队伍，接触各位专家学者、各位朋友，聆听你们的观点和思想，跟你们进行交流，对我们这个团队非常重要。希望通过这次会议，能够开阔我们的眼界，与朋友们建立更长远的交流关系。

上海方面参加今天会议的，都是世界史领域的老朋友和资深专家。应该说这是非常高端的一场学术讨论会。我们这个团队，一共有 17 个人，规模不小。但是，我们还很缺乏做得特别优秀的人才。另外，我们希望以后把缺乏的法国史方向的科研力量尽快弥补上。谢谢大家。

陈恒：上海世界史学科发展迅猛，有超越北京的势头。此话有一定道理，但需要补充一下。就历史学而言，北京是高峰，上海至多是高原，当下的北京拥有丰富的学术资源与历史底蕴，是其他地方无法匹敌的，在可预见的未来一段时间内也是无法被取代的。

上海的历史学科研究力量主要集中在复旦大学、华东师范大学、上海师范大学、上海大学、上海交通大学、上海外国语大学及上海社会科学院等高校、科研机构。

比较国内不同地域历史学研究的综合实力，上海在国内仅次于北京。在北京，北京大学、清华大学、北京师范大学、中国人民大学、首都师范大学、中央民族大学、北京外国语大学、中国社科院大学等 8 所大学有历史系。这里还有实力雄厚的中国历史研究院。毫无疑问，在可预见的未来一段时间内，北京在历史知识生产方面的地位是无法被撼动的。

目前上海历史学界专业人员有 570 余人。从事中国史的科研人员约 300 人，从事世界史的科研人员约 200 人，从事考古学的科研人员约 66 人，已经形成了一支老中青相结合、学缘结构分布合理、科研能力突出、兼具年轻化和国际化视野的高水平学术团队。

从数据看，作为门类的历史学虽然有三个一级学科，但这三个一级学科合在一起，也只能算是一个很小的学科。据上海市社联工作人员说，上海目前大约有 8 万各类人文社会科学从业人员，570 余人的历史学只是占比很小的一个学科，约为 0.7%；我想与北京比，这也是占比很小的数字。大家要牢记的是，这只是数字的简单表现，其实 570 余人里面真正做研究的人所占比例又很小。世界史学界有一个现象，美国史的长江学者最多，无论是大长还是青长都是如此，我想原因在于美国史这一研究对象的客体本身具有巨大的魅力，把最优秀的人才都吸引过去了。反过来审视当下历史学从业人员如此之少，一方面是政策方面的原因，另一方面也许是作为研究客体的历史学已失去其应有的魅力，在现代社会中的作用、功能、影响越来越弱化了。

上海各单位每年招收的历史学本科生情况大致如下：复旦大学 55 人，华东师范大学 80 人，上海师范大学 50 人，上海大学 30 人。另外，上海师范大学世界史本科专业自 2018 年开始招生，这亦是长三角唯一培养世界史本科生的单位，每年招生人数约 25 人。上海市历史学界合计每年招收本科生 240 名。

在研究生方面，各单位汇总后招收的人数如下：中国史硕士研究生 171 人、中国史博士研究生 90 人、世界史硕士研究生 137 人、世界史博士研究生 41 人、考古学硕士研究生 56 人、考古学博士研究生 17 人，合计每年招收研究生约 512 人。上海史学界每年招收各类学生 752 人，本科生与研究生的比例大致为 1∶2，这比较符合上海史学界的科研状况。人是第一生产力，是核心竞争力，培养好人是事业发展最根本的保证。

刚才俞老师谈笑之间讲了很多有关人的问题，这段时间大家都填写了学科评估的表格，这里面有两个指标和人才有关系，对我们未来学科建设、科学研究很有启发。一个是师资队伍，表格只让填 10 位代表性的老师，其中 1/3 必须是 45 岁以下的，这就告诉我们，到了一定年纪就要让位，把舞台留给年轻人，发挥年轻人的潜力，让他们有义务、有责任、有信心来从事学术研究，搭建梯队，追踪学术前沿。如果大家都熬到七八十岁才退休，最后的结果是年轻人和你一起退休，年轻人锐气会被消耗殆尽的，不利于学术的发展。所以我感觉这个指标释放很强烈的信息，培养年轻学者是科学研究的重中之重，我们得认真思考怎么建设师资队伍。

另外，这次代表性成果的填写，学习了理工科的先进经验，只让填 5 项代表性的成果。你可以用 8 个材料支撑其中的每一项，最多填 40 个材料。这就意味着你们的队伍不仅要年轻化，而且你的队伍不能太乱，你一定要围绕你的已有基础、地区需求、国家需要、学术前沿来构建你的师资队伍，你最多做五个方向，三到四个是比较理想的，不能再多了，否则成果一定是分散的，不具备冲击力的，是散兵游勇，得凝聚力量干大事。

我们这次会议的主题是"大变局"。这个"大变局"就是"百年未有之大变局"，这个百年我们不能按照字面的意思去理解，这个变局本质上反映的是社会大分流、大转型的时期。历史发展到一定阶段，一定会出现一种社会变革。在这种大转型、大分流的时代，我们何去何从，非常重要，对知识分子来讲尤其如此，知识分子喜欢自由，但再自由也得眷顾祖国母亲吧。

当今所谓"普世"文明的"规则"是由近代西方人在近代五百年伴随在世界各地的扩张而构建的。自由贸易、民族国家、代议制政府、自由、民主、平等，似乎是人类发展的唯一道路。但这种所谓的"文明法则"适合中国吗？又在多大程度上合适？中国必须走西方所谓的议会民主制吗？中国近代史已经证明了这里很多所谓的"规则"都不适合中国，中国当代改革开放史也证明了中国可以有自己的民族发展道路与发展模式，中国道路是人类发展多样性的一个合理探索。

明年将是建党 100 周年，也是开启第二个 28 年的腾飞时代。第一个 28 年从觉醒时代开始，完成了建国伟业，第二个 28 年一定会完成民族复兴的伟大事业。这个复兴一定是建立在祖国统一的基础之上的，祖国的统一不可能无限期拖延下去，一定会在我们这一代人身上完成，也不可能在第二个百年快要来临时完成。因此，必须理解"大变局"的内在含义，统一思想，提高站位，做好思想上、组织上、干部上、学术上、舆论上的准备，随时准备迎接伟大的斗争。

对我们来讲，我们研究外国历史的目的就是建设中国文化，完善中国文化，学习别人的长处，拿出一系列合理地看待世界、解释世界的方式，于世界史学科而言就是要建立令人信服的学科体系、学术体系和话语体系。世界史应该做点什么，是值得我们认真考虑的。

今天开会大家都会围绕这个主题进行论述，但无论如何知识分子一定要有自己的时代感、使命感、责任感，而不仅仅是为了自身写一篇文章，不仅仅是为了个人兴趣爱好做一点微观的研究，这些是都需要做的，但因此就可以抛弃宏大叙事吗？我想在这个基础上更需要的是胸怀祖国、放眼世界的世界史学者。

再次感谢诸位学者，再次感谢世界历史研究所，再次感谢俞委员。感谢洪庆明教授、黄艳红教授为此会做的大量工作！祝大会圆满成功！谢谢大家！

孟庆龙：确实，"百年未有之大变局"的含义很多，在历史特别是世界史的视阈中解读，内容更加丰富多彩。今天的专家发言题目形式非常多，内容很丰富，下面就抓紧时间进入大会发言。首先请李剑鸣教授发言，题目是"中国史学语境中的世界史概念"。

李剑鸣：今天我们讨论世界史研究的现状和未来走向，首先需要梳理一下世界史的定义，因为在国内学术界，谈到世界史的含义以及世界史和中国史的关系时，经常发生误解和混淆。有时学界的朋友跟我开玩笑说，所有的历史都是世界史，中国史也是世界史的一部分，我们只需要办一个世界史学系就够了，不必再设一个中国史学系。也有人抱怨说，我们讲的世界史并不包括中国史，是没有中国史的世界史——这是不对的；世界不能缺少中国，不讲中国史，还能叫作世界史吗？其实，这类说法的要害问题，都是由于没有弄清世界史的含义。

在中国史学的学科体系中，至少有三种不同意义的世界史。第一种是历史哲学意义上的世界史，讲的是人类历史的整体趋势和普遍规律。从理论上说，这种世界史当然是包括中国在内的；可是，黑格尔在讲世界历史演进时，却仅仅把中国作为起点，认为中国老早就已经停滞不前，被甩出了世界历史的进程。第二种是作为研究领域的世界史，指的是不包括中国的外国历史，世界史研究的任务就是研究中国史以外的历史，因此这种世界史实际上就是外国史。在这个框架内，我们又分出了世界古代中世纪史、世界近现代史、世界地区国别史和外国专门史。像古典学、古代文明、中世纪史、冷战史等领域，属于国际性学问，没有严格的国家界线，但这方面的题材一般还是属于中国以外的。近现代世界史的主体是地区史和国别史。正在兴起的全球史和跨国史，力图打破或者超越国家的边界，但如果从中国以外的视角来研究，其仍然属于外国史的范畴。有的学者在做研究的时候，可能从外国出发看中国，也可能借助中国史的资源来讨论外国的历史问题，这样就同中国史产生了联系。但这只是中国史和世界史的交叉地带，并不是世界史的主干。总之，作为研究领域的世界史不应当包括中国史，如果一定要把中国史囊括进来，那就成了"史学帝国主义"，我们的中国史同行肯定是不会同意的。第三种是作为教学体系的世界史，也就是一种课程设置和教科书编纂方式。这种世界史当然应当把中国包括在内，不讲中国史，不讲中国和世界的联系，怎么可能真正理解世界的演变？而且，在中国的课堂讲世界史，应该努力把中国放在适当的位置，既要突出中国的世界历史地位，又要讲清楚中国与世界的联系以及世界对中国的影响。过去吴于廑先生反复讲到的世界史，虽然带有全球史的影子，但主要是一个兼具历史哲学和教科书体系的概念。

我们过去老是在中国史、世界史的含义和相互关系上扯皮，主要是没有区分几种不同含义的世界史。作为历史哲学和作为教学体系的世界史固然都很重要，但不是我今天想讲的重点。我要谈的是作为一个学科体系和研究领域的世界史，这是中国世界史学科建设和发展的关键。说到这里，我首先想提一个问题：我们的世界史跟美国的中国史相比，跟美国的整个外国史研究相比，最大的差距在哪里？我觉得最大的差距就在于，美国人研究外国史，比如中国史、欧洲史、拉美史和非洲史，完全是跟他们本国的史学研究齐头并进的。他们的现实关怀、问题意识，他们运用的理论和方法，他们的研究规范和学术训练方式，尤其是他们讨论具体问题的学术语境，都是来自美国自己的学术传统。美国的中国史学者讨论具体问题的时候，大都不太关心中国史家的研究，他们的议题和理念大都来自美国自身，比如说"新清史""在中国发现历史"。这些都是从美国史学内部产生的问题，或者是研究美国史的范式向中国史领域的投射。总之，虽然美国学者研究的是外国历史，但他们写的是"美国文章"。

可是，中国的外国史研究却还没有真正成为中国史学的一部分，而是处于某种游离状态。首先，我们的外国史研究在起源上是不一样的，它不是来自中国的史学传统，而是从外国传进来的，是"西学东渐"的产物。

其次，相应地，我们的外国史的整个学术话语和研究规范，包括时空观念、知识体系、分析工具、操作方式，都是从国外传进来的，跟我们自己的史学传统几乎没有关系。其实，整个中国史学都在学习"西方"，我们的外国史研究不跟着走更是不可能的。当然，一些基本治史技艺还是跟中国传统史学有关系，比如考据学。不过，考据其实是治史的通用方法，法国"博学时代"的学者，德国的兰克学派，还有古典学的研究者，都很精于"考据学"。

最后一点，也是最让我们困惑和无奈的一点，就是我们写文章讨论任何问题，都不是以中国学者的相关研究作为学术语境，因为很多问题我们都没有什么研究，即使有一点研究，也没有多大的价值，不能成为立论的对象。相反，这些问题欧美学者早就有相当深入的研究，我们只是后来者；如果我们不故意忽视他们的研究，就只能跟他们讨论。可是，令人尴尬的是，我们自认在跟他们对话，可是他们根本就不知道我们在跟他们对话，因为我们的文章是用中文写的，欧美学者一般不看中文。我们的学生写博士学位论文，开篇一定要写本课题的学术史，以构建自己的学术语境。如果说学术史一共写了 20 页，一般有 19 页半都在写国外的研究，最后半页才写到中国。我们有的同学胆子还特别大，敢于说国外学者的研究不行，因为他们"见木不见林"，"没有宏观把握"，甚至"缺乏理论高度"。其实，由于我们只能以国外的研究为学术语境，这就决定了我们的问题意识的来源并不是本土的，我们所依靠的学术资源也不是我们自己的。

在这种情况下写出的外国史文章，就容易陷入一种尴尬的处境，它既不是中国史学的一部分，也难以引起国外同行的关注。我们经常抱怨外国史研究不受国内同行的尊敬，这也不完全是偏见的结果。有些期刊编辑也说，我们自己不引自己的文章，导致世界史论文的引用率上不去，世界史刊物也成不了权威期刊。我们为什么不引自己人的文章？这倒不是我们看不起自己人写的文章，而是讨论同一个问题的人实在太少了，几乎没有什么东西可引。从美国史学界的经验来看，我们的外国史研究要真正获得发展，就一定要成为中国史学的一部分，要在中国的学术语境中跟着中国史学一起进步。我们研究的是外国问题，但一定要写成"中国文章"。只有在这个意义上，中国的世界史研究才能取得令人瞩目、让人尊敬的成绩，不仅让中国史研究的同行尊重我们，而且让国际学术界听到我们的声音。

这当然是任重道远的，而且这个"道"应该如何走，也没有人能画出清晰的路线图来，而要靠我们的研究者自己摸索。不过，我这里也愿意奉上几点不成熟的想法：第一，希望中国学术特别是中国史研究能有更大的发展，形成自己的范式，带动我们的世界史研究一起进步；第二，我们的世界史学者能够敞开胸襟，多关注中国史同行的研究，多向他们取经，不管外界怎么低看我们的水准，我们也不必在意，多向别人学习总不是坏事；第三，进一步关注国际史学的新动向，吸收任何有用和可用的理论与方法，开阔我们的视野，提升我们的能力；第四，最关键的一点是全心全意、殚精竭虑地做好学问、写好文章，只要有了好文章，我们就不愁世界史研究没有地位。

顾云深："大变局之际的世界史研究"学术研讨会，邀请我来参加并让我谈谈我的想法。这样的主题当然是很有意思的，也值得探讨。人类进入 21 世纪以后，世界格局和世界形势确实呈现出一些重大的变化，如"9·11"事件、恐怖主义和反恐战争、全球气候和环境困境的挑战、中国的经济持续发展、特朗普和中美贸易摩擦、新冠肺炎疫情的全球肆虐和美国大选争斗对美国社会的撕裂等，"大变局"是一个客观存在，确实引人深思。

世界史学科从 2011 年和中国史一样在教育部学科目录历史学门类中成为一级学科之后，我们亲眼看到了世界史学科在十年中有了长足的发展，既然把它设置为一级学科，它就有学科建设的目标和要求，有一些基本标准，学科评估同样如此。总体而言，十年来教学和科研的队伍、学位授予点的数量比以往有了很大的增长，报考世界史专业研究生的数量和质量都有了很大的改观。但是，世界史学科建设应该如何来做，学科建设到底抓住哪些主要方面，应该如何加快建设，以跟得上社会发展的节奏和世界变化的需求，这个问题依然存在。我个人有些不成熟的思考和想法，算是抛砖引玉。我觉得可以从六个方面来谈这个问题。

第一，世界史研究发展不平衡的现状如何打破？在研究方向上目前的状况是比较集中在对一部分大国的研究，如美、英、法、俄、德以及日本等国。尽管近年来在某些区域研究方面开始有了一些进展，如非洲史研究等，但是对广大发展中国家的研究还是空白多；国家提出了"一带一路"倡议，若缺少了对沿线国家的深入研究，会影响到倡议的落实。因此必须加强区域国别研究，尽管目前不少地方建立了区域国别的研究基地，但是这些基地的研究是以研究现实问题为导向的，很少涉及历史研究，是智库型的机构，然而没有深厚的历史研究作为支撑，这样的现实问题研究也是缺乏底蕴和基础的，怎能写出真正有分量有见地的研究报告来?！尽管国际政治等学科需要关注分析结构、模型和理论流派，但是对历史事实的掌握和历史演变的历时性分析也是必不可少的。从世界史学科本身来讲，队伍有了扩充，研究领域有了新的拓展，在今后很长一段时间里，学科发展要解决发展不平衡的问题，要练好内功，提升学术研究的质量和丰富学科内涵，这是世界史学科发展的核心问题。

第二，现有实力相对集中的重点研究领域如何有新的突破？国内高校中世界史研究比较强的一些领域如美国史、英国史、法国史、古典文明研究等相对人员较多，文章和著述也相对较多，要在研究上有新的突破，能够引领整个世界史学科的发展，学科建设哪怕是一片高原也是不够的，必须得有高峰学科，逐步接近国际水平。记得以前在学科布点和重点建设方面，大家还有点分工，而且特色鲜明，如北大的亚非史，南开和东北师大的美国史、日本史，南京大学的英国史，华东师大和武大的二战史等，都是有特点的。现在好像慢慢地抹平了，好像很难找到大家一致公认的特色学科，人们在一流学科评估中常常说一句话，即"无特色不一流"，因此在布局和分工方面必须有所体现，我觉得高校世界史学科建设无论是办专业还是办系所，抑或是办研究中心，都应该有所为有所不为，教学要求可以全面一点，而研究方向上必须凝练重点，有意识地有点侧重和布局，这样可以使得研究人员效率更高，而且在某些重点领域和方向上会有新的突破。

第三，重大的理论问题应该有深入的讨论和新的解释。我们现在不仅面临世界史史学发展的新变化和新问题，那些以往讨论过的老问题依然很多，需要展开讨论和做出新的解释。记得在 20 世纪 80 年代，大家还会讨论一下如关于帝国主义、亚细亚生产方式、西方殖民体系、垄断资本主义等的重大问题，这些重大问题如果没有新的解释，其实我们在课堂上讲课也是讲不好的，讲的还是老一套，理论上没有太大的进步，缺少一些既有理论深度又有历史分析，能让人感到有深度、有启迪、耳目一新的好文章、大文章，如吴于廑先生关于历史上农耕民族与游牧民族关系的文章，他的一些观点长期影响着我们，使我们受益匪浅。现在的问题是如何能跳出"旧瓶装新酒"的俗套，摆脱研究过于"碎片化"的弊端，在世界史学科领域里开展一些对重大理论问题的讨论、争鸣，来推进世界史学科的整体发展。

第四，作为学科建设的基本支撑，基本文献资料的积累和数据库的建设也十分重要。以往的图书资料建设还会根据学科布点有些侧重，很多学校的资料建设会有些特色，但是现在的情况有了很大的变化，随着这些年来经费的投入，购买的图书资料和数据库在数量上增长明显，但是一些热门领域资料的重复购买的情况也是严重的，如何做到资源不浪费，还是需要学校有所侧重、有所分工，同时应重视文献资料平台的建构，达到资源共享的状态。首都师大姚百慧教授主编的《世界史研究外文数据库指南》和《冷战史研究档案资源导论》就非常有价值，很受研究者与学生们的好评。上海大学张勇安教授与出版社合作，打算组织翻译一批古典研究的基本文献史料，这也是学科建设的重要内容。国外学界很讲究基本文献资料的建设，我们不够重视，认为世界史只要读原文就行了，其实并不那么简单，从人才培养的角度来说，还是要有一些基本资料供学生阅读，美国人也编中国史的史料，也翻译成英文。美国学术出版社曾编了一套总统图书馆资料选编，把原始文档（有手稿、电报、信件等）复印件和印刷体的正文放在一起，供学生和初学者阅读，就是为了训练学生阅读原始档案的能力。这对人才培养有极大的好处。

第五，由于国际形势的变化，现在外部环境不是太好，再加上新冠肺炎疫情的持续蔓延，恐怕人文交流机制受限，访学进修和留学的机会也减少了。但是从主观上来讲，世界史学科还是要积极努力推进国际学术交流，要和国际学术界保持比较好的联系和交往，若线下不行，就开展一些线上的会议和交流讨论。我们依然要向国外高水平的学校和研究机构学习，我们必须承认，中国的世界史学科作为一个真正意义上的学科，还正处在一个起步的阶段，我们必须坚持向国际学界在理论、方法、资料及研究前沿方面好好学习。

第六，加强探索国内学生尤其是研究生的联合培养制度。国家留学基金委可以资助学生到国外联合培养，难道我们不能试行国内联合培养吗？前几年我去巴黎高师做访问，发现他们的博士研究生培养和指导是跨校跨机构的，一个高师的博士研究生，他的论文指导老师和修课可以来自索邦大学、巴黎七大或者巴黎社会科学高等研究院，这不是挂名，而是真正意义上的培养和指导。当然，他们在一个城市里比较好处理，而且都集中在左岸拉丁区，相对比较方便。但是，这种让学生得到最好的培养和指导的联合培养机制是值得我们学习的。现在教授们可以有机会参加各种学术研讨会，但学生就鲜有机会，除非在本校开会。要鼓励和提倡学生有更多的机会参加各类学术研讨会，必须在学科建设的经费中划出专门的一部分来对学生进行资助，也可以实行交换生制度，目前国内交换生制度尽管在本科生层面是有的，但是往往是对口支援的高校，一般是单向的，如云南大学就选送一部分本科生来复旦进行学习。其实，凡是有利于学生培养的事情，我们都要努力去推进。这也是世界史学科自身后继学术队伍建设的需要。

总而言之，世界史学科在"百年未有之大变局"的情势下，需要我们深入思考的问题很多，我个人觉得世界史学科建设任重道远，我们要走的路还很长，希望学科的同仁们共同努力，共同进步！

李宏图：我的发言题目是"时代'大变局'与未来的思想史研究"。目前，一个不争的事实是，世界正在进入一个新的急剧变化的"时刻"，即"百年未有之大变局"，进入二战后新的"大变局时代"。何谓"大变局时代"，如果仔细探究这一变局的内容，则有很多不同的界定。在我看来，可以从以下几个维度来理解。第一，处理人与自然的关系。现在气候的变化、新冠肺炎的流行都给我们提出了挑战，未来如何实现绿色可持续性发展，实现人与自然的和谐相处是重点问题。第二，社会结构在变化，其中最为值得关注的变化是人类社会目前又进入了一个新的不平等的阶段。从近代以来的历史来看，我认为现在进入了第三个不平等阶段，其中一个重要的指标就是目前贫富分化已到了临界点，10%的人口拥有了90%

的财富。第三，移民与宗教问题日趋严重。为什么说"严重"？因为这涉及认同问题，如果一个民族国家内，作为人数众多的外来民众一直保留着自己的文化认同，则意味着国家价值观的分裂。第四，高科技和人工智能对社会和对人的影响，也可以说，人工智能给人的认知与行为特性与社会带来了什么新的改变，这也值得关注。第五，在全球化的发展中，全球秩序正在进行变动与重组，其中很重要的一个内容就是，国际社会如何理解与应对中国的成长，或中国如何融入全球体系，这将是一个非常严峻的挑战。

目前的这一全球性变革表明，借用19世纪法国思想家托克维尔的预言，一个全新的世界正在诞生。的确，从历史的长时段来看，每次时代的转型与变革，总是给历史学家和思想家提供广阔的舞台与极好的契机，特别是对思想史研究者来说，其更是有了见证历史、直面与思考历史的机会。与托克维尔同处一个时代的英国思想家约翰·密尔也说，只有人类思维模式的基本构成发生巨大的变化，人类命运才有可能取得巨大改善。中国的春秋战国时期，也正是思想迭出、精彩纷呈的时期，出现了诸子百家；1978年的改革开放催生了思想解放运动，涌现出一批兼具学术与思想的学者。可以说，每到时代的转型时期，总是会诞生一批思想家。

回到当下，也许是由于这一变局刚刚拉开序幕，目前还没有出现比肩于福柯、德里达那样具有颠覆性和前瞻性的思想家。在今天思想家奇缺的时代，思想史研究理应肩负起重任，为社会提供资源。由此就引出了思想史研究和思想之间的关系。在我看来，思想史通过研究众多思想家的思想，考察他们面对时代困境时的思考，将会给社会提供资源与启迪。例如17世纪英国思想家霍布斯面对国王查理一世被处死后的合法性的缺失，写下了《利维坦》，从社会契约理论出发论证了"国王不等于国家"这一命题，从而为现代国家找到了坚实的理论基础。同样，卢梭提出的"人民主权"理论更是成为现代国家的思想基础。这是指单个的思想家，但我们如果通过思想谱系的考察，探讨思想连续性和断裂与社会之间的关系，也将更能够看出思想与社会之间的关联，以及思想家是如何面对社会的变动而展开思考的。例如财产权这一问题，从洛克论述财产成为人的一项权利，到《人权宣言》将此视为神圣不可侵犯的权利，再到19世纪社会主义者、马克思和一批思想家对财产权重新思考，认为财产权不再是神圣不可侵犯的，而是要为了社会的"共同善"而被"再分配"，由此成为福利社会的思想基础。正是在这一意义上，可以说，在欧洲现代社会的发展演变中，思想原则不断地"再造社会"，从而留给我们丰富的学术资源。

由此直接引申出，思想史研究怎样为这个"大变局"提供丰富的学术资源，我们又该有着怎样的问题意识，聚焦于何种研究领域，从而才能为现实的社会提供丰富的学术资源。作为一名思想史研究者，回顾欧洲近代思想的演进历程，也许会给我们一些启发。

纵观现代欧洲思想的演进，按其思想演进的特征大致将其划分为四个阶段。从 17~18 世纪英国革命到启蒙运动为第一阶段，这一时期思想家们从社会契约理论出发，掀起了声势浩大的启蒙运动，其重点是关注现代政治体制的建立。从 19 世纪到 1945 年的二战结束为第二阶段，随着工业革命的推进，无产阶级和资产阶级两大阶级的形成，社会因贫富分化而分裂，因此，如何弥合分裂，取得社会团结，进行社会的再造成为最为紧迫的核心问题。为了解决这一问题，思想家将古典自由主义发展为新自由主义，思考资本主义的特性，从而为福利社会建立了思想基础。此阶段另外一条线索则是民族主义与民族国家的形成，以及民族主义与社会达尔文主义的结合。自 1945 年第二次世界大战结束至 20 世纪 80 年代为第三阶段，后现代主义异军突起，占据主导地位，深深影响了整个 20 世纪。21 世纪以来为第四阶段，随着高科技和全球化的迅猛发展，移民与宗教问题凸显，加之贫富再度分化，在思想观念上民粹主义与生态主义等思潮成为这个时代的呐喊。

在粗略梳理了思想的演进、思想与社会的互动之后，可以看出，在欧洲现代历史上曾涌现出六大思潮，即自由主义、社会主义、民族主义（包括社会达尔文主义）、保守主义、浪漫主义以及民粹主义。记得有位西方学者曾经说过，影响欧洲乃至世界历史发展的三大思潮，即社会主义、自由主义和民族主义，这只是从时间上而言。如果从空间意义上说，自近代以来，欧洲的这些现代思潮在向全球扩展时，不仅引发了宗主国与殖民地之间的社会激荡，而且也萌生了新的思潮，例如帝国主义、印度的甘地主义、一直到今天的依附论和东方学等。

如果说欧洲近代的三大思潮塑造和建构了欧洲的历史或者社会，那么，今天什么样的思潮将会塑造我们当下的全球"社会"呢？我们需要发现与找到新的议题。在我看来，面对贫富分化、新中产的崛起和新的数据化与人工智能世界，如何理解这个社会以及社会的运转逻辑十分重要。表现在思想观念上，看起来当下民粹主义盛行，其实这不过是反资本主义的一种变异性表达。如果在这一维度上理解，可以说，我们需要重新认识资本主义和社会主义。

回顾我们国内的思想史研究，对这两种思潮其实没有好好研究，就与资本主义关联密切的自由主义研究而言，学界还只是在政治维度上讨论，未能够在社会结构与社会运转机制上展开考察，未能够突出资本主义这一主题来进行研究，也未能够与社会史相结合，似乎一种主义就是仅仅局限在思想观念或者理论层面来进行考察才是合理的。实际上，将思想史和社会史结合，将资本主义不再仅仅作为思想观念和理论，而作为观念的社会史考察更能为我们提供洞察力。正由于此，目前，我们需要在社会主义和资本主义的双重维度下，重新思考资本的思想史、市场的思想史、劳动的思想史、财产权的思想史、企业和公司的思想史等，从而探讨当下的社会不平等和 18、19 世纪的不平等的异同，目前的社会冲突是一场新的阶级冲突还是族群与移民之间的矛盾。这一考察的实质就是要思考创造财富的动力来自哪里，又该如何合理地分配财富。也就是说，面对当下这一新的社会分化和分裂的状况，如何能够找到社会再造的新思路，让人重获权利与尊严。对此，西方的一些学者都在进行探索，例如法国经济学家皮凯蒂所撰写的《21 世纪资本论》等著作已经提出了对未来社会再造的新设想，要建立一种参与性的新型社会共同体，确保资本与劳动双方的利益。

另一组值得研究的思想观念则是民族主义与世界主义，总的来说，就是进行全球思想史研究。目前的全球化和反全球化，以及全球秩序的转型与再建都是在全球空间展开的，因此，我们需要将思想观念与空间转向结合来展开研究，即进行"思想史研究的空间转向"，从而厘清现存秩序的基础和所遇到的挑战，以及未来重构全球秩序的思想基础与要素。这一研究领域还可以细化到民族主义与全球化之间的关系、民族主义与世界主义、宗教与世俗、神圣与凡间、崇高与平庸、信仰与身份的认同等。世界在经济和技术上日益全球化和公司化，而管理全球化的单元则仍是民族国家，因此，政治、经济与社会三者之间脱钩，它们之间的关系需要得到重新认识。目前有种说法是思想史研究的是"政治经济学转向"，在我看来，在政治经济学之外，其实还是要加上社会与技术。如何在这一点上进行突破？也许全球思想史是未来有所突破的一种可能路径。

讲到技术，在此也呼吁加强科学与技术史和科学与技术思想史的研究。日新月异的技术发展，特别是人工智能的突进，给人们带来诸多便利和刺激经济增长，我却对此有些担忧。这一担忧表现在，科学技术的发展改变了我们的社会组织方式、人与人的交往方式，甚至是人的特性本身。而我们对此还没有在思想观念上做好准备以及深入思考。例如，在18世纪工业革命中，我们发明了机器，我们构建起了人与机器之间的关系，无论人们将此称为异化的关系还是经济生产活动的关系，都没有现在的人工智能对人的属性的冲击剧烈。因为目前的人工智能（Artificial Intelligence）是将"人"自身所具有的理性思考等能力赋予机器，使之成为名副其实的"人工人"。由此，当人的理性的思考力与外在诸种能力被赋予了机器之后，作为个体的我们与其将会建立起何种关系？是陪伴关系还是控制关系？是人的再次解放时代，还是一次新的异化与奴役的来临？霍布斯在《利维坦》一书中使用了"人工人（Artificial Person of the State）"或法人（Legal Person）这一表达，由此来论证国王与国家之间的分离：国王只是被授权来承担这一权力和代表与管理这个国家，因此他是一个"人工人"。但历史也告诉我们，正是这个被赋权的"人工人"可以动用自己的被赋予的权力来奴役人民——拥有赋权的人。如果将这一类比从政治维度转向技术维度，那也可以说，我们需要警惕技术对人的奴役。因此，"人工人"和人的边界究竟画在哪里，特别是当科学家从人的整体性和集合性中抽取出人的特性和能力，并将其注入机器以面对每一个个体的时候，我们就更需要思考其对人的影响、与人的理性以及行为能力被改变等问题。

科学技术的发展带来了另外一个问题，就是大数据今后会走向何方？是会形成大数据的"专制"，还是成为民主与自由的工具？从西方自由主义发展史来看，权利的实现和保障问题的时代主题和发展历程依次是：在政治维度下，将人从王权的专制下解放了出来；到19世纪则解除社会性权力对个体的压迫；而现在也许是到了一个大数据对个体专制的阶段。举例来说，这次疫情，德国的民众不愿意使用大数据技术来防范疫情，这是因为其对20世纪法西斯极权体制对人的掌控记忆犹新，他们不能任其政府和任何部门对私人信息加以掌控，从而使他们陷入"大数据专制"。的确，数据化发展太快，已经到了人们已经无处遁身的程度，但在我看来，大数据已经形成了新的专制性力量，进入了这样一个"大数据专制"的时代。

马克斯·韦伯曾经这样说过：我们原则上能够通过计算的方法控制一切，那相应地也就意味着世界的祛魅。在一定程度上可以说，我们现在正处在整个世界的"数学化"和"计算化"之中。也就是说，以"算法"为基础的新的"人工世界（Artificial World）"正在形成，对此，正如思想家霍布斯提出我们要研究这个由语言所建构起来的"人工世界"，而当下，我们亟须研究这个外在于人类的技术化的"人工世界"。

在政治维度下，无论是否"我们正进入了民粹主义时代"，民粹主义的兴起以及引发的巨大争议都是不争的事实，无论是高度评价还是妖魔化，我想这都将促使我们去思考何谓人民，思考人民主权与议会主权等现代政治秩序得以建立的基础。在此方面，西方学者近年来已经发表了一些论著，做出了探讨。① 实际上，这里涉及很多问题，其中一个关键性和基础性的问题是，什么是人民，人民主权又是什么。对此，最为经典性的回答是18世纪法国思想家卢梭对此的表述。卢梭在《社会契约论》第5章"论总需追溯到一个最初的约定"一文中这样写道，"人民是通过什么行为而成为人民的。因为后一行为必然先于前一行为，所以它是社会的真正基础"。

---

① 例如，Lucia Rubinelli, *Constituent Power: A History*, Cambridge：Cambridge University Press，2020；Richard Tuck, *The Sleeping Sovereign*, Cambridge：Cambridge University Press，2016；Gregory Conti, *Parliament the Mirror of the Nation: Representation, Deliberation, and Democracy in Victorian Britain*, Cambridge：Cambridge University Press，2019；William Selinger, *Parliamentarism: From Burke to Weber*, Cambridge：Cambridge University Press，2019；David Runciman, *How Democracy Ends*, New York：Basic Books，2018；Richard Bourke and Quentin Skinner, eds., *Popular Sovereignty in Historical Perspective*, Cambridge：Cambridge University Press，2016；〔英〕约翰·邓恩：《让人民自由：民主的历史》，尹钛译，新星出版社，2010；〔德〕扬-维尔纳·米勒：《什么是民粹主义？》，钱静远译，译林出版社，2020 等。2020 年 3 月，剑桥大学举行了一个研讨会，主题是 Intra-Party Party Democracy: A Contextualist Account，由牛津大学的 Udit Bhatia 教授主讲。

从社会契约理论出发，卢梭给出了答案：只是一瞬间，这一结合行为就产生了一个道德与集体的共同体，以代替每个结合者的个人；组成共同体的成员数量就等于大会中所有的票数，而共同体就以这同一个行为获得了它的统一性、它的公共的大我、它的生命和它的意志。这个由全体个人的结合所形成的公共人格，以前称为城邦，现在则称为共和国或政治体；当它是被动时，它的成员就称它为国家；当它主动时，就称它为主权者；而以之和它的同类相比较时，则称它为政权。至于结合者，他们集体就称为人民；个别的，作为主权权威的参与者，就叫作公民，作为国家法律的服从者，就叫作臣民。人们在从自然状态过渡到社会状态时，达成了最初的约定。当完成这一约定时，从前散漫于世的分散个人凭借一种共同的联系（利益、自由等关系）结成了共同体，以代替每个订约的个人。在这种结合中，每个结合者毫无例外的都是共同体的一个成员，他们的意志形成了共同体的公共意志，并成为最高主权。

之所以引述卢梭的表述，我是想说明，面对民粹主义的不同理解，还是需要回到经典思想家那里找寻其起源性的定义，从而帮助我们理解何为民粹主义。另外，从思想史的视角来看，对民粹主义的讨论无论是褒还是贬，在我看来其实质都是原先以自由为优先、精英为主导的民主模式遇到了挑战。回顾欧洲近代的历史进程即可明晓，自18世纪以来，欧洲走的就是以精英为主导的自由优先、民主在后的发展模式。今天这一社会结构和其思想观念如何再造？今后我们是要继续沿着强调个人自由和人权基础上的精英自由主义式的民主前行，还是重建民主，使其成为真正建立在人民主权和民众身份基础的新型民主，或者说我们可以走出另外一种新型的民主模式？

实际上，在以上这些思潮的后面，隐含着我们的思维方式、看待世界的方式，以及重组世界的方式，隐含着我们既定的价值观。我们并非是在空白之上，而是在这些思想观念基础之上来展开我们的行动与实践的。特别是作为中国的学者，我们更需要在空间的互动之中来探讨中国与全球的关系，世界如何理解中国特别是西方如何理解中国，中国又如何认知世界特别是西方世界，这将会是一项具有挑战性与亟须面对的任务。这里引述伏尔泰的一则表述也许能够隐喻当下的状况。1733年，伏尔泰这样说道：

英国人和法国人生活在两个不同的世界里，即牛顿的世界和笛卡尔的世界。如果一个法国人来到伦敦，那么他将发现，一切都变了，哲学也是如此。他离开的世界是一种满溢，现在他发现它是一种真空。在巴黎，宇宙是能看得见的，由漩涡和细微的物质构成，但在伦敦，则根本看不到这样的东西。在法国，引发潮汐的是月亮的压力，但在英国，是海洋被吸引向了月亮……事物的本质完全变了。你既不同意灵魂的定义，也不同意物质的定义……这些观点的对立是多么强烈啊！对此，历史学家大卫·沃顿解释道，伏尔泰等于在提醒我们，科学家能够生活于其中的世界不止一个。但是，沃顿也承认，无论是在笛卡尔的世界里，还是在牛顿的世界里，自然法则都是不可改变的。由此，就提醒我们，世界无论怎样分裂，还是会存在一种普遍性，而目前的问题是，普遍性与地方性如何进行结合，其结合点和可以滑动的空间又在哪里？仅仅在理论上我们可以进行概括，而困难的是如何通过许多个案研究来进行丰富，从而找到理论与实践的结合点。如同是市场经济这一普遍性，但西方世界各个国家就表现为各自的实践样式。

自冷战结束之后，全球化的飞速发展在给世界带来福祉的同时，也冲击着原先既定的结构与体系，出现了波兰尼所说的"脱嵌"。因此，才会出现逆全球化与"让美国再次伟大"这样的呼声。由此，面对过往飞速的全球化和当下的逆全球化，我们也需要在历史推动力与反动力的视角下，对时间，空间、速度等进行思想史维度上的考察，同时也要对心态、价值、价值实践中的具体经验和过程进行研究。而一旦进入这一维度，思想史将转变其姿态，调整其重点，研究和思考如孟德斯鸠所说的"一个时代的总体精神的形成，以及由此衍生的一切"。

与此同时，我还认为，我们需要对涉及近代以来关系社会本质主义的一些内容进行研究，如知识、真理、事实、规律、客观与主观等。自后现代思潮出现之后，这些内容受到了强烈的冲击，似乎这个社会成为流动的、相对的和主观的，原先的客观、事实甚至禁忌也都被消解突破。而与此同时，我们可以看到另一方面，信仰与禁忌又在某些区域盛行，甚至成为主导。由此也带来了价值上的认同与区域空间上的分裂。因此，我们需要回到17世纪的"科学革命"，思考科学技术与世界的关系、与宗教的关系，世界如何逐步"祛魅"。我最近在读英国历史学家大卫·沃顿的《科学的诞生》这本书，我非常同意作者所说的，每次科学技术的发展都推动了人类构想宇宙方式的变化，同样也会带来社会结构的变化和思维方式的变化。因此，我们需要重回科学与技术的历史，重思我们现代世界的基础。当然，这一反思本身不是目的，而是让我们重新思考既有的知识体系、思维方式，从而创立新的理解世界的方式和用新的知识体系作为未来新世界的基础。也许在未来的意义上说，上面提到的这些概念都是一些陈旧过时的概念，现有的知识框架和思想观念也是陈腐不堪。对此，我们需要思考，我们能够发明一种什么样的话语来表述与构建我们未来的知识体系与建基之上的思维方式。

目前我们正处于这一巨大变革的时代，我们需要提出回应这个时代的思想议题，找到新的话语表达方式。因为在概念史的意义上说，我们思维的局限，实际上体现在我们语言的局限。正如英国历史学家大卫·沃顿所说，我们要找到新的语言，因为这体现了我们的思考，以及怎样将其概念化，或者说，如何提炼出概念和将这一概念进行话语表达，将是我们未来的目标和任务。英国学者也曾经这样说过，在19世纪时，这些巨大的社会变革和正在形成的无产阶级这一问题，启发了整整一代思想家、社会改革家和政治家，他们提出的改进社会的思想和建议，不仅改变了英国，最终也改变了世界。目前，我也十分期待我们在解释中国、解释世界的过程中，能够产生出改变中国与世界知识面貌的新的话语和新的知识。

这样讲似乎也表达了一种信心，不过我也常常在想，作为历史学研究者，面对这一巨变，我们需要自问和保持自我警醒，我们是否在用17世纪以来所形成的概念、话语，甚至是思维方式来支持我们当下的思考，从而无法理解目前因科学技术的飞速发展而带来的知识更新与社会的变革。历史研究的特性常常要求我们回望过去，这难免让我们受制于历史带给我们的负担与沉重，并沉浸于其中而不能够自拔。正是在这一意义上，在这个时代面前，也许我们需要改变理解历史的方式，在过去、现在与未来的三维视角下思考历史，不仅如此，我们更需要设问，是作为社会解释者的我们自身因为过于守旧需要更新，还是社会行进得太快需要回拨？换言之，我们要像法国思想家蒙田所说的那样自问：我知道什么？

这样讲似乎有些悲观，或者没有清晰地表明我自己的观点，在此，只要回顾 16、17 世纪"科学革命"以来，无论是批评还是赞美科学技术的进步，它都极为彻底地改变了社会的运转方式，以及人们的思维方式，而如今高科技的发展也同样如此。无论你如何评价，它都迎面呼啸而来，将要重新建构着社会的运行逻辑和组织结构。例如民主运动的组织方式，像法国的黄背心运动就没有现实的领袖，只是在互联网上的一种动员等。对此，我们能够做的不是盲目地否定它，而是要去研究它，在研究的过程中，思考社会将走向何方。

那么，未来的社会将会走向何方？如果站在当下，展望未来的话，应该看到，目前传统意义上的"资本主义"和"社会主义"都在进行自己的转型，各种力量的博弈推动着外部的全球体系与内部的社会结构变革，未来将会走向一种新的社会形态。在我看来，这个社会形态将会是以"自由"为基础，但将充分实现"平等"的社会，用思想史的术语来说，将是"平等的自由"的社会。正如英国思想史家西登托普所说，目前自由主义缩减成了对市场经济的崇拜，导致了粗鄙的功利主义，缺失了"正义"，同时，也牺牲了公共精神和政治参与和对他人的互惠，退回到了个体至上的私人领域。因此，目前我们要对这一社会的思想基础进行反思，重新进行社会的全面再造。当然，未来的社会样式究竟是什么，其主导性的要素是什么，还需要我们冷静地加以探讨，这里姑且拟举出几例。在经济结构上，将缩小贫富差距，实现社会正义，改变目前的资本主义经济结构；在政治上，将走出一条新的民主模式；在人与社会的关系上，将会协调一致，而非彼此对立。至于谁能在未来的这场全球变局与转型的"社会实验"中占得先机，在我看来，可能是欧洲，目前，欧洲依稀可见正在向未来的"新社会形态"转型，而美国在社会转型上还没有跟上欧洲的步伐。因此，我们需要加大对欧洲思想史的研究，关注其社会转型的动态。

不论未来将会走向何方，对于这个时代而言，思想史研究将会迎来最好的时期，我们要带着思想的视界来思考与探讨这个世界，助力未来的社会转型。正像著名经济学家凯恩斯所说，学习思想史是解放思想的必要前提。当然，也应该切记，思想史研究不是一种实用性的研究，正如剑桥学派代表性人物昆廷·斯金纳所说，试图从思想史中找到解决我们眼下问题的途径，不仅是一种方法论谬误，而且在某种程度上是一种道德错误。而从过去了解什么是必然的、什么是我们自己具体安排的随机性结果，则是获得自知之明的重要途径之一。实际上，我们通过思想史的研究，从历史中挖掘出不同的定义，挖掘出一种多样性和论辩性的思想资源，从而有助于读者对现在的观念和信仰做出自己的判断，并留给他们去"反刍"和进行社会实践才是思想史研究的题中应有之义，也是我们研究的价值。

金寿福：在"大变局"之际，讨论中国的世界史研究问题，我想从一个非常小的问题入手，从微观史与宏观史之间的关系谈一下我对当下中国世界史研究的一点看法。刚才李老师的发言，使得我对多年以来感到困惑的问题有了比较清楚的认识。中国人在中国做世界史的最大的困境就是我们研究的对象是外国人的文献，使用的方法和理论也主要是外国人在实践中总结和演绎出来的。我们怎么才能做出我们的特色，这是说起来容易做起来难的事情。作为从事埃及学研究的人，在阅读象形文字和向学生讲授象形文字课程的时候，我经常考虑这样一个问题。古埃及象形文字曾经是被遗忘的文字，隔了很长时间，才随着西方兴起的文艺复兴和人文主义被欧洲人破译。按照马克思、魏特夫等人的观点，古埃及的政治形态是典型的东方专制主义，而且埃及人的宗教信仰和家庭观念等方面有许多与中国古代相似的地方。但是，被西方人破译的象形文字的语法却有很多与西方语言相同之处：句子以动词为核心，动词不仅有固定的现在时、过去时、将来时形式，而且因人称的不同其表现形式也发生变化；动词不仅有固定的命令句形式，而且表达虚拟语气时也有专门的形式；名词有阳性和阴性之分，形容词和物主代词要依据它们修饰的名词的性和数发生变化。这些语法现象是古埃及象形文字中固有的，还是释读象形文字的西方人以自己的语言习俗加以解构和建构而出现的？假如是中国人或者母语为非西方语言的人破译象形文字，结果会是什么样子？我想在这里强调的是，不管上述问题的答案如何，一个无法改变的事实是，自1822年法国学者商博良破译象形文字之后，以西方人为主的无数埃及学家从阅读象形文字原始文献入手，复原和重构了古埃及历史和文化，使得埃及学成为一个既有自己的学科特征，同时又借鉴其他相关学科的研究方法和理论并为整个古代史研究做出了贡献的学科。

我从 1985 年开始学习古埃及象形文字，从在外国专家的指导下做一名初学者，到后来去国外攻读博士学位，设法一点一滴、一步一个脚印了解和理解西方学者建构的埃及学学术体系，并且按照他们的学术规范进行研究。作为一个中国人，我们能否完全融入包括埃及学在内的外国史研究？我觉得还是有可能的，前提是要有恒心和耐心。我感觉我的埃及学研究水平最高的时候就是获得博士学位后的一段时间，我在国外的埃及学专业刊物发表了论文，在国外出版社出版了专著。之后，因为学术语境的缺失和文献不足等，与之前相比，我的学术水准有所下降。不过，自回国以后，我一方面在国内发表学术论文和培养学生，另一方面在激发国人对古埃及的兴趣方面做力所能及的事，这些事有了一定的成效，而且做这些事都是必要的。此外，现在国内图书资料配置和研究条件等都有了显著的改善，与我出国的时候完全不同。现在出国攻读学位的学生，因为起点就非常高，归国时的学术水准和研究能力也必然更加接近国外同行。我觉得研究是一个漫长和艰难的过程，并没有捷径。

说到微观与宏观之间的辩证关系，作为从事埃及学研究的人，我想以金字塔做比喻。如果说微观史像金字塔——通常认为胡夫金字塔由约两百万块石头构成——里面的一块又一块石头，那么只有在这座金字塔建起来之后才会产生宏观史。我觉得中国的世界史研究尚处在微观层面，我想用西方学者的观点进一步阐述。布克哈特在许多论著中讲了如何学习历史，我觉得这也适用于中国人做世界历史研究。他认为首先要读原始文献，因为，研究者与原文之间要产生最直接和最原始的化学反应。他认为研究者与二手文献之间无法产生真正意义上的化学反应。在阅读原始文献的时候，布克哈特认为，要区别对待不同的文献，他强调伟人的作品的不可替代性，他尤其提到了修昔底德：每个人，每个时代，甚至一个人在他不同的人生阶段，阅读修昔底德时的感受和收获都不同。布克哈特说，欧洲人客观上认识世界是从哪里开始的呢，他使用了一个比喻，就是从古希腊人编织的一块布开始的。古希腊之后，欧洲人只是对这块布进行补充和修饰而已。布克哈特认为，西方人借助古希腊人的眼睛看世界，甚至用的词句也离不开古希腊人创造的模式。我以为，我们现在做世界史研究，就是要进入西方人建构起来的学术体系，既然我们想与他们在同一个平台进行对话甚至竞争，就必须学习和掌握对话和竞争的方式和规则。我们必须先融入对话和竞争的语境，尊重西方人创造的学术规范。当然，我并不是说奴性地接受，但批评和批判的前提是弄清楚对方究竟错在何处。我们从事世界史研究，应当避免片面追求所谓创新的错误。德国早期古代史研究大家爱德华·迈耶曾经批评一些同行，用的文献都是大家能够看到的文献，解读也都差不多；但是到了论文的结尾处，这些"独具匠心"的学者突发奇想，得出与众不同的结论或者提出让其他人大跌眼镜的观点。迈耶认为这种研究方法没有完全遵从学术规则。中国的世界史研究起步晚，所以首要问题是打下坚实的基础，在专业研究队伍、学术期刊、图书资料等方面逐步提高，经过一段很长的时间，才能与国外同行站在同一个平台上进行对话，及至对他们的观点和理论提出必要的挑战。

回到布克哈特所说的阅读原始文献，我想到了韦伯的一句名言。1917年11月7日，也就是俄国十月革命爆发的那一天，应慕尼黑大学"自由学生联盟"的邀请，韦伯做了题为"以学术为志业"的演讲。当时，第一次世界大战接近尾声，德国战败的局势已经确定无疑，因为在此之前，俄国发生了二月革命，美国加入了协约国的行列。不过德国战败后的具体情况尚无法预料。讲座的听众主要是即将走入职业生涯的学生，而韦伯本人此时也处在如何把职业和志业协调和融合的困难阶段。韦伯在讲座中指出了德国大学日益美国化的事实，他认为这是技术和经济发展使然。当时，原来德国大学的人文精神即洪堡提倡的借助教学和研究追求纯粹知识的思想逐渐消失，教师授课的自主性和学生学习的自由也受到了限制。到了韦伯发表演讲的1917年，大学日益变成大型企业，在医学和自然科学领域这种趋势尤甚。正是在这种社会背景下，韦伯从实际出发希望面前的学生——当然也包括其他不在场的年轻人——不要成为"Fachmenschen ohne Geist, Genussmenschen ohne Herz"的人。中文有许多意思大同小异的翻译，比如"专家没有精神，享乐人没有良心""专家没有精神，纵欲者没有灵魂"。我认为这些译法未能准确表达韦伯的观点。韦伯面对的是即将走上学术道路的学生，演讲题目是"以学术为志业"，纵欲者并非他关心的对象。韦伯是在向未来从事学术的年轻人提出建议：希望年轻的学者从事专业的时候要有一种精神——献身精神、自主和批评精神；同时，作为一个学者，要有心情享受生活和人生。韦伯实际上是在论及学者面对职业和生活时如何将两者兼顾的问题。尽管这是一句非常简短的话，但是对正确理解韦伯临终前对德国的态度和对学术及大学的观点有很大的关系。在我看来，从事研究时有精神并有心情享受生活的专家才有可能被称为韦伯理想中的"文化人（Kulturmenschen）"。正是从这个角度，韦伯认为，学术是一个学者得到救赎的道德义务，它不是达到某种终极目标的手段和工具，而是目的本身，在某种程度上，学者是为了学术而从事学术。我觉得韦伯的这句话对当下从事世界史研究的中国人非常适用。

赵立行：对"百年未有之大变局"的具体内涵有各种不同的解读，但是总体上来说，这些解读是以中国的视角，对全球格局变化的现在和未来进行的总结和展望，强调认识世界的宏观视野，研判世界变化的动态视角，并在这个宏观视野中定位世界中的中国。

"大变局"的内容是指当前国际格局和国际体系正在发生深刻调整，全球治理体系正在发生深刻变革，国际力量对比正在发生近代以来最具革命性的变化：世界经济重心正在加快"自西向东"位移；新一轮科技革命和产业变革正在重塑世界；新兴市场国家和发展中国家国际影响力不断增强，国际力量对比更趋均衡；全球治理的话语权越来越向发展中国家倾斜，全球治理体系越来越向着更加公正合理的方向发展；世界文明多样性更加彰显，世界各国开放包容、多元互鉴成为主基调。

这种"大变局"既挑战着既定的全球秩序，也预示着未来新秩序形成过程中中国的机遇。"大变局"意味着二战之后形成的，由西方发达国家主导建立的，存在着诸多不公正、不合理的弊端的国际秩序，由"一家独大"的单极世界向协同共治的多极世界的重大转变；现代化发展路径从一元走向多元的重大转变。

其实，不仅世界历史上出现了"大变局"，就是在中国人的认识中，近代也有"数千年未有之变局"的感叹，但是那次感叹预示着中国作为东亚称雄的强国无可奈何的没落，也表明，如果一个国家的实力弱小，即使世界出现了"大变局"，这个国家也往往只能在"大变局"中随波逐流，或者逆来顺受。这一次的"百年未有之大变局"似乎不同，因为，其恰好与改革开放以来中国国际地位的大幅度提升、中华民族复兴的中国梦以及现代化强国目标形成了叠加态势，因此，在这场"大变局"中，中国不能再是随波逐流者和逆来顺受者，而是要将这场大变局作为契机，成为未来世界秩序的引领者和构建者。我们坚持不懈地宣传和推进的人类命运共同体，正在大张旗鼓进行的中国话语权的构建，其实都和大变局下彰显中国的地位有关。

世界史作为一个成熟的学科，自然有其长期积淀的研究范式，有普遍认可的传统主题，有认定为正统的研究方法。不断继承和发展这些范式、主题和方法，是世界史学科立足的基础。但是我们也应当承认，任何学科都应当具有开放性，具有回应现实问题的能力。因此，世界史研究也需要在"大变局"下从研究立意、研究主题和研究方法上反观自身，也要体现世界史研究的"大变局"。

在研究立意上，为了适应"大变局"的主题，世界史研究也要适当跳出国家史、区域史的范畴，从全球的超国家的大局观角度，从全球历史发展趋势的角度，从动态变化的角度确立研究主题的意义和价值。另外，在"大变局"下世界史研究也不可避免的需要确立新的角色定位。过去，我们研究世界史往往自觉不自觉地有这样的前提预设：外国为经验的提供者，中国为经验的借鉴者；外国为文明流入者，中国为文明接受者。如今恐怕这样的角色站位需要进行一些反思和改变。

在研究主题上，应该以研究趋势为导向，聚焦和大变局有关的重大课题。如果说从二战以来西方主导的世界格局如今日益暴露出不合理的倾向，那么其中影响这种不合理的因素是什么？如果说每一次世界变局都和科学技术的革命有关，那么世界历史上科技革命影响世界进程和世界格局的机理是什么？新兴国家既然已经成为改变世界格局的力量，那么对新兴国家的整体研究是否应该成为一个重大课题？全球治理既然是"大变局"关注的内容，那么如何在历史的进程中总结全球治理的经验，这是否应该成为世界史聚焦的问题？在"大变局"下，中国需要成为引领者，必须为世界提供中国的智慧，提供智慧的前提必须在一些超国家的共同问题上发出声音，包括环境、疾病、恐怖主义、人权、全球治理、经济道路、国际规则、文明对话等。这些问题不仅是现代的问题，也是历史的问题，更是世界史研究要关注的问题。

在研究方法上，需要改变中心和边缘的思维模式，而从多中心或无中心的角度去认识历史上的现象，从超国家的角度将全球看成一个网络，每个国家、每个历史事件都是这个网络的一个重要结点，并在这种视角下重新定义历史概念，认识历史事件的意义。要改变单向传播和借鉴的认识思路，从双向或多向相互刺激的角度来认识历史。所有国家的历史都是在刺激与应对的过程中完善自身、适应世界格局的。同时，在新的"大变局"下，研究世界史还应该将中国问题纳入其中，改变世界史研究排除中国问题的传统格局。

其实，中国目前的世界史研究基础也处在"大变局"中，我们已经摆脱了过去能力不足、研究滞后的局面，现在世界史研究者队伍，尤其是中青年队伍，无论在外语水平、资料基础还是与国际学术的对接能力上都有大幅度的提升。但我们不能将这种提升的能力仅仅用于在他人所设定的研究范式和主题中查漏补缺。我很欣赏这样一句话：跟在别人后面跑的人永远不可能成为领跑者。格局决定高度，也许，我们现在所缺的可能仅仅是把握"大变局"之下重大主题的意识、聚焦超国家重大问题的视角以及能够向世界提供中国学者话语的自信。

黄洋：俞金尧研究员出的这个题目有政治家的智慧，也有历史学家的准则。剑鸣教授前面对世界史学科的评论非常好。他从一个我们平时不太思考角度点出世界史这个学科研究和发展的问题。大家讲的这些问题，提出的一些想法，比如我们要重视比较大的问题，加强对理论性问题的研究，对社会的现实关怀，都在剑鸣讲的框架里。他说世界史如何能够和中国史的话语有密切的关联，如何使中国史成为世界史研究的依托，都是很有启发性的。在此我从自己的研究领域角度谈一些简单的想法，我的题目是"加强古代文明的比较研究"。

我对这个问题的思考是从五六年前开始的。当时有两个西方学者，一个是斯坦福大学的罗马史专家沃尔特·谢德尔（Walter Scheidel），他是罗马史领域风头非常劲、在国际上非常有影响的学者。另外一个是德国古典学家穆启乐（Fritz-Heiner Mutschler）。他们两人联名写了一篇长文，呼吁中国学者积极从事中西古代文明的比较研究。那是因为，他们在成名之后，开始对希腊、罗马和中国古代文明的比较研究感兴趣，并且因此取得了新的成就。沃尔特·谢德尔不懂中文，他对中国古代历史也没有什么研究，但是他做了罗马帝国和汉帝国的比较研究，在国际上产生了很大影响。穆启乐1988年到中国支教，在中国教了四年西方古典学，在这个过程中对中国古代史学产生了兴趣，就开始学习中文，后来转向从事希腊罗马史学和中国史学的比较研究，同样得到国际学术界的认可。当然西方的古典学家对中西古典文明的比较研究感兴趣，这有一个大的背景，其中包括中国的快速发展，但更重要的还是欧洲人对西方中心主义的反省。

受后殖民主义的冲击，西方古典学家越来越意识到，他们把希腊罗马文明放在优越地位的研究视野是有局限的。因此他们开始做比较研究，尤其是西方古典文明和中国文明的比较研究。我们可以看到一个现象，做中西古典文明比较研究的大部分不是中国学者，而是西方学者，尤其是西方古典学者。但他们觉得他们是有缺陷的，因为他们对中国古代历史、中国古代文明不够了解。他们觉得中国学者，无论是做世界古代史的中国学者，还是做中国古代史的中国学者，如果投入这个比较研究，就有自己独特的优势。我们对自己的文字、语言，对我们自己的文明，有一种来自内部的理解，这是西方学者没有的优势。他们认为如果中国学者从事这方面的比较研究，会对国际学术的推进做出我们的贡献。要不然按照西方学者的套路做西方古典学，很难有贡献。

他们这样的一个号召，促使我思考这个问题：我们中国的世界古代史学者能否依托中国古代文明的背景，在比较研究方面有所突破？我本人也做过一点小小的尝试，但只开了一个头。在我看来，中外历史的比较研究也许是解决大家前面谈到的那些问题的一个途径，当然只是其中一个途径。除了上面两位学者谈到的中国学者进行比较研究可能对国际学术有所贡献以外，进行比较研究对我们中国学术界来说也有一些意义。

第一，它可能是我们打通或者破除中国史和世界史壁垒的一个方式。中国的世界史研究，它尴尬的一方面在于，我们的问题和方法都是西方来的，所以我们没有和我们中国史研究融为一家，没有讲到一块去。我们中国的中国史研究提供不了那么多的理论和方法资源，它和西方史研究不一样，也很难把世界史拉入它的怀抱。只有双方共同努力，中国史和世界史在打通这个壁垒的情况下，共同努力，我们也许才能够做更好的历史学研究，回应这个世界的重大问题。

第二，可以回应我们的现实关怀。如果我们从更宏观的视野进行放大到历史和文明的比较研究，这有可能帮助我们来调整我们发展的方向。从历史的不同时期来看，世界历史发展在不同时间会出现不同的文明中心。这些文明的中心总是引领甚至主导世界历史发展的趋势，对人类的进步真正做出贡献。从另外一个角度看，历史上也会出现军事强权，当然在当代世界体现为经济强权。无论纯粹是军事强权还是经济强权，如果不是一个文明中心的话，它在历史上都没有办法起到根本性的影响，对人类的贡献非常有限。如蒙古帝国，它和罗马帝国不一样，罗马帝国其实是一个文明的中心，它对后面整个文明的走向，对欧洲文明、西方文明的塑造起了深远的影响。蒙古帝国对人类历史没有深远的影响。中国在历史上是东亚的一个文明中心，对人类也有深远的影响。我们现在中华文明要复兴，可能重心还是要考虑如何能够把中国建设和发展成为一个文明的中心，使中国对人类有所贡献。进行这一类的思考就需要做比较的研究。要有比较宏观的视野，才能考虑这些问题。

郭长刚：讨论"百年未有之大变局"下的世界史研究，首先要说明什么是"百年未有之大变局"，它的本质内涵是什么；其次要说明"百年未有之大变局"是如何产生的，大概以什么时代作为起点，这也就是一个基本的历史分期或断代问题；最后要说明在"百年未有之大变局"之前，世界历史的叙事结构是什么样的，主流的历史观念是什么，"百年未有之大变局"下，应该如何建构新的世界历史叙事。

首先，关于何谓"百年未有之大变局"的说明。"百年未有之大变局"的概念是习近平总书记在 2017 年 12 月首次提出的，之后又不断被强调，并于 2019 年 10 月写进《中共中央关于坚持和完善中国特色社会主义制度 推进国家治理体系和治理能力现代化若干重大问题的决定》，认为当今世界正经历百年未有之大变局，我国正处于实现中华民族伟大复兴关键时期。

对于"百年未有之大变局"的论断，学界已经并仍在继续进行深入的学术探讨。其中的基本共识就是，随着新兴经济体的崛起，世界多极化进程正在稳步向前推进，发展中国家在国际体系中的地位和影响力也在逐步提高，而这一切变化的深层次原因归结为一点，就是中国的快速发展和其拥有的高科技产业，用德国的中国问题专家弗兰克·泽林的话说就是全球权力重心显然正在持续转向以中国为中心的亚洲，只占全球少数人口的西方决定世界规则的日子已经过去了。

其次，"百年未有之大变局"何以产生。既然"百年未有之大变局"是指西方主导的世界体系的动摇和演化，我倾向于把这一变化追溯到二战之后，或者精确一点，从 20 世纪 60 年代开始。因为这一时代是风起云涌的民族解放运动的时代，在非洲有 37 个国家获得独立，占战后新独立的非洲国家的 80%，拉丁美洲也有数个国家获得独立，如牙买加、特立尼达和多巴哥、圭亚那、巴巴多斯等。英国历史学家杰弗里·巴勒克拉夫指出，从 1945 年到 1960 年，至少 40 个国家和 8 亿人口（超过世界人口 1/4）反抗过殖民主义，并赢得了他们自己的独立。亚洲和非洲人民的地位以及他们与欧洲关系的改变，是一个新时代来临的最有力表现。

民族解放运动不仅改变了亚洲、非洲、拉丁美洲和欧洲之间的关系，冲击了欧洲对世界秩序的主导地位，还形成了一种抗衡西方资本主义体系的新的意识形态，那就是社会主义。在战后 120 多个新兴独立国家中，约半数自称为社会主义国家或提出要走社会主义道路，社会主义思潮在这些国家广泛流行。这是自资本主义世界体系形成以来，对抗这一体系的全球力量首次形成了另外一种体系，尽管非常脆弱。

把 20 世纪 60 年代作为"百年未有之大变局"之肇始，还因为西方资本主义社会内部在民族解放运动和社会主义思潮的影响下，形成了一股强大的新左派思潮，这个新左派思潮导致了 60 年代全球性的资本主义社会内部的社会运动，如美国的民权运动、反战运动、嬉皮士运动等，整个欧洲的学生运动、反主流文化运动如法国 1968 年的"五月风暴"、英国的披头士乐队等，这些社会运动从内部冲击了"西方中心论"。这里，我觉得艾瑞克·霍布斯鲍姆的看法是值得重视的：对世界上 80% 的人而言，中世纪突然在 20 世纪 50 年代结束了；或者一种更为贴切的表述是人们在 60 年代感觉到中世纪已经落幕了。20 世纪 60 年代确实在某种意义上宣告了一个传统的社会伦理和价值体系的旧时代的终结。

最后，"百年未有之大变局"带来的历史叙事的变化。自近代以来，与西方主导的世界体系相适应，西方学术界建构了"西方中心论"的世界历史叙事，把西方描绘成文明的、民主的、进步的，东方或者非西方则是"亚细亚的"、长期停滞的、野蛮的、落后的、独裁的。即使在二战刚结束的 20 世纪 50 年代，尽管原有的殖民体系不能维持了，但西方社会仍然提出新独立的国家要想实现现代化就必须走西方化的道路的观点，这个就是我们所熟知的"现代化就是西方化"的现代性理论。

但是，从 20 世纪 60 年代末开始，现代性理论受到批判，后殖民主义、东方主义理论开始出现，这些理论都把欧洲中心论、欧美殖民主义的意识形态作为批判的对象。在历史学领域，巴勒克拉夫首先反思西方中心论，提出了"全球史观"；汤因比更把目光投向东方，根据他的"文化形态史观"，他认为历史的单位不应是民族国家，而应该是文明，而且认为西方文明在走向衰落，21 世纪将是东方文明的世纪；再到 20 世纪 70 年代，全球通史、世界体系理论等纷纷登场，甚至还出现了"黑色雅典娜"。这一系列学术思潮的出现，实乃世界格局变化在精神世界的体现。

那么，"百年未有之大变局"下我们如何建构自己的历史叙事呢？

党的十九大提出我国已经进入"中国特色社会主义新时代"，不仅中国进入了社会发展的新时代，人类历史的发展也同样进入了一个"新时代"，进入了"百年未有之大变局"。西方世界不再是主导人类历史发展的"中心"。为此，我们需要对人类历史（世界历史）的发展进行新的阐释，这种新的阐释要体现出如下的特点：第一，必须是"去中心"的，尤其是去掉西方这个中心；第二，必须重新评估西方文明，比如重新评估西方文明的"他者"建构以及西方文明的"殖民扩张"基因，这样就可以挖掘出它们的"古希腊之根"；第三，必须重新评估"亚细亚社会"的话语体系；第四，必须基于文明交流互鉴的视角，人类历史发展的原则应该摆脱从前的"丛林原则"或社会达尔文主义的窠臼，"人类命运共同体"理念应该赋予人类（世界）历史发展以全新的内涵，我们的历史书写必须体现出这一根本性变化。

孟钟捷：我想针对一个小问题展开，这也是我最近几年在考虑的问题。因为在德国史研究的领域中，无论是德国史学界还是欧美史学界，都存在着两个非常明显的倾向。第一个是民族史的倾向，就德意志谈德意志。这样一种方向比较容易导致的结果就是民族主义情绪的积聚和表达。这种民族主义情绪当然可以往糟糕的方向发展，如1945年以前德国史学界的研究。它也可以往好的方向发展。到目前为止，在德国大学里面专门研究德国史的老师是最多的，和国内研究中国史的情况差不多。其实，我们中国的教席分配或许比德国更合理一点——他们曾经有过一次统计，95%左右的历史学教席都跟德国史和欧洲史相关，其中又有70%左右是研究德国史的。换言之，在德国，研究本国史的人特别多。当然，1945年以后，占据历史学教席的人同此前的普鲁士学派不一样，大多采取批判的态度，对民族本身的历史进行反省。但不管怎样，这种发展依然是民族史倾向的。

第二个是西欧史的倾向。具体而言，即便引入比较的视野，跳出民族范围，德国历史也倾向于同英国和法国比。比较的结果是什么呢？第一，德国是一个"迟到的国家"：封建制也迟到，资本主义的发展也迟到。第二，德国的发展是"不平衡的"。英国、法国的发展都是平衡的，而德国发展的不平衡导致了德国是一个"不正常"的国家，并最终导致了纳粹的上台。

这样一种倾向导致出现几个问题。第一，很明显，德国史研究不太关注欧洲其他部分的发展，比如东欧、北欧、南欧。研究者不关注那些地方是怎么发展的，更不会基于那些地方的发展来思考本国的发展。第二，缺少亚欧比较的视野。例如，就整个历史学的发展而言，大家会谈到兰克。兰克在进行历史学研究包括现代史学的奠基过程中，认为欧洲文明看上去已高度发展，以至于他觉得没有必要再去讨论欧洲以外的其他国家。所以，他的文明标准不会以亚洲的发展路径为其历史比较的对象。第三，整个德国史研究更缺乏世界视野。把德国史放在全球史的视野下观察的研究作品实在太少了。

正因如此，这两种德国史的研究倾向及其存在的缺陷，造成我们目前德国史的史料积累是有问题的。即便我们谈的是超越德国之外的史料，大部分也是讲英国人或法国人的，却不太关注捷克人、波兰人怎么看待这个问题，也不了解北欧人怎么关注德国的问题。不仅如此，所有问题的关注点同样也是向内的，而不是一种更大范围内的宏观史比较视野。

正是鉴于上述考虑，我觉得，德国史研究还需要增添一种跨国史视野。在跨国史视野中，有两个角度值得德国史研究者学习。第一，如何处理高于民族的东西，特别是如何实践去民族中心论的方法？第二，如何充分地进行比较，材料的多样性、视角的多样化以及横向纵向的关联度应该怎么得到体现？

基于这样的思考，我把我所研究的魏玛史拿出来作为个案分析的对象。魏玛史的研究或许更能体现出德国史整体研究的问题。今天，魏玛史大概更有意义，因为美国大选中有人不断提到魏玛史，不断猜想今天的美国是否就是此前魏玛的再现。在欧美史学界，魏玛史又成为一个热点。正是在这样的背景里，大家开始谈跨国史的问题。

如果回顾一下魏玛史的基本结论，大概以下三点结论是目前比较流行的——而这三大结论也是建立在前面提到的两大倾向的基础之上的。第一个结论认为，魏玛共和国是"过早的民主体制"。这个"过早"和"过晚"就是我前面提到的跟西欧做比较的结果，所以德国的"政治经济发展不平衡"，特别是政治上保守，传统政治势力继续掌握权力，社会没有得到有效的民主启蒙，尤其是一战之后德国没有进行充分的历史教育，没有认识到自己的历史责任，因此复仇的心理不断提升。第二个结论认为，魏玛共和国处在一个"生不逢时的时代危机"中，这个危机主要是 1929 年开始的世界经济大萧条。由于经济大萧条突然出现，德国的战债问题没有得到很好的解决，连带着共和国的政治体制受到威胁。第三个结论认为，魏玛时期是"多样性和无序性的共存"。魏玛的文化以多样性著称，但政治观念的无序化导致了经济的无序化。德国拍的一部电视剧《巴比伦柏林》便很好地显示出魏玛共和国的这种无序感。

把跨国史的视角引入之后，我们便能对上述三种结论提出几个问题。第一，上述提到的这些问题是不是魏玛德国的独特问题？因为一旦放宽比较的视野，可能会出现一些不一样的结论。如最近学术界发现，在一战后产生的欧洲 10 个新国家中，在 30 年代初还继续存在民主体制的只有芬兰和捷克斯洛伐克，其他国家都如德国那样抛弃了"民主的时尚"。

第二，魏玛的独特性到底是什么，这些独特性在多大程度上和魏玛的失败有关？就这点来说，我有几点自己的想法。首先，原来的魏玛史只跟英国史和法国史相比，没有跟同时代的、同区域的其他民主机制的国家史做比较，所以往往看不到更多问题，或者说低估了魏玛民主本身的发展潜力。所谓的民主机制的"过早"和"过晚"，实际上是缺少历史性维度的。我一直认为，在 20 世纪 20 年代到 40 年代，资本主义民主机制恰恰面临一个非常重要的过渡时期。20 年代之前人们对民主的理解与 40 年代以后人们对民主的理解，恐怕并不是一回事情。在这样一个发展过程中，民主本身也是一个过渡的形态。所以我们怎么来评估魏玛民主本身的贡献？魏玛民主本身的这些历史经验或教训恰恰为我们丰富了资本主义民主如何推进的历史画面。而且这样一些经验或教训，到 1945 年之后也没有出现一样的。例如，德国吸取了魏玛"强总统弱政府"的教训，所以在今天的联邦德国宪法中，总统是一个弱势的形象，总理却是一个强势的形象。但法国却是倒过来的。所以对于魏玛民主本身的分析，是不能就德国讲德国的。

其次，我们经常谈 19 世纪德意志历史发展中有一个很重要的现象，这个现象叫作"贵族的资产阶级化"和"资产阶级的贵族化"。这个话是对的，但问题就是它掩盖了不同历史阶段中的不同特征。资产阶级在 19 世纪和 20 世纪 20、30 年代一直处于不断变化的过程中。以前是旧中产阶级，随着工业革命的发展，新的资产阶级产生。贵族向资产阶级的转变，在不同的阶段的转变程度不一样，表现形式也各有不同。在上述背景下，我们说旧贵族牢牢把握住政权，以至于魏玛的社会没有接受很好的民主启蒙，这样的分析本身便存在问题，没有把更多的面向表现出来。如在历史教育的环节，第一次世界大战之后的法国教科书，就我所见的论文来看，同样也是充满着民族主义的复仇情绪。两次世界大战期间各国关于一战的历史教育都存在着极大问题，而民族主义的倾向不仅仅在德国表现出来。以这样一种角度来说魏玛德国存在的问题，其本身也是立不住脚的。

最后，从资料收集角度来讲，现在常见的魏玛史的使用资料中，有关其他国家的材料，多为英国大使、美国大使的记录。研究者使用这些大使记录的情况比较多。但当时的波兰、北欧等国的大使资料，其实现在都有，而且可以从网络上搜寻获得。我现在就鼓励同学们要尝试放开视角，更多把德国置于世界发展的背景中，将之作为一个更大区域史的观察对象。如果是这样的话，当现在年轻一代的语言能力不断提升，再加上视野进一步扩展，恐怕在不久的将来，我们与国际学界的对话渠道也会增加许多。

张勇安： 今天我向各位提出两点想法。第一，突破世界史研究边界，实现内史外史的融通。此前非常有幸参加过王立新教授的新书发布会，同期美国史同仁还举办了一次主题为"大变局下的美国史研究"的研讨会，彼时我也提出如何能够在"百年未有之大变局"之下推动美国史研究的推陈出新，如何能够在世界危局之中开出美国史研究的新局，这与我们今天讨论的主题"大变局之际的世界史研究"有异曲同工之处。无论是作为具体研究对象的美国史，还是作为研究范畴的世界史，抑或是作为方法的跨国史和全球史，其中都存在一个共性/共享的内核或存在元问题，即史学独特的研究特性，也就是史学不同于其他学科的研究对象、研究方法、研究路径和研究模式。然而，"大变局"或许提供了一种可能，就是在更加注重史学元问题的挖掘的同时，突破传统史学较为关注的研究对象，拓展研究的视野，把以往常常视为自然科学、工程技术、医疗卫生、人文艺术研究的内容纳入世界关注的范畴，这对于拓展研究对象无疑多有助益，而今天国内外学界正在推进的如火如荼的科学史、技术史、医疗史、环境史等研究无疑是一个明证。与此同时，研究对象的拓展必然需要引入更加多元的研究路径、方法甚至模式，跨学科/多学科的方法和技术工具的使用正在受到越来越多的关注，也说明这在很大程度上是可行的。这样，内史与外史之间的融通或将成为可能，史史相连也成为题中应有之义。

第二，"大变局"为加强中外学术界的有效对话提供了可能。随着中国对外开放的加速，中国的世界史教学与研究得到了长足的发展，而 2011 年，世界史成功地升级为一级学科更是为世界史学科建设提供了广阔的天地。通过近十年的建设，各主要高校均把世界史学科作为重点建设和发展的学科，以上海地区为例：复旦大学、华东师大、上海大学和上海师范大学四家单位，均把世界史学科作为重点学科在建设，学科设置相对完备，师资队伍达到 20~40 人。然而，在这种繁荣发展的背后，世界史作为一个主要以"世界"或"他国"为研究对象的学科，如何能够得到研究对象国/区域所在地的同行的认可或接受，在今天"大变局"的背景之下，特别是随着中国世界史研究力量的日益壮大，正越来越多地引起国内学者的关注。数年前，王希教授在北京大学组织的一次中美学者对话学术研讨会上，和与会的中青年中国学者赵学功教授等人向哥伦比亚大学的埃里克·方纳教授提出了一个问题，中国学者出版了诸多美国史研究的论著，但为何鲜见美国学者在内的国际学者引介这些相关的成果？数日前，在上海大学举行的美国史青年论坛上，李剑鸣教授同样论及这个问题，并提出了一些破解的设想。毋庸置疑，语言障碍在一定程度上阻隔了中外学者之间的学术交流和互动，即中国学者相对而言使用英文或者其他语言发表的学术论著较少，而绝大多数外国学者又没有办法阅读使用中文著述。在"大变局"之下，世界史研究还存在着一个身份或认同的危机。我们如何能够真正加入全球的世界史研究的大队伍，做出中国学者的贡献，发出中国学者的学术声音？如何能够在世界学术之林走出一条中国的世界史研究的路子，既彰显我们研究的实力与贡献，又能够推进全球范围的世界史研究，可以让世界更为全面地认识中国，推动中国的世界史研究的理论创新？

以此而论，"大变局"之下，通过进一步拓展世界史的研究对象、不断更新世界史研究的方法和路径、加强同国际学界的有效对话，加之诸位学界领军人物的推动与引领，在更多青年同仁的共同努力下，我们或可开创中国世界史研究的新时代。

沐涛：我主要从非洲史的角度谈谈"大变局"的影响问题。在目前国内世界史学科体系中，非洲史属于一个比较边缘的学科，也是一个小学科。它起步较晚，但进入 21 世纪后，随着我国综合国力的增强，中国与非洲交往的增多，国人对非洲历史的了解特别是对中非关系史的了解需求越来越迫切，可以说，"百年未有之大变局"对中国的非洲史研究产生了很大的影响。顺应时代的需要，我国的非洲史研究受到各方的重视，近年来得到迅速发展，史学研究为国家、为现实服务的意义在非洲史领域也得到体现。尽管史学研究有自己的科学体系，不能完全按现实的需要来做，但是我们在人才培养、具体研究当中，还是要有这种服务意识。

最近在南非出了一本有关中非关系的论文集《非中合作走向与共同对华政策》，这本书主要由南非的一批学者撰写，它从目前中国崛起这个大的背景来看中非关系，主张非洲国家应当共同制定对华政策。这本书出来以后立即引起国内学界的关注，书中存在的一些偏激观点尽管只代表了非洲学界极少数人的看法，但必须引起我们的重视。

近 20 年来，中国的非洲史研究发生了很多变化，主要体现在以下两个方面。

第一，研究队伍的壮大和重心的南移。在各级政府的高度重视下，相关院所纷纷成立非洲研究中心或研究所等机构，群雄并起。据不完全统计，国内现在有关非洲的研究中心数量达 30 多个，几乎都是在近 20 年里发展起来的，原先一些从事外语、国际关系、国际经济、世界宗教和民族研究等领域的人员加入非洲研究中心。尽管这些研究中心各有侧重点，但都离不开非洲史的研究。

就国内非洲史研究现状来讲，人数是增加了，但是整体的重心南移。以前国内的非洲史研究，主要集中在北京和上海，尤其是北京大学，以陆庭恩、何芳川和郑家馨三位教授为代表的"三驾马车"，在国内非洲史学界享有很高的知名度。此外，在中国社会科学院西亚非洲研究所和世界历史研究所、北京外国语大学、中央民族大学、北京师范大学等单位都有从事非洲史研究和教学的人员，但现在相对衰落了，或处于青黄不接的状态。而在南方，上海有历史本科专业的四所高校都有人从事非洲史的研究，特别是华东师范大学非洲研究所和上海师范大学非洲研究中心都有数位学者专门从事非洲史的研究。其中华东师范大学重点研究非洲文化史、中非关系史和东非史，上海师范大学重点研究非洲经济史、非洲史学史和南部非洲史。值得一提的是这两所学校都注意聘请非洲学者加入自己的研究队伍，华东师范大学非洲研究所还在坦桑尼亚与达累斯萨拉姆大学合作，在该校历史系办公楼设立了非洲史研究工作站，常年派驻师生。现在复旦大学和上海大学也根据自身情况，发展了非洲史的教学和研究。因此，单从历史研究来说，整个上海市现在是国内研究非洲史里面最主要的一块阵地。除此以外，南方还有浙江师大非洲研究院、湘潭大学非洲法研究所、湖南师范大学非洲研究中心等机构，这些机构在非洲国际关系史、非洲法制史等领域都有很好的研究。

第二，中国的非洲史研究在近一二十年里，研究的领域从宏观向微观转变，研究视野不断扩大。国内非洲史研究在 20 世纪 80、90 年代崛起的时候，一开始是宏观的，出版了几套通史性的非洲史著作，其中有艾周昌和陆庭恩主编的《非洲通史》（三卷，华东师范大学出版社1995年版）。尽管如此，现在回头再看那个时代出版的非洲通史和国别、专题性著作，很多还停留在编译状态，主要依靠二手的英文非洲史著作进行中国的非洲史研究，所以没有条件从微观的、细小的问题入手。现在不一样了，这十几年各研究单位有条件把学生送到非洲去学习，进行联合培养，各个单位的教学和研究人员去非洲的机会也越来越多，他们有条件收集原始资料，所以中国的非洲史研究现在和国际同行之间的差距相对来说在缩小，中国有许多年轻学者都有在非洲的访学经历，他们从新文化史角度来研究非洲的一些前沿问题，同时运用人类学的手法在非洲从事田野调查活动，收集第一手资料，出版了很多成果。上海师范大学张忠祥教授领衔的研究团队开始踏足过去关注很少的非洲史学史，通过对一些非洲史学者的个案研究，对国际上研究非洲史的流派做了较为系统的梳理。

此外，国内非洲史学界还对非洲思想文化的研究越来越关注，已发表了一系列相关论著，讨论了近现代非洲知识分子对殖民主义、种族主义、废奴主义、泛非主义、黑人精神等问题的思考，涉及的思想家有阿莫、伊奎亚诺、库戈亚诺、布莱登与霍顿等，尤其是对布莱登给予了高度评价，认为他不仅是近代非洲思想的集大成者，而且也影响了几代非洲知识分子的思想。在现代非洲主流思想，诸如非洲民族主义、泛非主义、黑人精神、非洲社会主义等理论中都可以寻觅到布莱登"非洲复兴思想"的踪影。同时，还关注了班图哲学的定义、来源、内涵和性质等问题。

未来中国的非洲史研究，我认为可做的事、可研究的领域还是很多的。现在更多是要宏观与微观相结合，在充分掌握资料的基础上，对一些重大的理论问题进行深入思考。比如非洲的民族问题、土地制度的演变等，这些都需要在个案和微观研究的基础上，最后从宏观方面综合考虑。前段时间在云南大学召开的全国第二届新时代史学理论论坛上，我向出席会议的中国历史研究院领导再次呼吁，现在我们搞多卷本的《非洲通史》的条件已具备了，和20世纪80、90年代的三卷本《非洲通史》相比，我们现在所具备的一个很大优势就是在近20年里，我们做了许多国别和专题的微观研究。

中国的非洲史研究目前还需要加强与国外同行的合作，一方面要了解国外最新研究状况，英、美、法和一些非洲国家学者的非洲史研究无论是从研究队伍，还是从研究的选题和深度，都在我们之上，值得我们学习。另一方面，通过这些合作，把我们的学生送出去，对学生的非洲小语种的强化训练有帮助。现在送出去的学生主要讲英语，连法语都很少，以后我们要致力于对非洲本土语言的学习，比如东非斯瓦希里语、西非豪萨语、南非祖鲁语等，这在非洲都是比较大的语种，但是在国内非洲史学界，目前能熟练使用的学者几乎没有。

要加强第一手资料或者档案资料的收集。上午几位老师都讲到世界史学界要加强资料的收集，非洲史学界更是如此。现在随着研究条件的改善，大家前往非洲留学、短期访问交流的机会越来越多，为收集资料提供了便利。国家社科基金也比较重视对资料类收集与研究的资助。前几年华东师大带头申报了一个国家社科基金重大项目"中非关系历史文献和口述史料整理与研究"，以后类似的课题都可以考虑，因为非洲史其他领域也都面临档案资料严重不足的问题。

总之，"百年未有之大变局"对中国的非洲史研究来说，既带来了发展的机遇，也提出了许多新课题和新要求，只有踏踏实实地做好非洲史基础工作，重视人才培养，坚持宏观与微观研究相结合，加强与国际学术界的交流与合作，才能振兴我国的非洲史学科。

徐再荣： 如何从世界历史的角度或者国际关系史的角度探讨"百年未有之大变局"这一论断，是值得我们深思的问题。我们需要从国家层面思考这一问题，即中国在整个国际大家庭中如何定位的问题。随着中国的崛起，中国以后到底在世界民族之林中往哪个方向走，中国如何处理好与世界其他大国的关系，这是一个很重要的问题。我们自己也应对此反思。

关于世界史的定位问题，李剑鸣老师提出的问题很值得我们深思，即在中国学术界，世界史能否成为一个受人尊重的学科。今年（2020）10月，《世界历史》编辑部召开了第四届全国世界史中青年学者论坛。我们在会前半年就发出了征稿启事，共有三百多人报名参加，最后共收到两百五十多篇论文。从这些论文可以看出当前我国世界史研究的一些特点。首先，世界史学科内部的发展不平衡问题比较突出。论文研究主题主要集中于几个大国的历史，美国史、日本史、英国史、德国史、法国史相对比较多，印度史、意大利史、西班牙史方面的论文比较少。现在专门研究印度史的学者，尤其是青年学者屈指可数。如果有一篇关于印度史、意大利史或西班牙史方面的论文投稿过来，编辑部想要找几个同行评审专家都很伤脑筋。另外，像北欧史、荷兰史等方面的论文基本没有。因此，从国别区域史的发展角度看，国内世界史学科内部显示了极强的不平衡性。如果往后推十年，可能有一些领域面临后继乏人的问题。现在的世界史后备队伍主要靠博士点来培养，如果这个领域没有博士点，随着现有研究人员的退休，这个学科就有"灭绝"的危险。这就形成了一种所谓的马太效应，强者愈强，弱者越弱。美国史和英国史，因为博士点多，后备人才充裕，发展势头愈来愈强，而有些国别史研究则面临人才短缺的问题。

其次，随着互联网的发展和国际交往的扩大，国内学界可谓紧跟国际史学思潮和研究前沿，这在疾病医疗史、环境史、新文化史、全球史等领域表现明显。比如，全球史作为一种研究视角和研究理论，对国内的世界史研究影响较大。但如果我们将全球史视为一个研究领域，一个书写的对象，国内的研究还处于一种初步介绍的阶段。全国各地有全球史研究的中心和教学人员，我们也经常谈论全球视野或者全球视角，但真正以中国人的视角来写的一部全球史，到现在为止没有出现。另外，最近十几年基本上国内尚未形成一种学术争鸣的气氛，也没有出现世界史领域的学术争鸣和学术批评。

最后，关于世界史研究中的微观和宏观研究问题，包括碎片化问题。在我看来，目前国内世界史并不存在所谓的碎片化问题。我们对有些国家历史的研究几乎空白，甚至连介绍性的通史类著作都没有，比如说南欧、北欧、南亚等国家，我们对这些国家的研究人才十分缺乏。我觉得，中国世界史的主要功能，不仅在于深入研究有关国家和地区的历史，促进学术繁荣，而且有一个帮助公众了解国外历史和文化的功能。比如美国史的研究，我们正面临一个如何从中国的角度重新理解美国，帮助公众全面认识美国的问题。同时还需要提及的是，目前国内世界史学科的规模也影响了世界史学界的影响力。比如，世界史期刊的影响因子一般比其他学科的期刊要低。我想这有两方面的原因，一个是世界史学科规模小，研究队伍也小。比如古埃及学，全国的研究人员可能就数十人。其研究成果不可能被许多同行引用。另一个是与我们的引用习惯有关。我们在撰写世界史论文时，更愿意引用国外同行的外文成果，而对国内同行的成果往往视而不见。我们似乎形成了一个定论，觉得写论文引用外文的文献比引用国内的文献好像显档次。有个大学学报的编辑曾与我谈及他们学报刊发的世界史文章，他说这些论文刊发已五六年，但引用率仍都是零。学报领导了解情况后就要求以后别再发世界史论文，以免影响学报的影响因子。从这点来看，世界史想要成为一个有影响力的受人尊重的学科，我们要做的工作还是很多的。

许明杰：我发言的题目是"使用原始档案 再写中世纪史"。我个人非常喜欢陈寅恪的一句话，一时代之学术，必有其新材料与新问题。取用此材料，以研求问题，则为此时代学术之新潮流。我认为史学研究（包括中国史和世界史）的基本做法是，使用新材料研究新问题，从而生产出富有新意的研究成果。史料与问题是历史研究的两个基本要素，其关系好比八卦的阴阳，二者并存相生。具体到我专攻的英国中世纪史领域，我最近几年着力朝着这个方向努力。我的博士学位是在英国读的，论文涉及 1381 年英国农民起义，基于法律政府档案（其中很多是手稿）来集中研究剑桥郡的动乱，使用的是典型的"微观史研究"或"地区研究"方法。

回国工作后，我努力融入国内的学术环境，坦白说刚开始很不适应。现在看来，当时面临的最大挑战就是：博士阶段的经历虽然让我对史料（即中世纪英国的法律政府档案）有把握，但是我却难以提出符合国内学术品位的问题。幸运的是，在复旦有向荣、黄洋、李剑鸣、李宏图等老师的指教、鼓励，让我在痛苦中慢慢探索，逐渐找到了一些感觉，最近对于自己的研究有了较为清晰的定位，可以说找到了方向。简单来说，我集中关注 13~15 世纪的国家治理问题，使用原始史料（包括《王国法令集》、《中世纪英格兰议会卷档》以及英国国家档案馆的不少其他档案），尝试通过"新政治史"的视角方法探究中世纪晚期英国国家体系的演进。

沿着这个思路，我对于王权、大宪章、国家立法等具体问题进行了研究，进而就一些大问题进行再思考，尝试做到"以小见大"，到现在已经积累了较好的基础和成果。例如发表在《世界历史》2017 年第 4 期的有关劳工法的论文重新探讨劳动立法对国家发展的积极意义，而传统看法则强调这一运动损害民众利益，消极影响巨大；发表在《历史研究》2020年第4期的有关1381年剑桥骚乱的论文通过这一地方性事件看中世纪英国王权，使用微观史研究方法，展现了王权地方运行机制的弹性特征，并折射出当时国家治理体系的发展程度，此文参考学习了孔飞力《叫魂》的写法；发表在《世界历史》2020年第5期的有关大宪章的论文从君主的角度探讨中世纪晚期议会频繁确认大宪章的深层次原因，从而揭示了议会政治之下英国王权的妥协式集权特点，此文参考学习了田余庆先生《北魏后宫子贵母死之制的形成和演变》一文的写法；2019年3月18日发表在《光明日报》（理论版）的有关莎士比亚的文章基于遗嘱文献来揭示近代早期英国乡绅阶级兴起的风貌。

除了自己的研究之外，我在复旦还开设了一门研究生课程叫"英国历史文献精读"，重点介绍如何使用英国史相关的各类档案，并提供相应的古文书学与文献识读训练，希望引导学生使用原始文献做实证性的史学研究。此外，最近我在复旦大学组织了一个学术工作坊（2020年11月7日），主题是"英国历史上的法律与社会：新材料与新问题"，邀请国内的多位老师一起交流探讨，希望号召更多的同行一起沿着这个路子走下去。概括来说，我的目标是：使用原始档案，再写中世纪史。

坦白而言，考虑到我国学界英国史研究使用原始档案尚且不足的现状，我自信这一做法是有前景的。值得一提的是，我们中国学者有视角优势，我们按照这个思路做出来的研究成果或许还可以同国外同行进行对话甚至竞争。当然，我们世界史研究者要同时向国外同行以及国内中国史同行学习，进而丰富我们的学术资源，拓宽视野，这样才能兼收并蓄，发挥我们的优势。最近几年，我也多次参加英美的学术会议，尽力同他们对话，为中国学者发声。例如上周（2020年11月8日）我参加了"北美英国研究年会（North American Conference on British Studies）"，报告我的大宪章论文，自信还是提出了国外学者尚未关注的新问题，并就中世纪英格兰王权的性质提出了自己的认识。

这是就"大变局之际的世界史研究"这一主题，特别是第三个问题"微观研究和宏大叙事"我做的一些并不成熟的思考。自己做得还很不够，请老师们指教批评。

俞金尧：虽然你的题目很小，很具体，但是视野很宏大。我讲不到这么细，只能讲一个宏大的事。今天会议的主题是作为史学工作者，我们如何理解世界正在发生的变化。这个会议的题目叫"大变局之际的世界史研究"，出发点就是，"大变局"是存在的，我们现在确实处在世界历史进程中的一个比较大的变化时代。但是，这个变化有多大？大到什么程度？它会怎么发展？在什么意义上发生了宏大的变化？这个变化的时间要维持多久？诸如此类的问题，我觉得是可以探讨的。

"百年未有之大变局"提出以后，很快被很多研究国际问题的学者关注到了。史学界对此说法的反应是比较滞后的，这跟我们学科的传统有关。我们总是倾向于研究过去的事情，对现实的关怀总体上还是不够。

这个题目的提出，虽然是对目前形势的判断，但是，它依据的是世界历史的进程，是"百年"历史。其实，有关时代的巨大变迁、世界形势的复杂变迁这样的提法，不是近来才提出的。提出这样的观点，首先是以历史为依据的。这个判断现在显然已经成为党和政府的一个战略判断。确定了这个判断以后，它对我们未来的外交政策和国内政策，都会产生很大的影响。所以，这个问题值得我们重视。

那么，从历史学的角度来看，我们到底能够为这个正在发生的局面提供一种什么样的智慧和参考呢？我们从事历史研究的人应该有这个义务和责任，来回答时代所提出的命题。如果我们认为这个变局不一定仅仅是"百年未有"的，甚至可以说是五百年未有的，那么，我们也可以提出我们历史学者的判断。如果我们认定目前这个世界的变局是个"大变局"，那么我们也可以从历史上看到底有没有出现过类似这样的"大变局"，现在的"大变局"跟历史上所遇到的"大变局"有什么不同。对"大变局"的未来，我们无法预测，但是，世界历史上发生过很多次"大变局"，我们常说大国的兴衰，其实就是"大变局"，大国的兴衰不是一两次，有很多次。也就是说，这些"大变局"对于我们今天面临的又一次新的"大变局"，很有可能提供一些智慧和参考，这就是我们史学工作者能够做的事情。我们不是国际战略家，我们不是国际问题的专家，但是我们可以提供历史的借鉴。这么重大的问题我们应该从我们专业的角度介入，而这正是我们的强项。

譬如说"大变局"的过程会有多长，从英国的崛起、美国的崛起，我们可以看到没有几十年、上百年，不可能完成这样的变局。有时候，变局的完成甚至需要更长的时间，比如说英国的崛起，英国最早跟西班牙、荷兰、法国争霸，最后经过工业革命才真正崛起。这个时间算起来，恐怕有几个世纪。到19世纪中叶，英国才成为世界工厂，英国崛起的历史不止百年，甚至二百年都不止。美国的崛起可以说也有差不多上百年。1860年的时候，从GDP来说，英国还是欧美国家里面的第一。到1870年的时候，美国已经成为第一。以GDP来判断，世界的"大变局"早已发生变化，19世纪最后三十年美国发展很快，可是美国是在第二次世界大战之后，才取得世界霸权的。可见，经过漫长的时间才能完成世界格局的一次转变。

这个时间的长度可能要超越人生的尺度。我们很难用个人的体验来看这个"大变局"。尤其是站在国际格局或者站在国家和民族利益上说，我们千万不能以短时段的眼光来理解和看待"大变局"。如果说我们要用"百年尺度"来理解"大变局"的话，那么，我们对我们自己以往的一些认识，对现在的很多政策，以及我们要制定怎样的政策，或者在跟国外交往时的方式方法，远没有到可以激动的程度。"大变局"是出现了，但过程漫长，我们的心态要淡定。

另外，我们要认识到，西方是个整体，它是在历史过程中逐渐形成的。西方不仅指欧美，还包括日本、韩国、新加坡等国家和地区，它们在意识形态或者价值观上是一样的。这样的整体不会轻易地因一个国家力量的变迁而改变它在世界格局中的位置。所以，用这个眼光从历史来看的话，世界格局的变迁是一个非常长的时段。这种世纪的尺度，为我们理解现实世界的变化，提供了非常深远的时间深度，我们可以非常淡定地面对当前发生的这些变化，这就是我们历史研究的价值所在。

对于世界史学科在"百年未有之大变局"下应该如何研究，我想从历史学者、历史专业这个角度来关注现实恐怕是我们世界史以后要非常重视的一个方向，我们要逐渐改变我们搞历史专业的人以前不愿意面对现实问题的状态。关注现实社会、宏大问题，我以为就是我们对"大变局时代"的一个回应。

孟庆龙：我今天讲中美印这个题目基于两个考虑，一个是前面很多老师都讲了，现在研究"大变局"可从全球史、国际史、区域史、国别史、专题史等入手进行研究；另一个是，"大变局"就是大棋局，下围棋一定要有棋手和棋子，中、美、印三个国家某种程度上同为棋手和棋子，你在布局，别人也在破局。关于中美印关系，1949 年、1955 年、1962 年、2018 年这四个时间节点，是中美印大局里出现重大变化的几个标志性年份。首先是 1949 年，1947 年刘邓大军挺进大别山后，尼赫鲁等印度民族领袖就不再像以前那么看好国民党了，开始在国共两边下注，后来尼赫鲁指示驻华大使与陕北的共产党建立联系。1949 年中华人民共和国成立以后，尼赫鲁在 1949 年 12 月到 1950 年 1 月到美国访问了 41 天，时间之长实属罕见，但未取得什么结果。美国反对印度承认中国共产党政权，对其施加了很大压力，尼赫鲁希望美国人给印度提供大规模经济援助。结果，尼赫鲁没答应美国的条件，美国也没有给印度多少援助。尼赫鲁回国后不久，印度有一个重大举动，就是宣布与中华人民共和国正式建交。印度本来是继缅甸之后第二个承认中华人民共和国的非社会主义国家，后抢在缅甸之前，成为第一个与中国建交的非社会主义国家。这是第一个变化节点。

1955 年更是涉及中、美、印三方，因为朝鲜战争结束以后，中美之间更加了解，印度在朝鲜战争中特别积极，出了不少力，特别是在战俘遣返问题上，多方周旋。但是 1954 年中、美、苏、英、法举行日内瓦会议时，印度只是受邀作为观察员参加（尼赫鲁让外长梅农作为其代表出席会议），在日内瓦还不能参加所有的会议议程。中国是正式代表，印度在结束朝鲜战争问题上出了不少力，到后来只能做观察员，尼赫鲁心里不高兴，但当时他是世界"宠儿"，几乎所有国家捧着他，心气很高，所以在万隆会议上，尼赫鲁自认为是他拉着周恩来的手进入世界舞台的。然而，周恩来及中国代表团在万隆会议上的"光芒四射"，让印度人五味杂陈，万隆会议成为中印关系的顶峰，即从友好关系开始向不友好关系转变的重要标志。1955 年，由于此前朝鲜战争的影响，加上是年爆发的台湾海峡危机和万隆会议的召开，中美开始了（华沙）大使级会谈。因此，1955 年是中美印关系史里的另一个重大节点。

1962 年中印边界战争影响很大。此前印度在国际上的影响力还是比较大的，但是在 1962 年的战争中，我们主动宣布停火、撤军以后，国际上明确支持印度的只有四个国家，表示同情的只有四个，加在一起也才八个。而对我们表示支持、理解和同情的国家则有数十个。如此，中印在国际上的影响力发生了截然相反的变化。就中美印关系而言，印度在中国和美国之间不断游移，在不同时期倾向两个对象国的尺度不一样。如果说1962年以前印度是靠近中国比较多的话，那么1962年以后就开始靠近美国比较多了。1971年爆发印巴战争，印度跟苏联签订了军事性质的条约，美国遂支持巴基斯坦，施压印度，美印关系处于低谷。后来到了20世纪80年代中印关系开始回暖后，美印关系也开始升温。

再往后就到了2018年这个节点。因为2017年发生了洞朗事件，特朗普一开始想挑事，趁机拉一拉印度。但印度搞了这么大动静，却没见美国人给予多大援助，心有不满。洞朗事件处理的结果对印度人产生了两重影响：一方面认为自己占了点小便宜，另一方面又发现中国比以前强硬多了。2018年习近平主席和莫迪总理武汉会晤是一个转折点。习近平主席跟莫迪总理讲，世界已出现百年未有之大变局。虽然谈话现在缺少官方解读，但其中很大部分含义其实就是说中印只要联手、合作，亚洲就会安全。莫迪当时的反应也算积极，但是回去之后很快就变了。究其原因，是我们洞朗事件处理得比较坚决，再加上印度靠"前进政策"对边境争议地区加强实际控制的套路不那么灵了，印度觉得中国跟以前相比不一样了。此前印度能给中国制造麻烦的，一个是边界问题，一个是达赖问题。到了2018年，达赖对印度来讲几乎已成为一张废"牌"，所以后来印度给中国制造麻烦、在西方国家面前显示自己有分量就主要靠制造边界问题了，即靠边界问题撬动中印关系。

印度目前的政治精英大多亲美，外交智囊的2/3以上都亲美。另外，印度现在主政外交的人都在驻中国和驻美国的外交机构担任过要职，对中美都很了解。目前印度一方面不断靠近美国，另一方面也不愿意跟中国撕破脸皮。在今年（2020）6月15日西部边境发生的加勒万流血冲突中，中国在军事上强硬。加勒万事件后，一方面特朗普不断给印度打气，另一方面，印度也觉得它要大规模驻军西部边境。筹码既然已经加上了，从中、美两边都没得到想要的好处，码就不能减，目前印度有点骑虎难下。与此前相比，印度现在再在边界上靠利用中印关系来加筹码，已经没有那么明显的效果了。

现在为什么说美印还不是盟国关系，因为与美国正式结盟是有很多条件的。一个是限制性很强的条约，另一个是跟美国结盟后，武器装备多用美国的标准，印度人目前 60% 的武器装备来自俄罗斯，一下子转向美国肯定是不可能的。所以，最后讲的一点是，印度现在的确是远远偏离了当年印度立国的决策——不结盟，但还不能说它已经放弃了不结盟政策，不结盟对它来说仍然是一面旗帜，若要放弃不结盟，印度国内的反对势力太大，因为当年尼赫鲁他们给印度人灌输的立国之本就是不结盟。

"大变局"里，有一些不确定因素，还有一些确定性因素，但是在中美印关系里面，有一些因素既是确定性因素也是不确定性因素。美国自身实力的式微和美中关系的变化，一定是会影响印度的。印度很独特，是亚洲的身子、西方的脑袋，这常常令它很难受、很尴尬。"大变局"里，中美印关系的走势，在一定程度上也体现了世界"大变局"的某种趋势。

张瑾：今天我就自己承担的国家社科基金项目有关英美科技人才发展和政策对比研究的其中一部分内容，谈谈美国 20 世纪下半叶高等教育的发展与贡献。

二战以后，美国的高等教育经历了怎样的发展，保持了世界首屈一指的地位，为什么全球的学子对美国的大学十分推崇，美国大学吸引外国留学生的规模如何，包括美国大学对社会做出了哪些贡献，这些问题都是值得我们思考和解答的。关于美国高等教育的研究是很多的，但是分析和归纳它在哪些方面做出了贡献，这样的研究不算太多。我的研究从高等教育领域的本科和研究生教育、博士后教育、高等教育国际化以及职业教育这四个层面论述 20 世纪下半叶美国高等教育的蓬勃发展。从高等教育机构自身的创新和联邦政府在立法、经费等方面的支持，分析了高等教育发展的主客观原因。从人才、科技和经济三个层面具体分析了美国高等教育对美国社会的贡献，最后总结了美国高等教育怎么发挥"人才磁石"的作用。

作为新兴的资本主义国家，美国对人力资源开发予以高度重视。几乎每届美国总统都重视国民教育。虽然美国领导人认同教育的重要性，但美国的基础教育与高等教育的发展不平衡，实力对比悬殊。美国高等教育的优势和吸引力远远超过基础教育。可以说，美国高等教育是其应对现代世界各种挑战的重要力量来源之一。

建国初期的美国大学继承了殖民地学院的传统，以教学为主。随着对德国研究型大学模式的引进，美国大学的科研功能日渐强大。现代社会对高级专门人才需求的极大增长，加之个人对接受高等教育的迫切需要，推动了高等教育前所未有的迅速发展，也使高等教育从精英特权趋于大众普及。美国的科学优势在很大程度上取决于研究型大学的核心竞争力。研究型大学的精神来源于德国，美国将其为自所用，在发展研究型大学的路上走得更远。美国是最早建立博士后制度的国家，这直接起源于研究型大学的发展。可以说，美国博士后研究的历史与美国大学开展科研工作的历史在时段上是重合的。博士后制度的历史已有近 150 年。高等教育是美国软实力的重要组成部分，高等教育国际化也是美国实施公共外交的有效工具。美国在高等教育国际化的实施中融入了美国外交战略的考量。美国的职业教育主要依靠短期大学和初级学院或社区学院。1896 年芝加哥大学首先创办了美国的社区学院，这一办学模式在二战后得到迅速发展。社区学院的蓬勃发展得益于科学技术的发展、经济的增长、产业结构和生产方式的变化。

我重点关注了美国高等教育的国际化，高等教育国际化的产生和发展是全球化和现实需要的一个产物。在长期历史发展和竞争中，世界范围内形成了以英、美、澳、加为主的留学生接收国和新加坡、马来西亚、中国等为代表的留学生来源国。美国的高等教育国际化起步比较晚，但是发展很迅速，不但迎头赶上其他国家，而且呈遥遥领先之势。发达国家用输出高等教育的方式获得良好的经济效益和人才效益，同时还满足了国家政治文化向外传播的需求。我还分析了高等教育发展的动因，除了美国客观条件的吸引力，还可以从高等教育机构自身的创新以及美国联邦立法、经费方面的支持等来探讨高等教育发展的内在动力和外在推手。

历史上美国显然在吸引国际学生方面做出了一些成功的示范，但是同时美国政府的留学生政策也存在令人费解的部分。美国禁止部分中国留学生和学者入境，这是一种两败俱伤的脱钩行为，只会动摇中美两国未来交往的土壤和根基，损害中美关系的长远发展，为美国高等教育的发展蒙上一层阴影。所以说讨论美国高等教育的发展情况契合今天的会议主题，它可以说是百年变局中的人才战争史的一个小的缩影。另外，刚才各位老师提到了大国兴衰这些宏大的叙事，包括学术研究对国家发展出谋划策，在"大变局"中做出学者的贡献，我是非常认同的。这方面应该有更多的思考，多为资政服务，这也是我们社科院的学者比较关注的一个点。

黄艳红：讲到"百年未有之大变局"，法国大革命应该是历史上从来没有过的一个非常独特的变化。我想就这个题目来稍微展开一点，并初步设想将我的研究时段下延到 19 世纪上半叶，因为在过去传统的研究中，法国大革命可能跟启蒙的关系很紧密，但是如果我们将时段延续到 19 世纪上半叶，这一时段大致相当于欧洲历史上的浪漫主义时代，我们可能会看到一些不同的情况。当然这个视角也是得到德国史学家科泽勒克（Reinhart Koselleck）的启发。他有一个观点，就是从 1750 年到 1850 年欧洲历史上一些基本的政治和社会观念有一个现代转向，这个时期被称为鞍型期（Sattelzeit）。如何理解鞍型期内概念的现代转向呢？可能结合一些具体的文本更有效，特别是经典的文本，比如贡斯当的《古代人的自由和现代人的自由》，他在这篇文献中对自由概念做了明确的古今之分。还有一个问题涉及古今之变，这就是托克维尔对民主的重新理解。他在讨论现代民主时，基本上不参考古代民主，如果有什么参考的话，那也是美国的民主，在他看来那时候的美国才是现代民主的样板。他还在《论美国的民主》中明确地说，古代雅典城邦不存在民主制度。在马克思和恩格斯那里也有类似的说法。他们在《神圣家族》中强调，法国大革命中的雅各宾派误会了古代民主和现代民主。马克思又在《路易·波拿巴的雾月十八日》中进一步指出了这个悲剧性的误会：穿着罗马的服装、讲着罗马的语言，去实现当代的任务。

刚才提到的三个文本都出现在法国大革命之后半个世纪左右的时间，而且大致上都是对大革命的反思，尤其是革命者对古典古代（classical antiquity）崇拜的反思。这些反思也让我们想起福柯在讨论现代社会科学兴起时的见解，他说 1795 年，也就是"恐怖"结束之后的第一年，社会科学开始了从古典向现代的转折，并说"似乎只有掉了脑袋思想才会转变"。如果要理解福柯的这个判断，我们可以拿前面提到的几个文本和启蒙时代的孟德斯鸠和卢梭的文本进行对照，就会有一个感觉，在这些启蒙作家的政治和社会观念中，古典古代似乎有点像托克维尔所称的"永恒的丰碑"。但是革命之后的思想家明确有将古代和现代区分开来的倾向。他们看待古典的视角，有点类似于现代人类学家观察原始部落社会的视角，就是有一种明确的距离感。科泽勒克在讨论为什么"历史是人生导师"这句古老的格言会在 1800 年前后逐渐淡出欧洲思想史舞台时，同样提到了这种距离感。历史在变化，时间总带给人新的体验和新的事物，而法国大革命让人清晰地意识到了这一点。

发生这场思想变革的原因是多方面的。我有一些初步的设想，想以时间秩序为核心概念做一些分析。第一个是关于哥特的概念史，哥特作为历史和文化上的形容词，主要是文艺复兴时代的产物，指中世纪的丑陋和野蛮，并且与古典时代典范性的美形成一个对比。至少直到启蒙时代的法国，这个概念还是一个普遍性的形容词，它泛指中世纪遗留下来的各种野蛮不规则的制度和风俗。旧制度从整体上说就是哥特式的怪物。但是在 19世纪上半叶，这个概念发生很大的变化，哥特式尤其是哥特艺术，被人们认为是中世纪法国的天才之作，引起雨果等作家的强烈的崇拜，并且被官方大力弘扬。与此相应的是，中世纪不再只有纯粹的消极意义，而是一个富有创造性的时代。

这可能是 19 世纪上半叶浪漫主义开始兴起或兴盛的一个思想背景。而且这些动向总体来说是浪漫主义的标志性现象。我一个初步的想法是想考察一下哥特概念转变的时代原因，这跟大革命有很大的关系。而且，如果我们回想一下，现代史学革命也发生在 19 世纪上半叶，这就会建立起更多的关联性：史学思潮跟革命之后的整体性的反思也有关系。例如，法国大革命之后，从德国到法国再到意大利，都有一个现代民族国家历史叙事或历史意识成形的时期。在这种史学中，中世纪已经不是过去的那种消极的现象，而成为民族历史的源头，甚至是革命的源头，比如基佐（F. Guizot）和梯叶里（A. Thierry）就是这种历史叙事的奠基人。我一个初步的认识是，在革命之后的几十年，确实有一个历史时间的重构的现象。

再一个设想是探讨一下汪达尔主义和历史博物馆诞生的话题。这个设想也是出于一种当下的关怀。最近在美国有一些推倒历史名人雕像的运动。在法国大革命期间也有类似的现象，革命群众认为承载过去的记忆的这些历史遗物都是压迫和不公正的象征物，所以必须要摧毁它。当然也有人不是很赞同，国民公会的主席格雷古瓦（Grégoire）还发明了一个术语叫汪达尔主义（Vandalisme）。这种现象可能与"旧制度"概念本身的时间性的内涵是一致的，就是想要与过去做一个彻底的决裂，有打碎过去的意愿。不过另外一个潮流，在革命还没有结束的时候已经出现了。有一些人不是很赞成这样一种激进的做法，有个叫勒努瓦（Alexandre Lenoir）的人，从 1794 年开始搜集各种历史遗物，他组建了历史博物馆，但是后来被拆分了。据说他排列这些遗物的方法很特殊，大致是按照时间顺序的，而且制造一种从黑暗走向光明的印象。在当下法国学界的一些探讨中，学者认为这也是在创造一种时间秩序，而且应该说是后革命时代法国民族历史的第一次视觉上的呈现。据说米什莱（Michelet）和梯叶里等人当时参观过这个博物馆，他们说，参观的经历给他们留下深刻的印象，启发他们后来历史学的思考。

从黑暗到光明，应该说是一种非常典型的进步主义的时间秩序，而且这个秩序可以将过去和当下串联起来，形成一个完整的链条，从而将时间呈现为不断演化的进程，弥补大革命造成的时间上的断裂感。从史学来说，所谓自由主义一代的史学家，在某种意义上也是在呈现历史上的延续性。我们前些年讨论托克维尔的理论，注意到他阐述的旧制度与大革命的连续性。实际上，他的思考也是受到这个思潮的启发。在今天，我们当然可以认为它是一种典型的进步主义的时间观。但是，在目前西方社会出现的激烈批判过去的浪潮中，我们是不是应该重新来审视这样一种进步主义时间观的积极作用？因为我们可以从这种时间观中得到一种真正的历史透视感（perspective）。如果从一个发展和不断演化的角度看过去，过去当然有很多不美好的、应该批判的东西，但是仍然有它的历史地位和历史价值，因为它是时间进程中的一个环节——也许还是无法回避的环节。

魏涛：我的研究方向是美国早期史和大西洋史。今天做的报告题目是"连接宏观和微观：大西洋史学的研究路径"，主要是抛砖引玉，介绍并评价欧美史学界大西洋史的研究方法和研究成果，希望能对国内的世界史研究有所启发或借鉴。有关大西洋史学的研究方法，我参考并借鉴了哈佛大学历史系戴维·阿米蒂奇（David Armitage）的研究成果。

在世界地图上，欧洲、非洲、北美洲、南美洲和中美洲是通过大西洋而结合在一起的，进而构成一个区域性的大西洋世界（Atlantic world）。在地球上，陆地的比例大约只有30%，而剩下的70%全部由海洋所组成，包括印度洋、太平洋、大西洋、地中海、北冰洋以及其他海洋等。在很长一段时间里，历史学家主要以陆地为中心，研究陆地上的民族国家、个体、经济、军事、政治等内容，却很少研究海洋上的水手、海盗以及海洋里的生物、海洋环境以及船只等。但是，电影《加勒比海盗》中杰克船长和他的船员的故事说明海上的历史一直存在，且跟陆地上的历史存在明显的差异。不然，我们无法理解杰克船长、非洲裔水手、妇女、海上劳工以及其他船员的经历，以及海盗与西班牙皇家海军和英国皇家海军之间的复杂关系。

1776年，伴随欧洲殖民帝国的海外扩张，大西洋世界中的旧大陆和新大陆紧密结合在一起。一方面，传统的欧洲殖民帝国在北美洲、南美洲和加勒比海地区建立了许多殖民地；另一方面，受美国革命和法国大革命的影响，许多殖民地在18世纪末和19世纪初纷纷独立，摆脱欧洲宗主国的控制。大西洋史跟年鉴学派代表人物费尔南·布罗代尔所倡导的地中海史有很多相近的地方，但是又对地中海史进行了批判和继承。大西洋史把大西洋沿岸区域作为一个整体进行研究。传统的民族国家史和帝国史，以及全球史所研究的主题或内容，大西洋史都可以对它们进行研究。大西洋史既研究地方层面的历史，也研究民族国家层面的历史或者帝国层面的历史，还研究跨大西洋（transatlantic）或者跨国层面（transnational）的历史。商品、人口、思想观念、交流网络、移民、种族、奴隶制等研究主题都是大西洋史的研究内容。

大西洋史学对传统史学进行了批判和反思，主要是对传统民族国家史观、帝国史观的批判，以及对传统的欧洲中心论的批判。大西洋史学把研究重心转向海洋，这跟以陆地为中心的民族国家史观或帝国史观历史叙事完全不一样。

大西洋史学有几个重要代表人物。一位是哈佛大学历史系的伯纳德·贝林（Bernard Bailyn）。在20世纪60~70年代，贝林主要研究美国革命时期政治思想在大西洋世界中的传播。到 20 世纪 70~80 年代，他开始从事大西洋世界中的移民史研究。《大西洋史：概念和轮廓》是他的一本著作，主要介绍大西洋史的概念，以及大西洋史的一些基本内容。约翰·霍普金斯大学历史系的杰克·格林（Jack P. Greene）也是大西洋史学的重要代表人物。格林主要研究美国早期政治史和宪法史，侧重考察大英帝国和北美之间在宪法和政治体制上的联系。另外，他还研究大英帝国在加勒比海地区的殖民地，并比较它们与英属北美殖民地在政治、经济和社会上的差异。格林在约翰·霍普金斯大学成立了大西洋史和全球史研究中心，培养了许多研究大西洋史的青年才俊。卡伦·库伯曼（Karen Kupperman）也是大西洋史的一位重要代表人物。1997 年，卡伦在纽约大学历史系成立了大西洋史工作坊。我在纽约州立大学石溪分校历史系攻读博士学位的时候经常参加大西洋史工作坊的活动。卡伦也培养了一些非常优秀的大西洋史学家。我博士学位答辩委员会成员珍妮弗·安德森（Jeniffer Anderson）就在纽约大学历史系师从卡伦，并研究大西洋世界中的商品史和生态史。卡伦的专著《世界历史中的大西洋》（*The Atlantic in World History*）是介绍大西洋历史的一本通俗性读物。此外，宾夕法尼亚大学历史系的理查德·邓恩（Richard Dunn）也是大西洋史的代表人物。邓恩早期研究美国早期史，他的代表作《蔗糖与奴隶：英属西印度群岛种植园主阶级的兴起，1624~1713 年》（*Sugar and Slaves: The Rise of the Planter Class in the English West Indies, 1624-1713*）主要研究英属西印度群岛的奴隶制和种植园主阶级。2016 年，他出版了《两个种植园的故事：牙买加和弗吉尼亚的奴隶生活与劳工》（*A Tale of Two Plantations: Slave Life and Labor in Jamaica and Virginia*），从比较视野来考察牙买加和弗吉尼亚两个不同地区种植园的劳工史和非洲奴隶生活状况。跟传统的美国早期史学家不一样的是，他从大西洋视角来研究英属北美和英属加勒比海地区殖民地的历史。他创办了史学期刊《美洲早期史研究：一份跨学科杂志》（*Early American Studies: An Interdisciplinary Journal*），且在宾夕法尼亚大学历史系创办了麦克尼尔美洲早期史研究中心（The McNeil Center for Early American Studies），鼓励学者们从大西洋视角来研究英属北美和西印度群岛以及南美洲之间的历史。《美洲早期史研究：一份跨学科杂志》是一份跨学科杂志，且经常发表关于大西洋史的论文。他的学生埃利森·戈姆斯（Alison Games）也是研究大西洋移民史的代表人物。

欧美史学界大西洋史学的研究方法对研究中国的海洋史和"一带一路"以及太平洋史等大有裨益。在 20 世纪末或 21 世纪初，大西洋史学主要有三种研究路径，分别是环大西洋的历史（Circum-Atlantic history）、跨大西洋的历史（Trans-Atlantic history）和地方与整体相结合的大西洋史（Cis-Atlantic history）。

环大西洋的历史把欧洲、非洲、北美、南美和中美洲当作一个整体，且把大西洋当作一个特定的交换或交流区域。这种研究方法主要考察大西洋世界中的商品，像葡萄酒、巧克力、烟草等在大西洋世界中的生产、消费、分配和流通等。在《神圣的礼物，世俗的欢愉：大西洋世界中的烟草和巧克力》（*Sacred Gifts, Profane Pleasures: A History of Tobacco and Chocolate in the Atlantic World*）这本专著中，乔治敦大学历史系的青年历史学家玛西·诺顿（Marcy Norton）主要考察了巧克力和烟草在大西洋世界中的历史。巧克力本来是北美土著印第安人所食用的一种食物，但是欧洲人把它带到欧洲，并把它变成一种商品。诺顿要研究的是巧克力在大西洋世界中的生产、消费、分配和流通。

跨大西洋的历史主要比较大西洋世界中的帝国、民族国家、城市、种植园或者社区之间的相同点和不同点。在《大西洋世界上的帝国》这本专著里，牛津大学历史系的约翰·艾里奥特（John H. Elliott）主要考察了大西洋世界上的西班牙帝国和大英帝国分别在南美和北美的殖民模式的差异性，以及它们的殖民地最终在发展模式上的差异。

地方与整体相结合的大西洋史试图把宏大历史叙事和微观史结合在一起。换句话说，它要把地方的历史整合进大西洋世界的历史。这种研究方法主要研究一个特定区域、一个特定城镇或一个特定城市，但这些研究对象都是从大西洋视角下进行研究的。在《世界公民：伦敦商人与英国大西洋共同体的整合，1735~1785 年》（*Citizens of the World: London Merchants and the Integration of the British Atlantic Community, 1735-1785*）这本专著里，密歇根大学历史系的戴维·汉考克（David Hancock）主要研究的是 18 世纪的伦敦商人跟大西洋世界之间的关系，尤其是伦敦商人与北美新英格兰地区殖民地之间的贸易往来。汉考克的另外一本著作《葡萄酒的海洋：马德拉和美国贸易与品味的兴起》（*Oceans of Wine: Madeira and the Emergence of American Trade and Taste*）也是大西洋史的一个重要代表作，主要研究的是马德拉岛的葡萄酒在大西洋世界中的生产、流通和消费及其对北美早期社会和经济的影响。

自 20 世纪 70 年代到 21 世纪初，环大西洋的历史、跨大西洋的历史和地方与整体相结合的大西洋史是大西洋史学的重要研究路径。但是，它们存在很明显的局限。首先，大西洋史把大西洋世界当成一个封闭且静态的区域，忽视了大西洋与其他海洋之间的联系。其次，大西洋史依旧以传统的民族国家或帝国为中心，如英国大西洋世界（British Atlantic world）、法国大西洋世界（French Atlantic world）以及西班牙大西洋世界（Spanish Atlantic world）的历史等都是以民族国家或帝国为中心的，尽管跟传统的以陆地为中心的民族国家史观或帝国史不太一样。此外，这一时期的大西洋史有点矫枉过正，过度强调海洋史，却忽视了与陆地史或者海洋与陆地之间的联系。最后，在 21 世纪初，全球史在欧美史学界更加流行，而大西洋史学家忽视了全球视野对大西洋史的影响。

自 21 世纪初以来，大西洋史学家对大西洋史学有进一步的反思，进而出现了三种不一样的大西洋史研究路径。它们分别是亚区域或次级区域的大西洋史（Infra-Atlantic history）、海底的大西洋史（Sub-Atlantic history）和超区域的大西洋史（Extra-Atlantic history）。

亚区域或次级区域的大西洋史，主要是研究大西洋世界内部某个岛屿的海洋史。罗切斯特大学历史系的迈克尔·贾维斯（Michael Jarvis）主要研究了大西洋上的岛屿百慕大。在《以所有贸易之眼：百慕大、百慕大人民以及海上大西洋世界，1680~1783 年》（*In the Eye of All Trade: Bermuda, Bermudians, and the Maritime Atlantic World, 1680–1783*）这本专著里，贾维斯研究百慕大的劳工、贸易，以及这个岛的经济史、社会史和劳工史。传统的以陆地为中心的历史观很少研究海上的岛屿。但在这本书中，贾维斯以百慕大为中心，从海洋视角考察了这个岛屿的历史，而这在以陆地为中心的传统的历史叙事中是很少见的。

海底的大西洋史主要研究大西洋世界中的水下生物或者说水下的历

史，因为我们研究陆地史的时候很少考察海洋中的生物，譬如鲸鱼、哺乳动物、虾、螃蟹以及海洋里面的珊瑚和生态环境等。自 21 世纪以来，受海洋生物学家以及海洋考古学家研究成果的启示，大西洋史学家开始重视研究大西洋下的生物和环境，进而推动海底的历史的进一步发展。在《致命的海洋：航海时代大西洋上的捕鱼业》（*The Mortal Sea: Fishing the Atlantic in the Age of Sail*）这本专著里，新罕布什尔大学历史系的 W. 博尔斯特（W. Jeffrey Bolster）研究了自大航海时代以来新英格兰地区的捕鱼业及其背后所暗含的人类活动对海洋生态的影响。

超区域的大西洋史研究主要考察大西洋与其他海洋之间的联系，尤其是大西洋与印度洋、太平洋之间的联系等。传统的大西洋史学把大西洋世界当作一个封闭的区域，这使得大西洋史学无法理解大西洋与其他海洋之间的联系。在《英国的海洋帝国：非洲南部、南大西洋以及印度洋，1763~1820 年》（*Britain's Maritime Empire: Southern Africa, the South Atlantic and the Indian Ocean, 1763-1820*）这本专著中，英国南安普顿大学的约翰·麦卡利尔（John McAleer）研究了大英帝国的海洋史。在 18 世纪，大英帝国的殖民地遍及全球，我们称其为日不落帝国。大英帝国在非洲南部、印度洋和大西洋地区都拥有殖民地。这本书试图把大英帝国在大西洋、印度洋和南部非洲殖民地的历史结合在一起，力图突破传统的大西洋史学的研究区域。这说明大西洋史研究出现跨洋取向，不再仅仅研究大西洋世界的历史，试图把印度洋、太平洋和大西洋结合在一起。

历经反思和批判之后，大西洋史学出现重大转向，这主要体现在以下几个方面。

首先，大西洋史学强调陆地取向，并主张把海洋史和陆地史结合在一起。大多数大西洋史学家的研究主要集中在海洋史，完全忽视陆地在大西洋史学中的重要性。如在《跨阿巴拉契亚山脉边疆在大西洋史中的重要性，1754~1815 年》这篇论文中，弗朗索瓦·弗斯滕伯格（François Furstenberg）主张大西洋史学家把美国边疆开发和大西洋史结合在一起，而不是把研究区域集中在靠近大西洋的沿海地区。这些研究成果说明大西洋史学不应局限于研究海洋上的行动主体以及它们在海洋上的各种经历，而应该同时把它们在陆地上的活动和经历结合在一起。

其次，大西洋史学坚持跨洋取向，试图把大西洋与太平洋、印度洋和其他海洋的历史结合在一起。在《海盗、商人、拓殖者和奴隶：殖民时期的北美与印度—大西洋世界》一书中，凯文·麦克多纳德（Kevin P. McDonald）分析了海盗、商人、白人拓殖者和非洲奴隶在北美和印度洋地区的活动，也试图把印度洋和大西洋的历史结合在一起。麦克多纳德的研究成果说明越来越多的年轻学者不再把大西洋世界当作一个封闭的地理区域，而试图把大西洋与印度洋以及其他海洋之间的联系整合在一起。

再次，大西洋史学坚持半球取向，并试图把南半球和北半球之间的历史结合在一起。在很长一段时间里，历史学家们要么专注于研究北大西洋的历史，要么集中研究南大西洋的历史，完全割裂北半球和南半球之间的联系。2009 年，在与菲利普·摩根合编《大西洋史：一种重要批判》这本书时，杰克·格林撰写了题为《半球史与大西洋史》的论文，指出半球史是对大西洋史的重要补充，并呼吁历史学家将半球史和大西洋史结合在一起。另外，他鼓励历史学家们采用比较分析方法，比较南半球和北半球以及旧大陆和新大陆在相关研究主题上的差异性。凯特琳·菲茨（Caitlin Fitz）的新著《我们的姐妹共和国：美洲革命时代的美国》就是半球史研究的重要尝试。菲茨重点分析了在 1776~1826 年的拉丁美洲人民是如何支持美国革命，以及美国人民是如何支持 19 世纪初拉丁美洲的民族解放运动的。《我们的姐妹共和国：美洲革命时代的美国》的出版鼓励研究美国史和拉丁美洲史的学者们突破北半球和南半球之间地理区域的限制，进而把它们结合在一起，并将大西洋史学研究走向深入。

最后，大西洋史学坚持全球取向，主张从全球视野来研究大西洋，力图突破大西洋视野的局限。克里斯托弗·斯特罗贝尔（Christoph Strobel）的新著《全球大西洋：1400~1900 年》就是一本从全球视野研究大西洋史的代表性著作。在这本专著里，斯特罗贝尔把大西洋置放在全球视野下，讨论其在 1400~1900 年的历史。他指出，如果历史学家割裂大西洋世界与美洲、非洲和亚洲之间的相互联系，那么我们就无法理解大西洋贸易网络的兴起和发展。斯特罗贝尔进而尝试把西班牙在南美洲殖民地的历史与太平洋地区的中国历史结合在一起。西班牙在南美洲殖民地奴役非洲奴隶和土著印第安人，并让他们开采银矿。在获得白银后，西班牙殖民者带着白银，前往亚洲并与中国人交换各种香料。通过考察荷兰、英国和法国殖民者在这个区域的商业活动和殖民活动，他分析了大西洋世界与印度洋世界之间的联系。斯特罗贝尔提出了"全球大西洋"这个术语，鼓励历史学家们从全球视角研究大西洋的历史，以及大西洋与其他海洋之间相互关联的历史。

作为一种整体史，大西洋史重新审视了传统的大西洋世界中近代欧洲国家与美洲在人口、商品、疾病、科学、医疗等方面的互动，整合了传统意义上的欧洲民族国家史、帝国史以及美洲史的研究领地。但是大西洋史因其研究地理区域的限制，忽视了东欧国家、欧亚大陆上的其他帝国和民族国家。例如，世界历史上的蒙古帝国的历史是大西洋史学家所无法研究的。大西洋史过于强调大西洋沿岸的民族国家、帝国和岛屿，忽视了大西洋与印度洋、太平洋和其他海洋的联系。虽然现在有跨洋转向，但是研究成果不是特别多。在全球一体化盛行的 21 世纪，大西洋史学家需要放宽历史研究的视角，从全球视野下研究大西洋世界的历史。

陆地取向、跨洋取向、半球取向和全球取向的流行说明大西洋史学力图摆脱传统的大西洋史学研究的局限，并让这个研究领域重焕生机。陆地取向有助于历史学家把陆地史与海洋史结合在一起。跨洋取向有助于历史学家进一步探索大西洋与其他海洋之间的联系。半球取向有助于历史学家把北大西洋和南大西洋的历史结合在一起，进而考察它们在历史进程中的差异性和相似性。全球取向则力图突破大西洋地理区域的限制，进而从全球视野来研究大西洋世界的历史变迁。四种取向为大西洋史学重新注入了活力，有助于推动大西洋史学的进一步发展。

罗宇维：我今天想以自己的学术成长经历作为个案，回应这次会议中的第一个主题，即史学思维与当下关怀。

我自己很早以前就对思想史特别感兴趣，这种兴趣的产生首先是由于思想史本身的复杂性和魅力。进入大学后开始有机会系统地阅读所谓的西方经典，当时最直接的感受就是，那些重要的思想家的著作我看不懂，但看不懂便很自然觉得这些作品特别有魅力。就这种作品而言，如果稍微能看懂一点，便会觉得特别有成就感，如此反复几次，我便走上了思想史研究的道路。随着知识的丰富和研究的深入，我逐渐发现，时至今日，其实对于很多思想史家和伟大的思想家，依旧有许多相关问题值得我们的进一步反思。思想史发展到目前当然也面临很多困惑，尼采在《重估一切价值》下卷里曾经说，迄今为止所有类型的哲人都有着某种病态，他们在许多方面缺乏教养，他们最好还是不要将自己和人们带往高处，而是退到旁边，寻找一下看看是否有其他的路。这段话对我的一个启示是，我是否也不应该一直沉迷在对大思想家、大哲学家的崇拜之中，而是要看看有哪些东西更符合从具体个人到中观群体，再到大的人类的整个时代的、实际的需求，也就是我们普遍的心态。如果说我们要以学术为志业，那么或许可以说，我自己从事思想史研究的一个基本希望是，能够对一些理论和现实问题给出一些自己的回答。就此而言，尼采的这番话给我的感受是，要把自己放在更下面的位置上，更加谦卑、谨慎地思考人类社会生活中的各种现象和思想。

我想简要回顾一下思想史的研究特点。对于过去的一些重要思想家的研究本身就构成了思想史文本的一个主要部分，从古到今都是这样，其中当然也包括政治家、军事家的思想。过去我们总是讲伟大思想家、伟大观念，在 E. H. 卡尔的《历史是什么》的第六讲中，他也指出，思想史的主流观点是，现代历史上核心人物包括笛卡儿、卢梭、黑格尔、马克思和弗洛伊德等，仿佛我们的现代历史就是由这些人推动的，其他都不重要。唯物史观显然对这种观念论持批判态度，但我们依旧不能否认这些"伟大人物"的作用。除此之外，当然还有科林伍德最有名的论断：一切历史都是思想史。在西方的这样一种历史文本和传统里面，思想史是很重要的内容，我们可以通过思想史了解很多具体的政治历史社会事件。不过，思想史当进入 20 世纪中后期以后，似乎出现了一些新的情况，有些甚至算得上奇异。

举例来说，20 世纪影响力非常大的思想家列奥·施特劳斯（Leo Strauss）曾经做过一个表述，认为现代性有三波，施特劳斯通过这种表述来解释现代历史上的价值观的不断跌落，进而认为，我们所处的就是历史虚无主义的当下，而这个历史虚无主义是非常糟糕的。就我个人的阅读经验而言，施特劳斯的作品非常有迷惑性，他当然收获了一大批粉丝，但是我个人则是从对他的崇拜转向醒悟，其中的一个理由或许就是对他整体诠释方法特别是"隐微写作"的运用和影响的怀疑，就此而言，施特劳斯的许多作品是反历史的，甚至用斯金纳的话说，是道德论的。不过，虽然有明显的方法旨趣上与历史研究的差异，但是目前国内的思想史研究者里面还有很大一批人用他各种各样的理论和方法去做思想史的研究。

与施特劳斯学派的做法不同，观念史和思想史的热潮，也包含着非常复杂的内容。在这方面，李宏图老师做了很多引介的工作，介绍学派的理论、方法和研究成果。这一派被认为更符合历史研究的方式，很多观念史研究者本来就把他们自己定义为历史学家，而不是道德学家或者哲学家。除此之外，其实还有一件更"特殊"的事，我们知道20世纪有哲学上的语言学转向。其实在思想史领域，特别是政治思想史的研究中，分析哲学也被加了进来。这种做法更有趣，比如罗尔斯写《正义论》，虽然是关于正义的"一种"理论，但是他隔空跟霍布斯等一系列作家进行了对话。以历史的角度来讲，这样一个思想实验对于我们更客观合理地理解霍布斯等人，根本没有任何作用，换句话说，他是用霍布斯来帮助自己的论证，倘若读者不加分辨，就此以为历史上的这些作家本来的意图在此，其实会造成很大的混淆，这也背离了历史的求真和求是的主旨，虽然罗尔斯志不在此。

回到发言的问题上，如今自称从事思想史研究的研究者，是如何理解思想史的呢？在《近代政治思想的基础》25周年出版纪念日的论文集里，有一篇文章名为"What Is Intellectual History Now?"，直接翻译便是《现如今什么是思想史？》，作者安娜贝尔·布雷特把目前的思想史研究归为两类，一类是以他们自己剑桥学派等为主要代表的语境论，强调话语与行动，强调文本与文本间性，发现过去言说的方式，去还原过去，这是一个非常历史的方式。另一类是以法国的年鉴学派为代表的心态史的研究，例如夏蒂埃《作为表象的世界》等方法论的文章。就此而言，目前思想史的研究所强调的其实还是读历史，可以大概认为摆脱了施特劳斯的迷惑，也摆脱了包括洛夫乔伊所谓存在区间的本质主义决断的态度，我们不再以伟大传统和伟大观念为核心对象，关注作者的意图和读者的接受状况，关注思想与行动关系，这是特别符合将思想和现实社会关联的取向。思想是有力量的，剑桥学派很多理论文章如此认为，这也是语言哲学的主张。

思想史研究为何呈现出这种异质性的状况呢，我认为当然同现代社会本来的特征有关系。现代社会是一个多元社会，价值非常多元，大家的选择都有各种各样的理由。乔治·克劳德在《自由主义与价值多元论》里讲，基本的人类价值是不可还原的多元和不可公度的，它们会而且常常会彼此冲突。进一步而言，在这种情况之下，我们的思想史到底面临怎样的现状和困惑？我个人认为有这样一些特质，比如方法论的多元主义和价值的不可公度，人文学科在整体学科布局中的尴尬定位，概念的本质可争议性与实用性要求之间的张力，以及特定视角的不在场等。特别是最后一点，其实在某种程度上影响了思想史作为一种历史研究的真实可靠。这里所谓的特定视角，我的理解是，我们永远不可避免地带着自己的主体性去审视，例如在教育和生活过程中我们与西方的接触，既有宏观的结构的影响，又有日常生活的互动，这使得我们很难去真正进行客观的认识。而且，包括对于个人主义、自由主义等西方很多意识形态本能的反应，都会影响我们更客观地与国际思想史研究接轨。此外，这里关于所谓人文学科的尴尬定位，在我的理解中，一个无法忽略的问题就是所谓的"当代政治哲学"的流行，特别是所谓的数理分析方式对思想史的肢解。另外，人们运用各种各样的科学技术去重新思考人类为什么会思想的这种热潮，其实这也给传统的思想史研究带来困难。就此而言，"我们为什么会思想"在过去更多的是一个哲学命题或者历史命题，是一个人文命题，而现在变成一个生物学的命题，我自己不是特别理解这种取向的意图，可能还是持康德的立场，觉得有些东西不是科学能够完全还原的。然而更加令思想史甚至人文学科感到恐慌的是，自然学科在当下的背景之下又有着无可匹敌的竞争力，尤其是在各种评比或者学术 GDP 的创造上面。另外，概念本身具有可争议性和实用性的要求，我认为关涉思想史的研究就意味着，当我们都在谈论同样一个人的思想或者同样一个观念的时候，我们很多时候很难沟通，不知道到底在谈什么。

即使如此，其实思想史到目前还有很多东西可以做。我自己比较乐观，我也一直热爱这项工作，如果继续借尼采的话说，既然上帝死了，那么确实一切皆可能。福柯也曾经告诉我们：人文科学是这样一种分析，即它在人的实证性所是，包括活着的、劳动者、讲着话的存在，与使得这同一个存在能知道或设法知道生命的所是、劳动本质及其法则所在和它能以何种方式讲话这一切之间延伸。思想史有很多事情可以做，甚至不限于剑桥学派，甚至不限于概念史，我们还可以开发出很多符合中国特色的研究对象、方法等。

那么，思想史还有未来吗？历史在加速，随着现代的时间意识的变化、生产技术的方式变化，其实我们的体验也在不断加速。可能在某些特定的革新性的历史时期，例如法国大革命或者启蒙时代会突然出现很多杰出的思想家，但是大部分时候我们人类的生活体验都是在很长一段时间内沉淀的。换句话说，我们处在一个加速的时间和空间之中，就此而言，怎么样去观察这些思想本身的样子，它们的观照，它们的缘起，它们的影响，是一个非常难平衡的事情，因为历史是需要沉淀的，我们必须要知道很多事情的前因后果，需要有一定的距离以后，才能更好地去认识它。如果再次回到柯林伍德的说法，一切历史都是思想史，我认为这其实就包括了两个维度，一切历史都可以以思想史的方式或者文本方式进行表述，当然还有一切历史都是思想者的、人的历史，所以我们有必要做更具体全面的了解。

思想史有什么样的进步呢？最近有什么发展呢？在我看来尤其有趣的突出的一种思想史便是图像的思想史，包括剑桥学派的很多研究者，也在自己的方法论里面讲特别欢迎大家通过各种各样的方式研究图像思想，艺术作品就是一个特别典型的研究对象。借瓦萨里（Vasari）在他的艺术史研究里讲过的话，通过绘画和雕刻等手段，这些伟人得以永生，一代代后人能看见他们，渐渐彼此相传。要不是这样，恐怕人们连什么是绘画和雕刻都记不得了，用以保存他们声名的图像和铭文，就安放在各类公私建筑中，如圆形竞技场、剧场、神庙、引水桥、方尖碑、大型纪念像、金字塔、凯旋门，最后，还有他们自己的坟墓。换句话说，这些物品都可以用来给我们还原过去时代的人们、他们的思想，我也认为这是一个既有趣又可以继续发掘的领域，并且有很多研究者已经做了很多研究。例如，其中特别有名的就是对锡耶纳市政厅的"好政府与坏政府"壁画的分析。哈斯克尔在《历史及其图像》的开篇就曾经表示：要想充分理解某些最伟大的艺术杰作——如安布罗乔·洛伦泽蒂在锡耶纳市政厅创作的"好政府与坏政府"壁画——我们通常只会意识到它们对我们的历史的重要性，没意识到它们作为政治和社会文献对当时的人所具有的含义。换句话说，除艺术史以外，艺术作品也可以是思想史的研究对象。就这幅作品而言，其实已经有很多研究，包括剑桥学派也有，国内的韩伟华老师也做过研究，这些研究将艺术跟政治思想联系起来，跟当时当地的社会生态之类结合起来去进行阐释，因此研究可以拥有广泛的读者，同时又可以回答一些基本问题。还有我自己做过的一些研究，通过音乐去讨论政治思想。伍迪·艾伦《曼哈顿神秘谋杀案》中就有一句台词，"我一听到瓦格纳的音乐，就想入侵波兰"。其实很多的思想不是通过狭义的文本来传达的，可能是通过其他的一些方式。进一步而言，就真实的政治状况而言，思想确实不仅仅是简简单单的书面的知识，它有各种各样的面向，而这一点，其实历史上的许多作家都已经意识到了，卡米尔·圣-桑（Camille Saint-Saens）在1885年讨论音乐的时候，就直接把音乐跟政治意识，或者说公众舆论挂钩。他曾说：公众，当他们是天真和真诚的时候，只喜欢当代的和自己国家的音乐，道理很"简单"，他们理解不了其他音乐。古老艺术、异域艺术的审美是博学的和精致的审美。

最后，借用"笔如利剑（Pen as A Mighty Sword）"这句常常被提及的话来说，我对做思想史研究的自己，有这样一种要求，即，既然我都已经拿起了这支笔，想要扮演起这种类型的知识分子的角色，我就应该是要用自己的仅有的能力做一些经世致用，同时也追求真理的工作。通过各种各样科学合理的方法和更加客观的认知，我认为我们其实可以摆脱很多具有迷惑性的研究和悲观观念的束缚。简而言之，我认为在学习历史或者思想史过程中，开拓新空间并没有想象的那么难，我们其实比想象的更自由。

王超：今天，我想结合近十年来自己关于战后德国统一史的一些研究体会，向在座的各位专家学者做一简要汇报。我的发言题目是"战后德国统一史研究的现状及前景"。巧合的是，今天有两位老师做德国（断代）史方面的报告，其中一位是已完成发言的孟钟捷教授，我感觉我们在这次发言选题方面有些不谋而合。这两个主题都涉及德国（断代）史某一领域问题的研究现状和评述，而且在一定程度上可以说是互为补充的。孟钟捷教授讲的是跨国史视域下的魏玛史研究新路径，内容涉及德意志近代以来的现代化（政治民主化）道路问题。这其实是德国近现代史的一条发展主线。不同于英美国家的现代化道路，即民族国家的建构与政治民主化、经济工业化、思想理性化是一种有机的协调统一进程，德国的现代化之路则是先完成民族国家的统一，随后进行过几次民主政治的尝试（包括革命和改革），但在尝试过程中甚至出现了一些极端情况（如极右翼的纳粹党上台）。二战结束后，战败的德国被四大盟国强制推行民主化，最终走上了所谓国家正常化的道路。这是史学界经常谈及的问题。

事实上，近现代德国史还有一条主线也是很重要的，而且这条主线跟孟钟捷教授谈的德国政治民主化是如影随形的，那就是德意志民族国家的建构，即德国的分裂和统一问题。我想把今天的发言主题往前延伸一下，首先谈一下德国与欧洲的关系。其次谈一下德国史与欧洲史和全球史的关系。再次，谈一下战后德国统一史研究的问题。最后，谈一下战后德国统一史研究的现状及前景。

首先，德国与欧洲的关系。我们在研究区域国别史时，需要把它放到一个具体的时空坐标里，因为它不是一个抽象的概念。德国和欧洲的关系就是，德国位于欧洲中部，独具欧洲陆上交通十字路口的地理位置，素有"欧洲的心脏"之称。它是欧洲拥有邻国最多的国家，它的东南西北都有邻国。德国的地形也很奇特，它的南部是阿尔卑斯山，东西部基本上是平原，北部临海，历史上它是一个很容易受到攻击的地方，因为地形原因很难进行防御，经常受到来自东西方民族国家的影响，甚至是战争的侵扰。

其次，由于德国身处这样一个特殊的地缘环境，它就必然不可避免要跟欧洲其他国家发生联系。这种联系有的是主动的，有的是被动的。德国史研究显然不能囿于一个单纯的民族国家史研究范式。德国史研究跟欧洲史研究是一个有机的统一。进入现当代之后，随着美国在欧洲事务上的充分介入，特别是美苏冷战导致德国的分裂，德国史就被纳入全球史的框架，德国统一问题由此成为一个跨大西洋史，一个全球冷战史的重要问题。德国统一史的研究视野经历了从民族史到欧洲史，进一步向全球史的角度扩张。

再次，战后德国统一史研究存在的问题。我今天的发言跟会议主题下设的四个议题都有些许关联，虽然这么说可能有点牵强。其一，历史思维跟现实问题，战后德国统一问题跟当前的国家分裂和统一问题高度契合。其二，刚刚谈到它的跨国/全球视野与国别史研究的关系。其三，微观史学与宏大叙事，研究德国统一问题必然要涉及档案研究，涉及对一些重大历史事件的微观研究。其四，现在国内德国史包括德国统一史的研究还相对薄弱，这涉及学科建设问题，具体来说，就是国内世界史学科布局的不平衡问题。在欧洲史方面，研究人才比较集中于英国史，法国史也相对不错，德国史还很小众，可能比意大利史或者其他南欧史、北欧史稍强一些。一直令中国德国史研究会头疼的事情就是研究队伍人员少、规模小。究其原因在于国内培养德国史研究人才的硕博点太少，这严重影响了德国史研究的人才梯队建设。我曾在武汉大学历史文化学院攻读历史学硕士学位（地区国别史方向/德国现当代史），当时武汉地区是国内德国史研究的重镇，包括武汉大学在内的多所高校（华中师范大学、湖北大学）都有德国史硕士点或博士点。武汉大学当时有两位誉满全国的德国史专家。但随着他们的退休，武汉大学已无从事德国史研究的学者。

下面把话题拉回来，最后回到我今天要谈的主题——战后德国统一史的研究现状及前景。在国外，德国统一史研究目前的一个不足之处是，德国的民族史学色彩特别浓厚，这跟德国历史传统有着很密切的关联，德国史学家特别注重民族、文化、历史、血缘的民族特殊性，在昨天召开的中国世界近代现代史研究会年会上，邢来顺教授特别提及德国民族史学的特点。战后德国统一史研究缺乏这种全球史的视野，缺乏互动研究，特别是二战后德国的分裂统一，从来就不是两个德国之间的事情，它是全球冷战的一个有机组成部分，涉及美苏两个超级大国，涉及两个德国与其周边国家之间的关系，还有一些历史遗留问题的解决，特别是战后德国的边界问题。这样一个复杂的问题必须要建立在全球和跨区域的宏大视野上，才能有更深入全面的理解。

另外，战后德国统一史的研究角度过分侧重政治外交史，从其他角度如经济、文化等考察的不多。战后德国统一史研究涉及几个考察层面：四大战胜国对德政策，美苏冷战，两个德国与周边国家之间的关系，还有两个德国之间的关系。其中，民主德国史研究存在着一个非常显著的现象，那就是民主德国被长期忽视、弱化和黑化的现象，特别是在联邦德国史学界。这背后带有特别明显的冷战思维。2017 年，我在德国波茨坦当代史研究中心做访问学者，发现近些年民主德国史研究的成果日益增多，但是相关研究无论从哪个角度，最终证明的都是民主德国是一个警察国家、专制国家、集权国家，竭力揭示民主德国社会中的种种黑暗面。如何全面客观评价民主德国的历史，我觉得西方学者还没有跳出传统的冷战思维，他们试图极力否定民主德国存在的合法性和合理性。当然他们的做法遭到了一些左翼历史学家的反对，但是后者在这方面的学术话语权很弱。所以我觉得这是一个现实问题。

史料方面也存在一些问题，这直接影响了微观史研究。在现今的德国，民主德国的档案文件基本上没有受到档案管理条例的限制——30 年保密期限，很多档案都早已公开了。但是这种"公开"被德国左翼学者认为是有选择性的公开，并不是一个全面的公开，只是把一些能够体现出民主德国负面形象的材料，有选择性地大量公开了。联邦德国这边的档案文件仍然遵循 30 年档案保密期限，档案公开的速度比较慢。不仅速度慢，而且联邦政府一些核心部门的档案长期没有公开，这个就造成了原东西德档案材料公开程度不平衡的问题。民主德国档案虽然公开得比较早，然而是有选择性的公开。联邦德国档案公开滞后，而且一些核心部门的档案不公开。对于微观史研究，特别是对冷战时期一些具体历史事件的研究来说，原始材料的使用方面会出现瓶颈，因为无法掌握全面的史料，所以就不可能做出相对客观公正的研究结论。这是一直以来存在的问题。

在战后德国统一史的研究中缺失了民主德国，或者没有客观评价民主德国，所以我们看到德国统一之后内部存在着整合问题，即在整合过程当中暴露出的一系列问题（如东西德民众心灵隔阂，彼此间身份认同危机），就得不到一个非常合理客观的解释。所以战后德国统一史研究现存的问题，不仅会影响所涉及时段的研究，还会影响对德国统一后出现的一些问题的合理解释。

综上所讲，战后德国统一史研究目前仍存在着一些问题，即研究视角的问题，西方学者冷战思维的影响，还有民主德国没有得到客观合理的定位和评价以及体现出它应有的研究价值。在档案材料透明公开方面也存在问题，这些都是制约进一步深化战后德国统一史研究的瓶颈。

裔昭印：我的发言题目是"世界历史研究中的现实关怀与学术探索"。首先，说一下现实关怀。现实关怀是历史学家应当承担的社会责任，以史为鉴可以知兴替，也能够面向未来。历史传统对于一个人、一个民族影响深远，我们以史为鉴，也可以体现历史研究的学术价值和现实意义。修昔底德研究伯罗奔尼撒战争史，李维研究罗马史，司马迁写《史记》，汤因比写《历史研究》，他们都有着强烈的现实关怀。世界历史的研究可以为当代人们遇到的现实问题提供历史经验。例如，新冠肺炎疫情的持续，吸引着世界史学者探究历史上的瘟疫，如雅典瘟疫、欧洲中世纪黑死病、西班牙大流感等，特别是西班牙大流感离现在很近。当然，由于本人专业相关，我对雅典瘟疫的情况了解得更多些。世界史学者应当关注与研究瘟疫流行时人们的生产、生活状况和心理状况，探讨人和自然的关系。威廉·麦克尼尔撰写的《瘟疫与人》是研究这个主题的一本经典著作，它为我们提供了全新的视角，指出传染病是历史发展的决定因素之一。对环境史和瘟疫史的研究表明，世界历史的探究确实具有现实意义，它能够为当今世界的人们提供可借鉴的历史经验。如同历史上人类携手共同应对自然灾害和瘟疫的挑战，当今世界各国人民在处理好人和自然的关系、应对全球的环境问题上，需要同舟共济。比如对于全球气候变化问题，在温室气体减排指标上，发达国家不能只考虑本国的利益，推卸自己的减排责任，要求发展中国家承担不合理的义务。如果在讨论全球气候危机时，大家都推卸自己的责任，弄不好哪一天地球和人类会面临灭顶之灾。

还有一个例子，关于当今世界格局和国际关系问题。当今世界正经历着"百年未有之大变局"，国际力量对比深刻调整。进入 21 世纪以后，随着欧洲国家、日本、中国、印度等国家和地区实力的增强，"一超多强"的国际格局正在发生变化，进一步走向多极化。在信息革命推动的经济全球化快速发展的过程中，逆全球化、单边主义、极端民族主义、民粹主义思潮也有所"抬头"，当今世界不同民族与文明之间应当如何相处成为一个亟待解决的问题。在这个时候，世界历史研究就可以发挥其作用。例如，在本人主编的《世界文化史》中，我们提出了"多元一体世界文化"的概念，认为世界文化是多元的、相互依存的整体；指出世界各民族、各文明之间的相处之道应该是"和而不同"。这一观点符合我国提出的构建人类命运共同体的理念。

其次,学术探索。一个世界史学者应当具有社会责任感,表达现实关怀。但是,这必须要有扎实的史学研究作为基础,不能做"万金油",不能为了赶时髦追求热点而频繁地改变研究方向。不能犹太问题研究热了,你就去研究犹太问题;现在美国问题成为热点,你就去研究美国问题;再过一段时间,非洲变成媒体关注的焦点,你又成了非洲研究专家。我主张,学者要有稳定的研究方向和自己的研究特色,要坚守这些特色。在搞历史研究的时候,一定要有扎实的史料功底。世界史研究,要学习和掌握好外国语言与文化。对世界历史的研究既要看到其一般性,也要考察其特殊性。对历史现象、进程、事件、人物、思想、制度等研究,都要做实事求是的深入探索,不能盲目地套用某一个模式。比如,历史学界对人类社会发展单线的五种生产方式说有很大争论。如果把这个模式用到研究古代中国和古代印度的研究上,研究会遇到一点麻烦,发现古代中国和印度奴隶数量都不太多。因此,研究历史必须根据史料和历史实际情况进行研究,不能简单地套用某种模式。做世界文化史研究,尤其是对古代思想家的研究,要根据当时的时代背景与人们的思维特征进行探索,不能把当代人的思想强加给古代人。例如,说到希罗多德当时相信神谕,就用"都是唯心主义的"一句话套个帽子来解决问题,这就太简单化了。

历史研究者要在翔实史料的基础上扎扎实实地进行研究,并要重视与掌握史学理论与方法。比如,对世界各民族发展的特点、奴隶制问题的研究。奴隶制问题是历史领域一个非常重要的、经久不衰的、到现在还没有很好解决的学术问题。对于世界各民族的研究,我们应当考察不同民族群体的共性与差异。刘家和先生在研究轴心时代时,撰写了《论古代的人类精神觉醒》一文。在该文中他指出,当时古代印度、希腊和中国在天人关系上形成了不同的研究传统,印度形成了宗教研究的传统,希腊形成了科学研究的传统,中国形成了人文研究的传统。我十分赞同刘家和先生的话,这段话很精辟地说明了在轴心时代这三地人类精神觉醒的共性与各自的特点。当然,古希腊的人既是理性的人,也是信仰的人,宗教仍然在他们的生活中起重要作用。泰勒斯、毕达哥拉斯等古希腊哲学家,头脑中并存着理性和非理性的思想。

就古希腊的奴隶而言，其内部存在较大的差异。对古希腊奴隶，我们不能简单地将其概括为会说话的工具。其实，古希腊奴隶的地位既有被奴隶主占有的共性，也有区别。按照类型不同，古希腊奴隶可以分为动产奴隶、黑劳士，也可分为公共奴隶、私有奴隶、神庙奴隶等。根据使用方式不同，可以分为家内奴隶和家外奴隶。根据行业不同，可以分为农业奴隶、手工业奴隶、服务业奴隶等。古希腊奴隶的来源与处境也有所不同。他们中处于顶端的是数以百计的公共奴隶，处境最差的是采矿奴隶，例如雅典劳里昂银矿的奴隶。但就在劳里昂银矿的奴隶中，管理人、技术熟练工和一般的矿奴地位也有所不同。古代希腊奴隶不但有分层，而且他们的身份地位也是流动的。在这种社会流动的过程中，虽然奴隶主掌握了很大的主动权，但奴隶并不是完全被动的。一些奴隶会利用外部环境躲避监视，在奴隶主家外从事手工业，甚至通过赎买赢得人身自由，获得新的身份。有的国外学者注意到这是一种协商的关系。总的说来，国内外学者对奴隶制问题的学术探讨还是远远不够的，这个问题值得我们进一步深入研究。

另外，如何看待当代经济全球化过程中的"反全球化"思潮也是一个值得探讨的热点问题。当今世界发达国家出现的反全球化潮流有其原因。就美国来说，全球化在一定程度上激化了其内部的阶级和种族矛盾，并导致分配不均。美国为什么会有人支持特朗普呢？中下层蓝领白人、失业群体和受全球化冲击的中小企业主抵制全球化，这些人成为特朗普倡导的反全球化潮流的社会基础。特朗普号召"制造业回归"，这不但是对美国产业空心化的回应，也得到了美国中下层民众的支持，因而其具有一定的群众基础。尽管他看起来行为怪异，不少人仍然给他投票，他获得 7000 多万选票。我有一个朋友在美国，她认为特朗普是在纠偏，是对政治正确和精英阶层价值观的反思。研究当代社会问题，世界史学者是可以发挥自己的学术专长的，做到以史为鉴。当然，世界史学者要想表达现实关怀，一定要有扎实的史学研究作为基础，也要有较强的史学理论功底。

信美利：我今天报告的题目是"两次世界大战之间的意大利外交与中意关系"。研究意大利近现代史，我们不可避免地要思考一个问题：什么是意大利？提及意大利，国人对于这个国家尤其是它的历史仅有一种大致印象，缺乏系统的认识，意大利对于我们似近又远。我今天的主题，一是关于两次世界大战之间意大利法西斯政府的外交，时间从1922年至1940年，1922年是法西斯上台的时间，1940年是其宣布参战的时间；二是关于中意关系。前者为后者背景，后者是前者的问题缘起。

关于两次世界大战之间的意大利外交，历史研究者主要基于1953年开始陆续解密的外交档案进行研究。同时，意大利外交部将其中较重要的部分编纂出版。基于同样的档案，研究视角和结论却非常不同，大致可分两派：传统派与修正派。传统派持坚定的反法西斯主义立场，如著名历史学家萨尔韦米尼（Gaetano Salvemini），他曾因法西斯迫害而流亡海外，对法西斯政策基本全盘否定。传统派的观点可归纳为以下三点：首先，他们认为法西斯意大利的外交不连贯、不成体系、无规律可循甚至自相矛盾；其次，法西斯的外交基本等于宣传，墨索里尼是典型的投机分子，其外交部更像宣传部分部；最后，法西斯政府不注重政策的长期影响，只关注短期收益和新闻效果。对法西斯政府而言，尤其在墨索里尼看来，言辞比事实更重要，传统派历史学家批评墨索里尼的外交政策朝三暮四、愚弄世人。

修正派史家之中最著名者如德费利切（Renzo De Felice），他是二战后研究意大利法西斯成果最丰硕的专家之一，他的观点有为法西斯政府辩护之意。20世纪60、70年代开始，修正派史家着重强调法西斯外交政策的"合理性"，他们认为法西斯的外交活动旨在冲破凡尔赛体系，为意大利实现"合理"（在他们的立场上看似有理）的帝国扩张。墨索里尼对非洲进行扩张的政策并非"独树一帜"，而是自意大利自由政府时期便已开始的殖民主义政策的延续。法西斯意大利所谓的"生存空间"与纳粹德国所宣扬的具有一定相似性。

基于前人的研究，我认为可将意大利法西斯外交史进行分段讨论，1922~1925年为第一阶段，法西斯并非上台伊始便实行对外扩张，其政权初立之时，国内反对派势力强劲，法西斯政权并不稳固，在其内部权力巩固，实现了国家的法西斯化后才开始积极对外扩张；1926~1933年为第二个阶段，主要进行理论和军事准备；而后第三阶段，意大利于1935年、1936年入侵埃塞俄比亚并干涉西班牙内战，这一阶段可称作帝国扩张理论的实践阶段；第四阶段，意大利经反复权衡、观望，最终加入轴心国阵营参加二战。

基于上述历史背景再对意大利与中国的关系进行考察。民国时期，德国与南京国民政府保持着非常密切的合作关系，对此，近年有一系列相关研究著作出版。但关于中国与意大利的研究则鲜有问世，实际上在 20 世纪 20 年代，中国对于法西斯主义兴趣浓厚，一批民国报纸刊物纷纷介绍意大利法西斯主义的理论和人物。

当代意大利史家提出"黄金时期"一说，指 1933～1937 年意大利与中国关系出现的所谓"蜜月时期"，该时期内中国与意大利开展（或者试图开展）经济和军事的密切合作，意大利旨在获得经济利益并进行法西斯主义宣传。当时，意大利对中国和日本有截然不同的判断，其认为，日本是西方文明在东方最成功的继承者和发扬者，而中国基本上只被当作一个扩张目标、巨大的市场和原料产地。此外，对于中日战争意大利的真实态度是趁火打劫，趁乱进行军售；其另一个意图是希望中日战争转移欧洲列强的注意力，便于其在欧洲和非洲进行扩张。中国方面与意大利进行合作主要是考虑经济和军事基础设施建设的需要，之后意大利参与中国空军组建并投资飞机制造厂；中国方面另一个考虑在于列强在华利益牵涉越深，在抵抗日本侵略之时中国所掌握的筹码越多。

中意关系"黄金时期"终结于 1937 年，即中日战争全面爆发以后，意大利人员、组织、资金等均从中国撤出。"黄金时期"终结之原因可从以下几方面进行分析。首先，法西斯意大利与中国在殖民扩张战争中存在天然的对立立场，意大利是殖民者，而中国是被殖民或者被扩张的对象。其次，中国和意大利之间缺乏深厚的利益基础，意大利虽试图对华扩张，但一方面其自身力量不够，另一方面它扩张太晚，当时的中国已基本上被瓜分完毕，而且意大利决策者认为，中国局势混乱，在华投资风险过大，在远东牵涉太深得不偿失。最后，虽然称为"合作"关系，意大利却仍以优越的西方文明代表自居，隐含优越感。

张炜： 因为我自己多年从事书籍史、新闻传播史的研究工作，下面我就结合自己的一点研究心得，尝试从信息传播的角度谈谈近代以来英美信息传播业发展与大变局之间的关系。我这里所谈的"大变局"，更多是从狭义上讲的，即一种国际格局的演变，实际上是国家实力的此消彼长。

我主要聚焦于 17 世纪英国超过欧洲其他国家和 19、20 世纪之交英美霸权地位发生交替这两个大的时间点。

第一，三十年战争和英国内战时期的信息传播和政治论争。16、17 世纪伦敦人接收信息的重要途径，就是更夫在伦敦的大街小巷口头传递信息，另外还有政府的文告、印刷品等。17 世纪初期开始出现了新闻信，这是一种手抄本，但是非常昂贵，生活在英国乡下的一些贵族乡绅为了获取首都的政治、经济信息，会雇专门的职业写手搜集整理相关信息，并把信息记录下来。

还有一类是新闻歌谣，由小贩们当街一边吆喝一边贩卖。这是一种小型印刷品。新闻歌谣在英国的政治生活当中扮演了信息传播的角色，比如 1588 年英国海军击败西班牙无敌舰队的消息就是通过歌谣集最先传播的。

到了三十年战争的时候，即从 1618 年开始，由于局势的巨大变化，人们对信息的需求量猛然增加。这时候荷兰商人，由于地理位置适中，开始在阿姆斯特丹印刷报道欧洲大陆的消息，并把这些消息运往英国销售，获利非常丰厚。

受到荷兰人的启发，在两三年之后英国人也开始创办自己的刊物，那时期新闻书的名称非常长，如《来自意大利、德意志、匈牙利、西班牙和法国的新闻或科兰特》，报道战争期间欧洲各国及和英国有关的新闻。英国本土新闻书的信息量比较大，但是这一时期的新闻书主要特点是只报道国外的新闻，为了规避官方的审查，他们对于国内的新闻是不太触碰的。

到了英国革命，即所谓内战时期，查理一世重新开启议会，议会废除了主教的书报审查权力。英国的印刷品出现了"井喷"的情况，从 17 世纪中叶开始，报刊数量大幅增加，在 1642 年增幅最为明显，虽然中间有一个短暂的下滑，但后来还是呈显著上升趋势，这是 17~18 世纪英国新闻出版物大概的发展轨迹。内战期间比较具有标志性的就是议会党和王党有针锋相对的报刊。以上简单勾勒了国际国内政治宗教格局的变动所引发的英国新闻媒介变化的情形。

第二，伦敦瘟疫和信息传播之间的关联也是一个值得关注的话题。英国是一个时常受到瘟疫侵袭的国家。从 16 世纪初开始有了收集并且向红衣主教上报死者信息的制度性安排。17 世纪初期伦敦出现了死者清单，后来慢慢形成了一个比较成熟的信息采集的流程，感染疾病的人数要按照一定周期进行收集整理，比如在周四的某个时刻开始收集数据，将整整一周时间内各教区内的死亡清单汇总到教区职员团那里，再进行整理、印刷。

不管是瘟疫死者，还是其他死者的名单都被统计进来，这样可以让人更全面地认识瘟疫对于社会、对于人口死亡率的影响。1665 年英国国王为躲避瘟疫逃到牛津以后，以官方名义出版了《牛津公报》，在第一页的左边列有最近一周的死者名单。此外，英国在这一时期创立了很好的学术交流平台，即《哲学学报》。英国皇家学会的学术秘书亨利·奥尔登堡利用其广泛的社交网络，邀请欧洲一流科学家在自己创办的刊物上发表论文，报道科学研究的最新动态。这是第一份现代意义上的科学学术研究刊物，其创立了国际科学合作的平台。到了 17 世纪末，法国人也承认英国在信息交流的领域走在了欧洲的前列。

第三，美国信息传播业的跨越式发展，从更长的时段来看，可以追溯至南北战争，正是这场战争大大促进了报业的发展。到了 19 世纪末，像美西战争也极大地推动了一些明星记者的出现。20 世纪一部非常著名的电影《公民凯恩》，其主人公原型就是赫斯特——美国 19 世纪末 20 世纪初最有名的新闻大亨。之后，美国人借助两次世界大战的机遇，其信息传播业得到更加快速的扩张。实际上 19 世纪中后期一直到 20 世纪是世界范围内信息传播技术突飞猛进的时代，像无线电报、海底电缆，还有广播、电影等，都是这一时期出现的新型传媒技术。美国人以发明利用这类技术为契机，经过比较漫长的发展过程，通过资本的运营，把原先属于英国控制下的企业归并到美国旗下，通过一些外交战略手段，特别是一战的时候，通过控制拉美的通讯社等，实现了其传播力量在全世界的布局，特别是在拉美、东亚地区。

二战期间，随着美国军队到欧洲参战，美国的电波声音也传到了欧洲听众那里。像英国 BBC 的广播节目，通常比较严肃，主要受众是社会精英，而且承担着教育大众的职能。但是美国的广播定位非常商业化，美国士兵进入英国境内以后，还在听本国广播，同时有更多当地英国人也开始听美国的广播。

一战之前，世界电影的中心在欧洲，而欧洲的电影中心主要是法国和意大利，那时美国的电影还处于起步阶段。美国通过一战，占领了南美、澳洲、欧洲的市场，法国和意大利在战争期间和战后没有余力投入巨资重振它们的电影工业。从那个时期开始，美国网罗了大量欧洲杰出的电影人，并通过资本运营手段和明星制度等，开始逐渐超越欧洲。

信息作为一种战略性资源，在国家综合国力提升过程中的价值是非常显著的。美国和英国的信息传播业能够在特定历史时期获得跨越式的发展的原因有五条，其一，其充分发挥了不同时期新兴传播技术的物理特性。比如 17 世纪英国人对于印刷技术的应用，19、20 世纪之交美国人对于无线电、电影这些媒介的物理特性的运用。其二，英美信息传播业紧随国内政治和国际格局的变动趋势，在一定程度上打破了原有的制度束缚。比如英国人在内战期间突破审查制度，美国人则在一战、二战之间，通过签订各种国际条约，把本国电影传播到了更广泛的地区，改变了既定的国际传播格局。其三，灵活的行业内制度为其发展提供了较为自由的空间，如运用资本主义分工协作的生产方式等。其四，内容表现方式的大胆革新，赢得了受众认可，特别是善于讲述个人化的故事。其五，信息传播理念和目标既适度超前又明确具体。近代初期英国超越法国就是一个明显的例子，比如刚才说的奥尔登堡创办的刊物提供了科学工作者之间的交流平台，同时期法国人提出了一个要建立"文人共和国"的宏大理想，但是因为理想过于庞大，无从下手，在实际效果上比英国人就差了很远。

实际上，英国超过欧洲其他国家，美国超过英国的过程，绝不是一蹴而就的，其信息传播业在"大变局"中为各自国家夺得国际话语权发挥了重要作用。今天，数字技术的迅猛发展，为世界各国发展本国的信息传播业提供了巨大前景。对于中国来说，我们在信息传播技术方面已经取得长足进步，但要想扭转目前的国际传播格局，则要汲取各方面的经验和智慧，力争将中国声音有效传播到世界各地。

梁民愫：我的发言题目是"立足本土与放眼全球：中国世界史学科建设的本土取向与话语创新"。今天会议主题是"大变局之际的世界史研究"，前面许多前辈专家与青年学者都谈论了很多真知灼见，我都很赞同，俞金尧老师提出的这个题目主要包含了三个相互关联的主题。第一，从史学主体看，它涉及历史思维和现实关怀之间的关系，侧重的是历史学的基础功能，强调历史研究的学术功能与社会功能，归根到底它涉及史学功能问题。第二，从史学研究与对象领域看，它涉及整体性的全球视野、跨国区域单位和跨区域研究的问题，这里主要是一个实证领域，前面很多老师的发言大概都是从这方面的内容展开阐述的。第三，从史料依据或史学认识媒介及史学研究方法看，它涉及微观与宏观的叙事问题，有的老师从很具体的研究领域给我们提供了方法论的具体解释。回到一门学科意义上讲，世界史学科建设与世界"大变局"之间的关系就更为紧密，目前世界史学科建设的最大关怀，它直接涉及的是一个我们这个学科世界史学科的研究主题，至少未来的研究主题，应该包括人类历史重大理论的反思及世界历史学科发展的命运问题。在"大变局"的学术背景与历史前提下，对人类重大历史问题的研究如何展开，下面重点说一下我的理解。我要谈的是，明确"世界大变局下的指导思想"与确立世界史学科的基本诉求，就是要把握社会的时代要求，寻求重点研究的历史主题。这些也可以从以下三个部分展开，或者说，需要注重三个方面的研究内容。

第一个方面，立足中国的现实与服务社会的大局，重点探讨有关人类历史的重大理论与世界历史进程的整体性问题。这里有两点值得关注。一是致力于从历史的角度，研究当前人类面临的共同主题与未来命运。例如，自然环境与人类文明、经济发展与道德伦理的关系问题，古代文明的起源问题，现代化与近代社会转型问题，跨文化交流与全球化进程问题，区域、国别史中的制度变革、政治革命、革命时代、民族起源问题等。比如革命的时代，有英国革命的起源问题。我感觉英国史学界对革命的研究是非常重视的，工业革命和政治革命属于重大研究领域，17 世纪和 18 世纪则是重点研究时代。包括民族起源等问题都是重大的人类历史命题。在研究这些问题时，就史学研究主体来说，前面可能李剑鸣老师谈到过，个体和群体共同组成了学术共同体，国内外各个高校和机构，各个团体，其既是个体也是整体，这里面既有个人的微观，也有整体的关怀。诸如此类的重大历史问题研究都非常有助于构建人类历史重大理论问题的话语体系。

二是强调整体性眼光与全球性研究。国内有些高校都有自己的学科团队，个体和群体、高校团体和基地中心，比如上海师大世界史系就可以结合团队在古典学、欧美史、社会文化史和外国史学理论等领域的学术优势，立足中国世界史学科的整体高度、基本水平和基础成果。无论是中国史还是世界史或世界史学科内部的研究者，都在积极探索世界历史在纵向与横向上的宏观进程，反思区域国别在历史与现实上的独特经验与发展趋势。

当然，从第二个方面的内容来谈，从个人建议来讲，我们在研究世界史的时候，主要是要研究西方学术里面的一些理论内涵与概念体系。研究西方学术概念体系，反思域外知识生产权力机制，促进构建一种中国世界史的学科体系、世界史研究气象，这里存在一个关于学术体系与话语体系的建构问题。反思域外的理论可以解决我们的学术效用及应用问题，促进建构一种中国世界史的学科体系，推进学科建设中的一些观点或者是理论的创新。这里要求注意两点。一则，就学理层面而言，就是要在谨慎对待西方学术传统及其成果的基础上，深入探究西方知识生产的内在机制，客观阐释西方学术思想、理论概念、传播途径及其话语权力的影响。二则，从史学实践上，重点分析与梳理西方世界史话语体系的进程及经验，从学术的本质上，理解或解构那些西方学术霸权与消除西方中心论，在借鉴与批判西方学术成果基础上，最终构建中国世界史学界特色的话语体系。也就是说，我们要去分析和梳理西方世界史研究中的一些优秀的研究成果，来理解、解构西方学者长期以来的学术话语霸权，他们所谓西方中心论的问题，我们要去借鉴和批判。回到李剑鸣老师所说的，我们研究的是世界问题，但是我们书写的是中国的文章这么一个问题。

第三个方面，我想从个人的角度，谈谈一点建议，就是要系统规划与整合团队的课题设计及研究方向问题，强调聚焦与落实针对边缘性区域、非西方地区国别史的实证研究问题。其一，尽管中国学术界早已意识到西方中心论的弊病，但西方中心论的理论形成由来久远，影响根深蒂固，仍然是当下世界史研究和话语体系建设需要克服的问题。我们要通过对非欧美国家和地区历史的研究，纠正西方中心论的偏颇，推动与完善我国的世界史研究。其二，话语体系的构建离不开特定概念。科学有效概念的供给，是中国话语体系自主性建构的关键一环，提炼标识性话语，是中国话语体系高效传播的必要手段和必要前提。因此，我们在总结中国经验、继承中国传统文化的基础上，要提炼标识性话语，强化概念供给。

此外，我个人理解的是，世界历史研究所在作为一个学术指导机构的角度上还是应该有所作为，应该在整个中国的世界史研究中增强学术指导的功能意义，对"大变局"背景下的全国世界史研究应思考如何去系统规划，如何去布局世界史的研究领域。比如，目前的大西洋、太平洋等区域史研究、海洋史研究很热。我的感觉就是，我们确实是应该做原创研究，但是做原创研究肯定是不容易的，每个人都希望提出最好的研究成果。就个人来说，我还需要多多向后浪，向青年学者学习，我觉得他们做得非常好，许多青年学者在英国从事了扎实的学术训练，这涉及我们的学科团队建设问题，我觉得自己似乎有点跟不上节奏，当前的后浪们太厉害了。他们经历了系统的西方学术传统的训练，然后再来中国本土化，已经站到一个学术的制高点上了。中国世界史学科的一代又一代青年队伍的培养，也是我们世界史学科发展的未来前景依托，世界史学科面临"百年未有之大变局"，需要不断推陈出新，不断确定新的学术主题，持续推出和连续出版一系列的能够代表中国世界史学术最新水准的研究成果。谢谢各位。

张忠祥：今天的会议主题很好，"大变局之际的世界史研究"是一个很新的、很宏大的议题，具有时代感、使命感。当今世界正处于"百年未有之大变局"，中国与世界的关系也发生了巨大的变化。这对中国的世界史学科的发展来说，是极大的机遇。因为社会大变革的时代，一定是哲学社会科学大发展的时代。围绕"百年未有之大变局"，需要中国世界史工作者去研究和阐释。

在"大变局"之际，中国的世界史研究更加需要全球视野。早在新中国成立之初，中国老一辈世界史工作者就对"欧洲中心论"表示不满，予以批判。他们努力将西洋史还原成世界史。最近一二十年，全球史在中国的兴起，也说明了中国的世界史学界对全球视野的肯定。现如今，在具体的研究领域，学界也开始重视全球视野。比如 2019 年于沛研究员主持的国家社科基金重大项目"20 世纪的历史学和历史学家"，将非西方的历史学和历史学家都纳入研究的范围。

在"大变局"之际，中国的世界史研究更加需要形成中国风格。2016年 5 月 17 日，习近平总书记在哲学社会科学工作座谈会上指出："要按照立足中国、借鉴国外，挖掘历史、把握当代，关怀人类、面向未来的思路，着力构建中国特色哲学社会科学，在指导思想、学科体系、学术体系、话语体系等方面充分体现中国特色、中国风格、中国气派。"这一要求对世界史学科同样是适用的。当然，三大体系的建设和中国特色、中国风格、中国气派的形成将是长期的目标，需要中国学者、甚至几代学者的不懈努力，不可能是一蹴而就的。

关于宏大叙事与个案研究的关系，前些年学术界对个案研究比较重视，现在又提倡回归到宏大叙事。我想这两者并不矛盾，史学理论的研究可能就是一小部分人去做就可以了，对我们大多数具体研究工作者来说，无论是宏大叙事也好，还是个案微观研究也好，你只要把自己的东西写好，对世界史学科的发展都是有意义的。

李新宽：我的发言题目是"全球史的基本分析单位"。这个题目由我的一个疑问而来。为什么要讲全球史的基本分析单位，我很早看斯塔夫里阿诺斯的《全球通史》的时候，这里面讲研究者研究全球或者一个地区、一个国家的历史时，要像站在月球上的观察者，对我们星球进行整体观察。这本书我反反复复读过好几遍，他讲的时候还是以欧洲、亚洲、非洲为研究单位，讲到欧洲的时候还是以英国、法国、德国为研究单位，这些都是原来的研究单位，没有新的东西。如果真像他说的站在月球上观察，按照全球史的思路，地球人的生存史或者发展史，应该叫"蚂蚁帝国"。所以，不应该还用传统的分析单位。今天全球史比较热，西方比较热，这个话题在中国也比较热门。要研究全球史，写一本自己的全球史，应该以什么为分析单位，我主要是思考这个问题。

我们首先看它作为一个年轻的学科，或者一种史观，它有哪些特点。简单总结有三个特点：第一，形成跨过程、跨民族、跨地区的整体史观，更高层次更广泛的视角；第二，反对欧洲中心论，把它放到一个互联互通的网络体系里面，突出互联互通和交流互动；第三，因为全球史视野开阔，现在主要关注经济流动、物种交换、信息交流、技术转移、疾病传播等，希望用一个长时段的大范围整体运动，来增强它的解释力。

根据这三个特点，我认为将文明（这个文明当然是我借鉴复数的文明，不是单数的）作为全球史基本分析单位比较符合它的特征。我也从三个方面简单说一下。第一，如果以文明为基本分析单位，这能够很好地体现跨国家、跨地区、跨民族的全球史观。既然叫全球史，好多全球史学家也反对把国家、民族和地区作为基本的研究单位，但总要有一个研究单位。当然也有人主张社会空间，但是社会空间怎么定义，是不是像斯塔夫里阿诺斯说的是全球，但是讲的时候还是讲亚洲、欧洲、非洲。要超越这种方法，当以文明为单位，我觉得比较合适。

第二，能够凸显世界历史上人类之间交流互动的特点。从全球史研究来看，它关注刚才讲的这些经济互动、消费品商品的流动，正是文明之间的互动和交流，文明在社会空间范围上的区位差异形成了各种要素的交流。现在全球史研究者围绕这些要素的流动展开研究，包括像巧克力的全球史、咖啡的全球史、疾病的全球史，现在的研究特别多。

第三，以文明为分析单位，能够多层次体现全球性的主题，比如商品、疾病、移民的流动性。全球史的研究和写作不管是宏观写作，还是微观个案研究像咖啡研究，只要是全球性主题，它体现的是要素的流动，这种流动不管是地域性流动，还是全球性的流动，不管流动的是商品还是信息，是技术还是移民，是物种还是疾病，都是由于"文明间性"的存在，每一个处在交互环境当中的文明，既要坚守对自身文化身份的认同，也要与其他文明交涉相融。不同层次的流动，会产生不同层次的主题，就会构成全球史的主题。

综上所述，如果把文明作为全球史研究的基本分析单位是比较符合全球史特点的。

俞金尧：非常感谢各位老师。这一次一个很重要的目的是把我们这个团队带出来跟诸位前辈老师进行交流。你们今天都提供了宏大的视野和开阔的思路，这些对我们的年轻同事们都有很大的帮助，这种宏大的、开阔的视野只有建立在深厚扎实的学术研究基础上，才能对这个学科、专业乃至时代有一个高屋建瓴的把握。

"大变局之际的世界史研究"中可谈的话题很多。我们这个团队的年轻同事们，应该收获很大，借此机会向上海的各位世界史老师表示感谢！

（张炜，中国社会科学院中国历史研究院世界历史研究所副研究员，主要研究方向为近代早期欧洲史、媒介社会史）

访　谈

昆廷·斯金纳：思想史的研究方法与旨趣

罗宇维

【编者按】 昆廷·斯金纳（Quentin Skinner），思想史领域"剑桥学派"的代表人物，现任伦敦大学玛丽女王学院巴伯·博蒙特人文科学教授，1974~1979年任普林斯顿高等研究院院士，1996~2008年任剑桥大学近代史钦定讲座教授。斯金纳教授是英国人文社会科学学院院士，美国人文与科学院院士，欧洲人文与自然科学院院士，意大利林琴学院外籍院士，先后获得过沃尔夫森历史奖、巴尔赞奖等重要学术荣誉。斯金纳教授的许多作品早就被译成中文，也成了相关课程上老师们推荐的阅读材料，包括《近代政治思想的基础》（*The Foundations of Modern Political Thought*）、《自由主义之前的自由》（*Liberty Before Liberalism*）、《霍布斯哲学思想中的理性和修辞》（*Reason and Rhetoric in the Philosophy of Hobbes*）、《霍布斯与共和主义的自由》（*Hobbes and Republican Liberty*） 以及小册子《马基雅维里》（*Machiavelli: A Very Short Introduction*） 等。①

在政治理论和思想史的课程中，斯金纳的作品和所谓"剑桥学派"的方法，是绕不过去的话题。在国内一批学者的推动之下，这种研究方法也成为思想史研究的一条新出路。在斯金纳的主导下，剑桥大学也开始了编辑西方经典政治文本和出版一系列"语境中的观念"研究的工作，前者成为思想史研究者在学习时的一个基本文献版本，中国政法大学也曾经以影

① 〔英〕昆廷·斯金纳：《近代政治思想的基础》（上、下卷），奚瑞森、亚方译，商务印书馆，2002；〔英〕昆廷·斯金纳：《自由主义之前的自由》，李宏图译，上海三联书店，2003；〔英〕昆廷·斯金纳：《霍布斯哲学思想中的理性和修辞》，王加丰、郑崧译，华东师范大学出版社，2005；〔英〕昆廷·斯金纳：《霍布斯与共和主义自由》，管可秾译，上海三联书店，2011；〔英〕昆廷·斯金纳：《马基雅维里》，李永毅译，译林出版社，2014。

印本的形式引进过，而"语境中的观念"系列已经推出上百本作品，给思想史和观念史研究者们的交流和学习提供了极其宝贵的平台。2017 年斯金纳教授应邀赴北京大学讲学，其间，我有幸受托围绕思想史的研究路径与剑桥学派以及斯金纳教授的主要学术主张对其进行了采访。①

罗宇维：斯金纳教授，我非常荣幸可以对您进行这次专访。我们有许多问题想向您请教。第一个问题比较宽泛，与您研究生涯的早期阶段有关。我记得在 20 世纪 90 年代的一次采访中，您曾经谈到，自己在大学时代是带着巨大的崇敬之情（piety）来阅读维特根斯坦的，请您谈谈维特根斯坦对您的影响。

斯金纳：是的。我很乐意谈点关于维特根斯坦的东西，特别是他那种思考语言的方式。不过，在讨论我的研究与维特根斯坦的关系之前，我想首先说一句，很高兴自己被邀请来做这次访谈，谢谢你。

确实，当我开始读大学并以历史和哲学为研究领域时，维特根斯坦哲学对我来说十分重要，我觉得对我那一代人来说都是如此，剑桥的情况无疑就是这样。特别是他的遗著《哲学研究》（*Philosophical Investigation*）②，这本书在他去世之后才被出版，当我读大学的时候，这本书才出版不久。这本书的内容非常丰富，其中，我觉得被人们研究得最多的一点，就是维特根斯坦对他所谓"Lebensform"的研究，也就是"生活形式（forms of life）"。他认为，或许存在着与我们的共同体在观念、态度、信条上都有所不同的共同体，但是在这个共同体中，它的各种信条共同构成了一种特定的"生活形式"。因此，要理解这种特定的"生活形式"，你必须要理解的就是在这个社会中被施行的那种它所特有的、被维特根斯坦称为"语言游戏（language games）"的东西，就像我们说学习一门语言就是去理解一种不同的社会类型一样。

---

① 访谈原以《昆汀·斯金纳：把英雄和恶棍放在一边，历史研究应该做什么？》为题于 2017 年 5 月 11 日发表在《东方历史评论》的微信公众号，感谢责任编辑陶小路授权。以下内容在最初的版本上略有修改，并且补充了文中所提及的作品与关键概念的简要解释，供读者参考。

② 中文译本见〔奥〕维特根斯坦《哲学研究》，李步楼译，陈维杭校，商务印书馆，1996。

我觉得在接下来的对话中，我还会回到"生活形式"的话题上。不过我必须指出，这并非我那一代人和维特根斯坦作品的读者最关注的维特根斯坦思想的内容。我们把维特根斯坦的《哲学研究》视作一本关于"意义（meaning）"的作品来读。因此，对我们来说，十分重要的一点是后来被发展成口号的那种观点：你不应当追问意义，而应当追问概念的用法。当然，维特根斯坦并非在否认词语和句子拥有意义——因此像我这样的思想史家，才可以去谈论"文本的意义"。他想表明的是，如果你想要理解某种话语（utterance）和文本，你永远必须追问的是"那些用来表达你想法的词语经历了何种处理？"这使得对诠释（interpreting）的理解从对意义的追寻转变为这样一种主张，也就是"言说是一种社会行动的方式"。

英国哲学家 J. L. 奥斯汀（J. L. Austin）在很大程度上是沿着维特根斯坦哲学的这个部分进行研究的，他写了一本十分经典的作品《如何以言行事》（*How To Do Things with Words*），这本书于 1952 年出版。[①] 奥斯汀想要区分出他所谓"话语之力量（force of utterance）"的东西，它与"话语的意义"完全不同。因此，他阐明了这样一种维特根斯坦式的思想，或许可以认为，语言和沟通中存在两种维度，一种是意义，而另一种则是话语的力量。他把后者称为"言语行为（speech acts）"，并由此把焦点汇聚在这样一种想法上：当你说了某些话的时候，你也同样做了某些行为；而且你也可以讨论，一整篇文本的话语是否拥有驳斥、赞美、批判、嘲弄某些东西的力量，这些都是某种行为的名称，但它们也可能是我通过话语正在做的事情。需要注意的是，这种理论的进一步引申是，如果不进行语境化处理，你是不可能真正理解这种意义上的任何话语或者文本的。这是因为，在"话语之力量"背后要认识到，任何的话语、文本、语句等，都是对已有的对话和交流的干预（intervention），而要理解它，就是要能够辨别出正在发生的是什么（what is going on），正在进行的是什么（what is being done）。我觉得，当时这种观点对我最大的影响是，诠释学（hermeneutics）作为对文本理解的整体性研究，最应当关注的不是意义，而是"言语行

---

① 中文译本见〔英〕J. L. 奥斯汀著，〔美〕J. O. 厄姆森、玛丽娜·斯比萨编《如何以言行事——1955 年哈佛大学威廉·詹姆斯讲座》，杨玉成、赵京超译，商务印书馆，2012。

为"。再进一步说，当我们谈论意义的时候，比如，我问"某物的意义是什么？"的时候，你或许应当认识到，我所追问的其实是"意图"。意义和意图之间的关系问题在诠释学研究中由来已久，我们所寻找的文本的意义是否与写文本的作者意图的意义一致，这个问题只是其中一个问题。另一个完全不同的关于意图与诠释之间关系的问题，则是关于"言语行为"的意图。这个问题针对的是话语所意图的力量是什么。某人说了些东西，写了些东西，但我们想知道的是，这是在对某些东西进行回应还是在忽略某些东西，或者是在对它进行讽刺、赞同、批判或者赞美……这都是针对话语被发起的意图而提出的问题，都是关于"言语行为"特征的问题。因此，这里存在着两种意图进入诠释之中的不同方式。正是这些尤其是被奥斯汀所推进的维特根斯坦思想，真正将我引上自己的研究路径。我一直都想说，诠释学所关注的，远远不应当局限于传统的意义问题，而更应当关注言语行为的问题。

罗宇维： 正如后期维特根斯坦对心理学的进一步批判，他认为当时的心理学完全无法解决如何理解人的意图这个问题。

斯金纳： 是的。

罗宇维： 而您的看法是，语言才是理解的路径？

斯金纳： 我觉得我在这里想表明的是，意图以及它背后所带有的目的，可以从话语中被复原。而问题在于它们如何才能被复原。我说了某些东西，而你问自己，"这具有警告我的力量吗？或者不过是在告知我正在发生的是什么？"唯一能获取这些意图的办法，就是去了解话语所发生的确切事况和语境，即所谓的"话语语境（discursive context）"。维特根斯坦的思想，以及后来其他人所继续发展的那种思想认为，正如就一切日常行为而言，恰恰是包含其中的意图使它成为它所是的那种行为（It is the action that it is in virtue of the intentions embodied in it），言语行为也是如此。

罗宇维： 许多进行历史研究的人，都会把您的研究与欧陆的哲学家和历史学家的研究进行比较。

斯金纳： 是的。

罗宇维： 像福柯和莱因哈特·科塞勒克（Reinhart Koselleck）都被用

来进行比较，科塞勒克因其概念史研究而声名显赫。① 那么在面对欧陆的哲学和历史学传统的时候，您是怎么看待自己的研究的？

斯金纳：谢谢你，这个问题对我来说很重要，我很开心你提到这一点。那我就依次讨论一下你提到的这些人。

罗宇维：对了，我还想加上雅克·德里达，不过，似乎中文学界对他的理解还很不足够。

斯金纳：全世界都是如此。你第一个提到的是福柯，他毫无疑问是我的思想偶像之一，这主要是因为他的那些试图对我们的理解进行所谓"去本质化（de-nature）"处理的作品。我们有这样一种不变的倾向，认为我们理解事物和使用概念的方式从某种意义上说是理解事物的"那种方式（the way）"，福柯非常成功地向我们表明，"我们"不过是与他者共存的部落之一，我们的理解方式并没有任何天然之处，全都是建构的。在他自己后来的作品中，他采用或许看似是世间最为自然的行为"性"作为例证，他通过对性的讨论来试图向人们证明：与其他任何东西一样，"性"也是由社会建构的，所有这些实践都是社会建构的，你不可能跳出社会建构的观念，达致那种所谓行事的天然之道。我觉得福柯在这方面的所有研究都是极其重要、引人深思的。我和福柯意见相左的地方在于，他所反复强调的思想史应当是他所谓的话语（discourse）。当然，从某种程度上说，我赞同这种看法，因为如果说理解任何一种话语和言语行为的方式，就是将它置于意图能够被解码的语境之中，那么最后得出的当然就是一种连续的、非常复杂的对话，如果我们想把它称为话语，也没问题。但我之所以

---

① 德国概念史的研究在中国和东亚学界已然成为一门"显学"，概念史研究的基本预设在于在传统和现代的语义场景中，存在着显著的、明确的语义和语用变化。科塞勒克认为这种变迁在西方世界大致出现在 1750~1850 年，以法国大革命为一个象征性的标志。而用以表征在概念上从传统变革为现代的标准被科塞勒克确立为四化，即时间化、政治化、民主化和可意识形态化。概念史认为每个概念都有其生命，因此可以从概念的变迁反观社会和政治的历史，就此而言，德国概念史研究与斯金纳和波考克等人被冠以的"剑桥学派"的思想史研究有着明显的差别。关于中文学界对德国概念史研究的翻译和讨论，可参考〔英〕伊安·汉普歇尔-蒙克编《比较视野中的概念史》，周保巍译，华东师范大学出版社，2010；方维规《概念的历史分量》，北京大学出版社，2019；方维规《什么是概念史》，生活·读书·新知三联书店，2020；孙江主编《亚洲概念史研究》（第一至四卷），商务印书馆，2018；孙江主编《亚洲概念史研究》（第五卷），商务印书馆，2019；孙江主编《亚洲概念史研究》（第六卷），商务印书馆，2020。

不赞同他执意将整个研究变成某种对话语的研究的原因是，如果要理解言语行为，主体（agency）绝对是至关重要的，因此，我认为当我们试图讨论理解文本时，不可能对主体（agency）以及意图性（intentionality）避而不谈。

罗宇维：或许，在古典时代，几乎所有的文本都是关于政治的，因此不可能忽略主体的存在，还是说，这种现象是普遍存在的？

斯金纳：我认为，福柯想要避开对单独文本的诠释，而去谈论社会是如何去讨论自身以及它有什么样的话语实践（discursive practice）。走出这一步是价值巨大的。我只不过想指出，你不可能抛弃主体，因为理解语境就需要对言语行为的理解，因此也需要对引发它们的意图进行复原。

罗宇维：那尼采的谱系学研究呢？

斯金纳：福柯继承了尼采的谱系学观点，我自己对谱系学也很有兴趣，虽然是出于一种十分维特根斯坦式的理由。在我看来，对哲学史研究者来说，谱系学之所以是一种有价值的方法，是因为我们所掌握的绝大多数高度概括和抽象的哲学概念，实际上无法被赋予一致认同的定义。这是因为，它们都混杂在我们的历史之中。尼采有句很精彩的警句，"如果一个概念有历史，那它就不可能有定义"，这意味着，理解一个概念的办法就是用谱系的方式来处理它，也就是说，去发现它们是如何随着时间的推进逐步演变和被论辩的。我自己也试着采用这种办法。不过，我的谱系学与尼采的有不同。对尼采来说十分重要的一点是，一旦辨别出某种观念的根源，就意味着这种观念变得不再可信，这就是他在《论道德的谱系》中的主要观点。因此，谱系学永远都是对你所探讨观念的谱系的批判。在我看来，这并非绝对适用，也可能存在着以赞颂为目的的谱系，或者仅仅是追踪对某个明确概念的各种相互对立的理解方式的谱系。因此，就我们决不能给出一个一致认同的定义而言，我的谱系学是尼采式的，但我并不是在试图动摇概念用途的可信度，而仅仅是在对它们进行追踪。

罗宇维：这也是您和科塞勒克的基本区别吗？

斯金纳：我们先来简单谈谈科塞勒克。科塞勒克想写的是诸概念的历史，这种看法认为，存在着所谓的"概念之历史（Begriffsgeschichte）"，存在着这样一种对各种概念的研究。我对这种路径持怀疑态度。首先，我们研究的并非各种概念，而是概念的各种语言表达（verbal expression），因此，我们永远都要讨论语言。我已经表明，理解话语，就是对论辩中这些概念的各种用途进行理解，所以严格说来，这并非概念的历史，而只不过是概念可供使用的方法的历史。如果你要写的是一个词语的历史，哪怕只是这个词的语言表达的历史，像科塞勒克和他的追随者以及学生通常所做的那样，那么，在我看来，你必须面对的更进一步的问题就是，你并未给这个词在当时的社会中所扮演的角色提供任何说明。诚然，这个词已经出现在常用词汇表中，但是它在词汇表中是否居于中心位置，它与其他术语的相互关系如何，它们是否变化？这种写作概念历史的路径并不足以回答这样的问题。因此，我从来没能真正被科塞勒克的作品说服。

对于任何不了解德国哲学传统的研究者来说，另一个更大的困难在于，科塞勒克是个黑格尔主义者。就此而言，他认为在法国大革命之中，或者说在19世纪早期和启蒙主义晚期的时间段内，世界被再造一新。当然，在德国哲学中，这种判断无疑是真的。但是他想将其变为某种理解诸多概念的突破口，这在其他主要的哲学语言中，并不完全行得通，盎格鲁哲学显然正是如此。

另一位我想要谈几句的人物是德里达。这个人很难理解。不过我觉得，他的主要贡献就在于一种对意义这个观念本身的怀疑论。德里达假定，诠释的目标是要恢复意义，他由此着手表明，若是如此，那就不可能存在诠释，因为不存在无可争辩的意义，存在的永远都是多重的意义和意义的模棱两可，而且也不存在恢复意图的可能性，用他的话来说，语言自己重写着这些意图，使得词语被说出时的意图难以辨析，因为词语具有多重意义。我对这种主张的态度并不在于我不同意这些论断，但是这和我所讨论的不是同一回事。我所尝试的，并非将意图与意义联系起来，而是将意图与言语行为联系起来。在我看来，德里达对恢复意图所持有的那种深刻怀疑，在谈论意图时或许是没问题的，但是它不可能运用到言语行为上。例如，对声明（statement）的辨认，辨认警告就是对话语被表达时的意图的辨认。因此，如果要讨论言语行为，就不可能不谈意图，而且，我们是可以辨认出这些意图的。

罗宇维：确实如此。另一个问题是，以我自己为例，我的专业是政治

学，而对于许多中国的政治学专业学生来说，我们常常将您与另一位非常
著名的古典学研究者列奥·施特劳斯进行比较。甚至有研究者将您划到复
兴古典传统的所谓"第二波"，施特劳斯则属于"第一波"。但是，我个人
觉得您的理论和施特劳斯的研究之间有着巨大的差别，您自己是怎么看
的呢？

斯金纳：要把我的研究和施特劳斯的作品进行比较，我觉得是件让我
瞠目结舌的事。他是一位重要的哲学人物，这也是我对这种比较感到吃惊
的原因之一。不过，我所试图写的那种历史与施特劳斯的有着极为强烈的
对立。我得承认，尽管我也读了施特劳斯许多的作品，但我很难对这些作
品感到心悦诚服。其中一个例外是他早期关于霍布斯的研究，这部作品十
分精彩，基本上是以他在英国对霍布斯手稿所做的研究为基础。这部作品
提出了霍布斯哲学与文艺复兴哲学背景之间的关系问题，我认为这一问题
不仅十分重要，而且也是一种非常有价值的处理霍布斯哲学的方式，最近
这种方式也变得非常热门。施特劳斯在这个问题上的观点我是十分赞同
的，而且我觉得这是本非常重要的作品。

不过施特劳斯后来那些哲学史作品，我觉得乏善可陈，例如《自然权
利与历史》（*Natural Right and History*）和更后来的研究《关于马基雅维里
的思考》（*Thoughts on Machiavelli*）。① 我很难说这些作品具有非常大的学术
性，而且我也无法从这些研究中学到多少东西。不过，这是与施特劳斯哲
学史写作方式的其他方面相联系的，对此或许我也该评论两句。在我看
来，一方面，施特劳斯更是一位道德学家，而非历史学家。因此，当他写
历史的时候，他写的是自己仰慕和不仰慕的人，他并不仰慕霍布斯，也不
仰慕马基雅维里，而这与他的立场是相联系的。他主张我们在政治学中所
需要的，是德性的政治学，某种他认为随着个人主义的和世俗化的现代性
的兴起，已经失落的亚里士多德主义。因此，在《自然权利与历史》中，
"大恶棍"是霍布斯，他的观点是对基督教自然法的世俗化。再后来，施
特劳斯断定另一个更糟糕的"恶棍"是马基雅维里，他的观点，不仅是对

---

① 中文译本见〔美〕列奥·施特劳斯《自然权利与历史》，彭刚译，生活·读书·新知三
联书店，2006；〔美〕利奥·施特劳斯《关于马基雅维里的思考》，申彤译，译林出版社，
2003。

自然法的否定，而且也是对道德本身的否定。施特劳斯说马基雅维里是一位"邪恶的鼓吹者（a preacher of evil）"。我坚定地认为，哲学史家的任务并不是对过去做出道德判断，而是试图尽可能如其所是地理解过去。因此，在施特劳斯作品中有一种十分强烈的要素我确实不喜欢，他永远是在作为道德学家来写作。

我对他作品的另一个疑问来自他的著名作品《迫害与写作艺术》（*Persecution and the Art of Writing*）①。他在这部作品中想让我们认识到，许多哲学作品是针对精英的，并且带有某种深奥神秘的信息，与作品表面看上去的信息不同。这种主张引发了各种问题，比如，我们怎么才能知道我们在阅读这种作品？施特劳斯说，如果这部作品是在迫害时期写的，那你就能知道。但是，什么才是所谓强迫人们以这种方式进行写作的迫害时期？这是种循环论证，也是个糟糕的开端。而且它还很容易催生出这样一种诠释路径，在我看来完全找错了目标。或许有时候是存在着深奥神秘的信息，但是通常而言，政治哲学作品都是以社会中的各种问题为指向而试图去解决这些问题。我觉得，特别是就写作道德和政治哲学史而言，比这种方式要有益得多的路径是，试图去理解，这些文本在被创作时所针对的那些有自己特定问题的社会中，属于何种干预措施。另外，我觉得在这种解决社会问题的事业中，所谓深奥神秘信息的问题是极其无关紧要的。

罗宇维：不过这种说法确实对许多想要追寻所谓永恒或者终极真理的人们有某种吸引力。

斯金纳：是呀。我知道，施特劳斯哲学，特别是他的道德和政治哲学的一种巨大吸引力就在于他具有一种极其坚定的基础道德观念。他认为我们所需要的并非个人权利的政治，而是德性的政治，认为西方政治哲学在转向个人权利的政治时，就迷失了自己的道路。这种看法在他那一代的德国学者的哲学中十分明显，卡尔·施米特也有非常类似的观点，他认为，摧毁了西方国家（state）观念的，乃是个人权利与国家相对抗的观念。施特劳斯想要表明的也大致如此，我们所失去的，是一种德性和公共服务的政治。这是种很有意思的道德主张，但是我自己并不认为，以提出某种实

---

① 中文译本见〔美〕列奥·施特劳斯《迫害与写作艺术》，刘锋译，华夏出版社，2012。

质性的道德主张为目的来运用哲学材料，而且还把它说成是政治的真理，是哲学史家该做的事。

罗宇维：最近我在重读您关于莎士比亚的研究，刚才的讨论让我想到了另一个问题。在那本书的导言中，您提到过，在诠释（interpreting）文本和解释（explaining）文本之间存在着区别，而您的主要目标是解释文本，而非进行诠释。诠释意味着对文本进行道德判断，而解释则是要表明这些文本是如何形成的。[①]

斯金纳：你说的不错。不过，这种区分只是大致上的，我记得我在书中也提到了这点。我在那段话里想要表明的，其实是就文学评论而言非常重要的一些认识。文学评论一直以来的一个传统目标就是对文本的价值进行某种估量，将文本视作艺术作品对其进行评判，即作为一首诗、一部剧本，它是成功还是失败了，并且去解释其中的成功、失败和局限之处。许多人在这方面都有很高的造诣，不过在我所写的这本书里，我想表明的是，我根本不是在做这方面的工作。我觉得，要是我自认为有谁会对我是否认为莎士比亚是个优秀的诗人感兴趣，简直是天方夜谭。我自己也完全不想讨论这方面的问题。因此，我在这里将诠释与进行价值评判的目标联系在一起，而与之形成对比的，则是解释——它意味着：对文本为什么带有某些特质和内容提供因果描述，为什么文本会使用特定的语汇，为什么以某种特定的方式组织行文，诸如此类的问题。

我这本关于莎士比亚的作品试图表明，在莎士比亚一系列特定的剧目中，如果你想要去理解剧本的结构，理解其中各种人物互动的方式、对话的形式，以及最重要的，他们所使用的语汇，那么你需要知晓的就是莎士比亚对古典修辞学模式的熟悉和运用。古典修辞学模式既是话语的结构性策略，也是一种劝说的方式。因此，我想要表明的是，在他的许多剧目中，古典修辞学作为一种话语理论而在场。

罗宇维：我必须得说，这本书真的很精彩。

斯金纳：它确实是我写得最好的书。

罗宇维：还有一个问题与我们关于施特劳斯的讨论有些关联。毕竟您

---

① 参见 Quentin Skinner, *Forensic Shakespeare*, Oxford: Oxford University Press, 2014。

和他都写过关于霍布斯和马基雅维里的作品，既然你们都关注相同的经典作家，那么您自己是怎么看待这种相似性的。关注这类作家，而不是其他没那么为人所知的作家，是不是有什么特殊意义？

斯金纳：我的立场是，要理解任何一位作家，你都必须将他置于各种其他作品的语境之中，也就是说，它要与许多其他文本对话。或许这些文本来自遥远的另一段历史时期，它们可能是也可能不是重要的作品，但是，只要你想要实现的目标是去理解作者当时在做的是什么、在说的是什么，那么研究就必须是语境化的。因此，我与施特劳斯的区别在于，我并不想要将任何文本从它得以形成的话语性语境中单独拎出来。因为，一旦你这样做了，那你就阻断了自己获取解释文本诸多效应的办法。而且最重要的是，你将无法认识到，它与文本传统之间的关系是怎样的。如果这都做不到，那么你永远都不可能辨识出文本所做的许多事情。因此，我觉得将任何文本从它的思想语境中抽取出来进行解释，都是个错误。我和施特劳斯还有一个不同之处，他在选取写作对象时所参考的一个标尺就是我之前提到的，他自己所认为的"英雄"与"恶棍"。而我觉得，进行这种评判不是历史学家的任务，历史学家的任务更像是人类学家的那样，去发掘这些文本在一个迥异的社会中扮演着什么样的角色。

罗宇维：但是您也提到了，您觉得施特劳斯是个道德学家，您对自己的定位则是历史学家。然而，许多人也把您归到共和主义者、政治理论家，或者更宽泛地说，政治哲学家的类别下，甚至还有直接用哲学家来指代的。

斯金纳：确实。

罗宇维：就我个人的感受来说，我们这一代的青年都很享受从事这种宽泛意义上的人文研究。那您能不能和我们分享一下您自己对于在现代和后现代背景之下从事这种研究的意义的理解，或者给我们一些推进这些研究的建议？

斯金纳：这个问题很不错，而且还和我们刚才对施特劳斯的讨论自然地衔接起来，毕竟看上去我似乎卷入了某种对立。让我把这几个问题放在一起来进行回答。

我已经说过，在我看来，无论是研究哲学文本、文学作品还是研究艺术史、音乐史，抑或是研究任何人文行为（humanistic activities）的历史，思想史研究者首要的任务，永远都是试图尽我们所能地将自己和自己的观点放在一边，以便按照其他观点本身的方式去理解它们。

这又回到了我们最开始时的关于维特根斯坦的讨论，因为在深刻影响了我整个学术生涯的两种维特根斯坦思想中，第二位的就是去复原各种其他"生活形式"的想法。其中首要的任务，刚才我也说到了，就是一种人类学式的任务，即试图尽可能如其所是地去再次捕获某个不同的社会话语，以及这种话语中任何引起我们兴趣的干预行为。即使如此，你依然会问，那又如何，做这种研究有什么意义？

罗宇维： 是的。

斯金纳： 我觉得这种研究有两层相互区别的意义。第一层意义来自一种非常传统的对人文研究的辩护。对各种伟大文明思想传统进行更好地理解，对它们为我们留下的那些人工制品、哲学、艺术、文学和音乐进行研究，都是充实我们自己生命的方式。因此，如何去理解它们这个问题，也就是如何才能获得那种充实的问题。如果你正面对着一幅文艺复兴时期的画作，你并不了解这幅作品的图像学，它的依据是你根本不知道的古代传说，那你就会毫无头绪。你的生命不是通过毫无头绪而得到充实的，而是通过认识到为什么伟大艺术作品具有这样那样的形式而得到充实的。因此，我愿意采用这种传统的人文主义说法。

不过这并非我最想说的一层意义。我最想说的其实是一种远比它要功利主义的看法。在我看来，如果你成功地渗透到某种不同的生活形式以及其中的政治哲学、道德哲学理解，你能取得的一项收获就是，对那些在大家看来都很重要的概念的不同理解。这里又要提到另一种维特根斯坦思想了，即或许这些概念中存在着的仅仅是某种"家族相似性（family resemblance）"，他的原话是"Familienähnlichkeit"。如果仅仅从事实层面看问题，我们很可能会受到误导，例如，在西方古典时代，人们谈论"共和国"和"自由"，现在我们也谈论"共和国"和"自由"，但是大家说的是一回事吗？因此，首先必须要做的，就是给这样的问题找到答案。他们谈论的"自由"、"国家（state）"或者"平等"和我们现在谈论的概念相比，是不是同样的概念，或者说概念之间仅仅具有"家族相似性"？假设我们发现，我们的历史研究向我们表明——就比如我自己的作品中也采用的一个案例：尽管西方古典时代的人们也讨论"自由"，但是他们所指涉的和我们所指涉的存在很大的出入。如果我们看看古代甚至是现代早期关于"自由"的讨论，显然是这样的。

但是我还要简单说明的是，毫无疑问，就当前的现代西方而言，思考政治自由的标准方式就是将其视作在追求自己目标时免于被干涉的问题。但是，如果你去读古代关于"自由"的讨论，它们完全不是以干涉的观念为基础的，它们的基础是更加普遍的宰制和依赖关系（domination and dependence）。在思考什么才意味着自由时，首要的看法就是不受宰制和依赖。只要稍加思考，我们就能认识到，这是"一种"关于自由的理解，但这并非我们的理解。我举这个例子的意义是什么呢？在我自己关于国家理论、自由理论和权利理论的作品中，我的一个心得就是，通常，这些术语在不同的历史时期都有着非常不同的含义，遵循着不同的理解道德和政治世界的方式。但是，如果你首先能成功地按照那个世界本来的方式将其重建，你或许会发现，那里存在着某些可以直接从中学习的东西。当然，这并非说，通过反复阅读这些文本，可以发现某种永恒真理。相反，你将会获得一种不同的思考这些基础性概念的方式，若是你对这种方式进行反思，或许会发现，这种在古代而非现代西方存在的对自由的理解，可能是一种更加有收获、更加有益的理解方式。"自由"这个问题如此，"正义"更是如此。若是我们想要利用那种"自由"理解，那么它或许会是一种十分有价值的批判方式，可以去批判我们西方社会的组织方式，让人们认识到，存在着另一种不同的理解"自由社会是什么样"的方式。我觉得这就是我所谓人文研究的功利主义收获。

（罗宇维，中国社会科学院中国历史研究院世界历史研究所助理研究员，主要研究方向为现当代欧洲史、西方政治思想史）

何谓经济思想史？
对话罗斯柴尔德教授

李汉松

【**编者按**】 艾玛·罗斯柴尔德（Emma Rothschild），1948 年出生于伦敦，是著名的英国经济学与历史学家、经济思想史学科代表人物，现任哈佛大学教授、剑桥大学荣誉教授、莫德林学院院士、历史与经济研究中心主任。15 岁时，罗斯柴尔德作为女性考入萨默维尔学院，改写了牛津大学校史。自 20 世纪 70 年代以来，她主笔英国报纸杂志，任联合国基金会董事，一度执教于剑桥大学国王学院、巴黎高等社会科学研究院。其《经济情操论：亚当·斯密、孔多塞与启蒙运动》奠定了研究政治经济哲学的思想史方法，已成为学术经典。身为重要家族成员，她亦是学界研究罗斯柴尔德家族的主要窗口。目前，罗斯柴尔德与丈夫阿玛蒂亚·森教授共同奔走于英、美两座剑桥城。在本篇访谈中，罗斯柴尔德教授回顾了其极具史料价值的个人思想历程，分析了经济学、经济史与思想史方法之间微妙而开放的关系，梳理了经济思想史研究的范畴与范式，着重点评了亚当·斯密、杜尔哥、马克思等经济思想家的遗产，也对当前全球经济面临的困境与前景提出了己见。

李汉松：1973 年，《失乐园：汽车工业时代的衰落》（*Paradise Lost: The Decline of the Auto-industrial Age*）出版。您通过实地考察、实证研究，呈现了 20 世纪 70 年代美国汽车工业的经济活动。书中并未提到您日后的研究对象亚当·斯密，也只谈到一次马克思，他在 19 世纪英国纺织工业中见识过的劳工管制，类似于 20 世纪汽车工业的"福特主义（Fordism）"

流水线。① 三十年来，美国中西部"锈带（Rust Belt）"去工业化、去制造业化，城市衰退。由此可见，您当年对不可持续的经济行为的批评颇具前瞻性。您现在如何评价当时所下的论断？

罗斯柴尔德：坦诚而言，近日重拾旧著，随之而来的是一种真切莫名的悲剧感。当年我笔下描述的那些努力，多是为了解决在汽车工业发展的同时，社会面临的土地与环境难题。在 20 世纪 70 年代，这些都还尚存希望。我在书中提及了 20 年至 50 年前的一些经济决策——尤其是国土经济政策——如何引导了当时的土地分配与使用。我也由此推断，20 世纪 70 年代的决策势必会影响接下来几十年的发展。又过去了 50 年，大多数国家目前面临的悲剧，譬如交通困境、能源困局，都是 20 世纪七八十年代那些决策的恶果。曾经奔走疾呼、警示经济决策者每一个决定都有长期效应的人，不止有我。我为我们那批务实的谏言者感到悲哀。

李汉松：另一悲剧是气候变化，也与汽车与能源挂钩。

罗斯柴尔德：是的，当时我未及认真思索气候变化问题。所以，我书中除了"亚当·斯密"，另一个未被提及的词是"气候"。但这关系到我们如何理解交通能源浪费，以及汽车工业驱动的经济发展模式有哪些社会与环境成本。20 世纪 70 年代后，亚洲国家的人均拥有机动车数量上升，道路与土地比例也发生了初步变化。我想，纵观亚洲国家的发展状况，我们终于可以看清"城市化"与"城市周边化"发展模式输入亚洲国家的后果。这种模式起源于地广人稀的北美，而应用于人口稠密的东亚国家。细察过去 20 年至 40 年的二氧化碳排放量和能源使用率，交通耗能是最棘手的公共政策课题。其中的关键原因是：土地使用会造成更为长远的社会后果。在这一意义上，当我回顾 20 世纪 70 年代的学术研究时，都会感到怅然若失。

李汉松：这是学者作为公民的怅然若失。

罗斯柴尔德：但学者也在行动。目前，历史与经济研究中心（Centre for History and Economics）推出了全新的媒体平台，致力于"图像化呈现

---

① Emma Rothschild, *Paradise Lost: The Decline of the Auto-industrial Age*, New York: Random House, 1973, p. 198. See also, pp. 18、25、130、173、190、209-212、216、219、252.

气候与损失"。这为历史学家、经济学家和政治科学家们创造了一个空间。撰稿人撰写一些短评与杂文，他们并非环境问题专家，而是一些研究领域与环境政策间接挂钩的学者。他们作为公民在思考这些挑战社会的宏观问题。我强烈推荐剑桥大学苏拉比·兰戛纳珊（Surabhi Ranganathan）① 关于国际海洋法的短文，以及你的旧识，芝加哥大学的乔纳森·列维（Jonathan Levy）关于休斯敦城市的随笔。在组织编写这些文章的过程中，我愈渐清晰地认识到问题的严峻。至于在 20 世纪 70 年代，我何以捕捉到这种严峻性，你是否允许我讲一段法国人所谓的"自我史（ego-histoire）"？

李汉松：您的"自我史"也是"集体史"的珍贵史料。请从告别牛津谈起。

罗斯柴尔德：起初，我意欲成为一名逻辑学家，终生钻研哲学。之后我考入麻省理工学院，读经济学博士。其间，我一边应付经济，一边发现自己更痴迷数学。但我也逐渐意识到，这些都不是我真正想做的事情。离开麻省那年，我开始为《伦敦星期日泰晤士报》（*London Sunday Times*）工作。1968 年美国大选期间，编辑部遣我进驻底特律市。因那次机缘，我迷上了密歇根的底特律。后来，我也为《纽约书评》（*The New York Review of Books*）撰写了数篇文章。最终，那部研究美国汽车工业的专著应运而生。

这时，我忽而发觉自己想要成为一名经济史家。所以，我来到纽约的阿尔冈昆酒店（Algonquin Hotel）面见艾瑞克·霍布斯鲍姆（Eric Hobsbawm）②。我二人从前便已熟识。会面后，我开门见山道："艾瑞克，我想回英国，追随你在伯贝克学院读经济史博士！"他盯着我，迟疑了半晌，缓缓道："你年纪太大了些，也已经做得太多了些。"当时我年仅二十五，所以他的话未免刺耳，尤其考虑到伦敦大学伯贝克学院（Birkbeck, University of London）本就从事成年教育。但不论如何，那本关于汽车工业的专著在某种意义上相当于一篇"博士学位论文"。出版

① 剑桥大学国王学院国际法学者，著有 *Strategically Created Treaty Conflicts and the Politics of International Law*，Cambridge：Cambridge University Press，2014。

② 艾瑞克·霍布斯鲍姆（1917~2012），英国历史学家，研究工业资本主义、社会主义和民族主义的兴起。

时，令我最为满意的是谈论历史的第六章，以及比较当代汽车与 19 世纪英国铁路工业的部分。我的愿望是写得偏学术些。但我恰巧遇上了一位颇有想法的编辑，怂恿我去掉脚注，使全书更具可读性，也更易于接近大众。事后证明，他作为出版商的直觉与判断无比睿智。书籍出版的前三周，恰逢 1973 年秋天阿拉伯石油禁运引发危机，致使能源问题备受瞩目。乘此时机，这部书广泛流传。我总感觉，这一段研究属于当代经济史，衔带着一些更长远的比较经济史。所以一段时间内，我认定自己要继续研究 20 世纪中叶的美国经济史。1978 年，我以教授身份重回麻省理工经济系，但我却阴差阳错地重拾起在牛津读本科时翻过的亚当·斯密。就这样，斯密重燃了我对 18 世纪经济思想的激情。整个 70~80 年代，我都未间断地为《纽约书评》提供关于美国经济政策的稿子。我的贡献主要在能源政策方面，也评审过里根总统的经济报告和国防部报告。我当时的动机是，严肃对待一些多年后会成为思想史史料的素材。尽管我坚持研究经济，但我已愈渐偏离到观念史与经济史的结合中去了。

李汉松：您常说，自己不信仰"历史纯粹主义"，而希望使用历史证据考察当下。但就您个人履历而言，似乎顺序有些颠倒。您起初研究发生在眼前的经济现象，之后才开始追溯经济观念之源。积时日久，二者才融会贯通。

罗斯柴尔德：我自然希望能融会贯通。但你说得不错，就学术履历而言，我颠倒了次序。在我"倒退"回旁人眼中的"古董鉴赏学"之前，我已出版过大量时评。一般学者先专攻一项研究，有所建树后再涉入时政。但我终归认为一人可兼二事。在这样令人焦灼的时代，我们在道义上也应该并行二事。我的确相信，如马克·布洛赫（Marc Bloch）① 所说：观察时下，能使人更好地体察过去。所以，不该只谈"过去的教训"。但肃清过去，以正视听，也是我的职责所在。譬如，考证亚当·斯密的早期作品后，我迫切希望质疑当代公共辩论中对于斯密的种种不当使用。

李汉松：是的，在历史学每一个分支内，"以个人身份反观过去"与"以历史学者身份考察过去"之间都存在张力。

---

① 马克·布洛赫（1886~1944），法国年鉴学派历史学家。

罗斯柴尔德：不错。你提到了史学的分支。我对自己的学术研究有许多期望，其中之一便是质疑思想史、文化史、社会史与经济史之间的前沿边界线，甚至是历史学与经济学之间的分割线。这或许无意之间得益于我颠倒过来的职业履历。我希望真正挖掘学科，乃至学科的"分支"与"再分支"之间共同的潜力与创造力。这意味着在一系列条件和环境下，子学科之间的边界应当张开更多孔隙，增大浸透性，易于彼此通气，方便相互穿梭。但最切要的是众多学科和学者得以在平等尊重的原则基础上互信合作。在历史和经济这两门学问中，任意其一都不该是另一门的"辅助学科（Hilfswissenschaft）"。这正是你我所在的历史与经济研究中心致力达成的目标，即创造一个多学科对话的空间，而非鼓吹"经济史"或是其中一种具体的治学方法。

李汉松：我们举一个专业化程度最高的方法为例，即历史学家专擅的档案研究。极少有经济学家重新训练自己驾驭档案的史料学技能。

罗斯柴尔德：是的，我是从 20 世纪 90 年代起才发现了档案的美妙，从此沉醉其中。如你所说，这与传统上多数人的学术履历完全不同。一般学者在青年时期扎入档案，经过多年积淀，重心才逐渐转移至出版资料。我进入档案，可谓晚之又晚。最直接的原因是我从未读过正经的历史学博士。但我终究来到了法国昂古莱姆（Angoulême），这里也是我新书的聚焦之地。我绝对爱上了这座城市，流连其间，欲罢不能。法语里有一种说法，叫作"触摸真实（toucher le réel）"——去触碰真实的世界，观察那些前所未见的万千景象，找寻到想象力亦不可及的神奇事物。这是我对档案研究的感受，也是我近二十五年来工作中重要的组成部分。

李汉松：您批判学科之间的人为界限，主张学术方法汇流。但这谈何容易？所谓"经济历史学"和"历史经济学"之间也存在鸿沟。您熟知的麻省理工经济学家查尔斯·P. 金德尔伯格（Charles P. Kindleberger）教授在《历史经济学：艺术还是科学？》一书中便为此类学术方法划了疆界。我加入历史与经济研究中心以来的感受是，撇开法、德两国自己的"自由派"、"历史派"和政治经济学传统仍然保持了历史维度外，英美两国再无其他学术空间容许历史与经济如此自由地并肩合作。就提出问题和应用方法而言，综览各种"历史"与"经济"的组合方式，包括经济生活与活动史、经济理论与思想史，以及罗伯特·福格尔（Robert Fogel）的"新经济史"和"计量经济史"（在芝加哥大学，应用计量方法重审历史一度等同于"经济史"本身；"历史与经济"如"法律与经济"一样学科化。只不过芝大经济学派从未如占领法学院一样攻破历史系）和道格拉斯·诺斯（Douglass North）的"新制度经济学"。跨越这些"跨学科学科"后，它们之间的区分是否具有实质性或规范性的意义？您想保存它们的异同，还是想逐渐打破这些对峙，消灭这些纵深的沟壑，最终实现"经济与历史"领域的大一统？

罗斯柴尔德：我不认为最理想的状态是消灭这些堡垒和沟壑。所有学者都有自己钟爱的治学方法和研究工序，既有他们自己主张的"严谨性"标准，也有自己深陷其中不可自拔的研究技巧。譬如，我早年间着迷于形式化方法与经济数据分析，但近年来的偏好在于从档案中汲取养分。我不乐见分化对立，故如你所说，历史与经济研究中心需要也鼓励跨学科研究的可能性与可行性。但一切的前提是尊重彼此所做的工作，承认它们具有同等的学术价值。我甚至感到遗憾，许多历史学家并未充分认识到，目前在经济学内部的核心腹地，也有数量可观、令人激动的进展。其中一部分研究明显使用了历史数据。经济学家也有使用微观经济学方法研究经济发展的，这同样能促发历史思考。我认为许多经济生活史家对经济学心怀偏见不假，但他们自认为厌恶经济学的理由却显得颇为陈旧，甚至早已过时。有一位有趣的早期现代奥斯曼帝国历史学者纪尧姆·卡拉法（Guillaume Calafat）[1]，他数年前曾与法国银行（Banque de France）的艾瑞克·莫奈（Eric Monnet）[2] 合写了一篇文章，讲为何历史与经济这两门学科如此难容彼此[3]。他们提出的原因之一是经济学使用形式分析，另一个原因是经济学家参与了市场经济运作。此文并非规范性的论述，而是一种猜想与解释。但这两位作者与我的观点一致：合作永远胜于分裂。如果历

---

[1] 纪尧姆·卡拉法，法国巴黎一大研究现代早期地中海和奥斯曼帝国社会、法律和海洋史的历史学家。

[2] 艾瑞克·莫奈，法国宏观经济学家，研究中央银行和金融制度史的专家，巴黎高等经济学院教学主任（正教授）。

[3] Guillaume Calafat, Cécile Lavergne, Eric Monnet, "Philosophies et sciences sociales : les enjeux de la conversion," *Tracés*, hors-série, 2013.

史学家憎恶的是经济学家的形式分析技巧，我的答复是：克服它，忘掉它！其他的学科必然应用不同的方法。永远不乏善意的经济学家，完全乐意用通俗易懂的语言向历史学家解释他们的见解。经济学家参与规划市场经济不假，但也有许多经济学家在消除贫困、推动发展、解决不正义与不平等方面扮演了极为重要的角色。今年（2019）的诺贝尔奖得主阿比吉特·巴纳吉（Abhijit Banerjee）、埃丝特·杜弗洛（Esther Duflo），均来自经济学界的主流形式分析传统领域。他们对于贫穷问题的研究也来自经济学的腹地，而非边缘。

李汉松：随机对照临床试验（Randomized Controlled Trial，RCT）已成为新主流。但此前，巴纳吉也受森（Amartya Sen）教授的贫穷经济学影响颇深。

罗斯柴尔德：是的，他们二人投入经济实验之前的工作也是与传统的经济学方法有关。但绝不会有人控诉他们是"资本主义管制国家的奴仆"。

李汉松：历史学家是否会在伦理与人性方面与经济学家争执？

罗斯柴尔德：不错，这是我认为卡拉法与莫奈二人并未提及的第三个维度。历史学家普遍认为：经济学家对人性本质有一种过度狭隘的认知。这直接关系到若干思想史，尤其是国际思想史领域的核心议题。但同样毋庸置疑的是，过去二三十年内，经济学家勤恳耕耘，重新思考了"人类自然本质"的不同模型与阐释方式。最近二十年内，经济学发展最为迅猛的领域之一就是经济学与心理学的交汇领域。所以，我同样认为历史学家对于经济学家"不懂人性"的批判也日渐站不住脚了。

李汉松：这是个古老的批判，批判了至少有三百年。

罗斯柴尔德：那是自然。你之前提到了"历史经济学"与"经济历史学"。我想到在 19 世纪，人们现如今口边常说的"历史经济学"曾被称为"历史政治经济学"。这是一个长足的学术传统，可以追溯至拿破仑时期的欧洲大陆。但它最为出名的时段和地点是 19 世纪 40 年代的德国，即所谓德国"历史经济学派（Historische Schule der Nationalökonomie）"诞生之时。这一学派的核心要旨，即对其他经济学方法的关键批判之一是：人是多面、多维的存在，并不仅仅是永远试图最大化功利效益的物质存在。这一批判看似中肯，但也不乏令人不安之因素。因为在这些 19 世纪的"历史派"经济学家看来，人若非灵魂深处受宗教信仰驱使，就是内心深处受民族主义鼓舞的个体。所以，在更广阔的论域中，他们的辩题不只是人的本质，还在于如何在经济思想中选取"分析单位"：以"民族"取缔"个人"作为经济思考的单位。鉴于此，我认为多愁善感地怀念19世纪德国"历史经济学派"，甚至是20世纪前20年的某些"历史经济学"方法，应使我们感到不适或不安，尤其考虑到时下人们正在拥抱一股民族主义的新潮。因此我认为，有必要重新审视"历史经济学"与"经济历史学"的概念分割。此二者之对立本身即应被充分"历史化"。

李汉松：故欲超越历史与经济之对立，可以求诸思想史。

罗斯柴尔德：是，回归政治与经济思想史。你知道，我研究过一个古怪的概念："斯密式主义（Smithianismus）"——19世纪中叶的思想家在辩论政治与经济的本质时，对亚当·斯密或正当或不正当的诸般使用。我认为在某种意义上，就探索各种梳理历史见解的方法而言，眼下是个绝佳的契机。当我在20世纪70年代阅读马克思时，绝大多数的政治理论家都假设，如果对观念与思潮的"物质语境"，即物理性质的环境与条件感兴趣，便等于自觉蹲入了"马克思主义决定论"的囚笼：经济与物质基础完全决定思想等上层建筑。即便是唐纳德·温奇（Donald Winch）[①] 那样杰出的大斯密学者与思想史家，也不能免俗，毕生恪守"对话语境""修辞语境"，以求自保，而未敢盱视"经济思想之经济史语境"。于我个人而言，较温奇仅小了不足半辈，但令他悒然忧惧的棘手的问题却已不再让我战战兢兢。到了七八十年代，从经济思想史的角度研读马克思的时候，我从未认为自己有任何"跌入庸俗马克思主义决定论"的危险。而且我认为有必要声明，在马克思的作品中，也很难找到所谓的"庸俗决定论"。我先前提到的马克思主义历史学家霍布斯鲍姆教授，便写过极具说服力的文章驳

---

① 唐纳德·诺曼·温奇（1935~2017）：英国经济学家、学者，苏塞克斯大学经济史教授。参见 Donald Winch, *Adam Smith's Politics: An Essay in Historiographic Revision*, Cambridge：Cambridge University Press, 1978；Donald Winch, *Economics and Policy: A Historical Study*, London：Hodder & Stoughton, 1969；Donald Winch, *Malthus*, Oxford：Oxford University Press, 1987；Donald Winch, *Riches and Poverty: An Intellectual History of Political Economy in Britain, 1750-1834*, Cambridge：Cambridge University Press, 1996；Donald Winch, *Malthus: A Very Short Introduction*, Oxford：Oxford University Press, 2013。

斥这种俗见。我认为时至今日，已有一种更新的思想史。它的诞生和发展不仅容许，而且促使我们探索实验各种整合学科的方法。

李汉松：您心目中最新的思想史又新在何处？

罗斯柴尔德：近年来，思想史内部最令人振奋的趋势之一是，同等严肃地对待我称为"中等"与"高等"思想史的语言和语境。了不起的学者，如普林斯顿的安东尼·格拉夫顿（Anthony Grafton）也在朝此方向看齐。我们不仅要着眼于已经册封为学术经典的人物，还要拓宽我们对"思想家"范畴的认知。我认为，如果能在跨国和全球范围内打开思路，并在经济思想史与法学思想史中具体落实，呈现出一种新型的思想史范式，结果势必令人耳目一新，而且影响深远。如你目前正在研究的中、印等国如何接受亚当·斯密的问题，以及国际海洋政治经济思想如何传播的问题，我认为都属于这一潮流。

李汉松：欲求进境，必先拓宽。

罗斯柴尔德：我完全同意这样的总结。既要开阔视域，也要融通方法。

李汉松：反观您在这一条战线上的工作，可谓成果颇丰。先是《帝国的内部生活：一部十八世纪史》（另译作《帝国豪门：18世纪史》）（*The Inner Life of Empires：An Eighteenth-Century History*），继以《无穷之史：一个法国的多事之家，1764—1906》（*An Infinite History：The Eventful Life of a Family in France，1764-1906*）（以下简称《无穷之史》）。这两部书鼓舞读者，原因有二。第一，它处于抽象观念与实际活动中间的"夹面"。您囊括了"中层"和"低层"的施为者，揭示了他们在语境中的所思所为。透过微观史的镜片，人们便可以打破通俗意义上"经济基础"与"上层建筑"之间的隔阂，而整幅历史画面遂成一有机整体。第二，通过细致入微的人物体察，追究这些个人、家庭、企业遍布世界的足迹，您也描绘出了一卷宏观全球史。

罗斯柴尔德：你为我毕生的学术研究做出了全面而精到的总结。但《无穷之史》的写作出发点与以往略有不同。之前，我习惯于从思想史与国际史的角度入手。但这一次，我先从一个个鲜活的面孔开始，观察这些人的具体生活。我所依赖的是最传统的史料，类似于20世纪70年代的社会史与经济史。所以我终于回到了"文化转向"、"国际转向"与"思想史转向"之前。但你说得不错，我最初的冲动和最终的目标仍然是一种特殊意义上的"高等思想"。我之所以在 20 世纪 90 年代首度踏足昂古莱姆，是因为法国经济学家杜尔哥（A. R. J. Turgot）[①] 在那篇开创现代金融理论的文章《论有息贷款》（*Mémoire sur les prêts à intérêt*）中提到了昂古莱姆。这篇讲论借贷与利息的作品抽象而晦涩，但学界评价其为经济学史中的闪亮之作，其也大约是杜氏著作中在 19 世纪流传最广的一篇。但发表时，这篇文章的体裁颇显特异。那时杜尔哥身居官位，所以开篇便详述了法国小镇昂古莱姆的金融危机——他作为地方行政官，当时负责调查这次金融事件。开场之后，他继以抽象的笔法，洋洋洒洒地写了一大段绝妙的货币、借贷和信用理论。但在最末尾，他却回归了昂古莱姆镇的具体处境。那时，镇上的情况复杂而戏剧，金融崩溃之下，敲诈勒索、蓄谋谋杀，比比皆是。统观此文，可见其"信封结构"，即中间是理论，首尾则是具体的真人与实情。这一结构引我遐思。之后，乃至到了 20 世纪，此文数次重印出版，但多数读者只关注中间，忽略了两端。但我注定是感兴趣整个"信封"的，尤其是真人真事。我亲赴此地后，立马发现了普通经济生活史的无穷财富。多年后，我脑海中存着"全球史"的念头再度回到昂古莱姆。之前我未充分意识到，许多当地人参与了长距离商业冒险。这些人为了生产航海产品或出口商品，大量借贷。我顺着一座小城的线索，顺势摸出愈来愈多的越洋关系网。我试图思考：如何才能绘制出一幅更大的画卷，再为这些植根地方但跨越重洋的各色人物都各置其所？就这样，我找出一件又一件档案和故事。我似乎亲身实践了"杜尔哥的信封"，尽管欠缺正中央的理论分析。这本书由 98 个故事构成。似乎跋涉漫漫数十载后，我又重拾了 20 世纪 70 年代的旧业，讲起了故事。

李汉松："信封"的前后封面，难道不也是承载理论的一种体裁？

罗斯柴尔德：你说的也有道理。我确实发现，在基于史料证据论述社会"故事"时，我其实进行了大量的概念性思考。许多关于经济本质的大问题都萦绕其间，而政治与经济的种种联系，包括政治事件的经济源头、

---

① 杜尔哥（1727~1781），奥尔涅男爵，法国经济学家和政治家。

经济后果，也都跃然纸上。因此，最后的成品介于理论和史料之间。毕竟，真实的人们总有了不起的思想。

李汉松：那部关于汽车工业的书也是如此。数十年后，您曾经在美国中西部观察到的隐患最终蔓延至全球，尤其是东亚。所以，具体的语境中总能衍发出普遍的问题和教训。

罗斯柴尔德：这大约是历史学家一方面作为历史学家，另一方面作为当今世界的观察者在两重身份之间不断的张力和对话。因为历史学家希望为世界局势的走向贡献声音。

李汉松：经济思想史家身兼双重身份，为时局建言献策，您是典型。而您介入舆论场最强有力的一次便是为公众分辨亚当·斯密"看不见的手（The Invisible Hand）"的微妙含义。我知道有一次，您在联合国酒会上遇见了一位捷克高官。他问您："最近在研究什么题目？"您回答："看不见的手！"这时他两眼发光，恳请阅读您的研究成果，因为他"一定要弄懂那些满口'看不见的手'的家伙究竟在议会里说了些什么"。我的回忆是否准确？

罗斯柴尔德：此人时任捷克外交部部长。其余细节都很准确。

李汉松：您最初为何在《道德情操论》（*The Theory of Moral Sentiments*）和《天文史》（*History of Astronomy*）中挖掘"看不见的手"，并以此印证《国富论》（*Wealth of Nations*）中那一众所周知的比喻？许多经济学家会说：这只是个比喻，历史学家何必深究？

罗斯柴尔德：我认为通过反思"看不见的手"的发明者本人如何使用这一概念，能够促使人们省察它在当今是如何被当作一种口号在使用的。那些引用"看不见的手"去论证各种立场的人们，彼此之间并不连贯统一，而是矛盾重重。另一点是，我们通过考察斯密在其作品中如何使用"看不见的手"，可以探知这些早期理论家在他们所属的时代都关怀哪些问题。我认为斯密等人最关心的议题之一是大型企业影响政治的权力与能力。这便是我们如今所忧虑的政治干预与市场干预现象。的确，市场有"看不见的手"，政府该退至一旁，避免干涉。但如果市场经济内部有一些行为者，操弄自己的财富去获取政治权力，再用这新得的权力去改变支配市场行为的规则，又该如何？在我看来，这是现代政治经济学最为深刻的问题之一。事实上，正是这些早期经济学家最早预见到了这些隐患，但他们的思想却惨遭"口号化"处理。此外，我认为批判性地审视"看不见的手"，还可以指引我们去挖掘、咀嚼斯密经济思想中若干其他方面的内容。在斯密看来，关注政府权力的后果至关重要。我们务必研究各级政府权力，既要关注国家政府，也要着眼地方政府，更要观察贸易企业的治理。斯密个人还对宗教组织的权力与治理方式感兴趣。在当今许多国家，如何对待并解决这一问题仍然相当重要。综上所述，我认为研究"看不见的手"如何被滥用确有意义。

李汉松：相比斯密，马克思的经济理论中哪一点最引您深思？

罗斯柴尔德：我目前最着迷的是马克思对 19 世纪资本生产过程的观察。他对生产过程的具体物质环境掌握得极其精确。他懂化学与机械原理，甚至研究如何用牛脂（tallow）做车轴用润滑脂（axle grease）。除此之外，我认为马克思也与 19 世纪经济生产的环境史大有关联。你之前问我经济与历史的各种分化与重组方式，尤其是经济生活与思想史的关系。你一定知道，目前在历史领域最时兴的子学科之一是所谓的"资本主义史"。总体而言，"资本主义史"可以被定义为批判资本主义的历史学家写的经济史。我个人认为，目前尚显不足、急需学者耕耘的是"资本史"，即包括物质、金融、法律、制度意义上的"资本史"。随着物理环境回归到史学研究的中心，这种历史研究一定会散发出别样的光彩。

李汉松：与马克思的政治经济学理论传统互有交集的另一条思路是广义上的"贫穷经济学"。思想史如何为贫穷研究贡献力量，又如何能革新理论与方法，推动多学科合作研究贫穷问题？

罗斯柴尔德：我认为当然可以。我们不如从 18 世纪开始思考。亚当·斯密要求公民生活得"体面""合宜"，但其具体条件却十分微妙，即公民应当自由进入公共空间而不感羞耻。若要杜绝耻辱感，一揽子基本商品是必不可少的。顺着同一条思路，黑格尔提出，"体面"意味着拥有一份工作，不依赖施舍或救济为生。这些思想家论述"穷人需要什么"时，可谓言简义丰、体察入微。与此同时，18 世纪的法国还孕育了另一套同等重要的思想辩论，那便是关于"人民（le peuple）"属性的大讨论。在当时许多人看来，"人民"即"穷人"之代名词。毋庸赘言，你也一定熟知当时围绕"谷物法（Corn Laws）"和谷物自由贸易展开过的一场激烈争论。论战的一方是经济学家雅克·内克尔（Jacques Necker）①，其后任法国财政大臣。另一方是幕前的孔多塞，以及幕后的杜尔哥。一次，内克尔曾贬低"人民"道："在我们称为'未来'的整个广阔时空之中，视线却超不过明天（de tout cet espace immense qu'on appelle l'avenir, il n'aperçoit jamais que le lendemain）。"他认为普通百姓只需要宗教信仰和果腹之餐。② 孔多塞对此反击，指责内克尔低估了人民。他也有一段话，令人难忘："一位农夫介意他惨遭人祸，因不正义而破产，远胜过在乎遭遇冰雹，受天灾毁灭（il souffre moins à être ruiné par une grêle que par une injustice）。"③ 这一次辩论深刻地反映了启蒙运动时期关于人类本质的争鸣。这一争议又与许多经济学理论的假设错综关联。不妨再谈谈你芝加哥大学经济系的师友们如何判定人性吧。其实我倒认为，所谓的"芝加哥人性观"蕴含着一种激进的平等主义。根据传统芝加哥学派的看法，每一个人——不分三六九等、高低贵贱，甚至是那些游离于经济体边缘的落魄之人——都能思考未来，也都致力于改善他们自己的处境。你的芝加哥同事们或许只认为，人们改善自己处境的唯一方式是增加自己拥有的产品数量。或许芝加哥经济学家认为，在冰雹和不公之间，理性计算的经济人既无差异，也无偏好。但起码，芝加哥学派绝不认为穷人只关心宗教信仰和明日口粮。所以，在这层意义上，芝加哥学派的贫穷观其实十分开放。但我欣赏巴纳吉和杜弗洛《贫穷经济学》（*Poor Economics*）的一点是，他们不只强调穷人的经济

---

① 雅克·内克尔，出身日内瓦的银行家，后成为路易十四的财政大臣和法国政治家。

② Jacques Necker, "Sur la législation et le commerce des grains," in Necker, *Œuvres Complètes*, Vol. I, Paris: Treuttel and Wurtz, 1820 [1775]. "La libre exportation des grains fût-elle aussi favorable à la prospérité publique que je l'y crois contraire, comment pourroit-on maintenir une loi qui l'autoriseroit constamment? Comment pourroit-on y soumettre les passions du peuple? Le pain qui le nourrit, La religion qui le console; voilà ses seules idées: elles seront toujours aussi simples que sa nature⋯de tout cet espace immense qu'on appelle l'avenir, il n'aperçoit jamais que le lendemain; il est privé par sa misère d'un intérêt plus éloigné."

③ Nicolas de Caritat, marquis de Condorcet, "Sur le commerce des blés," in *Œuvres de Condorcet*, Paris: Firmin Didot frères, 1847-1849, p. 145. "L'homme aime mieux dépendre de la nature que de ses semblables; il souffre moins à être ruiné par une grêle que par une injustice; c'est là ce qui attache l'homme a l'agriculture; ce qui l'empêche de la quitter, même lorsque sa fortune lui permet de choisir avec avantage des états plus doux, et, grâce à notre frivole vanité, plus honorés que le sien."

生活，更尊重属于穷人自己的渴望与抱负。

我同样认为，有必要公正对待 19 世纪的实证经济学家。如今流行鄙夷这些满腔热血但不接地气的"做好事"型社会改良家（do-gooder）。可他们身先士卒，探索贫穷之源，工作卓著，却是不争的事实。我的曾祖伯母碧翠丝·韦伯（Beatrice Webb）[1] 是一例。除成立伦敦经济学院（London School of Economics），她还沉心研究贫穷问题，著作颇丰。这批人对于自己在社会中的作用认知狭隘，但他们的贡献却值得称道。最后，西方经济学家若欲知贫、扶贫、消贫，绕不过另一丛荆棘，即种族问题。在我看来，多数思想史学者尚未领会，英、法、德、美等国家 19~20 世纪的经济学和经济思想多少带有种族性质，甚至是种族歧视的诸般假设。独就美国而言，其自然涉及如何运用经济学分析奴隶制的影响及其后果。但同样有必要审视的是，经济学对于"经济人"本质的假设是否仍然掺杂着 19 世纪英国作家那一套种族主义色彩。欲知此问题之严重，你只需读几句沃尔特·白芝浩（Walter Bagehot）[2] 之流关于印度和中国的言论。白芝浩号称《经济学人》（*The Economist*）编辑第一人，备受推崇。但他认定经济学作为一个学科，是为英国富裕的白人男性而设的，或许还有比利时，至多加上一部分法国人民。翻阅 19 世纪经济思想史，我们务必重视这种现象。我认为经济思想史、"中等"思想家史、书籍史、"观念扩散史"学者应精诚团结，携手合作，深入挖掘这段历史。

李汉松：谈到"中等"思想史，以及通过物质文化史反哺"高等"思想史，我们从生活的变化可以体察思想的变迁。

罗斯柴尔德：是的，这些变化也许简单而实际，譬如法国大革命期间的"革命日历（calendrier révolutionnaire français）"。

李汉松：这也令我记起了大学时为保罗·谢尼（Paul Cheney）所做的研究，即追踪 18 世纪圣多明戈家庭在革命爆发前后如何处置各类财产，最终再上升到社会与政治层面。

---

① 玛莎·碧翠丝·韦伯（妮·波特，1858~1943），帕斯菲尔德男爵夫人，英国社会学家，经济学家，社会主义者，劳工史学家和社会改革家，她创造了"集体谈判"这一术语，是伦敦政治经济学院的创始人之一，也是费边社的重要改革家。

② 沃尔特·白芝浩（1826~1877），英国记者，商人和散文家。

罗斯柴尔德：谢尼写那本《穷巷末路：法属圣多明戈的遗产、资本主义与奴隶制》（*Cul de sac：Patrimony，Capitalism，and Slavery in French Saint-Domingue*）时，最早是如何入手的？[1]

李汉松：我们先从圣多明戈（海地）的户籍档案与赋税记录中抽取数据，为更宏观的历史论述打下量化的基础。一旦积少成多，量变推动质变，一幅更宽阔的历史图景便从这些烦琐的数字中呼之欲出，跃然眼前。

罗斯柴尔德：我深有同感。《无穷之史》开篇即引用了上海作家王安忆在小说《长恨歌》中的一段话，形容在高点俯瞰上海街区（站一个制高点看上海，上海的弄堂是壮观的景象）：起先是一堆黑暗（大片的暗）。黎明破晓之时，偶见晾晒出来的衣衫，这似乎暗示着那些潜藏其下的私情与生活（横七竖八晾衣竹竿上的衣物，带有点私情的味道）。有些无法预知，但又合情合理的东西：小事，并不大，甚至琐碎（流动着一些意料之外又情理之中的东西，东西不是什么大东西，但琐琐细细），随着时间累积（一点一点累积起来），连沙子也能堆砌出城堡（聚沙也能成塔）。我以为，不论是历史学家事后追踪事件，还是小说家事后描绘事件，这一过程都展现了经济制度与政治变革的相互关系。但我又想，你们"政治学家"或许也能从中有所获知，以便在事件发生的当时，立即高屋建瓴地开展研究。

李汉松：您对全体学人，不仅是经济学家、历史学家，还有无法界定的"政治学家"，都期待甚高。而这种"启蒙"式的乐观主义精神，也将我们的对话带到了尾声。

让我们转换到当前的世界，新冠肺炎疫情的蔓延全球，点燃了社会内部和国际政治中酝酿已久的张力，与此同时也激发了学界和舆论场的辩论，促使公众重新审视全球公共卫生危机管理的伦理与经济问题。2020 年 5~7 月，我们历史与经济研究中心举办了一系列的座谈会，从不同角度探讨当前的流行病难题。在您看来，历史如何能谕知当下？历史研究如何能为政策实践澄清思路？在您观察社会如何前进（或者无法前进）之时，又

---

[1] Paul Cheney, *Cul de Sac: Patrimony, Capitalism, and Slavery in French Saint-Domingue*, Chicago：University of Chicago Press，2017.

作何想？

罗斯柴尔德：过去数月之间，一切大变。我可以预想多年以后反观时下，闲话"疫前""疫后"的光景。我眼前想到最多的是流行病的直接影响。除此之外，我们也透过这场公共卫生危机看到了世界的方方面面——经济生活、权力和不平等，好比在闪电之下，触目惊心但也能看得更清。首先，我的史学工作发生了巨大变化。2020 年危机深化以后，我正在紧锣密鼓地最后校订新书《无穷之史》，这本书讲的是法国小城的人和事。接下来的数月之中，我回顾了一个书中遗漏的悲伤故事：1855 年霍乱疫情袭击了这座小镇。在我们自己的疫情时代重思这段疾疫史，这种对于病痛的意识更为强烈，阅读档案中的死亡、结婚和出生记录，还有一位镇上医生撰写的册子时，忽然之间，我看到了太多之前轻易忽略的细节。这种阅读帮助我更深地了解了 19 世纪人的生活以及我们自己的生活。在你适才提及的历史与经济研究中心讲座系列中，我那一讲便是谈这段霍乱研究和心得体会。

过去一个月中，我开启了一项全新的工程，这也受到了当前危机的影响。我回归了一个着迷已久的经济学观念：宏观与微观。我想探究如何应用当代测量技术——包括"输入输出（input-output）"——研究历史体验。我做了一个思想实验：假设 18 世纪末至 19 世纪初这段英法两国经济飞速增长的史料信息忽然变得无穷无尽、条分缕晰，史家因此可以洞悉底蕴，那会如何？我们的目的是克服经济史中一个重大难题，即探明这些年经济究竟如何转变，那么，"第一次工业革命"便显得不再简单明了。譬如，以奴隶制为基础的经济生产方式在工业革命中发挥了何种作用？海外剥削又在工业革命中扮演何种角色？对于工业扩张中的各种问题，目前学界只有笼统的印象，尚无精到的解释。但是当时大量依赖煤炭和物质资源的生产组织形式为后世的灾难埋下了隐患，这一点几乎毋庸置疑。对于这些宏大的问题，我已着迷多年。其实，不感兴趣才难。我曾在复旦大学和北京大学与一群立志研究 19 世纪英国小说的中国学生谈论过这些问题，至今印象深刻。我自己的近著《帝国的内部生活：一部十八世纪史》和《无穷之史》也都是在以个人生活的"微观史"思考经济生活中的巨大变迁。但如若不是在疫情的"一震之威"下形成了这种强烈的意识，我大约永远也下不了这种决心——直接思考宏观问题。危机之中，一切都愈加意义重大。

（李汉松，哈佛大学历史与经济研究中心研究员，主要研究方向为政治经济学与国际思想史）

美国早期史的全球转向：
罗斯玛丽·扎加里教授访谈

魏　涛

【编者按】 罗斯玛丽·扎加里（Rosemarie Zagarri）是美国乔治·梅森大学历史与艺术史系的教授，其研究兴趣主要集中在美国早期史、妇女史、18世纪大西洋史和全球史。1993年春季，她被富布赖特协会（Fulbright Association）任命为荷兰阿姆斯特丹大学美国研究中心的托马斯·杰斐逊教授。她曾获得来自美国国家人文基金会（1997~1998、2011~2012）、美国古文物协会和美国哲学协会的研究基金。她在《美国季刊》《共和国早期史学杂志》《威廉与玛丽季刊》的编辑部和弗吉尼亚大学出版社担任编委。此外，她是欧莫亨德罗美国早期历史及文化研究所（The Omohundro Institute of Early American History and Culture）理事会和纽约市自由女神博物馆顾问委员会的成员。她还当选为美国共和国早期历史学家协会（Society for Historians of the Early American Republic，SHEAR）主席。此外，她是美国历史学家组织（Organization of American Historians）的杰出讲师。她在《美国历史杂志》、《美国季刊》、《共和国早期史学杂志》和《威廉与玛丽季刊》等期刊上发表了多篇重要论文。

扎加里经历了自20世纪60年代后期以来美国史学史的重要转变。在20世纪70年代末和80年代初，受女权主义运动和美国"新社会史"的影响，她积极从事美国早期政治史研究。到80年代中后期，她把研究兴趣从政治史转向妇女史。到21世纪初，受全球史和跨国史史学思潮的影响，她积极从事跨国史研究。目前，她正在撰写名为《自由与压迫：托马斯·罗与殖民时期的英属印度以及美国早期共和国的形成》的专著，主要考察英国人托马斯·罗（Thomas Law，1756~1834）在英国、印度和美国的独特经历，力图从跨国视角讨论 18 世纪末和 19 世纪初英属印度和美国的历史演进。本访谈不仅有助于认识美国史学自 20 世纪 60 年代后期以来的重大转变，而且有助于进一步理解扎加里在美国早期史领域的学术成就。

魏涛：您好！罗斯玛丽·扎加里教授，非常感谢您接受这次采访！您在哪里出生？又是在哪里接受教育的？

罗斯玛丽·扎加里：我出生于美国中西部的密苏里州圣路易斯。我于 1977 年在西北大学获得历史学学士学位，于 1984 年在耶鲁大学获得博士学位。

魏涛：您为什么喜欢历史？又是如何成为一名历史学家的？

扎加里：在童年时代，我总是喜欢阅读来自不同地方和不同时代的名人传记。过去的故事把我从当下带入一个想象的世界。小说也能产生这种效果，但我更喜欢传记，因为传记以事实为依据，并带我走进过去几个世纪或几十年以来的世界中去。我喜欢观察过去人们的生活与我的生活有何相似或不同。

在高中时，我很幸运地遇到了一位杰出的美国历史教师，她让历史观念再现。她是第一个向我展示历史不只与过去发生的事情有关，而且鼓励我探求历史事件背后的原因，以便理解历史不仅与事实有关，而且与意义和重要性有关。

然后，在西北大学攻读本科学位的时候，我选修了美国早期史领域里著名历史学家蒂莫西·布林（Timothy Breen）教授关于美国革命史的课程。他向我展示了历史不仅涉及政治事件或精英思想，而且涉及民众运动、人口变化和社会趋势，其中包括妇女和男人、黑人和白人以及底层人群和上层人群等。对我来说，这些观点非常新颖且让我兴奋，并向我展示了看待世界的一种新方式。人民创造历史，但仅凭思想不会产生影响。人民是基于这些观念进而采取行动。

一直以来我是一个充满好奇心的人。我想知道为什么事情就是这样。对我而言，历史具有一种力量，可以使人们对当下产生一种吸引力。了解过去发生的原因有助于理解我们不必接受的现在的状况。它使我们有能力改变或挑战现状。

就我对妇女角色和妇女权利的理解而言尤其如此。在我成长的 20 世纪 60 年代和 70 年代，女权主义者开始挑战男性对权力的垄断。妇女开始进入许多以前属于男性的各种职业。妇女开始成为医生、律师和教授，以及公共汽车司机、警察和政治家。但是，人们对担任这些角色的女性有很多抵触情绪，很多讨论都认为女性正在放弃传统的贤妻良母角色。尽管我对政治并不感兴趣，但我还是以自己的方式为争取妇女权利而斗争。

当我研究美国革命时期（1776~1800）的历史时，我看到了过去与现在之间的许多联系。美国革命时期的妇女开始挑战自己的性别角色，进而参加革命运动。在 20 世纪 60 年代和 70 年代，我身边的妇女与美国革命时期的妇女所面临的情况类似，她们也面临很多反对意见，仅仅因为她们是女性且开始取代男性的地位。令人鼓舞的是，美国革命时期的妇女坚持奋斗并为革命运动做出了重要贡献。在 18 世纪，在争取与男子平等的地位时，大多数妇女们心生畏惧。目前，许多妇女已经克服了某些顾虑，但这种畏惧在当代美国仍然存在。

魏涛：2016 年，在康涅狄格州纽黑文市举行的美国共和国早期历史学家协会年会上，您和约翰·霍普金斯大学历史系的弗朗索瓦·弗斯滕伯格（François Furstenberg）为研究生举办了美国早期政治史研讨会。作为参与者，我很幸运地聆听了你们所分享的求学经历和从事历史研究的故事。您特别强调了博士学位论文导师埃德蒙·摩根（Edmund Morgan）在您的学术生涯中所扮演的重要角色。但是，由于当时的日程安排繁忙，您没有告诉我们更多详细信息。我想知道：当您在 20 世纪 70 年代末和 80 年代初在耶鲁大学历史系读博士研究生时，摩根是如何指导您从事历史研究的？他是怎么帮助您理解美国历史的？

扎加里：在摩根教授从耶鲁大学历史系退休之前，我非常荣幸地成为他的最后一位博士研究生。我从他那里学到了很多：用叙述方法讲述过去的故事；用清晰易懂的写作风格把观点传递给非历史学家；追随自己内心的求知欲进而选择自己的研究课题；最重要的是，将自己沉浸在自己所研究的历史文献中。摩根始终强调，从原始文献学到的远比从其他历史学家那里学到的更多。原始文献告诉你人们过去的思考、经历和行动。摩根本人以身作则，成为我们的学习榜样。他谦虚、善良且总是充满好奇心。他深知学无止境，因此未停止学习。他强调，成为一名好老师很重要，这样你就可以将过去的知识传递给下一代。

摩根研究了美国革命时期的奴隶制，并对我产生重大影响。与以前的历史学家形成鲜明对比的是，摩根认为，如果不了解奴隶制就无法理解美国革命时期自由（liberty）和自由（freedom）的发展。他最早阐述了美国革命的悖论：白人享有自由，黑肤色的人却遭受奴役。在美国革命时期，英属北美 13 个殖民地的许多白人在反抗英国暴政的同时，却把黑人当作劳工并继续奴役他们。摩根认为这是美国历史上的核心问题之一，且这个问题一直以种族主义的形式存在至今。

魏涛：在《大小的政治学：美国的代表制，1776~1850 年》（以下简称《大小的政治学》）出版之前，杰克·格林（Jack P. Greene）、杰克·R. 波尔（J. R. Pole）和戈登·伍德（Gordon S. Wood）等历史学家在 20 世纪 80 年代先后研究过美国革命时期的代表制。[1] 当您决定研究代表制时，您是否对他们的研究成果感到不满意？您是怎么下定决心从事这项课题的研究的？

扎加里：读研究生的时候，许多美国历史学家对社会史感兴趣，并积极讨论普通人的生活，这些人包括工人、农民、群众或革命时期的暴民。但是，在探索博士学位论文主题时，我仍然对美国早期政治史感兴趣。我不一定要研究像乔治·华盛顿或托马斯·杰斐逊这样的伟人，但我确实想研究重要的政治思想对美国政府和政治的影响。

我对格林、波尔和伍德等的研究成果并不满意，我想为美国革命时期的政治思想研究增添新的维度。在阅读了一些重要史料之后，我对 1787 年在费城举行的制宪会议上的一场重要冲突特别感兴趣，这场冲突在地理区域较小的州（例如新泽西州和康涅狄格州）与地理区域较大的州（例如弗吉尼亚州和宾夕法尼亚州）之间展开。这场斗争涉及如何在新的美国国会中代表不同大小且人口多样的州。矛盾在于不管各个州的规模和人口多

---

[1] Rosemarie Zagarri, *The Politics of Size: Representation in the United States, 1776-1850*, Ithaca: Cornell University Press, 1987.

少，国会是否会从每个州选出相等数量的代表（这是美国历来的做法）或是否接受新的方法。新办法首先是在美国革命时期的某些州宪法中进行了尝试的，该方法允许拥有更多人的州选出更多的代表。当代表们正在商量制定美国宪法时，他们之间的政治分歧几乎导致费城制宪会议的解散，这是一个极易造成不和的问题。

通过一系列妥协，制宪者创建了我们今天的政治体制，每个州在参议院获得同等的投票权（每个州两个参议员），而众议院中的代表比例则与每个州的人口成比例。人口更多的州接受更多的代表。从某种程度上说，这就是国会两院执政方式如此不同的原因，尽管成员之间相互制约而平衡。

今天，这些问题也引起了强烈共鸣。美国革命产生的最重要的统治原则之一是"一人一票"的思想。简单来说，这意味着应有同等数量的人选出同等数量的代表。众议院的选举区应该反映人民的意见，不应只支持一个种族或一个政党而排斥其他种族或政党。但是今天，许多州的立法机关都采取了一种"不公正改划选区（gerrymandering）"的做法。这种做法是绘制曲折的或形状怪异的选举区，以影响选举结果。美国最高法院在过去的裁决中曾考虑过此问题的公正性，一些法官在讨论有关不公正改划选区问题时引用了我的《大小的政治学》。对我来说，自由公正的选举是正义政府的基础。当我的研究作品（至少在很小的程度上）有助于建立一个更好的美国政府时，我倍感欣慰。

魏涛：您是怎么写《大小的政治学》的？是否发现了大量未发表的原始史料？

扎加里：历史研究通常有很多好的历史研究方法。有时历史学家会研究过去从未被研究过的史学资料，尽管这些资料时常被低估、忽略或缩小。这些资源很多时候都存放在带有霉味的档案馆里，你可以查看以前未被分析过的原始手稿。但是，有时候历史学家会使用已知的史料，并利用这些史料提出新问题进而做出新的解释。我就是这么做的。《大小的政治学》主要以已出版的史料为基础，包括报纸、政治小册子、法律和立法记录，而不是未出版的原始手稿档案。我主要讨论关于代表制的公开辩论，而不是研究人们的个体思想和观念。该书的重要贡献主要体现在它建立在旧问题基础之上，但提出了新问题并以新的视角对问题进行解释。

为了提出有关代表制的新问题，我读了许多历史地理学领域的书籍和论文。这个学科帮助我以新的方式思考美国早期政治史：不仅思考政治思想的内容，而且思考空间、距离和地理如何影响了美国早期的政治思想。在我看来，这种研究方法为我研究代表制提供了新视角。

魏涛：我认为《大小的政治学》是一本了不起的著作。与传统的政治史学家不同，您通过采用历史地理学和人口统计学的观点创造性地讨论了美国政治史上的代表制。正如您所指出的，到19世纪50年代："美国人最终通过与空间的对抗发展了一种新的代表制方法：一种基于个人而非社区、基于人口而非领土、基于人口统计学而非地理的方法。"① 通过将历史地理学、人口统计学与美国早期政治联系起来，您取得了一项了不起的成就。读者可能会好奇：您为何使用这种历史方法来讨论美国早期政治？

扎加里：我对研究革命时期的美国政治史非常感兴趣。但是我想为传统历史问题提供新的解释。受某些因素的影响，我读了很多历史地理学领域的学术论文，并想进行某种跨学科研究。读得越多，我就越相信空间对美国人思考政治问题的方式至关重要。这包括美国人决定将州的首府放置在哪里，各个州曾用什么方法选举其州立法机关的代表（无论是按人数还是按地理位置划分），美国宪法的支持者和反对者如何看待自己国家的大州，以及19世纪初美国人如何决定建立选区以选举美国众议院议员。最后，我认为关于地理单位代表方式的冲突持续的时间比大多数历史学家所承认的要长得多，并且造成国会礼让传统的消亡进而导致了美国内战。

魏涛：在20世纪80年代末90年代初，您对美国政治史中的妇女史更加感兴趣。因此，您在1995年出版了第二本专著《一位女人的困境：摩西·沃伦和美国革命》②。您为什么要为摩西·沃伦（Mercy Otis Warren）

---

① Rosemarie Zagarri, *The Politics of Size: Representation in the United States, 1776 - 1850*, Ithaca: Cornell University Press, 1987, p. 71.

② Rosemarie Zagarri, *A Woman's Dilemma: Mercy Otis Warren and the American Revolution*, Wheeling, Illinois: Harlan Davidson, Inc., 1995.

撰写传记？

扎加里：当我在 20 世纪 70 年代末开始读研究生时，历史学家很少写有关女性在美国早期史的经历。当我获得博士学位时，这已成为一个非常活跃和令人兴奋的研究领域。碰巧的是，当我还是一名年轻的助理教授时，一位同事问我是否想为他正在编辑的一套丛书系列写一本关于一个女人的传记。

当我阅读该领域的研究文章时，我注意到许多政治历史学家提到了一个名叫摩西·沃伦的女人，她是美国独立战争时期的政治作家和思想家。她发表了有关抵制英国政治压迫的诗歌，以及有关维护美国自由的讽刺剧。在她的晚年，她写了三卷关于美国独立战争的著作以及反对美国宪法的政治小册子。历史学家引用了她的作品，却从未讨论过作者是位女人的事实。在沃伦生活的那个年代，女性成为出版作家是非同寻常的，而女性撰写有关政治和战争的文章甚至更不寻常，因为政治和战争通常被认为完全是由男性所支配的。我想知道这位女士是谁，想知道在政治活动对女性尚未开放的那个年代，一位女士撰写有关政治问题的意义是什么。

研究美国早期史上的妇女并非易事。许多妇女不识字。即使她们可以写作，她们的生活也常常被认为不如男人的生活重要。她们的个人信件经常被丢弃，很少被保存在档案中。沃伦是一位作家，且来自马萨诸塞的一个望族。因此，幸运的是，我可以使用很多史料来研究她的生活，史料不仅包括她的出版物，而且包括与她的家人和著名朋友（如约翰·亚当斯、玛莎·华盛顿和托马斯·杰斐逊）的来信。

在我的书中，我想从新社会史的视角来研究美国早期女性，并结合政治思想史研究的方法来考察沃伦的政治思想和政治贡献。我把她作为妻子和五个儿子的母亲的生活置放在她作为美国革命的政治思想家和支持者的历史情境中。我想展示她是如何按照那个时代的女性所期望的那样在家庭扮演角色的同时在政治领域扮演非同寻常的角色。最后，我希望她对美国独立战争的贡献能广为人知。

魏涛：在《一位女人的困境：摩西·沃伦和美国革命》中，您认为沃伦的《美国革命的兴起、进步和终结》（*History of the Rise, Progress, and Termination of the American Revolution*）代表了旧的共和派人士的预言，却与新时代的自由主义无法调和，而美国革命正是由自由主义价值观所推动的。①
沃伦是如何理解共和主义与自由主义之间的不可调和？可否解释一下？

扎加里： 简单来说，沃伦与其他开国元勋一样，认为公民美德和对共
同利益的奉献应成为指导美国政治领袖和公民为新成立的美利坚合众国做
贡献的原则。但是，在美国独立战争之后，沃伦认为，美国人更感兴趣的
是促进自己的利益，从事诸如赚钱或追求自己的事业之类的事情，而不是
做出她认为共和政府生存和繁荣所必需的牺牲。她从许多方面相信，美国
革命结束后，美国的自由主义价值观开始下降。她对美国人能够保留他们
在美国独立战争中争取的自由并不乐观。

魏涛： 我们来谈谈您的第三本书《革命性的集体反对：共和国早期的
妇女与政治》②。您为什么集中研究女性政治家，并考察她们如何在美国革
命结束后为争取女性权利而斗争？与"共和式母亲（republican mother）"
相比，"女性政治家"是一个有用的分析术语吗？

扎加里： 首先，我认为每个人都需要理解"女性政治家（female
politician）"一词的含义。在美国独立战争之前，美国妇女几乎没有法律和
政治权利。妇女此时无法投票或担任公职。已婚妇女不能拥有财产。政治
被认为是由男性所支配的特定领域。男性对沃伦试图侵占他们的领地的行
为不满。但是，在美国革命时期，男性政治领导人需要一切可能的支持才
能与英国作战。他们鼓励妇女支持政治抵抗运动以及后来的美国革命事
业。许多妇女通过联合抵制英国商品，拒绝使用英国商品并为军队筹款来
支持美国革命。随着越来越多的女性学会阅读，她们阅读报纸，并对政治
和政府有了更多的了解。于是，美国人开始把对政治活动感兴趣并从积极
事政治活动的妇女称为"女性政治家"。

在《革命性的集体反对：共和国早期的妇女与政治》中，我想探讨美
国革命对在革命期间变得有政治意识的妇女的影响。到 18 世纪 90 年代，

---

① Mercy Otis Warren, *History of the Rise, Progress, and Termination of the American Revolution*,
Pantianos Classics, 1805; Rosemarie Zagarri, *A Woman's Dilemma: Mercy Otis Warren and the
American Revolution*, Wheeling, Illinois: Harlan Davidson, Inc., 1995, p. 151.

② Rosemarie Zagarri, *Revolutionary Backlash: Women and Politics in the Early American Republic*,
Philadelphia: University of Pennsylvania Press, 2007.

一些男人和女人开始将妇女在社会中的地位与美国和英国之间的关系进行比较：就像美国革命时期的大英帝国对美国进行政治压迫一样，共和国初期的男人也对妇女进行政治压迫，剥夺妇女的平等教育机会，阻止她们追求同样的机会，并排斥她们享有与男子相同的政治和法律权利。与琳达·克伯（Linda K. Kerber）和玛丽·诺顿（Mary Beth Norton）不同，我相信美国革命的影响使女性超出了女性的家庭角色。我相信，妇女不仅可以扮演共和式公民的好妻子和好母亲的角色，而且可以声称拥有某些权利并属于某种政治机构。尽管没有像男人那样将她们视为政治人物，但她们在政治上不再是隐形的。

魏涛：传统的妇女史学家如琳达·克伯和玛丽·诺顿都指出，美国独立战争和联邦宪法没有改变女性的地位。[①] 与她们相比，您不仅断言美国革命后妇女继续政治化，而且还指出白人妇女充分利用了提供给她们的政治机会并创造了其他机会。您试图证明女性是中心人物，而不是共和国早期政治的边缘人物。可否告诉我们您是如何对女性政治家进行档案研究的？如何搜集历史证据支持您的论点？

扎加里：在这本书里，我使用了许多不同的重要史料，如书籍、杂志、报纸、小说和戏剧等已出版的史料，它们对于理解女性的言论以及理解当时女性所阅读的内容非常重要。但是，为了捕捉女性自身的声音，我必须对许多不同的档案进行研究，这些档案包含女性写给其他女性或丈夫的信。这些档案来自国会图书馆、纽约历史协会、美国古文物学会、南卡罗来纳历史协会和马萨诸塞历史学会等机构。尽管档案研究非常困难且耗时，但我也很有收获。长期以来，女性的观念和写作没有男性那么受人重视。她们通常没有成为著名的领导人或思想家。因此，收集200年前的美国女性的原始档案并不容易。当然，你发现的所存史料都是手写的，有时是难以识别的手稿，而且可能会很潦草。但是，这些史料让从事历史研究的科研人员发现从事档案研究的感觉是那么好。史学工作者常常因无法识别长长的手写单词（通常写在易碎的纸上）而困惑不已，但在阅读原始手

---

① Linda K. Kerber, *Women of the Republic: Intellect and Ideology in Revolutionary America*, Chapel Hill, NC: University of North Carolina Press, 1980; Mary Beth Norton, *Liberty's Daughters: The Revolutionary Experience of American Women, 1750-1800*, Boston: Little, Brown, 1980.

稿的时候会因突然发现一个能准确表达我们希望找到的句子或段落而兴奋不已。我们无法编造这些档案；我们只需要找到它们。

无论如何，原始档案和已公开出版的史料的结合对我研究共和国初期妇女在公共场合和家庭领域所扮演的角色大有裨益：可以比较妇女在公开场合和私下空间里所说的话。我认为，美国独立战争引发了公众对妇女权利问题的广泛辩论。美国人甚至考虑了妇女是否应享有选举权和担任公职的权利。具有讽刺意味的是，到 19 世纪 20 年代，这种想法遭到了强烈反对。男性政客和思想家扼杀了这场辩论，并设置了更多的障碍，使妇女无法享有充分的政治和法律权利。男性的强烈反对导致妇女进一步被剥夺政治权利。然而重要的是，平等和自然权利的革命意识形态引发了这场辩论，这些思想从未真正消失过。

魏涛：您特别关注了 18 世纪英国女权主义者玛丽·沃斯通克拉夫特（Mary Wollstonecraft）的《女权辩护：关于政治和道德问题的批评》对共和国初期美国人的影响。18 世纪末的美国人是如何回应这本书的？她们如何接受沃斯通克拉夫特的思想并将其运用到争取妇女权益的日常斗争中？

扎加里：沃斯通克拉夫特的书于 1792 年在英国首次出版，然后在美国再版了好几次。许多妇女杂志和其他期刊都登载了它的摘录版。我认为，沃斯通克拉夫特的《女权辩护：关于政治和道德问题的批评》集中体现了美国独立战争期间最初出现的东西：普遍权利和平等的观念。沃斯通克拉夫特认真对待这些观念，并明确将这些想法应用于女性和男性身上。她的工作鼓励了有关美国妇女权利的意义的广泛辩论。但是，没有人知道妇女权利的确切含义。这是否意味着妇女应该与男子享有相同的受教育机会？从事与男子相同的职业？和男人拥有同样的政治和法律权利？关于这些问题美国人无法达成共识。当然了，这种思想本身极具争议。其他历史学家说，由于妇女的角色变化不大，美国革命对她们的影响不大。对我而言，重要的是，男人和女人开始想象女人的新角色和新责任，即使他们暂时拒绝了她们。妇女已政治化。她们或许将她们视为政治的存在者（political beings），拥有跟男人一样的权利和特权。即使在短期内她们不享有与男子相同的权利和特权，她们已拥有可以在将来争取自己权利的工具。如果平等和自然权利是真正的普遍原则，那么将来男人和女人都可以对它们提出主张。在 19 世纪 40 年代，美国出现了第一次争取妇女权利的政治运动。到 19 世纪后期，甚至直到现在，这种争取妇女权力的运动一直存在。

魏涛：2011 年，您在《共和国早期史学杂志》上发表了题为《"全球转向"对美国共和国早期史研究的重要性：国家建构时代的全球化》的论文，鼓励历史学家更加关注"全球转向"，并讨论了其对美国共和国早期史研究的影响。[①] 为什么您认为"全球转向"很重要？全球化如何塑造您对民族国家史学叙事的理解？

扎加里：尽管我们生活在全球化时代，但美国历史学家，尤其是研究 1776 年至 1828 年美国共和国早期史的历史学家，一直非常关注美国的国内发展。研究其他时期的历史学家开始强调美国与世界其他地区之间的联系，而美国早期史学者则倾向于研究该国内部发生的事情，而不是探索美国与世界上遥远地区之间的联系。这种研究有很充分的理由。美国革命和美国宪法制定后，美国经历了一个令人难以置信的增长与发展时代。这些国内故事，包括奴隶制的增长、西部扩张、政党政治制度的出现以及民族主义的兴起，都非常重要。尽管如此，重要的是要承认，即使在发展的初期，美国仍然是全球交流网络的一部分。人口、商品和思想在世界各地流动。在我的文章中，我敦促美国早期史学家对美国与世界遥远地区（包括中国、印度和其他地方）的联系进行更多研究。令我倍感欣慰的是，我们现在开始看到许多学术成果试图扩大美国早期史的影响力，包括卡里安·横田（Kariann Akemi Yokota）的《脱离英国人的认同：革命时期的美国如何成为一个后殖民国家》，南希·肖梅科（Nancy Shoemaker）的《土著印第安人捕鲸者与世界：土著遭遇与种族的偶然性》，以及乔纳森·埃科特（Jonathan Eacott）的《出售帝国：印度与英国和美国的形成，1600~1830 年》。[②] 许多其他研究项目正

---

① Rosemarie Zagarri, "The Significance of the 'Global Turn' for the Early American Republic： Globalization in the Age of Nation-Building," *Journal of the Early Republic*, Vol. 31, No. 1, 2011, pp. 1-37.

② Kariann Akemi Yokota, *Unbecoming British: How Revolutionary America Became a Postcolonial Nation*, Oxford：Oxford University Press, 2010; Nancy Shoemaker, *Native American Whalemen and the World: Indigenous Encounters and the Contingency of Race*, Chapel Hill：University of North Carolina Press, 2015; Jonathan Eacott, *Selling Empire: India in the Making of Britain and America, 1600-1830*, Chapel Hill, NC：University of North Carolina Press, 2016.

在进行中，并将很快出版。

魏涛：在您的新项目中，您试图从跨国角度来讨论美国早期史。为什么跨国视角对于我们了解美国早期共和国如此重要？

扎加里：简而言之，历史学家从事大西洋史学研究已有很长一段时间了。甚至在 20 世纪 90 年代之前，当大西洋史学在美国史学界大行其道的时候，美国历史学家就对奴隶制与大西洋奴隶贸易、美国与加勒比岛屿之间的联系以及美国独立战争与法国大革命和拉丁美洲政治革命之间的联系进行了研究。所有这些都是与大西洋接壤的地区。我认为"全球转向"不仅扩展了美国早期史的地理范围，而且还迫使历史学家做更多的事情：去界定来自陌生国度且并未包含在传统的美国早期史研究领域中的人民、文化和帝国。通过研究 1776~1820 年的全球化，美国早期史学家将能够更轻松地与研究其他时期和地区的全球史学家进行对话，并发现超越时间和空间的全球化的相同点和不同点。

魏涛：据我所知，您目前正在撰写一本专著《自由与压迫：托马斯·罗与殖民时期的英属印度以及美国早期共和国的形成》（*Liberty or Oppression: Thomas Law and the Making of Empire in Colonial British India and the Early American Republic*）。托马斯·罗是谁？这项研究是关于什么的？是什么吸引您从事这个项目的研究？

扎加里：随着我对全球史和跨国史越来越感兴趣，我一直在寻找一个好的研究主题。当我在研究一个关于玛莎·华盛顿①的数字历史课题时，我开始留意托马斯·罗的故事。我认为罗是"大英帝国的代理人"。罗于 1756 年出生于英国剑桥，1773 年以书记员或作家的身份前往印度，并为东印度公司工作。由于在事业上步步高升，他成为东印度公司政策的改革者。在印度期间，他提出了一项政策，不仅从根本上改变了当地的土地所有制，而且改变了东印度公司向当地人民征收税款的方式。他希望他的政策可以改善当地人的状况，并增加公司的税收收入。1791 年返回英国后，他曾短暂停留，不久离开那里前往年轻的美国，并带着他的三个英籍印度混血儿子。在美国，他定居在华盛顿特区，成为一名房地产投资者、

---

① 玛莎·华盛顿（Martha Dandridge Custis Washington）是美国第一任总统乔治·华盛顿的妻子。

一名重要的民间人物和公共知识分子。在那里，他和玛莎·华盛顿的孙女伊丽莎·库斯蒂斯（Eliza Custis）结婚，并一起生活。

罗试图在美国建立一个宏伟的新帝国，该帝国类似于在印度的大英帝国。他借鉴启蒙运动的进步理念和人性的普遍性，借鉴他在印度学到的教训，力图推动社会发展并改善美国经济。除了利用各种手段修建运河、推动贸易和发行货币外，他对解决奴隶和土著印第安人的困境特别感兴趣。

就撰写一部专著而言，罗是史学工作者的理想人选。罗留下了大量已发表的政治小册子和未发表的私人信件，但专门研究他的学术性论文却很少。为了研究这个项目，我访问了美国国内的许多档案馆以及英国、爱尔兰和印度的档案馆。在我看来，罗的生活提供了一个令人着迷的棱镜，通过它可以比较和对比殖民时期的英属印度和美国早期共和国在同时代的演变。

魏涛：祝您的新书项目一切顺利！我期待在不久的将来阅读它。再次感谢您接受这次采访！

扎加里：谢谢！我希望有更多的中国学者能够看到研究美国早期史的价值，并有兴趣与研究美国早期史的历史学家分享他们的知识。通过研究全球史，我希望更多的美国人对中国的历史有更多的了解，而中美之间的早期历史要追溯到18世纪。正如我一直试图向我的学生们所指出的，如果18世纪的美国人不那么爱喝中国茶，那么我们可能就不会有美国革命了。正如你所知道的，波士顿茶党于1773年发起的政治抵制运动导致英国议会在1774年实施了《强制法令》，这直接造成北美殖民地人民走上反抗英国暴政的道路。在过去很长一段时间里，中国和美国的历史一直交织在一起，而且，我希望在不久的将来两国之间的历史交流会更紧密！

（魏涛，中国社会科学院中国历史研究院世界历史研究所助理研究员，主要研究方向为美国早期史和大西洋史）

历史学科的精髓在于持续对话：
彼得·蒙蒂思教授访谈

张　瑾

【编者按】2019 年 9 月至 10 月，在中国社会科学院世界历史研究所和欧美近现代史优势学科的经费支持下，我有幸在澳大利亚弗林德斯大学（Flinders University）进行了两个月的访学。弗林德斯大学位于澳大利亚南澳大利亚州首府阿德莱德，始建于 1966 年，以英国航海家马修·弗林德斯（Matthew Flinders）的名字命名，他于 1802 年对澳大利亚南部海岸线进行了调查和勘测。人文、艺术和社会科学学院是该大学的重要组成部分，邀请我赴澳访学的彼得·蒙蒂思（Peter Monteath）教授是该学院的代理院长。蒙蒂思教授是欧洲近代史和澳大利亚史专家，澳大利亚历史学会会员。他是南澳大利亚州历史委员会前主席。他还是美国密苏里大学圣路易斯分校和德国柏林工业大学的兼职教授，曾是亚历山大·冯·洪堡研究员。在访学期间，我非常荣幸地有机会向蒙蒂思教授请教了欧洲史和澳大利亚史研究中的相关问题。[①]

蒙蒂思教授的研究涉猎

张瑾：您一直关注欧洲和澳大利亚之间的历史交往，而且对战俘、监

[①] 该访谈的英文版已发表，参见 Zhang Jin, "The Essence of History Lies in the Continuous Dialogue-A Conversation with Peter Monteath," *World History Studies*, Vol. 7, No. 2, December 2020。此中文版略有修改。

禁和滞留澳大利亚的德国人的情况特别感兴趣。您的很多著作都关注了这些历史，如您在 2011 年出版的《战俘：希特勒帝国的澳大利亚俘虏》① 和您编著的《德国人：南澳大利亚的旅行者、定居者及其后裔》②。请您谈谈您对这些方向历史研究感兴趣的原因，以及您这方面的主要成果。

蒙蒂思教授：我虽然出生于澳大利亚，但是我的家庭有着德国历史和文化背景。我在德国锡根大学接受过研究生教育，这也是我第一次的海外学习经历。我在锡根大学的导师赫尔穆特·克鲁泽（Helmut Kreuzer）教授的鼓励下撰写有关西班牙内战的文章，所以我最早发表的一些成果就是关于那场战争的。从那时起，我的大部分研究工作都集中于 20 世纪战争及其对士兵和平民的影响。我的新书《第 42 街之战：克里特岛战役与澳新军团的最后血战》③ 于 2019 年 11 月发行，是对 1941 年克里特岛战役的详细研究，德国、澳大利亚、新西兰、希腊和英国军队参加了这次战斗。在某种程度上，它是一个传统的军事历史案例，但它也反映了一些战争心理方面的情况。特别是，它探讨了人们在战争中如何被诱导唆使以致杀戮的问题。我的另一个主要兴趣领域是对澳大利亚的探索，以及欧洲人试图了解澳大利亚及其原住民的方式。我的第一本专门讨论这个主题的书叫《遇见未知的南方大陆：尼古拉斯·鲍丁和马修·弗林德斯的澳大利亚航行之旅》④，我与阿德莱德大学法国研究系的两位学者共同撰写了这本书。这本书考察了 19 世纪初英国探险家马修·弗林德斯和法国探险家尼古拉斯·鲍丁（Nicolas Baudin）在澳大利亚的航行。当时英国和法国试图在太平洋地区发挥一定影响力，所以这两个远征队在某些方面是竞争对手。同时，这两个探险队承担了一些科考工作，这在很大程度上是互补的，并且极大地增进了欧洲对澳大利亚的了解，涵盖了从地理学到植物学和动物学再到人

---

① 参见 P. Monteath, *P. O. W.: Australian Prisoners of War in Hitler's Reich*, Sydney: Pan Macmillan Australia, 2011。

② 参见 P. Monteath ed., *Germans: Travellers, Settlers and Their Descendants in South Australia*, Adelaide: Wakefield Press, 2011。

③ 参见 P. Monteath, *Battle on 42nd Street: War in Crete and the ANZACs' Bloody Last Stand*, Sydney: New South Publishing, 2019。

④ 参见 J. Fornasiero, P. Monteath, J. West-Sooby, *Encountering Terra Australis: the Australian Voyages of Nicolas Baudin and Matthew Flinders*, Adelaide: Wakefield Press, 2004。

类学的许多科学领域。这本书强调了两次航行的互补性和竞争性，并获得了弗兰克·布罗兹海事历史纪念奖（Frank Broeze Memorial Maritime History Book Prize）。除了你提到的几本书，近几年我还撰写了身为共产党人的人类学家弗雷德·罗斯（Fred Rose）① 的传记，他研究过澳大利亚北部的原住民。该书标题为《红色教授：弗雷德·罗斯的冷战生涯》②，入围了2016 年总理历史奖（Prime Minister's History Prize）。无论是从政治角度，还是从个人角度来看，罗斯都是一位令人着迷的传记人物。这本书出版时，他在澳大利亚几乎不为人知，1956 年他因一次间谍丑闻离开了澳大利亚，担任德意志民主共和国洪堡大学的人类学教授。此后，尽管他经常访问澳大利亚并在这里进行田野调查，但大部分时间他还是住在东柏林。他的生活受到 20 世纪历史巨大力量的深刻影响，他亲身感受了德国和日本法西斯主义的影响，并且在冷战时期他生活在"铁幕"的两侧。此外，他为澳大利亚原住民的研究做出了重要贡献，并在国际上使人们开始关注欧洲人所强加的资本主义剥削掠夺如何使原住民处于不利地位。

历史学科的精髓在于持续对话

　　张瑾：您在拯救民间历史文献方面取得了一定的成就。您研究过与弗林德斯一起航行的塞缪尔·史密斯（Samuel Smith）的航海日记③，还整理了自称是澳大利亚最早的女性探险家之一艾米丽·卡罗琳·克里格（Emily Caroline Creaghe）的日记④。您在研究中非常注重对档案的运用。请您就

① 弗雷德·罗斯（1915~1991）生于伦敦，1937 年到澳大利亚研究人类学，在第二次世界大战期间成为澳大利亚共产党（Communist Party of Australia）的成员，当时澳大利亚共产党在澳大利亚是非法的。战后他一直是该党成员，直到 1956 年移居德意志民主共和国。在东德，他成为执政的德国共产党——统一社会党的成员。因此，在二战期间成为共产党员之后，他一直是共产党员，直到 1991 年初去世。

② 参见 P. Monteath, V. Munt, *Red Professor: The Cold War Life of Fred Rose*, Adelaide: Wakefield Press, 2015。

③ 参见 P. Monteath, ed., *Sailing with Flinders: The Journal of Seaman Samuel Smith*, Adelaide: Corkwood Press, 2003。

④ 参见 P. Monteath, ed., *The Diary of Emily Caroline Creaghe, Explorer*, Adelaide: Corkwood Press, 2004。

目前澳大利亚史学界的研究方法以及史学理论的应用谈谈看法。

蒙蒂思教授： 在我看来，澳大利亚的许多历史著作是非常狭隘的，也就是说，它们聚焦于澳大利亚而未认识到国际或全球。我一直试图基于国际和多维度视角来开放式地进行历史写作。例如，当我从事关于战争题材的历史写作时，我会尝试使用冲突双方的资料。当我撰写弗雷德·罗斯的传记时，我使用了"铁幕"两侧、澳大利亚和东德的资料。方法论方面，澳大利亚历史研究有多种方法。大多数澳大利亚历史学家熟悉世界其他地区的研究趋势，并且往往倾向于较早地运用在其他地方出现的研究方法。许多历史学者仍然采用相当传统的方式，以档案为基础开展研究，但是与此同时，技术的进步改变了历史学家的工作方式。馆藏文献的数字化处理使人们更容易获得许多资料，因此历史学家无须再花费大量时间在档案馆中，同时历史学家有能力处理远比过去多得多的材料。与其他人文学科一样，"数字人文学科"正在改变历史的实践。历史学家一直认为很难预测未来，目前很难知道"数字人文学科"将对我们如何进行历史研究以及如何传播其成果产生什么样的根本性转变。就史学而言，历史学家广泛利用各种理论体系，所以澳大利亚的历史研究成果具有多样性。这些理论体系在很大程度上来自欧洲悠久的历史传统，包括受到后现代主义者如米歇尔·福柯（Michel Foucault）和雅克·德里达（Jacques Derrida）等人在"文化转向"方面的影响。最近，它还延伸到尝试将固有的知识和认识论整合到我们思考和撰写过去的方法中。后现代主义开辟了以不同方式看待历史发展的可能性，而不仅仅是从西方的角度出发。

张瑾： 在聆听您所开设的《电影与历史》的研究课程中，我对其中关于澳大利亚原住民历史的电影留下了很深印象。您的课堂讲授可以体现您对澳大利亚原住民的深切同情和关注。您能从这方面来谈谈澳大利亚历史学家的相关研究主题吗？

蒙蒂思教授： 澳大利亚众多历史学家在历史学的主要领域都在关注这个国家的种族关系的历史。之所以如此，部分可能是因为欧洲移民自定居以来，一直不愿面对澳大利亚历史的敏感方面，即原住民受到非常恶劣的待遇，原住民被殖民定居者剥夺和驱逐，自那时以来遭受了许多形式的不公正待遇。人类学家比尔·斯坦纳（Bill Stanner）使用"澳大利亚的沉默"一词来形容澳大利亚人不愿诚实和透明地处理饱受争议的种族关系的历史。为了填补这一空白，历史学家一直在收集有关欧洲移民自定居以来与澳大利亚原住民之间的关系的历史资料。这类历史研究表明，现代澳大利亚的历史在很大程度上以暴力和剥夺为特征，暴力和剥夺所造成的不平等现象顽固地存在至今，并且在不久的将来也几乎没有被克服的迹象。有些批评者指责这类历史研究的实践者戴着"黑色臂章"，即过分强调澳大利亚过去的消极方面。那些一直在调查澳大利亚种族关系历史的人回应其批评者戴着"白色眼罩"，即故意对实际上存在的暴力和剥夺视而不见。他们争辩说，首先需要更好地了解过去发生的事情，澳大利亚的欧洲人需要承认他们对过去事件的责任，只有这样，才能为将来建立更好的种族关系铺平道路。这一历史研究领域充斥着激烈的辩论和争议，这种纷争不仅限于大学，而且还存在于更广泛的公共领域。在媒体和大众文化中，黑人与白人之间的关系是一个重要话题，历史学家可以发挥重要作用，尽管他们的声音常常被其他人淹没。有时历史争议已经达到激烈的程度，但是在澳大利亚，人们普遍认为辩论和不同观念的角逐不仅是可以接受的，而且是可取的。正是这种持续的关于过去的辩论，以及关于它如何帮助解释现在和为未来做好准备的探讨，才是历史学科的本质和精髓。

张瑾：您目前是弗林德斯大学人文、艺术和社会科学学院的代理院长。您所在学院历史研究领域的教师和研究人员更倾向于做个人课题还是集体项目的研究呢？

蒙蒂思教授：澳大利亚历史和人文学科研究出现了一个有趣的总体趋势，即组建更大的研究团队。在包括澳大利亚在内的西方国家，历史研究和写作传统上一直是由单个研究人员（也许在研究助理的帮助下）独自进行的，他们独自著述。现在，历史学家更经常地共同开展研究和写作。在某种程度上，这种研究活动模型是从自然科学学科（例如医学、化学或物理）中借用的，在自然科学学科中，长期以来大型团队协作和多位作者合作出版成果是一种常态。这在历史和人文学科也成为一种趋势。历史学家不仅要与其他历史学家合作，在知识和技能方面取长补短，而且还要跨越学科界限开展工作。例如，在我所任教的弗林德斯大学，历史学家通常与考古学家或社会科学与文化研究领域的学者合作。

澳大利亚历史研究和教学的挑战

张瑾：我在阿德莱德看到许多公立的博物馆和美术馆，城市里随处可见第一次世界大战的纪念碑和雕像，南澳大利亚州政府大楼还举办一年一度的开放日活动，如此等等。所有这些在一定程度上都可以体现政府部门对历史的尊重。在您看来，澳大利亚政府是否重视历史研究？国家为促进历史研究做出了哪些努力？您如何看待这种现状？

蒙蒂思教授：在某些地区，澳大利亚政府确实对历史研究表示关注。澳大利亚的学校现在都开设澳大利亚历史课程，所有澳大利亚的在校学生都必须学习澳大利亚和世界其他国家和地区的历史。政府还支持图书馆和博物馆等重要文化机构的工作，这些机构在促进广大公众对历史的理解方面发挥了很大作用。一些历史学家认为政府应该为中小学校、大学和公共机构提供更多的支持，而另一些历史学家则认为问题在于应突出重点。人们对澳大利亚在 20 世纪，特别是在第一次世界大战中的战争经历给予了极大的关注，但在很大程度上却忽视英国对澳大利亚殖民化进程的负面影响。像其他人文学科一样，历史学常常很难在中小学校和大学中占据有利地位。教育方面的大部分资金和注意力都倾向于所谓的 STEM 科目（即科学、技术、工程和数学科目）。强调史学的重要功能的那些人士指出，在全球化时代，培养和引导人们了解澳大利亚本国历史并熟悉更广阔世界，是非常重要的，因为澳大利亚人必须在这一广阔的世界中生存、发展和繁荣。与之相反的论点则强调科学和职业教育的重要性。目前，这种反驳似乎在政界人士和更广泛的澳大利亚公众中占据上风，因此促进历史研究仍然是一项极具挑战性的任务。

张瑾：请谈谈澳大利亚大学人文和历史专业培养人才的模式、特点、课程设置和招生情况等。

蒙蒂思教授：过去，澳大利亚中小学和大学的历史教学与英国非常相似。换句话说，教学重点是英国历史。在最近的几十年中，历史教学已经朝着教授更多澳大利亚历史和更多国际历史的方向转变。世界历史课程不再只从英帝国的角度展开，而要帮助学生了解澳大利亚在地理和经济上与亚洲及太平洋的非常牢固的联系。在澳大利亚的学校中，虽然历史从 1 年级到 10 年级都是必修科目，但在中学的最后两年中并不是必修的。不幸的是，大多数学生在中学的最后两年没有选择继续学习历史，继而在大学阶段选择攻读历史专业的学生就更少了。这在一定程度上反映了当前的趋势，即在考虑升学时，更多人的选择是从获取传统的通才文学学士（BA）学位转向了职业教育学位。在许多澳大利亚大学中，学士学位的入学率在下降，许多管理人员不清楚如何扭转这一趋势。像文学学士学位这样的通识教育学位入学率的下降，其原因在一定程度上可归结于更专业的学位，例如考古学学士、传播学学士或美术创意学学士等越来越受欢迎。这也反映出，具有好的就业前景的专业将主要集中在需要接受专门培训的这些领域。一些悲观主义者甚至怀疑，作为西方世界自由教育基石的文学学士时代是否已经行将末路。无论如何，都需要投入各种创造性思维来努力挽救这一局面。在全球化和快速变化的时代，对本地和世界事务的良好了解以及坚实的通用技能基础，比以往任何时候都更加重要。

南澳大利亚州的吸引力

张瑾：据我所知，您出生于澳大利亚昆士兰州首府布里斯班，它是澳大利亚的第三大城市。您曾在昆士兰州和德国接受过教育，还曾在昆士兰大学、西澳大利亚大学和阿德莱德大学等校任教。您还曾是密苏里大学圣路易斯分校和柏林工业大学的兼职教授。那么是什么吸引您到南澳大利亚州任教？这里有哪些独特之处，特别是有哪些历史底蕴呢？

蒙蒂思教授：南澳大利亚州与澳大利亚其他地区的不同之处在于，南澳大利亚州没有澳大利亚其他州那样的流放罪犯的历史。在其他州，尤其是新南威尔士州，在历史上建立了英国的流放殖民地。南澳大利亚州是英国政府和私人利益相结合的有计划的殖民的结果。自 1836 年以来，大多数早期移民都是英国人，但也有大量的德国移民。许多早期的德国移民是为了逃离普鲁士的宗教迫害。这是我特别感兴趣的领域，因为它将我所居住的州的历史与我长期以来一直感兴趣的地域——德国联系在一起。南澳大利亚州以欢迎不同背景、不同宗教信仰的移民而闻名，这里甚至被称为

"异见者的天堂"（"paradise of dissent"）。这意味着持不同意见的人在这里将得到包容，甚至受到欢迎。当然，这并不是说南澳大利亚州的历史一直以不同民族之间的和谐相处为特征。在早期，该殖民地经济状况不佳，一直在挣扎求生，实际上几乎陷入崩溃。作为一个人口相对较少且面积也不大的州，南澳大利亚州仍在经济上挣扎，但同时也坚持其作为一个没有所谓"流放罪犯污点"的州的独特身份。尽管经历了种种挣扎和挑战，南澳大利亚州在历史上还是有许多可圈可点之处的。最近，我们在南澳大利亚州庆祝妇女获得选举权 125 周年。它在 1901 年成为澳大利亚联邦的一个州，在此之前，这里一直是世界上第一个妇女享有选举权和议会权利的殖民地。

中国的崛起为澳大利亚受益创造了可能性

张瑾：您在 2016 年底也曾到中国社会科学院世界历史研究所和首都师范大学进行学术访问并发表过学术演讲，同时您对中国和中国历史有一定的了解。您今年还编辑出版了一本有关中国历史的论文集。请先简单谈谈这本论文集的情况。

蒙蒂思教授：我与我的同事马修·菲茨帕特里克（Matthew Fitzpatrick）编辑的书《殖民主义、中国和中国人》[①] 主要涉及中国的国际地位相对较弱的历史时期，即 19 世纪末至 20 世纪初受到欧洲殖民侵略的时期。从那时起，中国已逐步恢复其在亚洲和世界事务中的重要地位。同时，中国人始终铭记在西方帝国主义侵略下所遭受的苦难历史，并保持强烈的民族意识。毫无疑问，历史情感在很大程度上影响着中国今天的国际事务。当然，即使在政治上相对软弱的时期，中国仍然在区域和国际事务中发挥着强大影响力，但往往是通过非政治性的手段。例如，在清政府管辖以外的地区，中国海外侨民社区从社会、经济和文化等方面在根本上改变了他们周围的世界，例如在澳大利亚就是这样。

---

① 参见 M. Fitzpatrick and P. Monteath, eds., *Colonialism, China and the Chinese*, London: Routledge, 2019.

张瑾： 鉴于您对中国的了解，在当今的国际局势下，您对中国和澳大利亚的发展前景有什么样的看法？

蒙蒂思教授： 对澳大利亚而言，中国作为全球政治和经济强国的重新崛起既带来机遇，也带来挑战。澳大利亚需要适应这样一个国际政治环境，即英国的利益正在下降，而美国不再是霸主——即使现任美国总统没有认清这一现实。中国作为经济大国的崛起，为澳大利亚从中国日益增长的财富中受益创造了可能性。实际上，在欧洲人定居澳大利亚之前，中国和澳大利亚就已经通过国际贸易建立了联系，两国之间有很悠久的交往历程，如今两国关系正处于重要节点（十字路口）。要了解国际关系中正在发生的事情，了解长期的历史背景当然总是有帮助的。我相信，澳大利亚和中国的学者有可能共同合作，来探索中国和澳大利亚的历史交往。

（张瑾，中国社会科学院中国历史研究院世界历史研究所副研究员，主要研究方向为欧美科技人才、文化史）

民国知识界对美国水土保持的
关注及其影响

高国荣

【编者按】2020 年，各类灾害在全球多地频繁发生。从年初的新冠肺炎疫情到最近的汛情，自然环境无不在警醒世人，应认真思考人与自然之间的关系。江西师范大学历史文化与旅游学院邀请清华大学梅雪芹教授、中国社会科学院世界历史研究所高国荣研究员、中国人民大学侯深副教授开展线上"环境史系列"讲座，讲座旨在增进环境保护意识，践行生态文明理念。本篇为高国荣研究员 2020 年 7 月 8 日讲座纪实，由江西师范大学杨洁同学记录整理，江西师范大学历史学系杨长云副教授指导、校对。

近期南方出现大规模洪涝灾害，如何应对灾害，我们或许可以从历史中获取一些启示。比如，1927 年 4 月美国密西西比河流域出现严重的洪涝灾害，灾难过后，公众对美国的传统防洪体系进行反思和讨论。水土保持专家休·哈蒙德·本贝特（Hugh Hammond Bennett）提出一个新观点：以修堤筑坝来应对灾难只是治标之策，水土保持才是根本之道，在中上游进行水土保持，对控制下游灾情大有益处，洪涝灾害应该实行全流域治理。此观点提出之后，受到广泛认可。

20 世纪 30 年代，美国大平原地区出现严重旱灾，近 1 亿英亩土地变成不毛之地，沙尘暴天气频繁。美国联邦政府由此开始在全国范围内推行水土保持措施，水土保持也成为美国治理土地沙化、应对旱灾的基本措施。在同一时期，中国也频繁出现水旱灾害。在这种情况下，当时的中国知识界关注到美国的水土侵蚀和水土保持。

一 民国知识界对美国水土保持的关注

20 世纪 30 年代以来，美国中西部出现严重旱灾。在大平原地区，即位于密西西比河和落基山脉之间的那片平坦辽阔的区域，长期干旱造成土地大面积沙化，沙化程度特别高的南部大平原地区被称为尘暴重灾区。大平原土地沙化给当地经济造成重创，农场大量破产，农民沦为流离失所的生态难民。大平原地区的生态灾害引发社会热议，美国作家约翰·斯坦贝克以此为背景创作了长篇小说《愤怒的葡萄》，小说问世后不久即被改拍成电影，在世界范围内引起反响。美国的水土侵蚀及其治理也受到了中国知识界的关注。

（一）民国知识界对美国尘暴重灾区的报道

民国时期，国内有大量关于水土侵蚀的报道。有关史料，除见于少量图书外，大多数散见于各类报刊，可通过《晚清民国期刊全文数据库》《大成老旧刊全文数据库》获取。

在 20 世纪 30 年代，国内知识界对美国水土保持的关注非常多。1936年 9 月 17 日，上海的《外论通信稿》刊登了一则关于美国旱灾的简讯。该简讯称，美国中西部 1936 年春季以来出现严重旱灾，堪与 1930 年、1934 年灾情相比，尤以北达科他、南达科他、明尼苏达、蒙大拿、怀俄明、密苏里、内布拉斯加及堪萨斯等州为甚，"产麦地带之耕地面积一亿英亩已成为不毛之地"，"本年美国公路上复有大队由受灾区域逃出之寻找工作者。旱灾区域之农户均出卖财产，将家属载于旧汽车上沿途乞食"。该通讯称，美国中部各区近年旱灾频仍，"乃因耕地方之强夺性所致。最近数十年各区域之农户，因世界市场麦粉价格相当提高之故，乃将此前之牧场改种小麦"，过度垦种"尤以战后为甚"。①

这则材料指出了发生旱灾的地区、旱灾的社会影响以及美国出现水土侵蚀的原因。灾害在大平原地区最为严重。之所以出现严重的旱灾和水土

---

① 《美国旱灾之原因》，《外论通信稿》第 1594 期，1936 年 9 月。

侵蚀，是因为开垦的耕地过多。一战刺激了农业生产扩张，也加剧了土地沙化。由于战争，世界市场上粮食价格居高不下，很多农场主为创收将牧场改为耕地种小麦。一战之后过度垦种的问题甚至更加严重。

那么，为什么20世纪30年代中国对美国的水土保持如此关注？我认为主要有以下一些原因。

首先，彼时中美两国之间的关系友好。20世纪三四十年代，日本侵略对中国构成严重威胁。南京国民政府在1927年成立之后奉行亲美外交，希望美国支持中国抗日。随着日本法西斯战争规模的逐步扩大，特别是在太平洋战争之后，中美两国结成了反法西斯联盟。在当时，美国对中国抗日予以道义上和物质上的支持。其次，中国知识界普遍对美国持有好感，视其为学习榜样，对美国事务较为关注。美国相对完备的水土保持体系由此进入知识分子的视野。再次，中国国内存在严重的农业灾害。我国虽说以农立国，但实际上在农产方面还不能自给，还需要从美国等其他国家进口农产品。最后，在"实业救国""科学救国"的时代氛围中，知识界，尤其是农林水利界将水土保持视为振兴农业、强国兴邦的重要手段，希望学习借鉴美国的先进技术来发展和建设本国。知识界的思考主要见于《农业周报》《农学》《林学》《农报》《林汛》等农林类刊物，他们的努力也确实推动了水土保持在中国的发展。

中国知识界对于美国水土保持的关注主要集中于三方面：第一，报道美国大平原地区的农业灾害；第二，分析美国水土侵蚀的成因；第三，介绍美国的水土侵蚀治理。

民国知识界对美国尘暴重灾区的报道有四个特点。第一，有关美国尘暴重灾区的报道贯穿整个20世纪30年代。实际上，中国报刊在20世纪30年代对美国农业灾害的报道，在数量上明显超出20世纪20年代和20世纪40年代。20世纪30年代最早的一则报道是《国闻周报》1930年8月所刊载的《美国发生大旱灾》，其中提到美国出现严重旱灾，受影响者人数达到上百万人，密西西比河若干支流完全干涸，牲畜饲料极度缺乏，社会各界参与救灾。第二，30年代农业灾害报道以旱灾为主，其他灾害（风灾、沙尘暴、蝗灾、火灾）都属于次生灾害。第三，关于沙尘暴的报道占突出地位。1935年3~4月，《农业周报》多次对美国西部的风灾沙暴进行集中报道。其中一则报道称，在春分那天，大平原地区多州狂沙蔽日，肥沃黑土皆被吹走，受灾惨重，城市与乡间完全陷入黑暗达数小时之久。因为强沙尘暴天气，很多商店、机构关门停业，民众以纱布掩面防护。第四，报道形式多样，除文字报道外，还辅以漫画、照片等。

（二）对美国水土侵蚀成因的解读

在民国时期，学者张乃凤结合美国大平原地区的自然环境和生产方式的转变探讨美国水土侵蚀问题。张乃凤曾留学美国，先后在康奈尔大学和威斯康星大学学习农学；1931 年学成回国，受聘于金陵大学农学院；在任教数年后加盟农林部中央农业实验所，研究土壤问题，关注土壤的肥力保持。

1944~1945 年，张乃凤受农林部派遣，赴美考察学习美国水土保持工作经验，重点考察美国大平原地区。在美期间，他拜访了罗德民（Walter Clay Lowdermilk）、芬尼尔（Howard Finnell）等知名水土保持学家。回国后，张乃凤就刊发了考察报告，谈大平原地区的开发、20 世纪 30 年代的灾难与水土保持。他指出：美国大平原地区在土壤、气候、生态环境方面，与中国西北地区相仿。大平原地区的开发经历了三个阶段：在 1860 年以前为畜牧业；1860~1900 年只有局部开垦；1900 年以后，在政府大力扶持下，大平原地区农业得以发展。20 世纪 30 年代该区域土地严重沙化，南部成为"黄沙窝（dust bowl）"。张乃凤称，该地"每遇大风季节，风沙飞扬，天昏地暗，日色无光，比日食还暗"[1]。张乃凤认为，移民把适用于美国东部地区的耕作方式简单移植到美国大平原地区，从而导致农业经营遭遇失败。张乃凤从自然环境、土地利用方式入手，认为农业取代畜牧业、农业生态系统取代草地生态系统，是美国大平原地区出现水土侵蚀的原因。

除张乃凤外，还有一些学者间接谈到了美国水土侵蚀的原因。大平原地区出现严重水土侵蚀，实际上是扩大生产的结果。扩大生产在经济方面表现为生产过剩，在生态方面是土壤破坏、水土侵蚀。因此，知识界对 19

---

[1] 张乃凤：《考察美国土壤肥料事业纪实》（五），《农报》第 12 卷第 3 期，1947 年，第 50 页。

世纪末期以来美国扩大农业生产缘由的反思，在很大程度上或许可被视为对美国水土侵蚀原因的认识。当时关于水土侵蚀成因的间接讨论有两种观点。

一种观点强调外部因素，主要是指一战对美国大平原地区农业的影响。美国农业的商品化性质非常明显，高度依赖世界市场，世界市场的谷物需求变化直接影响美国农业。一战爆发时，俄罗斯、阿根廷、澳大利亚等国对粮食出口进行限制，欧洲国家希望从美国进口粮食。在粮食价格高涨的情况下，美国农民受政府鼓励，大量开垦土地；战争结束后，美国农产品过剩问题日益严重。陈瀚笙等学者结合一战探讨了影响美国农业危机的外部因素。

另一种观点从科技进步等内部因素分析美国出现农业生产过剩的原因。有的学者指出，水利灌溉的发展，使西部干旱地区的大片土地被开垦为良田。还有学者则分析了机械化对大平原地区农业开发的影响。大平原地区自身平坦开阔的地势，适合采用机械化进行小麦、玉米的单一化种植。一战之后，大平原地区成为美国机械化程度最高的区域。机械化进一步推动了大平原地区的农业开发，但也加剧了生产过剩和社会矛盾。

总之，中国知识界对于美国严重水土侵蚀的分析，侧重于三种因素，即自然条件和生产方式、第一次世界大战和机械化等国内外因素所导致的农业生产过剩。

（三）对美国水土侵蚀治理的关注

美国对水土侵蚀的治理是民国时期中国知识界关注的重点。他们关注的问题主要分为三个方面。第一，美国出台的农业政策；第二，美国水土保持的执行机构；第三，水土保持的具体措施。

第一，在农业政策方面，关注以 1933 年《农业调整法》及其修正案为基础的法制建设。1933 年《农业调整法》的主要内容包括：提供休耕津贴，解决农产品过剩；农民只要减少小麦、玉米、棉花、生猪、牛奶等方面的生产，就可以根据减产的耕地面积从政府那里获得津贴；津贴来自对农产品加工商所收取的加工税。为积极引导农民开展水土保持，在《农业调整法》被宣布违宪之后，联邦政府在 1936 年通过了替代性的《土壤保护和生产配额法》。该法改由公共经费对水土保持进行补贴，引导农民调整生产结构，鼓励农民多种"增加地力"的作物，而减少种植"消耗地力"的作物。1933 年《农业调整法》所确定的生产控制方法，相对而言是一种消极的约束性行为。而 1936 年立法所倡导的水土保持方法，则是一种积极的主动作为，通过政府津贴引导农民采取水土保持措施，多种植牧草、豆类等增加土壤肥力的作物，而少种消耗地力的作物。《农业调整法》及其修正案通过津贴解决农产品过剩问题，农业津贴实则是生态补偿的最初形式。

民国知识界对《农业调整法》及其修正案总体持肯定态度。他们大多肯定《农业调整法》在缓解生产过剩方面的作用，只有少数学者意识到《农业调整法》在水土保持方面的作用。对《农业调整法》在生态修复方面的作用有明确认知的学者不多，大致有 4 位。第一位是李芳谱，他在 1935 年撰写文章并认为，《农业调整法》在解决农产品过剩方面有一定的作用，但只是一个治标的方法。他认为，解决农产品过剩的治本方法有两种：其一是"自足小农制度"，即为包括城市工人在内的穷困人口提供口粮田；其二是将生态脆弱地区即不适合耕种的土地收归国有。虽然这两种方法较为理想化，但他以资源保护来解决美国农业危机的思路却体现了一种远见卓识。另外一个学者杜修昌则提到，《农业调整法》表明美国立足国内来解决危机。杜修昌认为，风水害（即土壤侵蚀）是美国农业危机的表现形式之一，这一见识难能可贵。他还指出美国农业立法实现了农业减产与土壤保护的统一。董时进、白羽两位学者认为，《农业调整法》的主要目标是通过水土保持克服生产过剩。董时进的有关论述尤其值得关注，他或许是民国知识分子中对水土侵蚀问题论述最多、探讨最深入的一位。董时进甚至提到，对于解决水土侵蚀问题，除依靠技术本身以外，控制人口、禁止开垦坡地等或许更为重要。在当时，中国学者对水土保持的灵活性、普遍适用性已经有一些基本认识。水土保持具有灵活性：在生产过剩时，通过休耕减少农产品的供应；在粮食不足时，再把这些受保护的耕地投入生产，迅速增加农产品供应。由于这种灵活性，水土保持适用于不同国家。中国知识界意识到，通过水土保持的措施，可以保护农地资源，提高中国的粮食产量。

第二，美国水土保持的执行机构。20世纪30年代，美国成立的相关机构主要是水土保持局，它成立于1935年，隶属于农业部，前身是保土防塌局（1933年成立）。在两个机构成立的第二年，国内即有针对性报道，介绍机构使命、主要负责人、部门设置、具体开展的工作。20世纪30年代美国出现经济大危机时，联邦政府推行"以工代赈"政策，创立了民间资源保护队，吸收城市失业青年。民间资源保护队所从事的，主要是造林、修路、防火、病虫害防治等水土保持方面的工作。国内在当时对民间资源保护队也有相关介绍。董时进还撰写过《美国之富源保存运动》的文章。所谓"富源保存运动"即美国的资源保护运动。他从4个方面介绍了美国资源保护运动：美国的森林保护、美国的野生动物保护、美国的土壤保护、美国的民间资源保护队。董时进对民间资源保护队的工作予以高度肯定，认为这些工作在性质上属于"前人栽树，后人乘凉"，成效在未来会持续显现。在民国时期，国内关于美国水土保持执行机构的介绍，主要就侧重于水土保持局和民间资源保护队。

第三，水土流失综合治理的具体措施。在民国时期，水土保持对国人而言仍是新事物。很多学者希望借鉴美国经验，引进美国水土保持新技术。为此他们将美国知名水土保持专家的著述介绍到国内。本内特被称为美国的"水土保持之父"，长期担任美国水土保持局局长。他的成果自然受到重视。民国知识界译介过他的一篇文章，英文标题如果直译的话，即"美国南部大平原的水土保持"。该文介绍了梯田、等高种植、防风林等水土保持的一些综合措施。还有另外一篇文章译介了本内特对水土保持性质的看法：水土保持是一种新农业技术，包括增加和维护土地生产力的一切方法，因此水土保持需要多领域的专家合作，同时要考虑土地的自然特性和农民的需要。

相比本内特，罗德民受到了民国知识界的更多重视。1922～1927年，罗德民在金陵大学农学院任教。在此期间，他到山西、陕西、山东等地进行调查，主要调查植被、径流与土壤侵蚀的关系。20世纪40年代，他受聘为农林部顾问，来华指导农业工作。罗德民将水土保持工作分为三类。第一类是要增加土壤的渗水性，提高土壤涵养水分的能力。第二类措施则是在水分不能被土壤吸收的情况下，着力控制地表径流的速度，减缓水土流失。第三类措施则是减少河流的含沙量。罗德民根据这些类别，列出了13 种具体方法。罗德民第二次来华，是受了国民政府的邀请，是美国政府派遣的援华专家。因此，他在中国有很大影响。这种影响也源于他在中国的教学、考察等经历。他培养了很多中国学生，他的十多篇著述被译介过来。

继罗德民之后，寿哈特（Donald V. Shuhart）在 1944 年作为援华专家来到中国。他将美国的水土保持知识介绍给国人，尤其推荐简单易行的盖草肥田方法。所谓盖草肥田，就是用杂草覆盖地面，这种方法既能防止水土流失，又能肥田改良土壤。寿哈特强调，因地制宜是水土保持的基本原则，而精诚合作则对水土保持至关重要，工作人员之间、政府部门之间、政府与农民之间都要相互配合。他还介绍了美国农田水土保持示范区的建立流程。

在民国时期，中国知识界已经开始有组织地系统介绍美国水土保持的相关知识。《农业推广通讯》在这方面就是一个典型。该刊由农林部主办，选稿和翻译由黄河水利委员会林垦设计委员会、金陵大学农学院负责。自1942 年第 2 期开始，《农业推广通讯》陆续发表一系列译文，从多个方面介绍美国水土保持技术的最新成果。这组文章的意义，不仅在于其从多个方面引入了美国水土保持技术的最新成果，而且体现了机构之间的密切合作。还有学者以书评形式介绍《土壤与人生》。该书实际上是农业部编撰的《1938 年农业年鉴》，由上百位专家集体编撰，汇总了美国水土保持技术的最新进展。作为书评作者，任美锷指出，这本书介绍的虽然只是美国的经验，但其中的很多原则和经验值得中国学习。1945 年商务印书馆出版了《土壤之冲刷与控制》一书，该书由知名水利专家张含英编译。

1947 年，水利部编写一个小册子《蓄水保土浅说》。这本普及读物用浅显的语言介绍了水土保持的基本原理和美国的水土保持技术。该书将水土保持技术分为三类：一类为工程措施，包括修堤筑坝、修建水库；一类为少耕、免耕、等高耕作等耕作措施；最后一类为生物措施，强调植物在护土方面的作用。这本小册子大量参考了美国在水土保持方面的一些成果。另外，有学者对美国大平原地区防护林工程进行介绍。大平原地区防护林工程兴建于 20 世纪 30 年代，规模宏大，从美国的北部边境一直延伸到得克萨斯，被称为美国的绿色万里长城。

在民国时期，中国学者对美国水土侵蚀问题的关注有三个特点。第一，以 1940 年为界呈现明显的阶段性。20 世纪 30 年代侧重关注水土侵蚀灾害、水土保持政策。进入 20 世纪 40 年代后，中国知识界明显转向比较实用的水土侵蚀治理本身。第二，关注水土侵蚀的主要是农林水利专家和经济学者，相关文章多发表在农林类期刊；第三，译介文始终占据重要地位，知识界不断将美国水土保持的一些最新进展介绍到国内。

二 关注美国水土保持对中国水土保持事业产生的影响

中国知识界对美国水土保持的关注，对中国水土保持事业产生了很大的影响。影响主要有两个方面：其一是提高民众对水土保持重要性的认识；其二是推动水土保持事业在中国的发展。

（一）提高民众对水土保持重要性的认识

民国时期，农林部邀请了罗德民和寿哈特两位美国专家来华工作。这两位专家在中国的考察活动直接改变了中国人关于水土保持的一些观念。

第一个观念改变是，水土侵蚀会对国家安全构成重大威胁，甚至影响文明存续。美国援华水土保持专家罗德民一再强调水土流失的严重后果，并提出了水土流失导致我国西北地区乃至世界多个古文明中心衰落的重要观点。罗德民认为中国西北地区的衰落是因为水土侵蚀而非气候变化。这对国人而言是一个新观点。在罗德民之前，李希霍芬、亨廷顿等欧美学者认为，文明的衰落（包括中国西北地区的衰落）是因为气候变化。罗德民对此提出不同看法。他认为，水土侵蚀之于中国西北地区衰落的影响，要远远超过气候变化。罗德民的判断基于他对山西、陕西的大量田野调查。在西北、华北考察途中，罗德民注意到，寺庙、坟墓附近往往有茂密的树林，而在离寺庙不远的地方却没有树木，童山濯濯，千沟万壑。除了在中国调查以外，罗德民还去西欧、南欧、北非等地区考察这些地区衰落的古文明。所有这些调查都让他确信，水土侵蚀而非气候变化，是诸多古代文明衰落乃至消失的主要原因。

罗德民对中国西北地区历史上的植被变化进行了深入研究。他有很多中国学生，这些学生查阅中国史书、方志，为他提供了不少关于山西尤其是五台山景观变化的历史资料。同时，罗德民也和美国研究中国历史问题的专家合作，就历史上中国北方地区的土地利用及其影响发表过一些成果。罗德民在他的成果中不断强调，西北地区的衰落是人为原因所致，是水土侵蚀导致的结果。

罗德民在中国多次提到，美国以中国为鉴开展资源保护。实际上，美国的森林保护、土壤保护都借鉴了中国的经验。1908年罗斯福总统发表的国情咨文，就引用了不少得自中国的材料。这些有关中国森林滥伐及其恶果的材料，经美国来华探险家提供给美国政府，被作为反面教材，用于美国政府开展森林保护的舆论宣传。在20世纪30年代，美国推行水土保持时也同样以中国为前车之鉴。罗德民提到，在美国开展水土保持之际，他将十余年前在中国所得的材料作为美国开展水土保持的参考。罗德民所指出的这些事实，对当时的国人触动很深，很多人由此更加清醒地意识到水土侵蚀问题的严重性。

罗德民对水土保持极为重视。他甚至认为，应把水土保持作为公民的一种自觉行动。他在西亚考察时应巴勒斯坦电台邀请，做过一个演讲，并仿摩西十诫提出了摩西第十一诫，倡导民众将水土保持作为一种自觉行动。

> 你们继承神圣的土地要像忠心的仆人，世世代代保持其资源及生产力。你们要小心保护你们的田地，不要使它发生土壤侵蚀；保护你们赖以生存的水源，不要使它干涸；保护你们的森林，不要使它秃败；保护你们的山地，不要使牲畜过度放牧，这样你们的子孙后代可永保富裕。[1]

---

[1] 〔美〕罗德民：《水土保持之重要——历史上各国给我们的几个教训》，《农业推广通讯》第5卷第3期，1943年3月，第24~25页；《罗德民博士水土保持第十一诫命》，《安徽农讯》第8期，1947年。

由此可见，罗德民有浓厚的宗教情怀。他认为，自然本身是一个平衡体，人类的开发打破自然的平衡；人类只有善待自然，文明才有可能延续。

第二个观念改变可归功于寿哈特。在寿哈特来华之前，国人普遍认为，水土侵蚀只存在于中国北方地区，而南方地区则没有这种问题。这种看法在 20 世纪 40 年代之前非常流行。寿哈特来华之后，他考察过贵州、云南、广西、广东等南方地区，足迹遍布珠江流域。他意识到，在中国南方地区，水土侵蚀也非常严重。中国南方地区长期开垦坡地，导致了严重的水土流失；可用作农作的土地开垦殆尽，而且表土瘠薄。寿哈特在考察报告中指出，严重的水土侵蚀在中国南部也普遍存在。在寿哈特的提醒下，很多人开始调查中国南方的水土侵蚀。比如，江西地质研究所的傅徽第就江西水土侵蚀问题进行调查，并发表了调研报告。

（二）推动水土保持事业在国内的发展

中国知识界对美国水土侵蚀的关注，不仅改变了国人对水土保持的看法，也促进了水土保持科学知识在民国的传播和应用，推动中国开展水土保持的调查和实验。在民国时期，国内多个机构都开展过水土保持方面的调查和试验，尤其突出的有如下三个机构。

第一个机构是金陵大学农学院。在 1930 年之前，金陵大学农学院在国内率先开展水土侵蚀调查。在 1922 年 9 月至 1927 年 4 月，金陵大学美籍教师罗德民带领学生，数次在华北、西北、黄淮流域就植被、土壤和地表径流等要素之间的联系进行观测实验，并发表过一系列成果。罗德民因为在中国的相关调查和研究，成为当时最知名的中国水土侵蚀问题专家。在世界范围内，他也是最先关注水土保持的科学家之一。

第二个是黄河水利委员会。黄河水利委员会重视水土保持，与其委员长李仪祉、张含英有关。李仪祉和张含英是留学回国人员，分别在德国和美国学习水利。1933 年因为黄河流域出现大洪水，国民政府成立了黄河水利委员会。在这之前，治理黄河水患主要限于在下游修堤筑坝。也有一些工程师提出"束水攻沙"的方案，即让河道变窄，提高水流速度，通过激流带走泥沙。这些方法都只着眼于黄河下游，并不能解决黄河水患问题。民国时期，李仪祉和张含英提出了治理黄河水患的新理念。在两位水利专家看来，仅仅依靠堤防、依靠在下游采取措施，根本不可能解决黄河水患问题；黄河之患在于泥沙，上中游地区的水土保持才是治理黄河水患的关键。黄河水利委员会多次在黄河上、中、下游开展水土流失勘察，成立了林垦组等水土保持专门管理机构，还设立了水土保持实验区。

第三个机构是国民政府农林部。农林部在 1940 年才发展成为一个独立的部级单位。自成立以来，农林部就非常重视水土保持工作。当时，凌道扬、任承统、陈嵘等众多知名林学家、土壤学家、水土保持学家，都在农林部担任重要职务。农林部为了推动水土保持工作，设立了中央林业实验所，下设水土保持组，成立天水水土保持实验区，组建水土保持田间工作队等。农林部还就水土保持出台了很多条例章程。农林部还邀请罗德民来华主持西北水土保持专项考察，并制定了一些跨区域的规划。1947 年农林部提出了西北防沙林建设计划，强调要学习美国大平原地区防护林的建设经验。尽管该计划在民国时期并未实施，但在新中国成立后成为"三北防护林"建设的重要参考。

结　论

中国知识界在民国时期关注美国的水土保持问题，主要是为了解决本国的水土侵蚀问题。中国知识界对美国水土保持的关注实际是民国时期水土保持宣传和筹备阶段的重要组成部分。经过各界努力，水土保持受到高度关注。水土保持甚至同中国前途、中华文明的存续联系起来。凌道扬指出，水土保持是治理黄河水患的根本对策，是西北建设的核心。浙江省土壤研究所的铁明，曾在美国留学，他在 1943 年在国外刊物上发表了一篇介绍中国水土侵蚀的文章，他在这篇文章中还绘制了第一幅中国的水土侵蚀地图。在水土保持的有关宣传活动中，发挥领导作用的大多是有海外留学背景的知识分子。他们对美国水土保持的关注，其目的都是要通过学习美国的强国之道，解决中国的现实问题，要将水土保持从民间的随意行为提升到国家政府的必要职责，将水土保持纳入政府的监控和管理。

　　总而言之，民国时期中国知识界对美国水土保持的关注较为全面，但也存在一些不足之处。第一，多数人将水土保持单纯视为一种技术，而忽视了该技术的运用，离不开一定的社会条件。第二，中国知识界对美国水土保持的某些理解不太准确。对于美国《农业调整法》中有关对减产予以补贴的条款，国人就表示很难理解，甚至认为减产补贴违背自然规律。在他们看来，农业津贴应该鼓励农民多生产粮食，而不是少产粮食。这种看法在很大程度上是基于不了解美国国情而做出的误判。第三，受国内形势的限制，民国时期水土保持工作并未来得及真正展开。水土保持工作的全面展开是在新中国成立之后的事情。

　　（高国荣，中国社会科学院大学历史学院教授，中国社会科学院中国历史研究院世界历史研究所研究员，主要研究方向为美国史、环境史）

研究综述

欧洲近现代史研究新进展

中国社会科学院中国历史研究院世界历史研究所欧洲史研究室

2020 年国内欧洲史研究主题多样，视角新颖，在史料挖掘与运用方面有不少新亮点。作为整体的欧洲史研究渐成学界共识，引起关注和讨论的则有俞金尧的《资本扩张与近代欧洲的黑夜史》① 以及钱乘旦、胡莉的《区域与国别史视野下的"欧洲研究"——关于欧洲研究发展方向的讨论》②。前文从唯物史观出发，对欧洲近代以来的黑夜在资本扩张下发生的转变进行了阐释，后文从方法论的角度反思了当前欧洲研究的困境，展望了未来的发展方向。此外，将欧洲文明视为一个整体展开论述的学术译著也不断引起学界热议，比较具有代表性的是《欧洲：欧洲文明如何塑造现代世界》③。不过，国别史研究依然占据了本年度学术成果的绝大多数。

一 英国近现代史研究新进展

2020 年我国英国史研究者在政治、经济、文化、外交等领域辛勤耕耘，课题立项与论文发表数量依旧占国内世界史研究领域较大的比重，取得可观的成绩。在课题立项方面，2020 年国家社科基金立项课题中与英国史（中世纪以来）相关的项目为 12 项，其中重点项目 2 项，一般项目 9 项，青年项目 1 项，这些反映出国内英国史研究正在从不同的角度逐步深化。

---

① 俞金尧：《资本扩张与近代欧洲的黑夜史》，《历史研究》2020 年第 4 期。
② 钱乘旦、胡莉：《区域与国别研究视野下的"欧洲研究"——关于欧洲研究发展方向的讨论》，《欧洲研究》2020 年第 4 期。
③ 〔西〕胡里奥·克雷斯波·麦克伦南：《欧洲：欧洲文明如何塑造现代世界》，黄锦桂译，中信出版集团，2020。

在政治史领域，阎照祥讨论了英国政党政治史中的"异常现象"，涉及除英国两党外小党派的活动，包括哈利法克斯式"骑墙者"、党籍更换、党内建立山头、新建党派等问题，详尽展示了英国政党政治史的全貌。① 裴亚琴关注了 1832 年英国议会改革期间辉格党的贵族主义叙事特点，指出辉格党大贵族以贵族责任感关注民众疾苦，认为政治具有远远超过商业、财经、管理等技术性事务的重要地位，从而以完全不同于自由主义的政治风格创造了有利于自由主义发展的政治和社会环境。②

在经济社会史领域，雍正江回溯了英国都铎时期政府贫困治理政策的演变过程，指出都铎政府在这一时期不断调整政府在治理贫困中的定位，突出了国家的社会调节功能，开创了社会保障制度和国家治理体系现代化的先河。③ 王晨辉以英国工业化时期的禁酒运动为研究对象，指出禁酒这一社会运动在舆论上对英国立法的影响。④ 初庆东关注了近代早期英国治安法官在啤酒馆管制问题上起到的作用，指出在该问题上，以治安法官为代表的地方政府同中央政府达成了共识，由此形塑了中央与地方之间妥协与合作的国家治理模式。⑤ 孙小娇以近代早期英国的家产分配为研究对象，指出禁止永久权规则已成为英国财产法中不可或缺的规定。⑥ 于文杰、丁亮以 17 世纪中叶英国对突发性事件的应对为研究对象，指出英国通过应对不同的突发性事件，形成了完善的应对体系。⑦ 许志强研究了 19 世纪英国流浪儿问题，以及政府对于这些流浪儿的教化政策，指出政府的干预有效改善了流浪儿的命运，为其将来的就业提供了有力的保障。⑧ 张卫良聚焦 19 世纪伦敦圣吉尔斯教区贫民窟，认为该贫民窟的形成与英国城市化有密

---

① 阎照祥：《英国政党政治史中"异常现象"琐议》，《史学月刊》2020 年第 12 期。
② 裴亚琴：《1832 年英国议会改革期间辉格党的贵族主义叙事》，《学习与探索》2020 年第 3 期。
③ 雍正江：《英国都铎政府贫困治理政策的演变》，《史学集刊》2020 年第 6 期。
④ 王晨辉：《试论英国工业化时期的禁酒运动》，《安徽史学》2020 年第 5 期。
⑤ 初庆东：《近代早期英国的啤酒馆管制与治安法官的地方实践》，《世界历史》2020 年第 3 期。
⑥ 孙小娇：《近代早期英国的家产分配、永业和信托》，《世界历史》2020 年第 5 期。
⑦ 于文杰、丁亮：《17 世纪中叶英国突发性事件应对问题研究》，《史学月刊》2020 年第 10 期。
⑧ 许志强：《19 世纪英国城市流浪儿及其教化问题探析》，《贵州社会科学》2020 年第 8 期。

切关系。① 张荣苏梳理了英国现代税收制度确立的过程。②

医疗社会史作为热点话题，也受到多位学者的关注。赵秀荣对 16～17 世纪英国的占星医学进行了研究，指出占星医学有效填补了这一时期医疗市场的不足，在宗教之外为病人提供了纾解病痛及压力的渠道。③ 王广坤讨论了 19 世纪英国慈善医疗与济贫医疗的社会作用。④ 张春梅、王玉洁总结了英国保守党政府在 20 世纪末开展的医院国有化改革运动，指出该过程是政府、市场和社会相互调试的结果。⑤ 李伟关注了近代早期英国的独身观念，指出随着女性权利意识的不断增强，接受独身观念的女性群体不断壮大，并在一定程度上冲击了父权制。⑥

国际关系史方面，郭渊分析了 20 世纪 20～30 年代英国的西沙立场及对中法日关系的考量。⑦ 刘恒关注了 1962 年苏联和印度关于米格-21 战斗机的交易中英国的态度和施行的政策，印证了以英联邦为核心的帝国利益才是英国外交政策的基石，甚至高于英美关系；同时也证明英国的影响力在南亚逐渐式微。⑧

文化史和史学史领域的研究亦颇有新意。赵博文强调了官方宣传机制在英国宗教改革中的作用。⑨ 张炜对近代以来英国信息传播业的跨越式发展路径做了梳理，凸显了信息传播在国际格局变动中的作用。⑩ 初庆东探

---

① 张卫良：《圣吉尔斯教区：19 世纪早期伦敦的典型贫民窟》，《贵州社会科学》2020 年第 2 期。
② 张荣苏：《论英国现代税收制度的确立》，《江苏师范大学学报》（哲学社会科学版）2020 年第 1 期。
③ 赵秀荣：《16-17 世纪英格兰占星医学的流行及其原因分析》，《史学集刊》2020 年第 1 期。
④ 王广坤：《19 世纪英国的慈善医疗与济贫医疗》，《经济社会史评论》2020 年第 2 期。
⑤ 张春梅、王玉洁：《超越私有：英国保守党政府国有医院改革探析（1979—1997 年）》，《安徽史学》2020 年第 5 期。
⑥ 李伟：《近代早期英国的独身观念》，《史学月刊》2020 年第 5 期。
⑦ 郭渊：《20 世纪 20—30 年代英国的西沙立场及对中法日关系的考量》，《世界历史》2020 年第 4 期。
⑧ 刘恒：《英国对 1962 年苏印米格-21 战斗机交易的反应》，《世界历史》2020 年第 4 期。
⑨ 赵博文：《"王权至尊"与都铎时期英国官方宣传机制的形成》，《上海师范大学学报》（哲学社会科学版）2020 年第 3 期。
⑩ 张炜：《战争、瘟疫与现代英美信息传播业的跨越式发展》，《晋阳学刊》2020 年第 5 期。

讨了道娜·托尔和英国马克思主义史学发展之间的关系。[①] 傅新球从性别角度对女性主义史学如何影响英帝国史研究做了分析。[②]

二 法国近现代史研究进展

在 2020 年这个特别时期，我国法国史工作者一方面继续推进学术研究，另一方面关注国际国内新冠肺炎疫情的发展，从历史的角度为应对当下最棘手的问题提供参考。乐启良关注了 1832 年全球性霍乱在巴黎导致的危机，分析了当局为防控瘟疫而采取的措施，以及由此引发的各利益相关方的冲突。[③] 熊芳芳从洗浴这一独特的角度考察了路易十四时代的卫生观念及实践，将思想史和历史人类学很好地融入医疗卫生史探讨中。[④]

在中世纪史方面，吕昭分析了中世纪晚期法国城市移民融入当地社会的两种基本模式，强调移民群体在这方面的主动性构成城市发展的活力源头。[⑤] 沈坚和董子云从法学角度，分析圣路易追求"真理"的形象是如何为近代国家的构建服务的。[⑥] 汤晓燕在分析皮桑的"政治身体论"时别具一格地引入了性别视角。[⑦]

旧制度与大革命依然是研究的重点，尤以政治文化史和思想史的研究最为突出。王印从 16 世纪的一份文献出发，以历史人类学的视角分析近代早期法国社会的时间节奏。[⑧] 周凝和乐启良在探讨 17 世纪法国的宗教论争时，指出了绝对王权时代思想的多元化，并引入了情感的视角。[⑨] 徐前进

---

① 初庆东：《道娜·托尔与英国马克思主义史学》，《史学理论研究》2020 年第 4 期。

② 傅新球：《性别视角下的英帝国史研究》，《史学理论研究》2020 年第 4 期。

③ 乐启良：《霍乱、面包与谣言——论 1832 年巴黎的拾荒者骚乱》，《社会科学战线》2020 年第 3 期。

④ 熊芳芳：《洗浴之殇：瘟疫与路易十四时代的卫生观念》，《读书》2020 年第 10 期。

⑤ 吕昭：《中世纪晚期法国的城市移民与社会融合》，《世界历史》2020 年第 3 期。

⑥ 沈坚、董子云：《"真理"与法兰西近代国家——以路易九世法律形象建构为中心》，《浙江大学学报》（人文社会科学版）2019 年第 6 期。

⑦ 汤晓燕：《女性视角下的"政治身体论"——克里斯蒂娜·德·皮桑的政治思想探析》，《浙江学刊》2020 年第 5 期。

⑧ 王印：《法国近代早期的生活节奏与观念演变——基于〈牧羊人万宝通历〉的人类学考察》，《学海》2020 年第 3 期。

⑨ 周凝、乐启良：《情感与秩序：17 世纪法国静寂主义之争》，《浙江学刊》2020 年第 6 期。

把眼光投向了很少有人关注的法国近代教育史，分析了启蒙初期法国初等教育改革的来由和得失。① 王印再次在宗教史领域展现了其文献分析的功力，他以 1753 年巴黎高等法院"大谏净"文本为中心，探讨了当时法国政治文化的变迁。②

在思想史领域，崇明和张弛都对孟德斯鸠进行了新的考察。崇明注重学术史的梳理和辨析，张弛以孟氏的商业与征服思想为讨论重点。③ 于京东则对大革命前后的政治文化进行了集中考察，论题相当广泛，从爱国主义和"记忆之场"，到大革命前后行政区划改革的历史文化意蕴，再到祖国概念的衍生历程，展现了当下历史研究的新面貌。④ 汤晓燕则对近年来热度颇高的图像史研究提出了冷静的思考，她关注的焦点同样是大革命史领域。⑤ 倪玉珍和黄艳红在 19 世纪思想史方面做了新的探索。倪文关注的是社会主义的先驱皮埃尔·勒鲁调和个人与社会的努力，黄文认为托克维尔使用的"民主"概念有"时间化"的特征，两人都将 19 世纪的思想史置于大革命的背景之下。⑥

在史学史和学术交流方面，学界又有新的见解。王加丰再次考察了年鉴学派的总体史，黄艳红则对近年来法国学界的"历史性的体制"概念做了分析。⑦ 乐启良对新中国第一代法国史研究专家做了一个集体考察和分

---

① 徐前进：《法国启蒙时代初等教育改革：原因、过程与结果》，《外国问题研究》2020 年第 3 期。

② 王印：《历史语境与话语语境下的司法秩序重建——以巴黎高等法院 1753 年大谏净为中心的考察》，《浙江学刊》2020 年第 3 期。

③ 崇明：《涂尔干、阿尔都塞、阿隆论孟德斯鸠与西方思想的转折》，《华东师范大学学报》（哲学社会科学版）2020 年第 5 期；张弛：《孟德斯鸠论商业精神与征服精神》，《世界历史》2020 年第 3 期。

④ 于京东：《现代爱国主义的情感场域——基于"记忆之场"的研究》，《社会科学战线》2020 年第 5 期；《空间的旧制度与区划的大革命——近代法国领土治理中的央地关系与结构转型》，《江苏社会科学》2020 年第 2 期；《"祖国"的前世今生——西方现代国家成长中的爱国主义历史叙事与政治文化》，《江海学刊》2020 年第 2 期。

⑤ 汤晓燕：《法国大革命图像史研究的兴起、趋势及存在的问题》，《史学理论研究》2020 年第 4 期。

⑥ 倪玉珍：《兼顾个人与社会——法国社会主义先驱皮埃尔·勒鲁思想初探》，《首都师范大学学报》（社会科学版）2020 年第 5 期；黄艳红：《托克维尔"民主"概念的时间化及其局限》，《世界史》2020 年第 6 期。

⑦ 参见王加丰《年鉴学派的总体史理论及其实践》，黄艳红《历史性体制转变的法国经验》，《华东师范大学学报》（哲学社会科学版）2020 年第 5 期。

析，概括了他们学术人生的共同点。①

除了上述以论文形式呈现的研究，2020 年法国史学界的庞冠群在其专著《司法与王权——法国绝对君主制下的高等法院》中对旧制度时代政治生活中的核心问题——高等法院与王权的关系做了全面探讨，超出了政治文化史的传统视阈，关注到了高等法院与社会治理等方面的新课题。②

2020 年法国史研究中的另一件大事，是由沈坚教授主持的国家社科重大项目"《法国大通史》编纂"顺利结项。我们期待这部 200 余万字的厚重著作早日面世。

三 德国近现代史研究新进展

据粗略统计，2020 年国内德国史学界出版了 1 部著作③，近 20 部译著，发表了近 20 篇期刊论文，9 篇硕博士学位论文。从国家课题中标情况来看，有 2 项课题得到国家社科基金青年项目的资助④，这些都反映出国内德国史研究工作的稳步推进。

政治外交史方面，王帅系统阐释了英、法、美、苏四大国对欧洲未来的整体战略诉求，并厘清了不同战略立场之间的互动及其后果，以此窥探格局转换与体系变迁时主要大国之间的互动逻辑。⑤ 张莹、康翘楚认为德国新教教会对于第一次世界大战中德国民众盲目的战争激情负有不可推卸的责任。德国新教教会支持战争的态度是政教密切结合和宗教为政治服务的结果，同时也映射出新教教会的自身危机感。⑥ 耿开羽认为将东部边界

---

① 乐启良：《政治、人生与学术：第一代中国法国史学人的群像研究》，《历史教学问题》2020 年第 2 期。

② 庞冠群：《司法与王权——法国绝对君主制下的高等法院》，人民出版社，2020。

③ 顾全：《大陆强国与海上制衡：1888—1914 年德国的海军扩张》，上海人民出版社，2020。

④ 西北大学柏悦主持的国家社科基金青年项目课题"德国新兰克学派史学家群体研究"（项目编号：20CSS003）；杭州电子科技大学马绎主持的国家社科基金青年项目课题"联邦德国移民政策的形成和转型研究（1973—2005）"（项目编号：20CSS027）。

⑤ 王帅：《冷战的终结与欧洲主导权之争——英、法、美、苏四大国围绕新欧洲秩序的战略互动》，《中山大学学报》（社会科学版）2020 年第 1 期。

⑥ 张莹、康翘楚：《第一次世界大战中德国新教教会的战争观探析》，《江苏科技大学学报》（社会科学版）2020 年第 1 期。

扩张至莱茵河沿线是历届法国政府不懈追求的政治目标，由此形成的"自然疆界论"思想是这一扩张诉求的合法性依据。有赖于拿破仑的辉煌功绩，所谓"自然疆界"的构建在共和国——拿破仑帝国时期被推向顶峰。① 王嘉起考察了希特勒利用殖民地问题达到扩军备战目的的过程，认为殖民地问题引起的讨论分散了英国决策者的注意力，希特勒则借机扩军备战。英国为求得和平在殖民地问题上连同其他问题不断地对德妥协，最终却迎来了一场战争。② 吴郑洋从高层政治文化、大众政治文化、内政与外交的优先三个角度，借"每日电讯报事件"分析了 20 世纪初德国的政治文化，认为 20 世纪初德国政治文化具有延续性与独立性的特征，这一时期的政治文化对德国历史产生了深远的影响。③ 文晗通过对革命起因的研究，以及对革命时期相互混杂的各派思想的梳理，认为 1525 年农民革命战争实际上可以看作近代政治革命的先声。这次革命中隐藏的各种因素，实际上宣告了一种新的政治思想在历史上的诞生。④ 曹亚斌以纳粹德国的犹太政策为主线，从"反犹"和"扶犹"两方面入手，对德国纳粹时期的犹太政策进行了系统探究，认为纳粹德国的犹太政策是纳粹统治政策之一，对德国和犹太复国运动产生深远影响。⑤ 吴东祉认为，纳粹党上台后，德国对英国的外交政策被放在其对外政策的首位。1933~1939 年，纳粹德国对英国的外交政策可分为以下四个阶段：德方积极探求与英同盟阶段、德方与英同盟转向阶段、德英双方僵持阶段以及德英双方对抗阶段。⑥ 贾凤鸣分析了信息管制局和信息服务局这两个全面负责美占区信息管制与重建的官方机构，探讨了美国在战后德国新闻业方面发挥的作用，以及冷战对新闻业政

---

① 耿开羽：《莱茵邦联的成立与法兰西第一共和国时期的"自然疆界"构建》，硕士学位论文，兰州大学，2020。

② 王嘉起：《德国殖民地问题与两次大战间的英德关系》，硕士学位论文，天津师范大学，2020。

③ 吴郑洋：《试析 20 世纪初德国的政治文化——以"每日电讯报事件"为例》，硕士学位论文，华东师范大学，2020。

④ 文晗：《1525 年德国农民战争与近代政治革命》，《古典学研究》2020 年第 1 期。

⑤ 曹亚斌：《纳粹德国的犹太政策探究》，硕士学位论文，天津师范大学，2020。

⑥ 吴东祉：《纳粹德国对英国的外交政策研究（1933-1939）》，硕士学位论文，湖南师范大学，2020。

策的影响。① 卢镇探讨了罗伊希林事件凸显的神圣罗马帝国的犹太问题，以及这些犹太问题所折射的罗伊希林事件的实质。② 王超考察了 20 世纪 70 年代中期联邦德国议会关于德国政策的辩论，分析了这一时期社民党与联盟党的德国政策理念，以及制约联邦政府德国政策实践的各种因素，揭示出这场辩论给联盟党德国政策理念带来的冲击和影响。③

经济与社会史方面，王宇从经济发展、制度建设和市民生活三个方面展开，梳理了中世纪汉萨同盟的历史状况，论述了汉萨同盟对汉萨城市的影响。④ 邢来顺、邓雪莉探讨了德意志帝国工厂女工劳动保护立法的源起和发展状况，从工厂女工劳动保护角度加深了学界对这一时期德国劳工保护问题的认识和理解。⑤ 敏敬考察了战后穆斯林进入德国的历史过程，认为德国穆斯林虽然来自不同国家和民族，文化和传统各异，但大部分人陆续克服了各种障碍，顺利融入了德国社会。他们与主流社会的磨合与适应，有力驳斥了"文明冲突"的武断结论。⑥ 徐继承从德国高速城市化发展的角度来分析城市公共卫生危机产生的原因，在此基础上系统论述了公共卫生危机的表现及其影响，并总结了城市公共卫生危机带来的启示。⑦ 王宏波探究了德意志帝国社会保险制度之取得成效的原因，认为这是经济环境和条件、社会保险设定的保障水平、政府的执行力和权威以及国际环境等因素共同影响的结果。⑧

城市史方面，孟文赓分析了三十年战争中马格德堡和纽伦堡的状况，

---

① 贾凤鸣：《德国美占区新闻业管制机构研究（1944—1948）》，硕士学位论文，天津师范大学，2020。

② 卢镇：《罗伊希林事件与 16 世纪神圣罗马帝国的"犹太问题"》，《古代文明》2020 年第 2 期。

③ 王超：《论 20 世纪 70 年代中期社民党与联盟党关于德国政策的辩论》，《河南师范大学学报》（哲学社会科学版）2020 年第 1 期。

④ 王宇：《13—17 世纪汉萨同盟对汉萨城市的影响》，硕士学位论文，上海师范大学，2020。

⑤ 邢来顺、邓雪莉：《德意志帝国工厂女工问题与女工劳动保护立法的演进》，《上海师范大学学报》（哲学社会科学版）2020 年第 1 期。

⑥ 敏敬：《战后德国穆斯林的社会融入》，《中国穆斯林》2020 年第 3 期。

⑦ 徐继承：《德意志帝国时期的高速城市化与公共卫生危机》，《史学集刊》2020 年第 4 期。

⑧ 王宏波：《德意志帝国的社会保险制度与社会稳定》，《经济社会史评论》2020 年第 1 期。

认为三十年战争是德意志城市日渐由欣欣向荣趋于衰败保守的重要原因之一。①

文化史方面，孟钟捷描述了"1918年11月9日"在不同政治阵营及社会团体中的差异化形象，分析了当时的社会文化背景与各类政治动机，对魏玛共和国初年把"11月9日"提升为国家庆祝日的各种努力及其失败的原因予以阐释，并说明了其他竞争性纪念日的特征及同样未能成功的缘由，从一种社会文化史的视角解答了"魏玛何以失败"这一经典问题。②

中德关系史方面，袁玮蔓对德国军医在租借地的医学活动进行梳理和总结，并在这一基础上初步探讨了德国军医的医疗工作对当地中国人的医学观念以及对中医西传的影响。③ 葛君对1956～1964年中国与民主德国从合作到斗争的贸易关系进行了梳理，揭示出导致这一现象出现的各种原因。④ 汪秋菊以1933年至1938年的中德关系为考察对象，梳理了中德两国的交往过程，并在此基础上考察了驻德大使程天放的一系列外交活动，剖析了国际外交之实利本质。⑤ 对于德国人的中国观，温馨认为，近代来华德国人对中国的认知是一定时空和历史语境的产物，在华亲历时代巨变的德国人对中国的认识更为深刻立体，处于传统和现代之间的近代中国呈现出特殊的时代性特征。⑥

军事史方面，张箭、王畅从人为因素以及当时的社会背景、战争形势和自然环境出发，探求了法西斯三轴心国首脑从未聚首的原因。⑦ 韩英、

① 孟文赓：《三十年战争背景下的德意志城市研究——以马格德堡、纽伦堡为例》，硕士学位论文，上海师范大学，2020。
② 孟钟捷：《魏玛共和国的11月9日："国家庆祝日"缺失的历史包袱》，《历史研究》2020年第3期。
③ 袁玮蔓：《试析德国军医在青岛及其腹地的医疗实践和科学考察（1897—1914）》，《历史教学问题》2020年第1期。
④ 葛君：《从合作到斗争：1956—1964年中国与民主德国的贸易关系》，《史林》2020年第2期。
⑤ 汪秋菊：《中德关系的演变（1933—1938）与驻德大使程天放》，硕士学位论文，安徽大学，2020。
⑥ 温馨：《传统与现代之间：近代来华德国人的中国观》，《陕西行政学院学报》2020年第2期。
⑦ 张箭、王畅：《二战时法西斯三轴心国首脑从未齐聚会晤之原因探析》，《安徽史学》2020年第1期。

贠志坤分析了纳粹《绿色方案》未实施的原因，认为主要原因在于德国自身实力不足，以及德国高层的反对。但是，纳粹德国利用英法的绥靖政策，采取分裂、瓦解的手段侵占了捷克斯洛伐克。① 顾全研究了导致德国选择扩张海上军事实力来制衡英国的四大因素，即英国在德国当地局部水域的战略弱点、英国与德国的矛盾大小和利益冲突程度、对英国怀有敌意且主动扩军的派别在德国海军内的支配程度、德国国内政府文职部门对军方压力的敏感程度。②

史学史方面，景德祥通过考察兰克的书信以及其他相关史料，发现青年兰克与普鲁士国家之间曾有过很深的隔阂，认为兰克与普鲁士国家的合作关系，是在其史学研究得到了普鲁士政府的认可与支持之后才逐渐建立与发展起来的。③ 关于马克斯·伦茨如何运用兰克史观对德意志帝国创建史进行研究的问题，马宁认为，在伦茨的解读下，俾斯麦控制了民族运动而将德意志民族国家置于欧洲国家体系之中，伦茨以联邦制民族国家的形式构建帝国符合兰克学派对德意志问题的解读。④ 对于思想史的书写，范丁梁认为直至 20 世纪 80 年代，德国史学的主要研究方式仍然是内源性的。思想史研究的发展在德国经历了一段非常曲折的路程，它对全球转向的态度更是以一种充满疑虑和保留的方式表现出来的。德国的历史经验和史学传统在深刻地形塑着德国学者对思想史和全球思想史的兴趣。⑤

会议方面，2020 年 10 月 23～25 日，中国德国史研究会 2020 年年会在南京大学历史学院召开，本次年会的主题为"德国历史研究的新视野"，来自全国高校和科研单位的 60 多位学者参加了会议。本次会议共收到论文60 余篇，参会学者围绕"全球史视野下的德国史研究""德国文艺复兴与宗教改革的欧洲背景与世界影响""德国史研究的新趋势、新方法、新材料""德国科学思想的世界影响""其他德国史与世界史问题"等几大议题进行了广泛深入的交流。

---

① 韩英，贠志坤：《浅析二战初期德国〈绿色方案〉未实施的原因》，《赤峰学院学报》（汉文哲学社会科学版）2020 年第 1 期。
② 顾全：《大陆强国与海上制衡：1888—1914 年德国的海军扩张》，上海人民出版社，2020。
③ 景德祥：《青年兰克与普鲁士国家》，《江海学刊》2020 年第 2 期。
④ 马宁：《马克斯·伦茨的德意志帝国创建史研究》，《历史教学问题》2020 年第 2 期。
⑤ 范丁梁：《思想史书写的德国脉络》，《史学理论研究》2020 年第 5 期。

综上所述，2020 年国内德国史研究仍然偏重传统的政治外交史研究，但社会史与中德关系史方面的成果也很丰硕。此外，出现了德国城市史方面的研究成果，但数量十分有限，国内在这方面的研究仍然处于起步阶段，未来国内德国史学工作者仍需加大关注。

四 意大利及南欧近现代史研究新进展

2020 年国内意大利近现代史研究成果大致集中在以下三个时期：文艺复兴时期、19 世纪末 20 世纪初和现当代。具体来看，对文艺复兴时期相关历史的研究仍占成果的多数。其中，以历史学家而非纯艺术的角度来解读文艺复兴时期的建筑可以说是一个相对比较新颖的尝试。如刘耀春分析了文艺复兴和巴洛克时期意大利城门历经的三个发展阶段。15 世纪即文艺复兴早期和中期是第一阶段。这一时期因受文艺复兴运动的影响，古罗马凯旋门开始成为城门设计的参照样本，但中世纪的塔楼城门并未完全消失，而是与新的文艺复兴风格城门并存，这显示了这一时期城门发展的过渡性。第二阶段是文艺复兴盛期和晚期（16 世纪）。这一时期改良大炮的冲击促使城市统治者开始加强防御，改造城墙和修建新城门。威尼斯统治下的特雷维索和帕多瓦率先放弃了中世纪塔楼城门，建成了"威尼斯帝国风格"的新城门。古罗马凯旋门成为更多意大利城市城门设计的参考样本。第三阶段是巴洛克时期（17 世纪和 18 世纪上半叶）。该时期的城门防御功能减弱，仪式功能日益凸显，这与当时意大利表演性的庆典仪式的盛行密切相关。① 该文使用了较丰富的意大利文史料，辅以图片资料，论证有据，令人耳目一新。

在传统的政治社会史层面，杨盛翔探讨了文艺复兴时期人文主义者的两种城邦人口思想。他指出，文艺复兴时期的乌托邦社会主义者（本质上是人文主义者），多沿用古希腊城邦的范式，构筑了小国寡民的城邦蓝图。然而，佛罗伦萨人文主义者却背离了该范式，歌颂本邦人口的增长。究其

① 刘耀春：《文艺复兴和巴洛克时期的意大利城门》，《华东师范大学学报》（哲学社会科学版）2020 年第 4 期。

原因，乌托邦社会主义者缺乏城邦公民的政治实践，而佛罗伦萨人文主义者多参与城邦政治，目睹了列国纷争、大国入侵，理解人口有限是制约城邦国力的现实因素。因此，继承有限人口论，体现了一类人文主义者对古希腊城邦人口思想的固守；而挑战有限人口论，亦反映出另一类人文主义者为应对时势而做出的思想拓新。① 该文不再将人文主义作为一个整体，而是具体细分了人文主义中的不同流派，观点新颖。

以文艺复兴人物为中心的研究，以周施廷的两篇论文为代表。其一讨论了彼特拉克与现代性。作者指出，布克哈特在《意大利文艺复兴时期的文化》中首次提出彼特拉克是"第一个现代人"，由此引发学术界关于彼特拉克是"现代人"还是中世纪人的激烈争论。身处中世纪与文艺复兴新旧交替的历史时期，作为文艺复兴之父的彼特拉克自然经历了这场巨变。在经历青年、中年和老年的三场觉醒后，彼特拉克意识到自己需要摆脱过去与未来之纠缠，在新旧的断裂带中寻找突破时间限制的夹缝，让自己的作品在时间的洪流中保持永恒的鲜活。② 其二论述了意大利文艺复兴对莎士比亚的意义。文中指出，近二三十年来莎士比亚与意大利文艺复兴的联系成为欧美学界的一个热门话题。作为英格兰文艺复兴时期的代表人物，莎士比亚从古罗马戏剧、意大利戏剧和小说等方面获得素材和灵感，创造出了具有世界影响的戏剧作品。如果说 15 世纪的意大利人率先接受了古代希腊、罗马戏剧的内容与理论框架，并且以意大利俗语写成了"博学剧（Commedia Erudita）"，那么 16 世纪的莎士比亚则是在此基础上创造出了更符合时代精神和民族情感的英格兰戏剧。③

政治思想史方面，马基雅维利仍然是研究的重要主题。其中，严静峰剖析了马基雅维利关于国家治理的思想。作者指出，在马基雅维利看似矛盾的思想体系中，蕴含着关于国家治理的核心主题。对马基雅维利而言，人民是国家治理的基石，法律可以治理人的恶性，保证人的自由。马基雅维利主张实行混合政体，保持权力的制约与均衡，进而促进善治。此外，军队是法治和自由的保障。新时代重新挖掘马基雅维利国家治理思想的深

---

① 杨盛翔：《文艺复兴时期人文主义者的两种城邦人口思想》，《世界历史》2020 年第 1 期。
② 周施廷：《自我的觉醒：彼特拉克与现代性》，《史学集刊》2020 年第 2 期。
③ 周施廷：《意大利文艺复兴对莎士比亚的意义》，《文艺研究》2020 年第 7 期。

刻内涵，对实现我国国家治理现代化具有借鉴和启示意义。① 信美利则从核心概念"virtú（德行或德性）"出发，梳理马基雅维利政治思想的重要逻辑。马基雅维利认为"virtú"与"fortuna（命运）"相对应，包括自然赋予的天性或者说本质力量，以及灵活运用各种手段的能力，同时也不排斥人文主义思想中的一些普适性道德。人掌握着自己行动的一半，要敢于对抗命运，运用自己的"virtú"。就个人尤其是君主而言，"virtú"基本上是自然赋予的天性，按"virtú"行事使行动符合时势就表现为好运。"virtú"被君主推而广之，成为法律制度，在民众中间传播和固定，从而成为民众"virtú"，一个人的好运就变成了一群人和一个民族的好运，国家也就能长治久安。② 朱兵在马基雅维利之外又"发掘"了另一位重要的政治思想家乔万尼·博泰罗（Giovanni Botero，1544~1617）。作者指出，博泰罗是西方政治思想史"国家理由观"的首位系统阐述者。这一术语的衍生意义重大，标志着政治思想史上的话语革命，并与现实政治互动共振，彼此激荡。处于意大利文艺复兴消褪期和反宗教改革勃兴期的博泰罗，其政治思想带有过渡时期的多元性，既有对传统天主教思想的强力捍卫，也有对古典思想的援引申扬，更有对马基雅维利、圭恰迪尼等文艺复兴思想家所代表的政治现实主义思潮的批判吸纳，其思维属性可谓庞杂交错。以反马基雅维利姿态出现的博泰罗，其思想中已然具有不少值得探秘的原创性元素，并不是对马基雅维利思想的哗众式跟风，而是符合时代精神之理论勾画，对于现代诸多新思想与新学科，博泰罗皆可被奉为先驱性人物。③

对19世纪末20世纪初意大利史的研究，张作成关注了克罗齐和金蒂莱两位与意大利国家认同建构密切相关的重要人物。他指出，国家认同问题是意大利历史和现实所面临的核心问题之一。为解决这一问题，克罗

---

① 严静峰：《国家治理："马基雅维利之谜"的核心主题》，《齐齐哈尔大学学报》（哲学社会科学版）2020年第9期。

② 信美利：《马基雅维利政治思想中的"virtú"概念》，《浙江师范大学学报》（社会科学版）2020年第2期。

③ 朱兵：《近代政治话语的革新：博泰罗的"国家理由观"述论》，《云南大学学报》（社会科学版）2020年第5期。

齐、金蒂莱从 1903 年开始学术合作，出版了《批判》杂志，通过译介与研究相结合的方式建构意大利国家认同。两者初期基于共同的唯心主义立场，同异并存地批判实证主义，旨在阐述独特的意大利历史知识观。从 1915 年到 1924 年，面对一战后兴起的法西斯主义，克罗齐持"观望"态度，而金蒂莱持支持态度。这种态度的差异因二人先后参政而逐渐升格为政治立场的对立。作者认为，总体而言，在国家认同建构问题上，克罗齐和金蒂莱都以意大利当下这个"经验空间"为中心，勾勒出以实现文化层面的民族复兴运动为目标、以意大利未来为导向的"期待视域"。① 该文有意识地运用了意大利文资料，较细致地剖析经典文本，观点鲜明。

现当代意大利史的研究成果主要有两个方面：一是国际关系领域；二是葛兰西研究。首先，国际关系史领域研究成果有对二战法西斯三轴心国关系的探讨文章。该文指出，二战中柏林—罗马—东京轴心国率先形成法西斯同盟，而反法西斯同盟以英美中苏为主力军。反法西斯同盟召开过多次重要的国际首脑会议，不仅仅是为商讨策略，更是一种联合的象征，是首脑之间彼此重视的体现。然而法西斯集团虽然形成的早，在备战和战争的十年间，却并没有举行一次三国首脑齐聚会晤，作者认为其原因可以从人为因素以及当时的社会背景、战争形势和自然环境来探求。②

其次，学界对葛兰西的研究主要偏重政治和哲学内容。如杨静云的两篇文章，一则讨论了葛兰西的语言观和语言政治学思想。该文指出，葛兰西的语言学研究主要缘起于意大利的民族语言问题及当时"新语法学派"与"新语言学派"之间的思想论战。葛兰西在继承"新语言学派"观点的基础上，进一步从语言的历史性、语言的哲学性和语言的文化功能三个方面发展出较为成熟的历史唯物主义语言学。葛兰西的语言学理论与其文化领导权思想互相呼应，他以语言构建文化领导权，以语言的变化隐喻领导权的动态过程，由此形成了他独特的语言政治学思想。③ 二则分析了葛兰

---

① 张作成：《克罗齐、金蒂莱与意大利国家认同建构（1903—1924）》，《世界历史评论》2020 年第 3 期。

② 张箭、王畅：《二战时法西斯三轴心国首脑从未齐聚会晤之原因探析》，《安徽史学》2020 年第 1 期。

③ 杨静云、史晓林：《论葛兰西的语言观与语言政治学思想》，《温州大学学报》（社会科学版）2020 年第 6 期。

西文化领导权的实践策略及其当代启示。文章认为，面对意大利工人运动遭受挫折和法西斯政党掌权的现实处境，葛兰西在分析东西方社会结构差异的基础上提出争夺文化领导权的思想。他的思想以市民社会为争夺场域，以凝聚人民共识和达成"集体意志"为旨归，以建立统一的民族语言、民族—人民的文学和实现马克思主义大众化为具体的实践策略。葛兰西的文化领导权思想强调文化凝聚民众意志、推动社会变革的意义。①

在西班牙近现代史研究的成果方面，黄艳红以近代早期的国际竞争与财政动员为切入点，将西班牙作为欧洲国家的一个案例，与荷、英、法等其他欧洲国家形成比较研究。他认为，在16~18世纪西方各国的竞争中，财政动员能力对竞争的走势起着决定性的作用。他在考察尼德兰革命期间的联省共和国和西班牙、18世纪的英国和法国的财政后发现，各国的政治—社会结构对财政动员的效率产生了不同的影响，这体现在税收体制的合理性和公债信用上，而公债信用之优劣也直接反映在公债利率上。相比之下，西班牙和法国王权因其政治—社会结构而在国际竞争中受到低效的财政动员的拖累。②

现代国际关系也是西班牙史领域的一个重要关注点。如杨晨桢分析了西班牙佛朗哥政府与美国、古巴之间的秘密外交。他在文中指出，美国与革命后的古巴是意识形态严重对立的一对邻国。自1961年1月断交起，两国政府经常在公开场合表达对对方的敌意。但是，在双方敌意的背后却存在着美古之间的秘密接触，特别是在古巴导弹危机爆发后的5年间。在此期间，真正获得美古两国政府信任、促成双方对话的是西班牙佛朗哥政府。西班牙与美古长期维持了特殊关系，西班牙外交官高超的外交技巧，以及西班牙在经济腾飞后想要恢复帝国荣光的强烈心愿，是西班牙成功地充当美古中间人的重要原因。③

葡萄牙近现代史的研究侧重从欧洲早期民族国家的角度进行分析。王

---

① 杨静云：《葛兰西文化领导权的实践策略及其当代启示》，《甘肃社会科学》2020年第2期。

② 黄艳红：《近代早期的国际竞争与财政动员：关于西荷与英法的比较研究》，《史学集刊》2020年第2期。

③ 杨晨桢：《西班牙佛朗哥政府与美古间的秘密接触（1963—1967）》，《史学月刊》2020年第4期。

大威和陈文以葡萄牙为例论述了欧洲早期民族国家的海洋发展与国家治理策略。文章指出，从国家治理的视阈来看，葡萄牙的崛起有其内在的必然性，主要表现为早熟的民族主义与民族国家构建，海权意识的觉醒，强有力的君主制领导，以及海外属地的本土化治理等。葡萄牙崛起的部分因素也是其衰落的肇因。葡萄牙拥有狂热的民族主义意识，但欠缺现代法治国家的理性制约机制；把持海上原始商路，但疏忽了产业与科技持续创新；依赖王权政治，但缺乏完善的政治权力继承制。[1]

　　综合以上诸国别史研究的现状，我们看到 2020 年中国学术界的欧洲近现代史研究无论是在深度还是在广度方面皆有可喜进展，特别是在当前世界格局发生深刻变化的局面下，学者们的经世致用意识显著增强，在发挥史学资政育人功用方面较之前有很大改观。当然，欧洲近现代史研究依旧偏重国别、区域和专题史研究，较少有从整体上将欧洲作为研究单位进行审视和分析的研究成果。这种情况一方面是由于欧洲的现代化从一个层面上说就是民族国家化的过程，学者很难脱离国别史来讨论近代以来的欧洲历史，另一方面也是受历史学领域的学科划分方式和研究传统所影响。总体而言，整体视野下的欧洲近现代史在 2020 年尚处于讨论不足的状态，但是随着学术界研究兴趣的转向和当代世界格局的深刻变革，在未来一段时间里，这或许是一个重要的学术研究议题。

　　（本文系中国社会科学院中国历史研究院世界历史研究所欧洲史研究室集体撰写）

---

① 　王大威、陈文：《欧洲早期民族国家的海洋发展与国家治理策略：以葡萄牙为例》，《广东社会科学》2020 年第 5 期。

2020 年北美史研究综述*

中国社会科学院中国历史研究院世界历史研究所美国史研究室

2020 年，国内北美史研究稳步推进。总体来看，国内美国史研究可谓成果斐然。据不完全统计，今年出版的美国史学术专著有 6 部，译著 19 部，论文百余篇。美国史研究欣欣向荣，加拿大史研究渐有起色。

一 美国政治史研究

2020 年美国政治史研究方面表现出以下几个特点。

首先，传统的研究重点继续保持，同时也在尝试开拓新的研究领域。一方面，美国宪政史、种族关系史、移民史等仍然是学者们研究的重点对象。如原祖杰考察了工业化时代对美国共和制度的影响与挑战①；侯波探讨了 20 世纪初大学教授如何作为专家参与政府事务②；胡晓进研究了美国宪法的话语构建③；林斌探讨了美国早期政治中的所谓"98 年原则"④；顾国平以 1875 年《佩奇法》为例考察了 19 世纪下半叶美国的排华法案⑤；等等。另一方面，学者们也在尝试多角度、多方面地分析美国社会政治的

---

* 中国社会科学院大学历史学院世界历史系硕士研究生赵月涓在资料收集等方面提供了帮助。

① 原祖杰：《进步与公正：美国早期的共和实验及其在工业化时代遭遇的挑战》，中国社会科学出版社，2020。
② 侯波：《学术与政治：美国进步时代专家参政现象研究（1900—1920）》，中国社会科学出版社，2020。
③ 胡晓进：《试论美国制宪奇迹话语之构建》，《史学月刊》2020 年第 6 期。
④ 林斌：《美国早期政治中"98 年原则"的形成——以弗吉尼亚州为个案》，《史学月刊》2020 年第 7 期。
⑤ 顾国平：《美国 1882 年排华法的前奏：1875 年〈佩奇法〉实施的背景及影响》，《华侨华人历史研究》2020 年第 1 期。

发展演变，其中尤其重视以文化视角来研究美国政治史，薛冰清①、孟凡②
等人还在以跨国史方式研究美国政治史方面进行了有益的尝试。

其次，从时段上看，我国的美国政治史研究仍然呈现出重两头、轻中
间的现象。建国初期和第二次世界大战后是研究的重点时段，但是对于整
个 19 世纪和 20 世纪上半叶美国政治的发展，学者们的研究却显得着力不
多。与美国学者相比，这一点就显得更为突出。两党政治、南北战争、战
后重建、西进运动等都是美国政治发展中的重要内容，可是这方面的著作
和论文却为数寥寥，显然还有很大的发掘余地。

最后，从研究方法和视角看，我国的美国政治史研究还显得单一。虽
然在这方面已经做出一些拓宽研究视角的尝试，但传统的个案研究仍是主
流，缺乏对美国政治史全方位的宏大叙事，在新史料发掘方面也没有重要
的成就，与美国外交史研究相比，这显得尤为不足。这应该成为今后美国
政治史研究的发展方向。

二　美国外交史研究

2020 年美国外交史依然是国内美国史研究的重点和热点之一，研究成
果丰硕，具有如下特点。

在研究内容上，美国对华关系史、美国对欧关系史依然是研究重点。
顾国平通过对 1875 年《佩奇法》的背景及其影响的研究，探讨了 19 世纪
七八十年代美国排华问题。③ 苏太华探讨了 20 世纪初美国在华的资本扩
张。④ 赵志辉、廖朴阐述了柔克义对美国的西藏政策和立场的影响。⑤ 王笛

---

① 薛冰清：《英美激进主义网络与美国革命的兴起》，《全球史评论》2020 年第 1 期。
② 孟凡：《1794 年"美国西征"、反雅各宾主义与跨大西洋政治文化互动——美英〈杰伊条约〉新探》，《全球史评论》2020 年第 1 期。
③ 顾国平：《美国 1882 年排华法的前奏：1875 年〈佩奇法〉实施的背景及影响》，《华侨华人历史研究》2020 年第 1 期。
④ 苏太华：《贸易至上：塔夫脱与美国对华"金元外交"的缘起》，《汕头大学学报》（人文社会科学版）2020 年第 1 期。
⑤ 赵志辉、廖朴：《柔克义与近代美国对藏政策的初步形成》，《郑州大学学报》（哲学社会科学版）2020 年第 3 期。

分析了 1913~1918 年的中美关系，认为依靠外国力量的支持，最终不能解决自己的根本问题。① 段永富从美国的远东战略背景出发对美国与伪满洲国的交往进行了探讨。② 王睿恒从跨国史的视角，考察了太平洋战争时期中国不同群体对美国宣传信息在华传播和流动的反应。③ 闫自兵认为美国在新疆的政策和活动适应了美国不同时期的战略需要，也开创了美国插手新疆问题的先例。④ 熊晨曦、薛鹏程分别对卡特政府时期的美国对华政策进行了探讨。⑤ 王睿恒分析了凯南的中国政策与影响政策制定的因素。⑥ 任慈、梁茂信对 1948~1957 年美国对中国"滞留"学生的政策进行了探讨。⑦

在美国对欧关系史方面，范晨星对美法关系在 18 世纪由盛转衰的原因进行了阐述。⑧ 刘国柱、陈冬梅对小罗斯福总统执政时期的美国与梵蒂冈建立的关系及其对双方产生的影响进行了分析。⑨ 王颖鹏认为美英对德国科技资源的联合发掘和掠夺使其基本实现了消除德国军事威胁、提高自身科技实力、对抗苏联的目标。⑩ 王新谦探讨了冷战初期马歇尔计划声援委员会对马歇尔计划的历史贡献，认为该组织对马歇尔计划在美国国会的顺

---

① 王笛：《从承认民国到敦促参战：美国与北京政府的外交，1913—1918》，《华中师范大学学报》（人文社会科学版）2020 年第 6 期。

② 段永富：《从"理想"到"现实"：美国对伪满洲国政策的演变（1931—1941）》，社会科学文献出版社，2020。

③ 王睿恒：《太平洋战争时期中国人对美国在华宣传的反应——跨国史的视角》，《全球史评论》2020 年第 1 期。

④ 闫自兵：《美国驻迪化领事馆考述》，《新疆大学学报》（哲学·人文社会科学版）2020 年第 1 期。

⑤ 熊晨曦：《消除中美关系正常化的障碍——卡特政府对中美资产索赔问题的处理》，《历史教学问题》2020 年第 2 期；薛鹏程：《论卡特时期中美关系正常化进程首次推延中的美国因素》，《唐都学刊》2020 年第 2 期。

⑥ 王睿恒：《"遏制战略之父"乔治·凯南的中国观》，《美国研究》2020 年第 1 期。

⑦ 任慈、梁茂信：《从外交到移民——美国对中国"滞留"学生政策的转变分析（1948~1957）》，《美国研究》2020 年第 2 期。

⑧ 范晨星：《"热内事件"与早期美法关系的转变》，《北京社会科学》2020 年第 6 期。

⑨ 刘国柱、陈冬梅：《"泰勒使命"与二战时期的美梵关系》，《世界宗教研究》2020 年第 4 期。

⑩ 王颖鹏：《试论美英对德国科技资源的处置（1944—1954）》，《史学月刊》2020 年第 10 期。

利通过起到了极大的推动作用。① 何志龙、高成圆对 1967 年塞浦路斯危机中塞勒斯·万斯的调解及其影响进行了分析。② 王道、夏亚峰探讨了艾奇逊外交理念及实践过程。③

不过，关于美国对苏联外交史的研究相对衰落，与此形成对比的是，非洲史的研究方兴未艾。王延庆以卡格纽通讯站为切入点探讨美国对埃塞俄比亚政策的变化及其原因。④ 李瑞居认为，1963 年美国对南非武器禁售政策的实施对结束南非种族隔离并未产生显著的影响。⑤

在研究时间段上，冷战时期美国外交史研究历来是美国外交史研究的一个重点。胡腾蛟探讨了 1946～1956 年美国精英如何在国内外利用经济主题运动全面塑造美国海外经济形象及身份的问题。⑥ 此外，文化冷战受到重视，2020 年出版了两本重要著作。张杨阐述了冷战时期美国青年领袖项目（1947～1989）的制定与实施。⑦ 翟韬则考察了冷战时期美国对东南亚华人华侨所进行的反共宣传活动。⑧ 前文论述美国对欧政策、对非洲政策时已经包括了冷战时期，不再赘述。现只列举其他地区的几个例子论述，难免挂一漏万。

在亚洲方面，尹晓亮⑨、崔修竹⑩和徐振伟⑪分别从核能和粮食的角度分析了美国对日政策。徐一鸣、张生阐述了时任美国国务卿的杜勒斯在遏

① 王新谦：《马歇尔计划声援委员会对马歇尔计划的历史贡献》，《河南大学学报》（社会科学版）2020 年第 3 期。

② 何志龙、高成圆：《塞勒斯·万斯对 1967 年塞浦路斯危机的调解》，《世界历史》2020 年第 4 期。

③ 王道、夏亚峰：《"实力与外交"——迪安·艾奇逊与战后美国对欧政策构建》，《史学集刊》2020 年第 5 期。

④ 王延庆：《冷战时期美国对埃塞俄比亚的政策演变——以卡格纽通讯站为中心的历史考察》，《世界历史》2020 年第 2 期。

⑤ 李瑞居：《1963 年美国对南非的自愿武器禁售政策探析》，《历史教学问题》2020 年第 4 期。

⑥ 胡腾蛟：《1946—1956 年美国经济话语及形象传播论析》，《理论月刊》2020 年第 3 期。

⑦ 张杨：《文化冷战：美国的青年领袖项目（1947—1989）》，中国社会科学出版社，2020。

⑧ 翟韬：《文化冷战与认同塑造：美国对东南亚华人华侨宣传研究（1949—1965）》，世界知识出版社，2020。

⑨ 尹晓亮：《日美核能合作的历史缘起（1945—1955）》，《世界历史》2020 年第 1 期。

⑩ 崔修竹：《美日返还小笠原群岛施政权谈判中的核武器问题》，《首都师范大学学报》（社会科学版）2020 年第 3 期。

⑪ 徐振伟：《二战后美国对日本的粮食战略及其影响》，《世界历史》2020 年第 1 期。

制共产主义目标的指导下出台琉球政策的过程。① 邓峰②、刘霖③分别对美国对朝鲜半岛的外交政策进行了探讨。在美国对东南亚整体的政策方面，保罗·希尔不仅叙述了凯南的东亚政策，而且还对其利弊和成败等进行了分析。④ 翟韬认为美国依靠文化宣传手段争夺东南亚华人华侨的心，使其心向"自由世界"，为其冷战战略服务。⑤ 美印关系方面，尤建设认为受冷战影响，美国在果阿的立场变化反映了其反对殖民主义的主张具有一定的虚伪性。⑥ 柏友春认为，中国和苏联因素对约翰逊政府与印度就核问题的互动产生了重要影响。⑦ 孟庆龙认为，美国外交政策随着地区形势和国际关系以及对自身利益的考量的变化而变化，美国和印度合流对付中国的概率不会太大。⑧ 美国对中东地区的政策方面，张礼刚和宋瑞娟⑨、郭松⑩都对美以关系进行了探讨。程早霞、孙师文认为，肯尼迪政府时期美国对蒙古的政策是为美国的冷战战略服务的。⑪ 刘东明以"五角大楼"和"五角大楼文件案"为切入点分析美国在越南战争中的角色。⑫ 温强和李星然认为，中国影响了美国对尼泊尔的外交政策。⑬ 许卓揭露亚洲基金会的"民

① 徐一鸣、张生：《杜勒斯与美国的琉球政策（1950—1951）》，《世界历史》2020 年第 1 期。
② 邓峰：《美国驻日本大使馆对 1975 年金日成访华的反应》，《历史教学问题》2020 年第 1 期。
③ 刘霖：《外交决策模式视角下美国参与朝鲜战争的分析》，《东西南北》2020 年第 6 期。
④ 〔美〕保罗·希尔：《乔治·凯南与美国东亚政策》，小毛线译，金城出版社，2020。
⑤ 翟韬：《文化冷战与认同塑造：美国对东南亚华人华侨宣传研究（1949—1965）》，世界知识出版社，2020。
⑥ 尤建设：《果阿的非殖民化进程与美国的反应》，《史学月刊》2020 年第 7 期。
⑦ 柏友春：《约翰逊政府对印度安全保证与核问题的认知与应对》，《历史教学问题》2020 年第 3 期。
⑧ 孟庆龙：《中印边界战争前后美国对印度态度的变化——兼论美印关系的历史基础》，《清华大学学报》（哲学社会科学版）2020 年第 3 期。
⑨ 张礼刚、宋瑞娟：《"六日战争"对美国犹太人族群认同的影响》，《史学月刊》2020 年第 3 期。
⑩ 郭松：《略论美以特殊关系的形成（1958—1967）》，《史学月刊》2020 年第 4 期。
⑪ 程早霞、孙师文：《肯尼迪政府时期美国对蒙古政策研究》，《史学集刊》2020 年第 5 期。
⑫ 刘东明：《"五角大楼文件"与"五角大楼文件案"》，《北京师范大学学报》（社会科学版）2020 年第 2 期。
⑬ 温强、李星然：《美国对尼泊尔政策的形成与调整——以中尼建交为核心的考察》，《中山大学学报》（社会科学版）2020 年第 4 期。

主种子"项目是为美国的冷战战略服务的。① 此外，张杨分析了美国在亚洲的"文化冷战"。②

在美洲方面，美国从建国之初起就将美洲纳入自己的势力范围，不允许任何国家染指。在冷战的背景下，美国对美洲国家予以更多关注。杨建国阐述了卡特政府如何在国内和国外的压力下通过条约以及由此反映出的美国现行宪政制度功效的两面性。③ 杨晨桢阐释了 1963～1967 年美古之间的关系以及西班牙在其中扮演的角色和出发点。④

在研究的方法和理论方面，杨令侠和朱佳寅概述了杨生茂关于美国外交政策史的学术实践与思想。⑤ 王立新对其治学 20 多年来的研究成果进行了思考。⑥ 姚百慧以冷战史研究为例，探讨了查找美国外交档案的三种思路。⑦

三 美国经济社会文化史研究

2020 年，国内美国经济史研究成果为数不多，只有少量论文和译著。陈凤兰和梁在以纽约唐人街巴士业的发展历程为例，从族裔创业、市场竞争的角度，探讨了由来自中国大陆的新移民所创立的唐人街巴士业与美国灰狗巴士业的竞争与相互影响。⑧ 王宇翔梳理了战前特别是 1920 年之前美国制造业郊区化的进程及其推动因素，从制造业的角度重新思考了城市化

---

① 许卓：《冷战初期美国在菲律宾心理宣传活动探究——以亚洲基金会的"民主种子"项目为例》，《国际政治研究》2020 年第 1 期。
② 张杨：《文化冷战：美国的青年领袖项目（1947—1989）》，中国社会科学出版社，2020。
③ 杨建国：《卡特政府在〈巴拿马运河新条约〉上的双重政治博弈（1977—1979）》，《世界历史》2020 年第 2 期。
④ 杨晨桢：《西班牙佛朗哥政府与美古间的秘密接触（1963—1967）》，《史学月刊》2020 年第 4 期。
⑤ 杨令侠、朱佳寅：《杨生茂关于美国外交政策史的学术实践与思想——以〈美国外交政策史 1775—1989〉为例》，《南开学报》（哲学社会科学版）2020 年第 6 期。
⑥ 王立新：《有思想的历史》，商务印书馆，2020。
⑦ 姚百慧：《查找美国外交档案的三种思路：以冷战史研究为例》，《历史教学》（下半月刊）2020 年第 1 期。
⑧ 陈凤兰、梁在：《族裔创业、市场竞争与双向影响——纽约唐人街巴士业发展历程探析》，《华侨华人历史研究》2020 年第 2 期。

和郊区化的关系。①

在美国商业史研究方面，爱德华·巴莱森的《骗局：美国商业欺诈简史》得以翻译出版。该书追溯了美国从 P. T. 巴纳姆时代到查尔斯·庞兹和伯纳德·麦道夫的时代的商业欺诈史，指出了美国资本主义所赖以建立的社会信任的不稳定性。②

2020 年，美国社会文化史是国内美国史研究的热点，其研究重点主要体现在以下几个方面。

第一，美国城市史是国内学术界的重点研究对象。王志永和宋欣阳考察了 1906 年美国旧金山城市灾难的救援问题。③ 杨长云以芝加哥商会为例，探讨了城市组织在美国城市改革中的作用。④ 王宇翔探讨了 20 世纪二三十年代洛杉矶的工人郊区及其基础设施建设情况。⑤ 张守慧探讨了 20 世纪中期美国北部城市的住房隔离与房地产商的关系。⑥ 简·雅各布斯的《美国大城市的死与生》也被翻译出版，该书以纽约、芝加哥等美国大城市为例，具体阐释了城市的复杂性及其发展取向，也为评估城市的活力提供了一个基本框架。⑦

第二，性别史，尤其是女性的地位、身份等问题受到了较多关注。鲁迪秋以波士顿科班社为中心，考察了美国建国初期女性慈善团体与白人女性公民身份的初步建构。⑧ 赵继珂探讨了 20 世纪 50 年代美国新闻署的女

① 王宇翔：《第二次世界大战前美国制造业的郊区化——兼论美国郊区化与城市化的关系》，《美国研究》2020 年第 1 期。

② 〔美〕爱德华·J. 巴莱森：《骗局：美国商业欺诈简史》，陈代云译，格致出版社，上海人民出版社，2020。

③ 王志永、宋欣阳：《应对危机：1906 年旧金山城市灾难的救援》，《历史教学问题》2020 年第 4 期。

④ 杨长云：《地方组织与社会权力："城市促进者"芝加哥商会》，《江西师范大学学报》（哲学社会科学版）2020 年第 3 期。

⑤ 王宇翔：《20 世纪二三十年代洛杉矶的工人郊区及其基础设施建设——以南盖特等为中心的考察》，《史林》2020 年第 3 期。

⑥ 张守慧：《20 世纪中期美国北部城市住房隔离中的房地产商因素探析》，《中国社会科学院研究生院学报》2020 年第 3 期。

⑦ 〔加〕简·雅各布斯：《美国大城市的死与生》，金衡山译，译林出版社，2020。

⑧ 鲁迪秋：《美国建国初期女性慈善社团与白人女性公民身份的初步建构——以波士顿科班社为中心的考察》，《世界历史》2020 年第 1 期。

性项目。① 曹鸿对近 30 年来美国学界女性史、性别史与性存在史研究的全球及跨国转向进行了回顾与探讨。② 斯泰西·希夫的《猎巫：塞勒姆1692》中译本问世，该书梳理了 17 世纪美国波士顿塞勒姆猎巫运动的整体进程，揭示了相关人群的内心状态，凸显了女性在当时社会环境下所受到的迫害与压迫。③

第三，身份认同、种族主义也受到了较多关注。姚念达论述了哈德逊河画派与美国国家身份意识塑造之间的关系。④ 谢国荣和张守慧探讨了美国弗吉尼亚州罗伯特·李雕像意涵的变迁及其与政治的关系。⑤ 美国历史学家伊布拉姆·X. 肯迪的《天生的标签：美国种族主义思想的历史》被翻译成中文，该书以美国历史上的五位杰出人物为代表，追溯了反黑人种族主义思想的历史。⑥ 在译著《故土的陌生人：美国保守派的愤怒与哀痛》一书中，美国社会学家阿莉·霍赫希尔德（Arlie Russell Hochschild）分析了当下美国社会中保守派人士的内心世界及其背后所暗含的极化政治现象。⑦

四　美国环境史研究及其他

2020 年，国内美国环境史的学术研究不断深化。学术交流活动频繁，成果不断涌现。

在学术交流方面，频繁举办环境史学术会议和学术讲座。比较重要的会议有两次。2020 年 10 月 10～11 日，中国灾害防御协会灾害史专业委员

---

① 赵继珂：《美国新闻署女性项目初探》，《历史教学问题》2020 年第 1 期。
② 曹鸿：《美国女性史、性别史与性存在史研究的全球及跨国转向》，《全球史评论》2020年第 1 期。
③ 〔美〕斯泰西·希夫：《猎巫：塞勒姆 1692》，浦雨蝶、梁吉译，文汇出版社，2020。
④ 姚念达：《哈德逊河画派与美国国家身份意识的塑造》，《世界历史》2020 年第 3 期。
⑤ 谢国荣、张守慧：《弗吉尼亚州罗伯特·李雕像意涵的变迁（1870-1924）》，《江西师范大学学报》（哲学社会科学版）2020 年第 3 期。
⑥ 〔美〕伊布拉姆·X. 肯迪：《天生的标签：美国种族主义思想的历史》，朱叶娜、高鑫译，社会科学文献出版社，2020。
⑦ 〔美〕阿莉·拉塞尔·霍赫希尔德：《故土的陌生人：美国保守派的愤怒与哀痛》，夏凡译，社会科学文献出版社，2020。

会第十七届年会暨"历史视野下的灾害文化与灾害治理"国际学术研讨会在云南大学举行。2020 年 10 月 30 日至 11 月 2 日,中国环境科学学会环境史专业委员会第二届年会暨多学科视域下的环境史研究学术研讨会在辽宁大学举行。2020 年 12 月 19 日,"走出'尘暴':《尘暴》中译本再版暨'绿史中心'成立两周年纪念座谈会"在线上召开。

2020 年,美国环境史研究的学术成果以论文和译著为主。理论探讨主要涉及环境史的渊源、创新及相关术语等。《史学集刊》刊登的一组笔谈文章,聚焦环境史研究的前沿问题,包括跨学科研究、环境史的整体性、环境史的历史评价尺度等。[①] 梅雪芹指出,环境史具有"上下求索"的创新精神。[②] 包茂红通过分析美国学者小麦克尼尔的《大加速》一书,探讨了人类世这一概念对环境史研究的重要意义。[③] 刘士永和刘拯华梳理了美国边疆史对环境史早期发展的重要影响。[④] 付成双和曹新群考察了边疆史、跨国史、种族史、环境史等不同视角下的美国西部史研究。[⑤]

实证研究日益加强,主要集中在以下四个方面。其一,疾病医疗、公共卫生受到了较多关注。天花、霍乱、肺结核的影响及其防治得到了初步探讨。[⑥] 其二,环境治理。侯深梳理了美国环境治理三阶段的研究及其背后的动因。[⑦] 滕海键和王瑶探讨了 20 世纪 80 年代市场机制在美国空气污染治理中的应用。[⑧] 李婷考察了进步主义时期美国女性对城市公共卫生改

① 王利华、梅雪芹、周琼、滕海键:《"环境史理论与方法研究"笔谈》,《史学集刊》2020 年第 2 期。

② 梅雪芹:《上下求索:环境史的创新精神叙论》,《社会科学战线》2020 年第 3 期。

③ 包茂红:《人类世与环境史研究——〈大加速〉导读》,《学术研究》2020 年第 2 期。

④ 刘士永、刘拯华:《树与水的对话:早期美国环境史的边疆史脉络》,《社会科学战线》2020 年第 9 期。

⑤ 付成双、曹新群:《从边疆假说到环境正义:北美西部史的多重面相》,《江西师范大学学报》(哲学社会科学版)2020 年第 1 期。

⑥ 丁见民:《天花接种、牛痘接种与美国早期天花防疫机制的形成》,《安徽史学》2020 年第 4 期;王光伟:《1892 年纽约霍乱疫情与美国对外来移民的排斥》,《史学集刊》2020 年第 4 期;李晶:《19 世纪末纽约市肺结核病防治措施研究》,《经济社会史评论》2020 年第 2 期。

⑦ 侯深:《变动的环境 变动的国家——美国作为一个环治国家的演化》,《华中师范大学学报》(人文社会科学版)2020 年第 2 期。

⑧ 滕海键、王瑶:《20 世纪 80 年代美国环境政策的改革尝试——"泡泡政策"的出台及其合法地位的确认》,《西南大学学报》(社会科学版)2020 年第 3 期。

革的推动。① 张勇安和乔晶花探讨了 20 世纪 70 年代北大西洋公约组织对空气污染治理的介入。② 张凯成探讨了 20 世纪上半叶纽约市对城市垃圾的管理。③ 孙群郎和宋爱红论述了郊区的低密度开发导致的水体污染及其治理。④ 其三，环保运动。塞拉俱乐部、多诺拉烟雾事件、沃伦抗议在美国环保史上所具有的重要影响，在一定程度上得到了探讨。⑤ 张文静探讨了美国跨阿拉斯加石油管道建设的技术争议与环保影响。⑥ 其四，环境认知。陈黎黎阐述了 20 世纪上半叶美国医学界对生产性粉尘特性的不同认知。⑦ 张明娟探讨了殖民地时期清教徒的荒野观。⑧ 高国荣探讨了民国知识界对 20 世纪 30 年代美国水土侵蚀的认识及其影响。⑨ 靳小勇考察了尼克松政府对生态主义环保理念的推广。⑩

总的来看，国内美国环境史研究近年来取得明显进展。研究队伍不断壮大，一手资料的运用日益常见，严谨扎实的成果也越来越常见。

在美国史学史研究方面，2020 年学界也取得了一些成果。既有对新中国成立以来国内美国史研究的回顾，也有对方纳、本德等史学名家治学成

---

① 李婷：《美国进步主义时期城市公共卫生改革中的女性——以城市环境卫生为视角》，《四川师范大学学报》（社会科学版）2020 年第 2 期。

② 张勇安、乔晶花：《北约与跨大西洋的空气污染治理（1969—1976）》，《世界历史》2020 年第 2 期。

③ 张凯成：《美国城市垃圾管理的跨区域关联——以 20 世纪上半叶纽约市为中心的考察》，《历史教学》（下半月刊）2020 年第 5 期。

④ 孙群郎、宋爱红：《美国郊区的低密度开发与水体污染及其治理》，《社会科学战线》2020 年第 3 期。

⑤ 杨洁、赵辉兵：《多诺拉烟雾事件与美国现代环境政治初兴》，《经济社会史评论》2020 年第 2 期；张文静：《塞拉俱乐部参与回声公园运动的活动与影响》，《历史教学问题》2020 年第 1 期；刘鹏娇、张敬品：《拉夫运河事件与美国环境正义运动的兴起》，《首都师范大学学报》（社会科学版）2020 年第 2 期。

⑥ 张文静：《美国跨阿拉斯加石油管道建设的技术争议与环保影响》，《历史教学》（下半月刊）2020 年第 5 期。

⑦ 陈黎黎：《从"魔矿"的碎屑到"致命的粉尘"——19 世纪末至 20 世纪上半叶尘肺病在美国的医学认知变迁》，《历史教学》（下半月刊）2020 年第 5 期。

⑧ 张明娟：《〈圣经〉及美国殖民地时期清教徒的荒野观》，《世界宗教文化》2020 年第 1 期。

⑨ 高国荣：《20 世纪三四十年代中国知识界对美国水土侵蚀和治理的关注及其影响》，《中国社会科学院研究生院学报》2020 年第 5 期。

⑩ 靳小勇：《发展新理念的推广：尼克松政府与 1972 年人类环境大会》，《历史教学》（下半月刊）2020 年第 5 期。

就的总结。国外史学研究动向受到重视。新政治史的复兴较为明显，政治文化史、劳工史、族裔史、资本主义史等领域的范式更新和跨国史转向也得到了一定的分析。[①]

2020 年，中国美国史研究会数次举办学术会议。在 11 月 20～22 日，中国美国史研究会第十八届年会暨学术研讨会在福建师范大学召开，与会者在美国早期史、移民与族裔、政治外交、经济、环境与医疗、城市、史学理论与史学史等方面进行了探讨。在学术年会之外，"长三角"美国史论坛已经成为一个重要平台。10 月 23～25 日在华东师范大学举行了第六届"长三角"美国史论坛，"史料开掘、视角更新与方法转向"成为本次会议探讨的主题。除学术年会外，史学史、种族史、城市史等专题性的学术会议日益增多。8 月 22 日，"和而不同：美国史学的文脉"线上学术交流会探讨了美国史学流派和史学观念的演变；9 月 5 日，"美国种族问题的历史与现状"学术研讨会在上海外国语大学进行；9 月 26～27 日，第二届美国城市史论坛由安徽师范大学历史与社会学院承办。专题会议的增多，在某种程度上可以体现美国史研究的深入。与此同时，美国史研究的活力也可以从青年工作坊体现出来。11 月 6 日，"内省与外观"——第三届美国史青年学者工作坊在上海大学召开，会议对国内美国史教学、书写、阅读等方面进行了反省。

五 加拿大史研究

2020 年，国内加拿大史研究集中于政治史、外交史、经济史和早期

---

① 王立新：《七十年来中国的美国史研究》，《美国研究》2020 年第 4 期；王希：《方纳：一个伟大美国学术时代的写照——为〈19 世纪美国的政治遗产〉而作》，《美国研究》2020 年第 1 期；李敏：《全球化时代美国史的书写——托马斯·本德的跨国史研究》，《史学理论研究》2020 年第 2 期；任慈：《可用的过去：近五年来美国学界移民和族裔史研究的新趋势——兼对美国移民研究史的述评》，《世界民族》2020 年第 3 期；李剑鸣：《美国政治文化史研究的兴起和发展》，《历史研究》2020 年第 2 期；蔡萌：《美国劳工史研究中"阶级"的概念重构与范式更新》，《世界历史》2020 年第 1 期；王心扬：《跨国劳工史在美国的兴起、创新与问题》，《世界历史》2020 年第 4 期；曹鸿：《美国女性史、性别史与性存在史研究的全球及跨国转向》，《全球史评论》2020 年第 1 期；于留振：《新资本主义史与美国史研究的新趋向——再论〈棉花帝国〉》，《美国研究》2020 年第 4 期；孙琇：《从美国史学史看美国史研究的"跨国转向"》，《全球史评论》2020 年第 1 期。

史。从这些研究成果可以看出，坚持历史唯物主义的指导，吸收和学习西方史学研究的前沿理论和方法，结合加拿大现今对世界主要国家的对外政策导向，就可以在诸多重大的学术研究课题中有所建树，并发出中国声音。国内加拿大史研究在 2020 年取得了一些成果。

在经济史方面，姚朋以加拿大海洋经济以及中加海洋经济的对比作为研究对象，探讨了加拿大海洋经济史的发展历程，阐述了加拿大海洋经济发展所处的总体状况，分析了中国加拿大海洋经济合作发展的巨大潜力。[①]

在法制史方面，韩伟的《加拿大税收法制史略》具有代表性。该文认为，加拿大是英联邦成员国，其法律制度深受英国影响，加拿大法律体系具有多元化的特色。[②]

在海洋史和生态环境史方面，陈林博等探讨了 20 世纪初加拿大的鲑鱼危机及鲑鱼种群的恢复工作，指出科学的渔业管理不仅是治理渔业资源危机的有效方式，而且是实现渔业资源保护的正确选择。[③]

在政治史方面，甄小东的《19 世纪加拿大责任制政府的形成》具有一定的代表性。该文追溯了 19 世纪中期英属加拿大责任制政府的形成，并探讨了其对后来英国殖民地政府宪政改革的借鉴意义。[④]

（本文系中国社会科学院中国历史研究院世界历史研究所美国史研究室集体撰写）

① 姚朋：《加拿大当代海洋经济和"一带一路"视野下中加海洋经济合作发展前瞻》，《晋阳学刊》2020 年第 2 期。
② 韩伟：《加拿大税收法制史略》，《中国税务》2020 年第 10 期。
③ 陈林博、梅雪芹、徐海龙：《1913 年"地狱门峡谷事件"后加拿大鲑鱼危机的科学治理》，《史学月刊》2020 年第 2 期。
④ 甄小东：《19 世纪加拿大责任制政府的形成》，《历史教学》（下半月刊）2020 年第 4 期。

新书籍何以取代旧书籍：
书籍史视角下的英格兰宗教改革研究述评

张　炜

英格兰宗教改革是一场以宗教分歧为表现形式的政治经济权力变迁，对近代早期英格兰以国王为首的宗教—政治体系的确立以及资本主义经济社会发展都具有深远影响。同时，与欧洲大陆很多地区的宗教改革相比，英格兰的宗教改革独具特色，在整个欧洲宗教改革中占据某种特殊地位。因此，英格兰宗教改革问题历来是中外历史研究者热议的话题，相关研究成果不胜枚举，也形成了自身颇具特点的学术史脉络。关于 20 世纪英国宗教改革史学的流变，国内有学者曾做过深入细致的梳理，为我们提供了理解这一研究历程的总体框架。①

值得注意的是，当宗教改革激发出深刻的政治、经济、社会变革时，书籍也在这一时期呈现出新的发展样貌，即印刷书籍的大量涌现。可以说，近代早期印刷书的生产与传播行为构成了触动社会全方位变迁的一种新生力量。自 20 世纪下半叶开始，很多学者逐渐将目光聚焦于书籍与宗教改革的关系上，探讨二者之间的紧密联系。特别是受法国年鉴学派及新文化史研究潮流的影响，以书籍为切入点的研究在最近 30 年的欧美学术界呈现出更加蓬勃的发展态势，其中不少成果对我们重新理解英格兰宗教改革进程及其特点助益良多。因此，本文拟在已有学术史研究基础上，② 着重

---

① 刘城：《20 世纪英国宗教改革史学》，《世界历史》2003 年第 1 期。

② 笔者曾在《英格兰宗教改革时期的新教改革者与传播媒介》（《世界历史》2014 年第 5 期）和《近代早期英格兰书报审查制度的形成与完善》［张顺洪主编《世界史论坛》（第一辑），社会科学文献出版社，2015］等文中对此学术现象进行过简要介绍，但因主题与篇幅所限，未及充分展开。

梳理这一新兴学术现象，勾勒其主要研究领域和方法，指明其对全面理解英格兰宗教改革的学术价值，以供研究相关问题的学者参考借鉴。

一 《圣经》及其他重要宗教书籍的制作与传播史研究

在英格兰宗教改革过程中，本国语《圣经》无疑占据着至为关键的地位，是改革者展现改革理念的重要着力点。从 20 世纪 50 年代开始，很多学者便对英语《圣经》，特别是印刷版英语《圣经》的翻译、印制以及传播过程做了初步的探索。

就笔者目力所及，较早开始对这一问题展开学术性探讨的是长期从事英格兰宗教改革史研究的学者。1953 年，J. F. 莫兹利出版了其重要著作《科弗代尔及其〈圣经〉》[①]。在这本书中，莫兹利集中研究了英格兰宗教改革期间曾翻译并印刷出版英语《圣经》的重要人物科弗代尔的生平，并充分利用堂区教务委员（churchwarden）的账目，追踪了科弗代尔的英语《圣经》在整个不列颠岛的传播情况。莫兹利认为科弗代尔令人崇敬之处不仅在于他是一位英语《圣经》的翻译者，而且因为他凭借书籍不遗余力地传播新教思想的行为，这些令他已经完全称得上是一位重要的英格兰宗教改革家。莫兹利著作的开创意义在于，其明确肯定了制作传播《圣经》这一重要书籍的人的历史作用。

莫兹利开创的研究领域和路径在时隔 40 年后得到了强有力的回响。就英格兰宗教改革而言，在科弗代尔之前，威廉·廷代尔（1494~1536）是第一位根据希腊语和希伯来语《圣经》翻译出英语《圣经》并将其付梓出版的英格兰人。学者戴维·丹尼尔在廷代尔诞辰五百周年之际出版了其传记，这可谓英语学术界半个世纪以来最重要的一部廷代尔传记。由于作者本人是廷代尔版《新约圣经》和《旧约圣经》的编辑者，凭借其对廷代尔翻译作品的熟悉程度，丹尼尔在该书中肯定了廷代尔作为一位《圣经》翻译者和阐释者的历史作用，而且细致分析了其在神学思想和文学创作方面

---

① J. F. Mozley, *Coverdale and His Bibles*, London: Lutterworth Press, 1953.

对英国乃至欧洲宗教改革的影响。① 丹尼尔在 6 年后发表的另一篇论文《威廉·廷代尔：英语〈圣经〉及英语语言》里，通过对典型段落的对比分析，强调了廷代尔版《圣经》在语言上对后世英语《圣经》，特别是詹姆斯一世钦定版《圣经》的影响。② 另外，法国学者圭多·拉特里也在莫兹利研究的基础上，进一步考证了科弗代尔制作的多种《圣经》版本，并追根溯源，指出他及其前辈廷代尔与安特卫普这座既宽容又便利、既具有宗教热情又充满商业利益的城市有很大关联。也就是说，廷代尔和科弗代尔的宗教思想在很大程度上受到了荷兰语和法语思想界的影响。③ 上述几位学者的研究都以不同版本英语《圣经》的成书及影响与被影响的历史过程为聚焦点，分别从纵向和横向拓展了理解英格兰宗教改革的视野。

除了英语《圣经》外，学者们也关注了英格兰宗教改革时期出版的其他颇具影响力的书籍。一向以挖掘宗教改革档案文献见长的 G. R. 埃尔顿在其名著《政策与施政：托马斯·克伦威尔时期宗教改革政策的施行》中，就特别重视研究新教改革者与天主教会的论战过程，把新教改革者的"宣传"行为视为其施行改革政策的重要一环。他认为新教能够打破天主教对人思想上的控制的原因有二，第一，改革者意识到必须利用更加有效的传播手段；第二，埃尔顿特别强调克伦威尔是一位懂得印刷媒介传播功效的宣传家。作者通过研究大量政府档案和书籍原件，分析了克伦威尔如何促使新教在印刷出版的制度安排、传播效果等方面确立起对天主教的优势。比如他指出，克伦威尔继承了沃尔塞授予王家印刷商单独印制官方出版物的权利，并使印刷商更加听命于其，以更加紧密地配合 16 世纪 30 年代诸多宗教改革政策的施行；而且，克伦威尔亲自督导了诸如《真理之镜》等论辩性书籍的出版，改变了先前出版作品在文字上沉闷晦涩的缺点，从而大大

---

① David Daniell, *William Tyndale: A Biography*, New Haven Conn. and London: Yale University Press, 1994.

② David Daniell, "William Tyndale, The English Bible, and The English Language," in Orlaith O'Sullivan, ed., *The Bible as Book: The Reformation*, London: The British Library & Oak Knoll Press, 2000, pp. 39-50.

③ Guido Latré, "The 1535 Coverdale Bible and Its Antwerp Origins," in Orlaith O'Sullivan, ed., *The Bible as Book: The Reformation*, pp. 89-102.

提升了改革理念的传播效果。① 在埃尔顿着力强调之后，"宣传"就成为日后很多英格兰宗教改革史论著在解释新教占据上风时经常提及的一个要素。

受到传播学者麦克卢汉所著的《古腾堡星汉璀璨》与埃尔顿提出的"都铎政府革命"论点的影响，阿瑟·J. 斯莱文在 1986 年发表了《古腾堡星汉璀璨与都铎革命》的论文，不仅强调了印刷品在传播宗教思想上的影响力，而且还特别注意到印刷品对提高诸如收税等实际经济管理事务的效率发挥了积极作用。② 小约翰·N. 沃尔则着眼于书籍在规范宗教礼拜仪式等方面的实际功用。譬如，围绕大主教克兰麦以《公祷书》为核心统一国教会礼拜仪式的历史过程，小约翰·N. 沃尔就认为，在克兰麦的强力推行下确立起《公祷书》的核心地位可以在很大程度上消除不同人群对宗教仪式的理解差异。《公祷书》及与之相伴的各种辅助书籍为人们制定了一种信仰生活的新规范。作者觉得克兰麦并没有用一种新学说代替旧学说，而是用新书籍取代了旧书籍。因此，《公祷书》是一把理解英格兰宗教改革独特性的非常重要的钥匙。也就是说，尽管克兰麦也采用了欧洲大陆的一些神学理论，但是在其心目中，共同礼拜的经历才是英格兰国教的核心，也是宗教改革时期英格兰基督徒界定自身身份的源泉。在这个意义上说，英格兰宗教改革更像是礼拜仪式和行为举止上的运动，而非神学和思想上的运动。③这是从仪式书籍入手而生发出的一种对英格兰宗教改革特性的新颖论说。

戴维·劳德在随后的研究中，对英格兰宗教改革时期书籍的生产传播情况做了更为全面的考察。④ 对于新教书籍的制作传播，他从罗拉德派制

---

① G. R. Elton, *Policy and Police: The Enforcement of the Reformation in the Age of Thomas Cromwell*, Cambridge: Cambridge University Press, 1972, pp. 171-216.

② Arthur J. Slavin, "The Gutenberg Galaxy and the Tudor Revolution," in Gerald P. Tyson and Sylvia S. Wagonheim, eds., *Printing and Culture in the Renaissance*, London and Toronto: Associated University Presses, 1986, pp. 90-109.

③ John N. Wall, Jr., "The Reformation in England and the Typographical Revolution: 'By this printing…the Doctrine of the Gospel soundeth to all nations'," in Gerald P. Tyson and Sylvia S. Wagonheim, eds., *Printing and Culture in the Renaissance*, pp. 208-221.

④ David Loades, "Books and the English Reformation Prior to 1558," in Jean-François Gilmont, ed., *The Reformation and the Book*, trans. by Karin Maag, Aldershot: Ashgate Publishing Ltd., 1990, pp. 264-291.

作的新教作品开始谈起，概述了路德派书籍在英格兰的早期渗透过程，进而引申出欧洲大陆印刷所在传播新教思想方面扮演的重要角色，其中不仅触及了前文已述的廷代尔、克伦威尔等人，而且将 16 世纪中后期的重要印刷商如约翰·戴等人的功绩也做了较为详细的叙述。值得一提的是，他对同一时期出现于英格兰境内的传统天主教作品也给予了较以往更为系统的关注。这在一定程度上弥补了以往只重视新教作品的研究不足，提醒我们天主教在印刷书籍领域也有一定程度的应对，从而为更加客观地评价新教与天主教论争的状况提供了可能，而且也可以推动学术界继续深入探讨新教能压倒天主教的原因。此外，在代表 20 世纪英国书籍史研究最高峰的《剑桥不列颠书籍史》中，作者之一的帕梅拉·内维尔-辛顿在第三卷（1400~1557 年）"印刷出版、政治与宗教"一章中，吸收了学者们有关书籍在传播宗教思想和发挥实际功用两方面的研究成果，对书籍与这一时期政治、宗教的关系做了提纲挈领的描述。[①]

进入 21 世纪以来，研究者通过进一步挖掘宗教改革时期某一印刷商、书籍作者、某一修道院生产的书籍或印刷书籍的某一组成部分（如印刷图片）的个案资料，将这一研究引向深入。例如，伊丽莎白·叶文德关注了 16 世纪中期的重要印刷商约翰·戴在不同国王统治时期与天主教和新教的关系问题。[②] 这名学者还与托马斯·弗里曼合著了《近代早期英格兰的宗教与书籍：约翰·福克斯〈殉道者之书〉的制作》[③]，详细考察了《殉道者之书》的成书过程及其历史影响，进一步深化了我们对这一时期英格兰宗教与书籍互动关系的认识。对于学术界长期以来对天主教机构如何利用印刷书与新教展开论争语焉不详的状况，亚历山德拉·达·科斯塔在 J. T.

① Pamela Neville-Sington, "Press, Politics and Religion," in Lotte Hellinga and J. B. Trapp, eds., *The Cambridge History of the Book in Britain*, Volume III, 1400 - 1557, Cambridge: Cambridge University Press, 1999, pp. 576-607.

② Elizabeth Evenden, *Patents, Pictures and Patronage: John Day and the Tudor Book Trade*, Aldershot: Ashgate Publishing Ltd., 2008.

③ Elizabeth Evenden, Thomas S. Freeman, *Religion and the Book in Early Modern England: The Making of John Fox's "Book of Martyrs"*, Cambridge: Cambridge University Press, 2011.

罗德①等学者的研究基础上，以锡恩修道院②所出的印刷书为例，强调指出在 16 世纪早期，该修道院曾是有组织地为正统天主教做辩护的团体，而且具有相当影响力。③ 这些成果通过扎实的史料，部分改变了人们对天主教一向疏远印刷书的刻板印象。

二 书报审查制度史研究

活字印刷术在欧洲的广泛应用，使得书籍生产效率陡然提升。印刷书籍的大量出现一方面造成思想信息的快速传播，另一方面也给各类权力机构的管控工作提出挑战，促使其不得不在利用之余对各类书籍保持高度警觉，并时刻准备对不利于己方的作品予以打压和禁绝。诚如前述，英格兰宗教改革是一场涉及宗教信仰、政治权力、经济利益大变动的社会变革。就印刷书的生产传播而言，其中必然牵涉王权、教权以及印刷业者经济利益的矛盾冲突。这便造成在印刷出版与书籍审查之间存在极为尖锐的矛盾。可以说，以书籍形态变革为契机，英格兰的书报审查制度便是伴随着宗教改革这一社会大变动而逐渐形成与完善的。透过这一制度的变化，我们亦可深入理解这一时期英格兰的国家治理能力及统治者实行改革措施的真实意图。

关于审查制度问题的研究，早在 20 世纪 30 年代，威廉·M. 克莱德便出版了《争取出版自由的斗争：从卡克斯顿到克伦威尔》④ 一书，具有开创之功。从 20 世纪 50 年代开始，英语学术界出现了有关这一领域比较全面系统的研究之作。弗雷德里克·西顿·希尔伯特在 1952 年以精装本在小范围内出版了《英格兰的出版自由，1476～1776 年》⑤。起先学人所知甚

---

① J. T. Rhodes, "Syon Abbey and Its Religious Publications in the Sixteenth Century," *Journal of Ecclesiastical History*, Vol. 44, Issue 1, 1993, pp. 11–25.

② 位于英格兰东南部的米德尔塞克斯郡。

③ Alexandra da Costa, *Reforming Printing: Syon Abbey's Defence of Orthodoxy, 1525–1534*, Oxford: Oxford University Press, 2012.

④ William M. Clyde, *The Struggle for the Freedom of the Press from Caxton to Cromwell*, Oxford: Oxford University Press, 1934.

⑤ Fredrick Seaton Siebert, *The Freedom of the Press in England, 1476–1776*, Urbana-Champaign: Board of Trustees of the University of Illinois, 1952.

少，这本书之后经伊利诺伊大学出版社再版，方才在学术界拥有了较为广泛的影响力。希尔伯特本身是一位美国宪法史研究者，特别是对言论出版自由问题感兴趣。由于18世纪后期美国的宪法与政治观念大多直接继承自英国，而当时（20世纪30年代）尚无人对英格兰自卡克斯顿创立印刷出版业以来的出版自由问题做过全面研究，他觉得有必要追根溯源，对英格兰的出版自由问题做一系统考察。他依据大量第一手或准一手的官方文献材料，比如王室法令、文告等，主要从四个方面对都铎王朝书报审查问题进行了梳理：一为国王，细数了从亨利八世到伊丽莎白一世时期政府通过颁发许可证等措施予以控制的制度变化；二为罗马教会有关出版审查的措施；三为书商公会在保护版权和完善许可证制度方面的作用；四是来自印刷商、清教徒的反抗及议会内的斗争。身处冷战大幕刚刚开启的时代，不得不说希尔伯特的论著具有一定的现实指向性。他对于书报审查与争取出版自由这对矛盾关注得比较多，事实上也更多强调了书报审查制度对印刷业的压制作用。他开创的这一研究模式对后世研究者产生了深远影响，直到20世纪90年代末，研究者在讨论英格兰书报审查问题时依然是围绕以上几个主题展开的。

在希尔伯特之后的数十年里，英语学术界鲜有引人注目的成果。时至20世纪90年代初期，出现了戴维·劳德对16世纪英格兰审查制度问题更具层次的分析[①]。他将这一时期书报审查的理论与实践分割开来，用更加多样的史料向读者展现了当时颇为复杂的审查制度。他指出，尽管审查制度、镇压煽动性言论背后的原则是相似的，而且法律法规也大同小异，但是具体施行时候的方法技巧却是多种多样的。就审查部门来说，起先是教会主导，随后是国王指派的枢密院成员参与，另外还有星室法庭承担审判工作，可以说令出多门，低效混乱。而就具体措施来说，权力部门往往在施行了某个措施并达到了某种目的后，又会因此而引发新的问题。譬如，印刷品本身具有宣传性质，所以国王会选定某些王家印刷商具体承印王家文告等专门材料，这一举措有效扩大了政府颁行政策的影响力。但是王家

---

① David Loades, *Politics, Censorship and the English Reformation*, London: Pinter Publisher, 1991.

印刷商在拥有专利权后，又容易引发印刷商内部的更多矛盾，造成新的混乱局面。诸如此类的问题都在戴维·劳德的论著中有充分展现，其无疑深化了对这一制度复杂性的认识。

在此基础上，针对过往学者所持的16世纪英格兰书报审查制度渐趋加强直至建制完善的观点，辛迪亚·苏珊·克莱格做了具有修正主义色彩的驳正。克莱格分析了控制措施的性质和来源，并评估了其手段与效果，认为国家当然希望对迅速发展的印刷业加以控制，但是王权、教权与印刷书贸易之间的矛盾及相互的博弈，使得国家在实践中施行种种控制措施时存在不少障碍。克莱格根据留存下来的书籍目录等资料，指出在伊丽莎白一世统治时期，出版控制并没有形成一种一以贯之的稳定机制，而更多是国家政权一旦感觉危险后，对于特定文本施行一种带有应激性、个别性的控制措施。① 管控书籍是国家治理的一个重要组成方面，因此，从更广泛的意义来说，这部书对于我们过高评价16世纪都铎王朝的国家治理能力也具有校正意义。

对于理解英格兰宗教改革而言，学者们对书报审查制度的探究，特别是对亨利八世统治时期审查目标的前后矛盾、处罚措施的严宽失据等问题的描述分析，不仅可以将其视为宗教改革史的一个重要组成部分，同时亦可从这一特定角度一窥国王发动这场宗教变革的真实意图。研究者为我们呈现的亨利八世前期积极打击新教书籍、与教皇交涉期间有意令新教书籍流通、与罗马教会彻底决裂后新教书籍并未急剧增加的诸种情景，都体现出亨利八世发动改革的最大意旨在于维护自身家族权力的稳固，而对改变宗教神学理论缺乏兴趣。这从一个侧面再次证明了先前一些学者的论断。

三　书籍的阅读、收藏史研究

印刷书的大量印行，加之教育逐渐普及带来的民众识字率的提高，必然带来阅读群体的扩大以及各类机构和个人藏书量的增加。通常说来，任

---

① Cyndia Susan Clegg, *Press Censorship in Elizabethan England*, Cambridge: Cambridge University Press, 1997.

何思想理念的传播，最终都要归结到接受上。阅读是许许多多文化活动的核心，也是信息采集的核心，更是研习各门智力学科的核心。① 以阅读为中心，学者们通常将阅读活动分为三个阶段：其一是阅读之前的准备工作，主要是指书籍的生产、流通及收藏，即何种书籍在何时、何地以何种方式到了何人手中；其二是阅读活动本身，即阅读在什么情况下发生、在哪里发生、以怎样的方式发生；其三是阅读的影响，即阅读行为让读者有了何种反应。只有了解了阅读的真实效果，才能更加清楚阅读在特定历史时期会有何种意义。另外，某类机构（如图书馆）中收藏哪些书籍不仅表明人们可以实际获取的书籍种类，而且反映了某一时期社会文化思潮的走向。甚而有学者认为，在诸如宗教改革这样的大变动时期，图书馆同样也是进行宗教战争的工具。② 从这个角度来说，考察书籍阅读、收藏的历史就是考察特定历史时期人们的思想处于何种状态，乃至于个人或群体的精神生活究竟发生了何种变化的一个重要指针。

正是基于上述认识，学者们对于英格兰宗教改革时期重要政治人物的阅读史、各类图书馆的收藏情况给予了特别关注。③ 这类研究一方面能够展现宗教改革中一些过去被忽略的方面，另一方面也为深入了解宗教改革重要人物的精神生活乃至发起这场变革的目的、性质提供了新的可能性。在此方面，詹姆斯·P.卡利的相关研究可谓独树一帜。

在《剑桥不列颠书籍史》（第三卷，1400～1557 年）的一章中，卡利考察了亨利八世的诸多王家图书馆，如威斯敏斯特、汉普顿宫、格林尼治等王宫内的图书馆，细数了其中所藏书籍的种类、来源以及获取方法。④ 他特别指出，修道院是王家图书馆获取书籍的重要来源。在 16 世纪 20 年代末，修道院内的图书资料还仅仅是被搜罗来用以论证国王离婚案的正当

---

① 〔美〕安·布莱尔："序言"，载戴联斌《从书籍史到阅读史：阅读史研究理论与方法》，新星出版社，2017，第 5～8 页。

② David Starkey, "Preface," in James P. Carley, *The Books of King Henry VIII and His Wives*, London：The British Library, 2004, p. 7.

③ 代表性研究如 John N. King, *Tudor Books and Readers*, Cambridge：Cambridge University Press, 2010。

④ James P. Carley, "The Royal Library under Henry VIII," in Lotte Hellinga and J. B. Trapp, eds., *The Cambridge History of the Book in Britain*, Volume III, 1400–1557, pp. 274–281.

性。到了 16 世纪 30 年代初期，修道院内所藏的有关教皇、中世纪教会权力的文献材料以及一些历史遗迹，开始被一点一点地搬入王室图书馆。不久之后，这一涓涓细流迅即转变为一股不可阻挡的洪流，因为人们已经意识到修道院即将被彻底铲除。卡利通过他细密的追索，考证出很多手抄本及印刷书的去向，而且还特别强调了如约翰·勒兰等人积极为亨利八世收集修道院流出的书籍，从而使王室图书馆成为当时一些珍贵书籍的安全庇护所的历史功绩。这项研究从新的角度再次说明，国王与修道院所代表的传统宗教思想并未一刀两断，亨利八世真实的宗教信仰与其宗教行为在某种程度上是脱节的。

在关注了王家图书馆后，卡利在《剑桥不列颠书籍史》（第四卷，1557~1695 年）的一章中，又专门将目光聚焦于修道院的书籍收藏情况及其流散过程。他认为，解散修道院并转移修道院书籍的行为并不是从亨利八世颁布《至尊法》开始的。比如，亨利的祖母玛格丽特·贝奥福德在 1507 年就曾将被解散的克里克修道院的土地连带书籍和珠宝，一并捐赠给了剑桥大学基督学院。又如，红衣主教托马斯·沃尔塞在 16 世纪 20 年代曾解散了一批小修道院，并将这些修道院的收入赠予牛津大学伊普斯维奇学院和主教学院，而书籍也是其中的"战利品"之一。但是，卡利指出，亨利八世解散修道院的举措所包含的完全漠视书籍的行为，在范围和程度上都远超前例。许多珍贵的历史典籍在这一书籍流散过程中不知去向，这对英格兰保存传统典籍文化形成了冲击。但是，卡利再次强调，尽管如此，仍有许多人竭尽全力地保护了不少典籍。比如在 1559~1575 年担任坎特伯雷大主教的马修·帕克，就收集了数以千计的书籍，而他收集的动机也与宗教改革密切相关，即这位主教希望找出历史上的先例，以证明英格兰国教会教义的正当性。因为在主教看来，盎格鲁—撒克逊时期的教会在教义事务上比罗马天主教会更加接近于他自己所属的改革派教会。这就为读者呈现出一个宗教改革背景下以书籍为代表的传统文化经历的被破坏、流转及传承的过程，可以说卡利的研究为我们补上了这个之前在谈论宗教改革时甚少被关注的问题。

除了对重要机构的书籍收藏情况予以观照外，卡利在《亨利八世及其妻子的书籍》一书中，对英格兰宗教改革最重要的人物亨利八世及其六位妻子收藏和阅读书籍的情况给予了更加详细的考察。① 在该书中，作者描述了亨利八世所拥有的图书馆的形态样貌，并叙述了其如何通过继承、受赠、购买、没收等方式获取书籍，另外，卡利还借助批注等文字材料分析了亨利八世的阅读习惯。这种基础性的研究，实际上触及了大量与宗教改革时期政治生态及改革走向有关的问题。譬如，卡利谈到，国王在新年节（New Year's Day）接受臣属赠送的书籍是其获取书籍的重要方式。在 1543 年新年节这天，一个名叫莫里的贵族献给亨利八世一本薄伽丘的名著《名女》。莫里在题献词中，将薄伽丘所写的故事与当时的现实世界联系起来，表示希望亨利八世宫廷内的女性要向她们的古典前辈学习。莫里之所以要在这时送出这样一部书，按卡利的说法其实是大有深意的。因为莫里的女儿简，即罗奇福德夫人，是安·博林哥哥乔治的遗孀，在 1540 年成为亨利八世第五任妻子凯瑟琳·霍华德宫闱的总管。利用其职位便利，罗奇福德夫人曾暗中帮助凯瑟琳与其情人幽会。后来事情败露，王后与罗奇福德夫人双双被判处死刑，并于 1542 年 2 月 13 日在格林塔被执行死刑。莫里在这种背景下，赠送给亨利八世一本这样内容的精装书籍，在卡利看来实际上就是莫里向亨利八世表示屈服的举动。因为莫里虽然没有点出他女儿的名字，但谴责了这种女性不检点的行为，而且认为不论牵涉谁，都需要对宫廷内女性的行为予以严管。作为一名高等级贵族，即使自己的女儿受到了付出生命代价的惩罚，但为了保全自己，也要向施加惩罚者示弱，这无疑说明施加惩罚者具有某种大权独揽的地位。所以，卡利认为这是展现都铎宫廷生活中绝对王权的一个例证。② 实际上，关于都铎王权的性质问题，学术界向来是有争论的，而卡利的研究可以说为探讨这一问题又开辟了一条新途径。

小 结

本文主要探讨了自 20 世纪 50 年代以来，欧美学术界有关英格兰宗教改革研究中出现的书籍史路径，指出其主要研究领域包括：英语《圣经》

---

① James P. Carley, *The Books of King Henry VIII and His Wives*, 2004.

② James P. Carley, *The Books of King Henry VIII and His Wives*, pp. 63-64.

及其他重要宗教书籍的印刷出版问题，书报审查制度的形成与完善问题，以及重要机构和个人的书籍收藏、阅读问题。其中很多研究成果对于全面准确地理解英格兰宗教改革的进程和性质发挥了补充与校正作用，并对一些重大问题提出了新阐释。

具体来说，在第一个领域中，研究者通过细数廷代尔等人的生平，明确肯定了书籍从业者的历史作用，通过阐述英语《圣经》与欧洲大陆宗教思想及与钦定版《圣经》的联系，强调了英格兰宗教改革所受欧洲大陆的横向影响及对后续英国历史的纵向影响，并从仪式书籍的重要性出发认为英格兰宗教改革更为偏重仪式行为而非宗教理论，同时还通过对天主教修道院印刷书制作情况的研究而力图改变人们对天主教疏远印刷书的刻板印象。就第二个领域而言，学者们强调了由书籍形态变革而引发的官方书籍审查与出版自由之间的尖锐矛盾，补足了宗教改革史研究的一个重要方面。同时，学者们对书报审查制度的强度和有效性的再研究，为重新评估都铎王朝时期国家治理能力提供了可能。而从审查目标的前后矛盾、处罚措施的严宽失据等问题出发，亦可知道亨利八世发动这场宗教变革的真实意图乃在于维护自身家族权力的稳固，而对改变宗教神学理论缺乏兴趣。学者们在第三个领域里的相关研究则展现了英格兰宗教改革过程中书籍流散与保护这一长期被忽略的社会文化问题。同时，透过国王亨利八世收藏书籍背后的诸种史实，亦可再次说明国王与天主教传统思想并未一刀两断，并由贵族赠送书籍等案例提出了有关绝对王权等重要问题的见解。

总之，书籍史研究路径通过挖掘与书籍制作、流通、阅读、收藏相关的各类史料，从新的视角重新对英格兰宗教改革研究做出了或补足原有短板、或质疑已有结论、或肯定传统见解的不俗贡献。但与此同时，我们也应该注意到，该项研究仍有改进之处。譬如，在探讨亨利八世的阅读收藏史时，研究者若只限于梳理国王阅读和收藏了哪些书籍显然是不够的。从阅读史研究的终极目的来看，其最重要也是最困难的工作是要构建出读者的阅读世界，并尝试理解他们的思想和行为，进而了解当时的社会精神状态和文化构成。就目前的相关研究状况来看，多数研究仍停留在对阅读内容的探讨上，并零星描述了如何阅读的问题，而并未将个人的阅读世界与其实际行为做有效联系，因而尚无法从阅读角度对英格兰宗教改革时期重要人物的具体行为提出更具解释力的看法，笔者认为这无疑是今后学术界需要着力突破的关键问题。

（张炜，中国社会科学院中国历史研究院世界历史研究所副研究员，主要研究方向为近代早期欧洲史、媒介社会史）

图书在版编目（CIP）数据

欧美史研究. 第 4 辑 / 高国荣，张炜主编. -- 北京：
社会科学文献出版社，2021.10
ISBN 978-7-5201-9165-4

Ⅰ.①欧…　Ⅱ.①高…②张…　Ⅲ.①欧洲-历史-
研究②美洲-历史-研究　Ⅳ.①K500.7②K700.7

中国版本图书馆 CIP 数据核字（2021）第 204554 号

欧美史研究（第 4 辑）

主　　编 / 高国荣　张　炜

出 版 人 / 王利民
责任编辑 / 郭白歌
文稿编辑 / 邹丹妮
责任印制 / 王京美

出　　版 / 社会科学文献出版社·国别区域分社（010）59367078
　　　　　地址：北京市北三环中路甲 29 号院华龙大厦　邮编：100029
　　　　　网址：www.ssap.com.cn
发　　行 / 市场营销中心（010）59367081　59367083
印　　装 / 三河市龙林印务有限公司

规　　格 / 开　本：787mm×1092mm　1/16
　　　　　印　张：22.5　字　数：350 千字
版　　次 / 2021 年 10 月第 1 版　2021 年 10 月第 1 次印刷
书　　号 / ISBN 978-7-5201-9165-4
定　　价 / 138.00 元

本书如有印装质量问题，请与读者服务中心（010-59367028）联系